Der Bestand von Fußballübertragungsrechten in der Insolvenz und deren Ertragssicherung durch Hedging

Studien zum deutschen und europäischen Medienrecht

Herausgegeben von
Dieter Dörr und Udo Fink
mit Unterstützung der Dr. Feldbausch Stiftung

Band 58

Zur Qualitätssicherung und Peer Review der vorliegenden Publikation

Die Qualität der in dieser Reihe erscheinenden Arbeiten wird vor der Publikation durch Herausgeber der Reihe geprüft.

Notes on the quality assurance and peer review of this publication

Prior to publication, the quality of the work published in this series is reviewed by editors of the series.

Christian Strieder

Der Bestand von Fußballübertragungsrechten in der Insolvenz und deren Ertragssicherung durch Hedging

PL ACADEMIC RESEARCH

Bibliografische Information der Deutschen Nationalbibliothek
Die Deutsche Nationalbibliothek verzeichnet diese Publikation in der Deutschen Nationalbibliografie; detaillierte bibliografische Daten sind im Internet über http://dnb.d-nb.de abrufbar.

Zugl.: Mainz, Univ., Diss., 2014

Gedruckt auf alterungsbeständigem, säurefreiem Papier.

D 77
ISSN 1438-4981
ISBN 978-3-631-65171-1 (Print)
E-ISBN 978-3-653-04526-0 (E-Book)
DOI 10.3726/978-3-653-04526-0

PL Academic Research ist ein Imprint der Peter Lang GmbH.

Peter Lang – Frankfurt am Main · Bern · Bruxelles · New York · Oxford · Warszawa · Wien

Diese Publikation wurde begutachtet.

www.peterlang.com

Vorwort

Die vorliegende Arbeit wurde im Wintersemester 2013/2014 vom Fachbereich Rechts- und Wirtschaftswissenschaften der Johannes Gutenberg-Universität Mainz als Dissertation angenommen. Das Manuskript wurde im Dezember 2013 abgeschlossen.

Mein besonderer Dank gilt meinem Doktorvater, Herrn Prof. Dr. Jürgen Oechsler, der mir sowohl die nötige wissenschaftliche Freiheit gewährte als auch durch konstruktive Anregungen unterstützend zur Seite stand. Er hat durch seine stets engagierte Betreuung wesentlich zum Gelingen der Arbeit beigetragen und das Erstgutachten äußerst schnell erstellt. Zu Dank verpflichtet bin ich auch Herrn Prof. Dr. Urs Gruber für die zügige Erstellung des Zweitgutachtens.

Ebenso danke ich Herrn Prof. Dr. Dieter Dörr und Herrn Prof. Dr. Udo Fink für die freundliche Aufnahme meiner Arbeit in die Schriftenreihe „Studien zum deutschen und europäischen Medienrecht".

Bei Herrn Dr. Helmut Lorentz, Stefan C. Schmidt und Karsten Jachmich bedanke ich mich für ihre umfassenden Korrekturhilfen. Ebenfalls bedanken möchte ich mich bei meiner Schwester Kerstin und Herrn Andreas Barth für letzte wertvolle Anregungen zum betriebswirtschaftlich geprägten Teil meiner Arbeit.

Meiner lieben Freundin Susanne danke ich für ihr Verständnis und ihre Ermunterungen während der langwierigen Arbeiten.

Mein größter Dank gilt meinen Eltern Udo und Karin Strieder, denen ich diese Arbeit widme. Ihre vorbehaltlose Förderung meiner Ausbildung und die langjährige ideelle und finanzielle Unterstützung haben die Anfertigung dieser Arbeit erst ermöglicht.

Mainz, im März 2014 — Christian Strieder

Vorwort des Promotionsbetreuers

Über den Handel mit Fernsehübertragungsrechten werden nicht nur Milliardenwerte bewegt. Seit langem schon scheinen in diesem Bereich sämtliche Argumente zur Rechtsnatur, Lizenzierbarkeit und zum Schutz vor Verletzungshandlungen ausgetauscht. Gerade in diesem letzten Punkt wird die vorliegende Arbeit den Leser jedoch möglicherweise eines Besseren belehren. Denn *Christian Strieder* präsentiert nicht nur den Diskussionsstand des Werkes in selten detailreicher und präziser Form. Er entwickelt im Anschluss an die sog. Schloss-Tegel-Grundsätze des Bundesgerichtshofs auch ein neues und zugleich gut begründetes sachenrechtliches Verständnis dieses Instituts, das der Praxis völlig neue Gestaltungs- und Schutzmöglichkeiten eröffnen wird. Die Arbeit beinhaltet darüberhinaus einen praxisnahen insolvenzrechtlichen Teil, den der Leser mit Gewinn lesen kann – gleichgültig, ob er *Strieders* Thesen folgt oder nicht. Ich bin überzeugt, dass das Werk die Diskussion der einschlägigen Rechtsfragen in einem positiven Sinne voranbringen wird.

Mainz, im Februar 2014 — Jürgen Oechsler

Inhaltsverzeichnis

1. Kapitel: Einleitung

A. Begriffserklärung und Wertentwicklung von Fußballübertragungsrechten

Gegenstand der vorliegenden Arbeit ist die rechtliche Behandlung von Fußballübertragungsrechten. Unter Fußballübertragungsrechten sind audio-visuelle Aufnahmen, d.h. Bild- und Toninhalte von Bundesligaspielen, zu verstehen, die zum Teil auch als „Fernseh-" und „Hörfunkrechte" bezeichnet werden. Da sich i.R.d. medialen Verwertung der Bundesligaspiele kein einheitlicher Terminus technicus herausgebildet hat, wird im weiteren Verlauf der Untersuchungen die Bezeichnung „Fußballübertragungsrechte" verwendet.[1] Inhalt der nachfolgenden Ausführungen sind ausschließlich Lizenzen für die Inlandsverwertung von audio-visuellem Sendematerial der 1. und 2. Fußball-Bundesliga. Nicht thematisiert werden dagegen Fragen, die die Auslandsvermarktung der Bundesliga sowie die Vermarktung von Länderspielen, der Champions League, Europa League, des DFB-Pokals oder Spielen der 3. Fußball-Bundesliga betreffen.

Die mediale Verwertung der Fußball-Bundesliga hat in der Vergangenheit einen gewaltigen Boom durchlebt und eine beeindruckende Wertentwicklung genommen.[2] In regelmäßigen Abständen wurden bei der Vergabe der Lizenzen

---

1 Mangels Etablierung eines allgemein gebräuchlichen Terminus technicus werden verschiedene Begrifflichkeiten verwendet. Zur uneinheitlichen Terminologie vgl. *Summerer*, in: Martinek/Semler/Habermeier/Flohr, § 53, Rn. 31; *Elter*, S. 22. Die Bezeichnung des (Fernseh-) Übertragungsrechts ist bereits frühzeitig im Jahre 1990 in der Entscheidung „Sportübertragungen" verwendet worden, vgl. BGH, Beschl.v. 14.03.1990 – KVR 4/88, NJW 1990, 2815, 2817 – Sportübertragungen.

2 Stellt man die aktuellen Lizenzerlöse in Relation zu den Erlösen i.H.v. 12 Mio DM, die im Jahre 1985 von ARD und ZDF als Erwerber der TV-Rechte gezahlt wurden, dann kann ein derartiges Preisgefälle nicht nur mit der allgemein vorangeschrittenen Technisierung und der gestiegenen Medialisierung von Sportgroßereignissen begründet werden, vgl. *Körber*, in: Adolphsen/Nolte/Lehner/Gerlinger, Rn. 2625.

Zum Teil wird darauf hingewiesen, dass der tatsächlich am Markt gezahlte Preis für die Übertragungsrechte zu keiner Zeit dem wirklichen Wert der Übertragungsrechte entsprochen habe, Vgl. *Kruse/Quitzau*, S. 3; *Damm*, S. 33. Da die öffentlich-rechtlichen Rundfunkanstalten ARD und ZDF bis Mitte der 80er Jahre als einzige an Fußballübertragungsrechten neue Rekordsummen erzielt.[3] Im April 2012 hat Sky Deutschland die Übertragungsrechte für TV-Live-Berichterstattungen der nächsten vier Bundesligaspielzeiten (Saison 2013/2014 bis 2016/2017) erworben und zahlt dafür durchschnittlich 486 Mio Euro pro Saison.[4] Zusammen mit den Zahlungen der übrigen Rechteerwerber[5] steigen damit die Einnahmen aus medialer Verwertung auf insgesamt 628 Mio Euro pro Spielzeit. Gegenüber den bisherigen durchschnittlichen Gesamteinnahmen i.H.v. 412 Mio Euro jährlich stellt dies abermals ein deutliches Plus i.H.v. ca. 52,43 Prozent dar.[6]

Abnehmer von Fußballübertragungsrechten die Preise auf Nachfragerseite de facto monopolistisch beherrschten, führte dies zu einem Rechteerwerb unter dem tatsächlichen Marktwert, *Damm*, S. 33; vgl. *Kruse/Quitzau*, S. 3. Nach Einführung des dualen Rundfunksystems im Jahre 1984 und dem daraus entstandenen „Nebeneinander" von öffentlich-rechtlichen und privaten Sendern, kam es in Bezug auf Bundesliga-TV-Rechte zu einer explosionsartigen Wertentwicklung. Im Jahre 1985 erzielten die Übertragungsrechte mit 12 Mio DM erstmalig einen Preis in zweistelliger Millionenhöhe. Drei Jahre danach wurden bereits 135 Mio DM für drei Spielzeiten gezahlt, *Körber*, in: Adolphsen/Nolte/Lehner/Gerlinger, Rn. 2625. Diese Preisentwicklung hat sich durch den „Bieterwettkampf" der einzelnen Sender, in den sich seit den 90er Jahren auch Sportrechteagenturen – insbesondere die Ufa Sports GmbH, sowie die Internationale Sportrechteverwertungsgesellschaft (ISPR) – einschalteten, stetig wiederholt, *Elter*, S. 16. Zu der sprunghaften Preisentwicklung hat daneben auch die Entwicklung des Pay-TV-Marktes in Deutschland beigetragen, *Körber*, in: Adolphsen/Nolte/Lehner/Gerlinger, Rn. 2628.

3 Für eine übersichtliche Kurzzusammenstellung der Preisentwicklung bei Fußballübertragungsrechten vgl. *Körber*, in: Adolphsen/Nolte/Lehner/Gerlinger, Rn. 2493, Fn. 1, der die Preisentwicklung in 4 Phasen untergliedert.

4 Bay, Die Bundesliga bleibt bei Sky und der „Sportschau", Handelsblatt v. 17.04.2012, abrufbar unter: http://www.handelsblatt.com/unternehmen/it-medien/uebertragungsrechte-die-bundesliga-bleibt-bei-sky-und-der-sportschau/6519690.html, Stand (Oktober 2013).

5 Die weiteren Erwerber sind die öffentlich-rechtlichen ARD und ZDF, Sport 1 und die Axel Springer AG.

6 Vgl. Ashelm, Ritterschlag für den Rekordpreis, FAZ v. 17.04.2012, abrufbar unter: http://www.faz.net/frankfurter-allgemeine-zeitung/bundesliga-uebertragungsrechte-ritterschlag-fuer-den-rekordpreis-11721345.html, Stand (Oktober 2013).

B. Vorhandenes Risiko beim Erwerb von Lizenzen an Fußballübertragungsrechten

Mit der Insolvenz des Kirch-Imperiums ist erstmals augenscheinlich geworden, dass die enorm hohen Preise für Bundesliga-TV-Rechte zu einem existentiellen Risiko auf Erwerberseite führen können.[7] Die Folgen der Kirch-Insolvenz stellten auch einige Bundesliga-Vereine vor harte wirtschaftliche Herausforderungen.[8] Nicht nur im Falle der KirchMedia GmbH & Co. KGaA lassen sich die Lizenzen angesichts der enormen Lizenzgebühren nicht immer kostendeckend, geschweige denn gewinnbringend vermarkten.[9] Gleichwohl haben die aktuellen Marktpreise abermals ein höheres Level erreicht und einen Rekordwert erzielt,[10] obwohl die Lizenzerwerber mittlerweile Beträge aufwenden müssen, deren Höhe sich nicht oder kaum durch den Verkauf von teuren Werbezeiten refinanzieren lässt.[11] Der Umstand, dass Fußballübertragungsrechte trotz ihrer – isoliert betrachtet – wirtschaftlich defizitären Wirkung weiterhin auf Erwerberseite stark gefragt sind, beruht auf der bildlich gesprochenen „Ausstrahlungswirkung" eines solchen Rechtserwerbs.[12] Mit dem Erwerb der Fußballübertragungsrechte werden vielmehr weitergehende „strategische[ ] Ziele"[13] verfolgt. Konkret zielt der Rechtserwerb mittelbar auf eine höhere Zuschauerbindung und einen generellen „Imagegewinn" ab.[14] Im Hinblick auf besagten Prestigewert erfolgt deshalb eine Querfinanzierung

---

7 Vgl. *Elter*, S. 18.

8 Ausführlich zu Ursachen und Folgen der Kirchkrise im Zusammenhang mit Fußballübertragungsrechten, vgl. *Elter*, S. 335 f.

9 *Damm*, S. 33; Vgl. *Elter*, S. 16.

10 Im Vergleich zu der eingangs geschilderten Konstellation, in der die öffentlich-rechtlichen Rundfunkanstalten die TV-Rechte Anfang und Mitte der 80er Jahre – aufgrund ihrer monopolistischen Marktbeherrschung – unterhalb des tatsächlichen Wertes erwerben konnten, hat sich das Blatt seit längerem gewendet.

11 *Damm*, S. 33; *Elter*, S. 16, 207.

12 Für einen Überblick über die werttreibenden Faktoren bei Fußballübertragungsrechten vgl. *Elter*, S. 49 ff. Nach *Elter* kommt den Fußballübertragungsrechten im Sendeprogramm die Rolle eines „Zugpferd"[es] zu, *Elter*, S. 16.

13 *Damm*, S. 33; In diesem Sinne auch *Elter*, S. 16, 47.

14 *Elter*, S. 16. In diese Richtung auch *Jungheim*, die auf die Gewinnung von Neukunden durch das Produkt Fußball-Bundesliga abstellt, vgl. *Jungheim* SpuRt 2009, 13, 15. Ähnliche Ziele verfolgt Sky auch mit der Harald Schmidt Show. Der Sender verspricht sich durch den Erwerb der Harald Schmidt Show (trotz niedriger Einschaltquoten bei Sat 1) einen allgemeinen Imagegewinn. Vgl. hierzu: *Diekmann*, Der

der defizitären Bundesliga-Sparte durch andere Bereiche.[15] Ungeachtet der unbestreitbaren Vorteile wohnt dem Erwerb von Fußballübertragungsrechten ein nicht unerhebliches wirtschaftliches Gefahrenpotenzial inne, das aus unterschiedlichen Risikofaktoren herrührt.

C. Aktualitätsgebundenheit von Sportereignissen als Risikofaktor

Einen nicht zu vernachlässigenden Risikofaktor beim Erwerb von Bundesliga-TV-Rechten stellt vor allem die Aktualitätsgebundenheit von Sportereignissen dar.[16] Denn für den Zuschauer sind sportliche Wettkämpfe gerade deshalb besonders reizvoll, weil ihr Ausgang im Vorhinein unbekannt ist.[17] Dieses aktualitätsbezogene Moment, das Sportereignissen im Allgemeinen anhaftet, führt mit fortschreitender Dauer zu einer weitgehenden Entwertung der Rechte.[18] Dies stellt etwa im Unterschied zu dem Erwerb von Spielfilmen, die über einen längeren Zeitraum hinweg einen relativ konstanten Gegenwert verkörpern können, einen erheblichen Nachteil dar.[19]

D. Medienkonvergenz als Risikofaktor

Aufgrund der immer weiter voranschreitenden Medienkonvergenz ist aus Erwerbersicht ein Gefahrenpotenzial auch darin zu sehen, dass Dritte dieselben Lizenzrechte beanspruchen, die zuvor vermeintlich exklusiv erworben wurden.[20] Eine Auseinandersetzung dieser Art trugen die Deutsche Telekom AG und der Pay-TV-Anbieter Arena im Jahre 2006 um die Inhaberschaft der Bundesliga-Lizenzrechte für das

---

Entwicklungshelfer, Spiegel v. 02.05.2012, abrufbar unter: http://www.spiegel.de/kultur/tv/0,1518,830897,00.html, Stand (Oktober 2013).

15 Vgl. *Elter*, S. 335, 207.

16 Zu dem zeitlichen Faktor der Übertragungsrechte vgl. *Elter*, S. 48, 50; Zur „Kurzlebigkeit“ von Sportveranstaltungen *Waldhauser*, S. 122; *Lochmann*, S. 122; ders., in: Prisma des Sportrechts, S. 247, 279; *Maume*, MMR 2008, 797, 800.

17 Vgl. *Elter*, S. 47; *Damm*, S. 33 f.

18 Vgl. *Herr*, S. 129.

19 *Damm*, S. 33.

20 Vgl zur Konkurrenz von Fernseh – und Internetrechten, *Körber*, in: Adolphsen/Nolte/Lehner/Gerlinger, Rn. 2515.

Internet aus.[21] Aber auch ohne den „Worst Case" der Doppelvergabe identischer Lizenzrechte stellt sich für einen Erwerber die berechtigte Frage, inwieweit die von ihm erworbenen (Exklusiv-) Rechte durch zeitlich parallel bereitgestellte Angebote im Internet, Mobilfunk oder im Radio wirtschaftlich entwertet werden.[22]

E. Kurzberichterstattungsrecht als Risikofaktor

Kein nennenswertes Risikopotenzial geht hingegen von dem Umstand aus, dass i.R.d. in § 5 RStV geregelten Kurzberichterstattungsrechts auch andere Sender – ohne mit dem Veranstalter einen Lizenzvertrag abgeschlossen zu haben – über die Bundesligaspiele berichten dürfen.[23] Da die Kurzberichte nach § 5 Abs. 4 S. 3 RStV[24] grundsätzlich auf einen zeitlichen Umfang von 90 Sekunden – im Ausnahmefall bis zu drei Minuten – begrenzt sind und keinen Unterhaltungswert sowie lediglich nachrichtenmäßigen Informationsgehalt aufweisen dürfen, findet hierdurch keine spürbare Entwertung des medialen Verwertungsproduktes Fußball-Bundesliga und der hieran eingeräumten Lizenzrechte statt.[25] Zudem gehen betreffende Sender regelmäßig – trotz ihres gesetzlichen Anspruches auf Kurzberichterstattung – mit dem Veranstalter vertragliche Vereinbarungen ein und erwerben Zweitverwertungsrechte an den Bundesligaspielen.[26] Aus diesem Grund dürften auch sie ein Interesse daran haben, die Kurzberichterstattung nicht zu extensiv auszugestalten, um nicht die eigenen Zweitverwertungsrechte zu entwerten.

---

21 Eine gelungene Aufarbeitung dieser Problematik ist bei *Ory*, K&R 2006, 303 ff. und *Eilers*, SpuRt 2006, 221 ff. zu finden.

22 Vgl. hierzu *Eilers*, SpuRt 2006, 221, 222; *Elter*, S. 50.

23 Zu den verfassungsrechtlichen Fragen des Rechts der Kurzberichterstattung vgl. *Papier*, FS für Lerche, 675 ff.

24 Zusammenfassend *Körber*, in: Adolphsen/Nolte/Lehner/Gerlinger, Rn. 2630 ff.

25 § 5 RStV soll lediglich die Bildung von „Informationsmonopolen" verhindern und die Bevölkerung mit einem Mindestbestand von Informationen über bestimmte Sportgroßereignisse versorgen, *Holznagel/Krone*, in: Spindler/Schuster, § 5 RStV, Rn. 4.

26 *Holznagel/Krone*, in: Spindler/Schuster, § 5 RStV, Rn. 5; *Körber*, in: Adolphsen/Nolte/Lehner/Gerlinger, Rn. 2637.

F. Internationaler Wettbewerb der Sendeunternehmen als Risikofaktor

Daneben scheinen auch die – noch nicht endgültig absehbaren – wirtschaftlichen Auswirkungen, die von der EuGH-Entscheidung in Sachen FAPL – Murphy ausgehen, zumindest für Erwerber deutscher Lizenzrechte der Fußball-Bundesliga von eher untergeordneter Bedeutung zu sein. Besagte Entscheidung betraf den Erwerb bzw. die Nutzung von günstigen griechischen Decoderkarten innerhalb Englands für den Empfang von Spielen der englischen Premier League:

Der Entscheidung lagen zusammengefasst folgende Umstände zugrunde: Der englische Fußballverband (Football Association Premier League – im folgenden FAPL) vergab die Lizenzrechte für die Übertragung der Spiele der englischen Premier League räumlich begrenzt für bestimmte Staatsgebiete. Dieses sog. „Territorialprinzip" gewährleistete die territoriale Exklusivität der Lizenzrechte. Um die Exklusivität der Rechte sicherzustellen, verpflichtete die FAPL die lizenznehmenden Fernsehsender vertraglich dazu, ihr Sendesignal zu verschlüsseln und die betreffenden Decoderkarten nur innerhalb des Staatsgebietes, für die die Lizenz erworben wurde, nicht aber im Ausland anzubieten.

Die englische Pub-Besitzerin Karen Murphy verstieß gegen das von der FAPL praktizierte Territorialprinzip und bezog eine Decoderkarte nicht vom britischen Sender BSkyB, der die Lizenzrechte für englisches Staatsgebiet erworben hatte, sondern von dem griechischen TV-Sender NOVA. Die hierdurch erzielte Kostenersparnis betrug im Jahr etwa 7.000 €.

Um derartige Umgehungsstrategien, die auf eine Aushebelung des Territorialprinzips zielten, zu beenden, beschritt die FAPL den Rechtsweg. In den Rechtssachen (C-403/08) und (C-429/08) legte der englische High Court schließlich dem Europäischen Gerichtshof im Vorabentscheidungsverfahren mehrere Auslegungsfragen von Unionsrecht vor.

Der EuGH sah in der vom englischen Fußballverband gewählten Lizenzierungspraxis einen Verstoß gegen Unionsrecht. Dies begründete er im Wesentlichen mit einer Verletzung des freien Dienstleistungsverkehrs und europäischem Wettbewerbsrecht. Nach Auffassung des EuGH können nationale Rechtsvorschriften, die die Einfuhr, den Verkauf und den Gebrauch ausländischer Decoderkarten verbieten, eine Beschränkung des freien Dienstleistungsverkehrs nicht dadurch rechtfertigen, dass besagte Regelungen dem Schutz geistigen Eigentums dienen und die Anwesenheit der Öffentlichkeit in den Fußballstadien fördern.[27] *Einen Verstoß gegen europäisches Wettbewerbsrecht sah das Gericht darin verwirklicht, dass gebietsabhängige*

27 Vgl. EuGH, Urt. v. 04.10.2011 – C-403/08 – Football Association Premier League u. a. ./. QC Leisure und C-429/08 – Karen Murphy u. a. ./. Media Protection Services, GRUR 2012, 156, 161, (Rn. 117 ff.).

exklusive Lizenzen zu einer Marktabschottung führen und deshalb der Verwirklichung des Binnenmarktes zuwiderlaufen.[28]

Zwar führten Spekulationen um negative wirtschaftliche Auswirkungen am Folgetag der EuGH-Entscheidung zu einem Kursfall der Sky-Aktie um knapp 8 Prozent.[29] In der Folgezeit blieben jedoch die befürchteten negativen Folgen aus. Auch i.R.d. 12. Mainzer Mediengesprächs[30] gelangte man in einer vorläufigen Prognose unisono zu dem Ergebnis, dass die wirtschaftlichen Folgen für die Inhaber der deutschen Lizenzrechte der Fußball-Bundesliga wohl begrenzt bleiben dürften.[31]

Dies wurde zum einen mit der Erwägung begründet, dass sich der durch den EuGH intendierte Aspekt der Erhöhung des Wettbewerbs in der Praxis faktisch in sein Gegenteil verkehren könnte. Denn durch die Aufgabe des Territorialprinzips seien im Ergebnis nur noch große TV-Sendeunternehmen wirtschaftlich dazu in der Lage, teure staatsübergreifende Lizenzrechte zu erwerben. Die kleineren Sender könnten auf diesem Weg aus dem Wettbewerb gedrängt werden, so dass letzten Endes statt des anvisierten Mehr an Wettbewerb ein Weniger an Wettbewerb stehe. Zum andern zählten die in Deutschland angebotenen Pay-TV-Abo-Preise europaweit betrachtet eher zu den günstigeren Angeboten, so dass der wirtschaftliche Anreiz für Abonnenten als eher gering zu bewerten sei, zumal diese bei auftretenden Störungen bei ausländischen Anbietern mit erheblichen Service-Problemen rechnen müssten.

Letztlich wurde auch vorgebracht, dass die i.R.d. Auslandsvermarktung erzielten Erlöse der Fußball-Bundesliga wesentlich niedriger seien als etwa die der englischen Premier League. Aus diesem Grund seien – im Falle einer allzu starken

---

28 EuGH a.a.O, (Rn. 114 ff.).

29 FAZ vom 05.10.2011, abrufbar unter: http://www.faz.net/aktuell/finanzen/aktien-analyse-sky-aktie-nur-etwas-fuer-anleger-mit-starken-nerven-11483105.html, Stand (Oktober 2013).

30 Der vollständige Titel der Veranstaltung vom 18.06.2012 lautete: „12. Mainzer Mediengespräch – Spiele ohne Grenzen – Die Zukunft der Fußballübertragungsrechte in Europa".

31 Zu den Referenten und Teilnehmern an der anschließenden Podiumsdiskussion zählten: Prof. Dr. Fink (Stellvertretender Direktor des Mainzer Medieninstituts), Dr. Wiesner (Beisitzer der 6. Beschlussabteilung, Bundeskartellamt), Weber (Justitiar ZDF), Dr. Diesbach (Noerr LLP), Christmann, LL.M (Director Regulatory Affairs, Sky Deutschland AG), Grewenig (Geschäftsführer des Verbandes Privater Rundfunk und Telemedien e.V.), Moderation durch Prof. Dr. Cole (Fakultät für Rechts- und Finanzwissenschaften der Universität Luxemburg).

Entwertung der inländischen TV-Rechte durch Discount-Angebote ausländischer TV-Sender – die wirtschaftlichen Hemmnisse nicht allzu schwerwiegend, die Auslandsvermarktung der Fußball-Bundesliga gänzlich einzustellen, um hierdurch das Preisgefüge für die Inlandsvermarktung erhalten zu können. Nach alledem kann vom aktuellen Status quo aus festgestellt werden, dass sich die Auswirkungen durch den Verlust der territorialen Exklusivität der Lizenzrechte als eher gering darstellen.[32]

G. Substituierbarkeit durch Stadionbesuch als Risikofaktor

Keine reale Gefahr einer wirtschaftlichen Entwertung folgt auch aus dem Nebeneinander von Fernsehübertragung und einem unmittelbaren Stadionbesuch.[33] Diesbezüglich bestehen bei Fernsehzuschauern und Stadiongängern unterschiedliche Konsumgewohnheiten, so dass auf Grundlage konkreter Zuschauerzahlen nicht zu befürchten ist, dass sich die verschiedenen Angebote in wirtschaftlicher Hinsicht gegenseitig „das Wasser abgraben".[34]

H. Rechtsunsicherheit als Risikofaktor

Neben den bislang angesprochenen Risikofaktoren birgt allerdings die im Zusammenhang mit Fußballübertragungsrechten insgesamt bestehende Rechtsunsicherheit das deutlich größte Konflikt- und Gefahrenpotenzial in sich. Da der Gesetzgeber bislang kein eigenständiges Leistungsschutzrecht zugunsten von Sportveranstaltern normiert hat, obwohl dies in einem eigens eingeholten Rechtsgutachten befürwortet wurde[35], muss sich die Rechtsprechung mit den

---

32 Der Bezahlsender Sky hat 2012 in Deutschland nach langer Zeit wieder schwarze Zahlen geschrieben, auch wenn dies weniger auf die Sportsparte, als vielmehr auf die erhöhte Zahl der HD-Angebote und eine erhöhte Kundenzufriedenheit zurückzuführen ist. Vgl. hierzu: Handelsblatt vom 14.08.2012, abrufbar unter: http://www.handelsblatt.com/unternehmen/it-medien/bezahlfernsehsender-sky-schreibt-ersten-gewinn-seit-vier-jahren/6997434.html, Stand (Oktober 2013).

33 *Elter*, S. 296.

34 Ausführlich zu „Interdependenzen der Vermarktungsrechte" an Fußball-Bundesligaspielen, *Elter*, S. 296 ff.

35 *Hilty/Henning-Bodewig*, S. 87 ff.

traditionellen Rechtsinstrumentarien behelfen. In der Grundsatzentscheidung „Sportübertragungen" hat sich der BGH erstmals näher mit der Materie der Fußballübertragungsrechte auseinandergesetzt. Ohne sich auf die genaue dogmatische Einordnung festzulegen, hat der Kartellsenat dabei einen Fundus unterschiedlicher Rechtsgrundlagen in den Raum gestellt, die „je nach Fallgestaltung" einen Schutz zugunsten des Veranstalters von Sportveranstaltungen bieten können.[36] Nachdem die Rechtsprechung zunächst eine Reihe unterschiedlicher Anknüpfungspunkte zur rechtlichen Behandlung der audio-visuellen Aufnahmen ins Auge gefasst hat, deuten die einschlägigen aktuelleren Entscheidungen darauf hin, dass der BGH nunmehr den Rechtsrahmen ausgelotet und das Hausrecht zum dogmatischen Kern der Fußballübertragungsrechte auserkoren hat. Vor dem Hintergrund, dass die dogmatische Herleitung bislang weiterhin nicht letztverbindlich geklärt ist, bleibt eine gewisse Rechtsunsicherheit trotz allem bestehen. Solange sich die an der medialen Verwertung der Bundesligaspiele beteiligten Akteure vertragstreu verhalten, ergeben sich naturgemäß keine Probleme. Die im Hinblick auf die dogmatische Einordnung angesprochene Rechtsunsicherheit bereitet jedoch dann massive Schwierigkeiten, wenn es zur Insolvenz einer Vertragspartei kommt. In diesem Fall wird der Rechtsanwender neben der dogmatischen Verortung der Fußballübertragungsrechte mit den seit langem umstrittenen Fragen der Wirksamkeit sog. insolvenzabhängiger Lösungsklauseln und der Gültigkeit des Abstraktionsprinzips konfrontiert. Da im Zuge dessen gleich drei „offene Baustellen" bearbeitet werden müssen, erhöht sich die ohnehin vorhandene Rechtsunsicherheit enorm.

I. Ziel der vorliegenden Arbeit

Ziel der nachfolgenden Untersuchungen ist es, im Bereich der Fußballübertragungsrechte zur Beseitigung der angesprochenen Rechtsunsicherheit beizutragen und die rechtliche Behandlung dieser Materie auf eine tragfähige Grundlage zu stellen. Hierzu wird der in Rechtsprechung und Schrifttum vorhandene aktuelle Stand zum dogmatischen Ursprung der Fußballübertragungsrechte wiedergegeben (2. Kap. A. – E.), bevor ein eigener modifizierter hausrechtlicher Ansatz vorgestellt wird (3. Kap. C.). Dieser beruht im Kern auf der Heranziehung von Rechtsprechungsgrundsätzen, mit Hilfe deren der BGH unter bestimmten Voraussetzungen die wirtschaftliche Verwertung von Bildaufnahmen dem Grundstückseigentümer

---

36 BGH, Beschl.v. 14.03.1990 – KVR 4/88, NJW 1990, 2815, 2817 – Sportübertragungen.

zuweist (3. Kap. B. und F.), und führt zu einer signifikanten Erhöhung der Rechtssicherheit (3. Kap. G.).

Unklar sind ebenso Gesichtspunkte, die die Bestandsfähigkeit von Lizenzen über Fußballübertragungsrechte im Insolvenzfall betreffen. Dies gilt einerseits insoweit, als umstritten ist, ob eine vertraglich eingeräumte Lösungsmöglichkeit, die an den Insolvenzeintritt der Gegenseite geknüpft ist, nach den einschlägigen Vorschriften der Insolvenzordnung wirksam ist (4. Kap. A.). Andererseits betrifft dies die Frage, ob erteilte Lizenzen und Sublizenzen bei Beendigung des schuldrechtlichen Lizenzvertrages erlöschen oder nach den Grundsätzen des Abstraktionsprinzips weiterhin bestehen bleiben (4. Kap. C I., II.).

Das letzte Kapitel setzt sich im Unterschied zu den vorangegangenen Ausführungen nicht mit Aspekten auseinander, die in rechtlicher Hinsicht Unsicherheit verursachen. Vielmehr wird eine Thematik erörtert, die aus wirtschaftlichem Blickwinkel zu einem Risiko auf Seiten der Vereine führt. In diesem Zusammenhang soll ein Beitrag zur Fortentwicklung innovativer Finanzierungsansätze geleistet werden, mit Hilfe deren die einzelnen Vereine ihr wirtschaftliches Wohl und Wehe unabhängiger von den Unwägbarkeiten sportlichen Erfolgs gestalten können. Die Arbeit konzentriert sich dabei ausschließlich auf die Einnahmen aus der medialen Inlandsverwertung der Fußballübertragungsrechte. Die Höhe dieser Einnahmen bemisst sich maßgeblich nach der durchschnittlich erreichten Saisonplatzierung des jeweiligen Vereins und ist damit unmittelbar von dessen sportlichem Erfolg abhängig. Eine Reduzierung des wirtschaftlichen Risikos soll diesbezüglich durch den Abschluss einer Hedgingvereinbarung ermöglicht werden. Konkret veräußert der Verein hierbei die Medienerlöse, die er zukünftig durch sein sportliches Abschneiden erzielt, vorab zu einem Festpreis an einen oder mehrere Investoren (5. Kap. C. II 2.). Nach Erhalt des vereinbarten Festbetrages werden die wirtschaftlichen Chancen und Risiken, die mit der zukünftig erreichten Durchschnittsplatzierung einhergehen, nicht mehr vom Verein, sondern fortan auf Investorenseite getragen.

J. Gang der Untersuchung

Im Rahmen der nachfolgenden Untersuchungen wird zunächst im zweiten Kapitel der Arbeit der bislang unklar gebliebene dogmatische Ursprung der Fußballübertragungsrechte erörtert. Angesichts der immensen ökonomischen Bedeutung dieser Rechte ist erstaunlich, dass bislang keine exakte rechtliche Aufarbeitung der Materie durch die Rechtsprechung erfolgt ist. Zwar neigt die Rechtsprechung in jüngeren einschlägigen Entscheidungen dem hausrechtlichen Ansatz zu.[37] Im Schrifttum wird jedoch weiterhin in Bezug auf Fußballübertragungsrechte die unscharfe Leerformel des „Konglomerat[s] verschiedener Rechte“[38] verwendet. Im Einzelnen werden dabei unterschiedliche Erklärungsansätze vertreten und zur dogmatischen Herkunft bislang kein allgemeiner Grundkonsens erzielt (2. Kap. A. – E.). Einigkeit herrscht dagegen darüber, dass der Veranstalter der Bundesligaspiele Inhaber der Fußballübertragungsrechte ist. Dem Veranstalterbegriff kommt somit zentrale Bedeutung zu. Ob die Vereine oder aber der Verband – der nach den Vorschriften des GWB zur zentralen Vermarktung berechtigt ist[39] – für sich genommen als Veranstalter anzusehen ist oder ob beide gemeinsam als Mitveranstalter einzustufen sind, wird zweckmäßigerweise erst nach Klärung der dogmatischen Herkunft der Übertragungsrechte untersucht (2. Kap. F.). Denn wählte man die umgekehrte Reihenfolge, so würde man bildlich gesprochen „das Pferd von hinten aufzäumen“ bzw. den Reiter nennen, bevor festgestellt ist, welches Ross der Sache nach betroffen ist. Aus diesem Grund kann der Frage der Rechtsinhaberschaft erst dann fundiert nachgegangen werden, wenn Klarheit darüber besteht, auf welcher Rechtsgrundlage die Fußballübertragungsrechte beruhen.

Im dritten Kapitel wird sodann der Grundüberlegung nachgegangen, den bisherigen hausrechtlichen Ansatz in modifizierter Form als dogmatisches Fundament der Fußballübertragungsrechte fruchtbar zu machen. Ausgehend vom bislang vorherrschenden Hausrechtsverständnis wird die Möglichkeit beleuchtet, die Rechtsprechungsgrundsätze, die der BGH i.R.d. „Schloss Tegel“- und „Schlösser und Gärten“-Entscheidung zur kommerziellen Verwertung von Bildmaterial erarbeitet hat, auch auf den Bereich der Fußballübertragungsrechte zu übertragen (3. Kap. F.). Da die besagten Rechtsprechungsgrundsätze dogmatisch an das Grundstückseigentum anknüpfen, würde hierdurch bei konsequenter Fortführung der bestehenden Leitlinien die Möglichkeit eröffnet, am Stadiongrundstück eine Dienstbarkeit zur Anfertigung und Verwertung von audio-visuellem Sendematerial zu bestellen. Hierdurch könnte Lizenznehmern – im Unterschied zur bisherigen Rechtslage, nach der Lizenznehmer nach h.M. ausschließlich auf schuldrechtliche Ansprüche verwiesen bleiben – erstmals eine dingliche Rechtsposition eingeräumt werden. Ein derartiges Vorgehen wurde bereits vereinzelt im Schrifttum diskutiert,

---

37 BGH, Urt.v. 08.11.2005 – KZR 37/03, NJW 2006, 377 ff. – Hörfunkrechte; BGH, Urt.v. 28.10.2010 – I ZR 60/09, NJW 2011, 1811 ff. – Hartplatzhelden.de.

38 *Wegner*, S. 18; *Strauß*, S. 128; *Christensen*, JuS 1996, 873 m.w.N.

39 Aufschlussreich hierzu die Ausführungen des Bundeskartellamtes: BKartA, Entsch.v. 12.01.2012 – B 6-114/10.

jedoch im Ergebnis verworfen. Die Bezugnahme der „Schlösser und Gärten"-Entscheidung auf die sportrechtliche „Hörfunkrechte"-Entscheidung lässt sich aber richtungsweisend dahin deuten, dass der BGH eine Übertragbarkeit für möglich hält. Bevor eine Heranziehung der einschlägigen Rechtsprechungsgrundsätze erfolgen kann, ist jedoch zu klären, ob der sachenrechtliche Grundsatz des Numerus Clausus sowie etwaig vorrangige urheberrechtliche Wertungen einer entsprechenden Anwendung entgegenstehen (3. Kap. D., E.).

Das vierte Kapitel der Arbeit behandelt sodann die Verhaltensweise der Fußballübertragungsrechte bzw. die der Lizenzen an diesen in der Insolvenz. Da die Insolvenz des Vertragspartners mit erheblichen wirtschaftlichen Risiken verbunden ist, besteht auf Seiten der solventen Vertragspartei regelmäßig ein besonderes Interesse daran, sich im Insolvenzfall möglichst frühzeitig von dem Vertragsverhältnis zu lösen. Die Untersuchungen betreffen deshalb zunächst im Allgemeinen die Frage der Zulässigkeit sogenannter insolvenzabhängiger Lösungsklauseln (4. Kap. A.), bevor sodann speziell für den Bereich der Lizenzen an Fußballübertragungsrechten eine inhaltliche Auseinandersetzung mit diesem Themenkomplex erfolgt (4. Kap. B.). Keine Berücksichtigung finden dagegen solche Lösungsklauseln, die die Insolvenz eines Fußballvereins und die hiermit verbundenen Auswirkungen auf dessen zur Teilnahme am Spielbetrieb berechtigende Sportlizenz betreffen.[40] Konstellationen, die die Insolvenz eines Sportvereins zum Gegenstand haben, fallen nach h.M. – mangels Vorliegens eines gegenseitigen Vertrages[41] – nicht in den Anwendungsbereich der §§ 103 ff. InsO, sondern richten sich vornehmlich nach den Bestimmungen des Verbandsrechts.[42]

Unabhängig davon, ob insolvenzabhängige Lösungsklauseln als wirksam eingestuft werden oder ob man hierin eine unzulässige Umgehung des Insolvenzverwalterwahlrechts erblickt, werden im weiteren Verlauf der Untersuchungen die Rechtsfolgen dargestellt, die bei Beendigung des Lizenzvertrages über

40 Vgl. hierzu *Herr*, S. 156 ff.; konkret für den Zwangsabstieg von Alemannia Aachen *Korff*, ZInsO 2013, 1277 ff.

41 Zwischen den Vereinen und dem Sportverband wird nach h.M. kein gegenseitiger Vertrag, sondern ein Vertrag mit größerer Ähnlichkeit zum Gesellschaftsvertrag geschlossen, vgl. *Walker*, KTS 2003, 169, 176; *Korff*, ZInsO 2013, 1277, 1278. „Gesellschaftsverträge sind keine „gegenseitigen Verträge" und unterfallen damit nach der Gesetzesbegründung nicht dem Anwendungsbereich der §§ 103 ff. InsO (§ 137 RegE), BT-Drs. 12/2443, S. 152; *Walker*, KTS 2003, 169, 176.

42 *Haas*, NZI 2003, 177, 179; *Walker*, KTS 2003, 169, 176; *Marotzke*, in: Heidelberger Kommentar zur InsO, § 112 Rn. 24. A.A.: *Adolphsen*, der auch in diesem Fall die §§ 103 ff. InsO für anwendbar hält, KTS 2005, 53, 65 ff.

Fußballübertragungsrechte eintreten (4. Kap. C.). In diesem Zusammenhang ist zu klären, ob die Lizenzen automatisch mit Vertragsbeendigung an den Lizenzgeber zurückfallen oder aber nach den Grundsätzen des Abstraktionsprinzips weiterhin Bestand haben. Diese Frage betrifft Lizenzgeber, Lizenznehmer und Sublizenznehmer gleichermaßen, da ein gutgläubiger Erwerb von Lizenzrechten nach allgemeiner Überzeugung nicht möglich ist[43] und Sublizenznehmer regelmäßig keinen Einfluss auf das ihrem Vertragsverhältnis vorgelagerte Rechtsverhältnis haben oder ausüben können.[44]

Ganz andere Überlegungen stehen im Fokus des letzten Kapitels. Dieser Teil der Untersuchungen ist einem Teilaspekt des Risikomanagements gewidmet, mit Hilfe dessen von Vereinsseite aus ein gewichtiger Teil des sportlichen bzw. wirtschaftlichen Risikos auf Dritte übergewälzt werden soll. Den Ausgangspunkt der Überlegungen bilden hierbei die Einnahmen der Bundesligavereine, die aus der medialen Inlandsvermarktung der Fußballübertragungsrechte erzielt werden. Diese bemessen sich in Gestalt des geltenden Verteilungsschlüssels, der für die Verteilung der Medienerlöse maßgeblich ist, unmittelbar nach den jeweils von Vereinsseite erreichten sportlichen Resultaten. Maßgeblich für den jeweils auf den einzelnen Verein entfallenden Erlösanteil sind die erzielte Durchschnittsplatzierung der laufenden Saison sowie – mit abnehmender Gewichtung – die Endplatzierungen der vorangegangenen drei Spielzeiten (5. Kap. C. I.). Von Vereinsseite ist man bestrebt, die unmittelbare wirtschaftliche Abhängigkeit vom sportlichen Gelingen zu verringern. Da die bislang in dieser Richtung unternommenen Anstrengungen der Vereine nicht die gewünschten Erfolge erzielten, soll die Möglichkeit einer Risikoverlagerung durch Abschluss einer Hedgingvereinbarung erörtert werden. Im Rahmen dessen soll der zukünftige Erlösanteil vorab zu einem festen Preis an einen oder mehrere Investoren veräußert werden, um auf diesem Weg einen Teil des sportlichen Risikos von den Vereinen auf Dritte zu verlagern (5 Kap. C. II.). Im Anschluss hieran wird sodann die praktische Umsetzung der Hedgingvereinbarung durch Emission von Genussscheinen beleuchtet (5. Kap. D.), bevor abschließend Vorschläge zum organisatorischen Rahmen eines solchen Vorhabens gemacht werden (5. Kap. E.).

---

43 Vgl. statt aller: *Herr*, S. 167 m.w.N.

44 Vgl. *Körber*, in: Adolphsen/Nolte/Lehner/Gerlinger, Rn. 2617. Auch liegt es in der Entscheidungsmacht des Lizenzgebers, ob dem Lizenznehmer die Befugnis zur weiteren Sublizenzierung gewährt wird. Im Falle der Rechtevermarktung durch Sportrechteagenturen ist die Befugnis zur Sublizenzierung dagegen erforderlich, *Körber*, in: Adolphsen/Nolte/Lehner/Gerlinger, Rn. 2570. Zu den Vor- und Nachteilen der Einschaltung von Sportrechteagenturen vgl. *Elter*, S. 165 ff.

2. Kapitel: Dogmatische Grundlagen der Fußballübertragungsrechte

Der Gesetzgeber hat im Bereich der Sportveranstaltungen seit jeher ein ausgesprochen schwach ausgeprägtes Regelungsinteresse gezeigt.[45] Trotz der kontinuierlich gestiegenen ökonomischen Bedeutung von Sportereignissen ist diesbezüglich keine grundlegende Änderung zu verzeichnen. Exemplarisch für deren „Schattendasein" in der Gesetzgebungspraxis steht die Thematik des Leistungsschutzes für Sportveranstalter. Obgleich ein bereits im Jahre 2006 erstelltes Rechtsgutachten – das von der Kommission „Sportwetten" in Auftrag gegeben wurde – die Schaffung eines eigenen gesetzlichen Leistungsschutzrechtes deutlich befürwortet hat,[46] ist dessen gesetzliche Normierung unterblieben.[47] Mangels spezialgesetzlicher Regelung hat sich der Rechtsanwender daher mit den allgemeinen Vorschriften zu behelfen. Im Rahmen der nachfolgenden Ausführungen werden die Rechtsgrundlagen behandelt, die in Rechtsprechung und Literatur bislang als Anknüpfungspunkte zur dogmatischen Herleitung der Fußballübertragungsrechte herangezogen wurden. Hierzu zählen solche des Urheber- (2. Kap. A.), des Lauterkeits- (2. Kap. B.) und des Deliktsrechts (2. Kap. C.). Ebenso wurde ein Ansatz im Gewohnheitsrecht (2. Kap. D.) und insbesondere im Hausrecht (2. Kap. E.) gesehen.

A. Grundlage im Urheberrecht

I. § 81 UrhG

§ 81 UrhG räumt dem Veranstalter ein eigenes urheberrechtliches Leistungsschutzrecht ein, sofern die Veranstaltung die Darbietung eines ausübenden

45 Ein verstärktes Regelungsinteresse ist lediglich im Bereich von Sportwetten sowie der Liste bedeutender Sportereignisse i.S.d. § 4 RStV feststellbar, mit der die Teilhabe der Öffentlichkeit an sportlichen Großereignissen von herausgehobener Bedeutung sichergestellt werden soll.

46 *Hilty/Henning-Bodewig*, Rechtsgutachten „Leistungsschutzrechte für Sportveranstalter?" S. 87 ff.

47 Vgl. zum Ganzen auch *Bullinger/Jani*, ZUM 2008, 897, 898.

Künstlers umfasst.[48] Das Vorliegen der dort statuierten Anspruchsvoraussetzungen ist im Stile einer Schachtelprüfung zu ermitteln. Im Zuge dessen wird zunächst vorausgesetzt, dass die Austragung eines Fußballspiels als Darbietung eines ausübenden Künstlers i.S.d. § 73 UrhG einzuordnen ist. Dies ist der Fall, wenn es sich bei den sportlichen Darbietungen der Fußballprofis um eine Ausdrucksform der Volkskunst oder die Aufführung eines Werkes i.S.d. § 2 UrhG handelt. Die Tatbestandvariante der Ausdrucksform einer Volkskunst ist vorrangig auf Folklore bezogen und soll konkret Volkslieder, Tänze und Märchen mit „sprachlichen und musikalischen Ausdrucksformen“[49] erfassen. Hieran fehlt es bei der Austragung von Fußballspielen.

1. Voraussetzungen eines Werkes i.S.d. § 2 UrhG

Näher zu erörtern ist jedoch, ob die Durchführung eines Fußballspiels die Merkmale eines Werkes i.S.d. § 2 UrhG erfüllt. Nach den in ständiger Rechtsprechungspraxis Anwendung findenden Grundsätzen der „kleinen Münze“[50] werden grundsätzlich keine hohen Anforderungen an das Erreichen einer urheberrechtlichen Werkqualität gestellt. Danach werden „einfache aber gerade noch geschützte geistige Schöpfungen“[51] erfasst. Wann nach dieser relativ konturenlosen Formel die Voraussetzungen des § 2 UrhG erfüllt sind, bleibt eine Frage des Einzelfalls. Die inhaltlichen Anforderungen bedürfen einer Konkretisierung. Um greifbare Ergebnisse erzielen zu können, hat *Loewenheim* vier Kriterien herausgearbeitet. Diese müssen kumulativ erfüllt sein, um das Vorliegen eines urheberrechtlichen Werkes bejahen zu können.

Danach ist im Einzelnen erforderlich, dass eine „persönliche Schöpfung“ vorliegt (1.), die einen „geistigen Gehalt“ in dem Sinne aufweist, dass ein Gedanken- oder Gefühlsinhalt zum Ausdruck kommt (2.). Ferner muss die „persönliche

---

48 In diesem Fall verweist § 81 S. 1 UrhG auf die §§ 77, 78 UrhG, die dem Veranstalter insbesondere ein Aufnahme, Vervielfältigungs- und Verbreitungsrecht aus § 77 Abs. 1 und 2 UrhG, sowie das Recht zur öffentlichen Wiedergabe i.S.d. § 78 UrhG gewähren.

49 Vgl. *Büscher*, in: Wandtke/Bullinger, § 73, Rn. 13; *Dreier*, in: Dreier/Schulze, § 73, Rn. 9.

50 Der Begriff geht auf Alexander Elster zurück und beschreibt die unterste Grenze urheberrechtlich geschützter Werke. Eingehend zum Schutz der kleinen Münze im Urheberrecht, *Loewenheim*, GRUR 1987, 761 ff.

51 BGH, Urt.v. 26.09.1980 – I ZR 17/78, GRUR 1981, 267, 268 – Dirlada.

Schöpfung“ eine „wahrnehmbare Formgestaltung“ annehmen (3.) und die „Individualität des Urhebers“ zum Ausdruck bringen (4.).[52]

Nach diesen Kriterien wird nachfolgend untersucht, ob die Werkqualität i.S.d. § 2 UrhG in Bezug auf Fußballspiele festgestellt werden kann.

a. Vorliegen einer persönlichen Schöpfung

Der Voraussetzung einer persönlichen Schöpfung kommt nur Abgrenzungscharakter gegenüber maschinellen und tierischen Erzeugnissen zu, so dass hieran keine hohen inhaltlichen Anforderungen zu stellen sind.[53] Das Merkmal kann als erfüllt angesehen werden, weil sich der Verlauf eines Fußballspiels aus einer Vielzahl „menschlich-gestalterische[][r] Tätigkeiten“[54] der einzelnen Spieler zusammensetzt.

b. Geistiger Gehalt der persönlichen Schöpfung

Zur Annahme eines geistigen Gehalts ist notwendig, dass ein „menschliche[r] Geist […] im Werk zum Ausdruck komm[][t].“[55] Dieses Kriterium setzt einerseits voraus, dass ein „Gedanken- oder Gefühlsinhalt“ des Urhebers erkennbar wird. Andererseits wird verlangt, dass ein Werk i.S.d. § 2 UrhG einen individuellenästhetischen Gehalt aufweist. Diese Merkmale sind hier näher zu erörtern.

aa) Gedanken- oder Gefühlsinhalt

Der schöpferische Geist des Urhebers tritt dadurch hervor, dass ein Gedanken- oder Gefühlsinhalt in dessen Werk Niederschlag und Ausdruck findet.[56] Bei Sportveranstaltungen wird dieses Erfordernis nach nahezu einhelliger Auffassung als nicht erfüllt angesehen und diesen deshalb die Werkqualität grundsätzlich abgesprochen.[57] Das Bestehen einer persönlichen geistigen Schöpfung i.S.d. § 2 Abs. 2 UrhG wird dabei mit unterschiedlichen Begründungsansätzen negiert. Zum Teil wird darauf abgestellt, dass der Fokus bei sportlichen Darbietungen nicht auf einen „Gedanken- oder Gefühlsausdruck“,[58] sondern auf „körperliche[r]

---

52 *Loewenheim*, in: Schricker/Loewenheim, § 2, Rn. 9; *Handig*, GRUR Int. 2012, 9, 11.

53 *Loewenheim*, in: Schricker/Loewenheim, § 2, Rn. 11.

54 *Loewenheim*, in: Schricker/Loewenheim a.a.O.

55 *Loewenheim*, in: Schricker/Loewenheim, § 2, Rn. 18.

56 OLG Hamburg, Beschl.v. 26.04.2010 – 5 U 160/08; *Schulze*, in: Dreier/Schulze, § 2, Rn. 12.

57 Vgl. *Waldhauser*, S. 116.

58 *Schulze*, in: Dreier/Schulze, § 2, Rn. 146.

Geschicklichkeit, Kraft und Perfektion"[59] gerichtet sei. Andere führen an, dass es an einer persönlich geistigen Schöpfung mangele, weil der Wettkampfaspekt im Vordergrund stehe und keine „eigenschöpferische Darbietung" vorhanden sei.[60] Ferner wird vertreten, dass ein persönlicher geistiger Schöpfungsakt deshalb fehle, weil bei Mannschaftssportarten kein feststehender Ablauf vorhanden sei, sondern die Darbietung auf Zufall und den jeweiligen „spielerischen Fähigkeiten" der einzelnen Spieler beruhe.[61] Genau spiegelbildlich hierzu verläuft die Argumentation anderer Stimmen im Schrifttum, die das Vorliegen einer persönlichen geistigen Schöpfung gerade ablehnen, weil bei Sportveranstaltungen bereits vor Wettkampfbeginn „einheitliche und für alle Teilnehmer gleichsam verbindliche Regeln" bestünden.[62]

Auch die Rechtsprechung vertritt diese Sichtweise. Einzig in den Entscheidungen „Eisrevue I" und „Eisrevue II" hat der BGH erwogen der Kür im Rahmen einer Eiskunstlaufveranstaltung die Werkqualität i.S.d. § 2 UrhG beizumessen.[63] Einer derart differenzierten Einordnung ein und derselben Sportveranstaltung wird sich zum Teil auch im Schrifttum angeschlossen.[64] Vor diesem Hintergrund erscheint es ebenso denkbar, das Kriterium des geistigen Gehalts in Bezug auf Fußballspiele einer differenzierten Betrachtung zu unterziehen. Zu erörtern ist, ob das Vorliegen eines geistigen Gehalts zumindest hinsichtlich der praktizierten taktischen Spielsysteme angenommen werden kann. Sofern im Schrifttum eine inhaltliche Auseinandersetzung mit diesem Aspekt erfolgt, wird eine geistige Schöpfung deshalb verneint, weil die Vermittlung eines „Gedanken- und Gefühlinhalts" bei fußballerischen Taktikleistungen fehle.[65] Dem lässt sich entgegenhalten, dass Rechtsprechung und Literatur dieses Merkmal bereits dann als erfüllt ansehen, wenn die Darbietung auf den Konsumenten eine „geistig-anregende Wirkung"[66]

---

59 *Schulze*, in: Dreier/Schulze, a.a.O.

60 *Hilty/Henning-Bodewig*, S. 39.

61 *Agudo y Berbel/Engels*, WRP 2005, 191 in Bezug auf Hörfunkrechte.

62 *Haas/Reimann*, SpuRt 1999, 182. Diesen Standpunkt hat auch der EuGH vertreten. Vgl. EuGH, Urt.v. 04.10.2011 – C-403/08 – Football Association Premier League u. a. ./. QC Leisure und C-429/08 – Karen Murphy u. a. ./. Media Protection Services, GRUR 2012, 156, 160, (Rn. 96 ff.).

63 BGH, Urt.v. 18.03.1960 – I ZR 121/58, NJW 1960, 1900 ff. – Eisrevue I; BGH, Urt.v. 18.03.1960 – I ZR 75/58, NJW 1960, 1902 f. – Eisrevue II; vgl. *Haas/Reimann*, SpuRt, 1999, 182, Fn. 3.

64 *Waldhauser*, S. 91. Vgl. auch *Lochmann*, S. 119 m.w.N.

65 *Waldhauser*, S. 90.

66 *Loewenheim*, in: Schricker/Loewenheim, § 2, Rn. 18.

dergestalt ausübt, dass sie „seine Stimmung, sein Empfinden, sein Gefühl oder seine Phantasie anregt“[67] bzw. „unterhaltend, belehrend, veranschaulichend, erbauend oder sonstwie anregend wirkt“.[68] Da taktische Spielzüge während eines Fußballspiels durchaus unterhaltende und stimmungsanregende Züge offenbaren, könnte in Betracht gezogen werden, das Vorliegen eines Gedanken- oder Gefühlsinhalts insoweit anzunehmen

bb) Individuell-ästhetischer Gehalt

Erforderlich ist aber ferner, dass die vom Urheber erbrachte geistige Schöpfung eine geistig-ästhetische Wirkung entfaltet. Dies setzt voraus, dass Geist und Sinne des Betrachters, Lesers oder Hörers angesprochen werden.[69] Hierzu hat der BGH in mehreren Entscheidungen folgende Formel entwickelt: „Der ästhetische Gehalt des Werkes muß jedoch einen solchen Grad aufweisen, daß nach Auffassung der für Kunst empfänglichen und mit Kunstanschauungen einigermaßen vertrauten Kreise von einer „künstlerischen“ Leistung gesprochen werden kann.“[70] Bei der Beurteilung, ob der für ein Werk erforderliche „Mindestgrad an ästhetischem Gehalt“[71] erreicht wird, kommt es dabei entscheidend darauf an, dass eine hinreichende Eigentümlichkeit besteht. Hieran fehlt es, wenn die in Rede stehende Leistung auf bereits „bekannte Vorbilder“[72] und Elemente zurückgeht und dadurch eine „rein handwerkliche Tätigkeit“[73] darstellt, die „kein [eigenständiges] geistiges Schaffen“[74] beinhaltet.

Nach diesen Grundsätzen mangelt es den während eines Fußballspiels praktizierten taktischen Systemen an der notwendigen Eigentümlichkeit und damit an dem „individuell[] ästhetischen Gehalt“[75]. Denn nach den vorgenannten Maßstäben stellen die taktischen Spielsysteme im Profi-Fußball altbekannte Handlungsabläufe dar, die sämtlichen Profi-Mannschaften geläufig sind und damit in den Bereich bloß handwerklicher Tätigkeiten einzuordnen sind. Innerhalb der taktischen Vorgaben verbleibt dem einzelnen Spieler damit kein Platz für eine

67 BGH, Urt.v. 14.11.1980 – I ZR 73/78, NJW 1981, 2055, 2056 – Quizmaster.
68 *Schulze*, in: Dreier/Schulze, § 2, Rn. 12.
69 *Schulze*, in: Dreier/Schulze, a.a.O.
70 BGH, Urt.v. 21.05.1969 – I ZR 42/67, GRUR 1972, 38, 39 – Vasenleuchter; BGH, Urt.v. 25.05.1973 – I ZR 2/72, GRUR 1974, 669, 671 – Tierfiguren.
71 BGH, Urt.v. 21.05.1969 – I ZR 42/67, GRUR 1972, 38, 39 – Vasenleuchter.
72 BGH a.a.O.
73 BGH, Urt.v. 26.09.1980 – I ZR 17/78, GRUR 1981, 267, 268 – Dirlada.
74 BGH, a.a.O.
75 BGH, a.a.O; vgl. *Bullinger*, in: Wandtke/Bullinger, § 2, Rn. 21.

„eigenschöpferische Prägung“[76]. Unter diesem Blickwinkel erschließt sich auch die durch den BGH im Bereich der Eiskunstdarbietungen vorgenommene Differenzierung, nach der lediglich die Kür, nicht aber der Pflichtteil urheberrechtlichen Schutz genießt. Während der jeweilige Eiskunstläufer im Pflichtteil des Wettkampfes keinen Spielraum für Darbietungen hat, denen eine persönliche Eigentümlichkeit als Ausdruck geistig-ästhetischen Schaffens innewohnt, ist er in der Kür frei darin, eigene Choreografieteile schöpferisch zu entwerfen oder bereits bekannte Eiskunstlaufelemente in einer neuen Abfolge aufzuführen.[77]

Hierin liegt der maßgebliche Unterschied im Vergleich zu taktischen Spielzügen im Profi-Fußball. Berechtigterweise wird daher Fußballspielen nach nahezu einhelliger Auffassung die Werkqualität abgesprochen.[78] Diese Sichtweise hat der EuGH jüngst in der Entscheidung Football Association Premier League – Karen Murphy[79] abermals bestätigt.[80] Aus diesem Grund kommt Fußballspielen kein Leistungsschutz aus § 81 UrhG zu.

II. § 81 UrhG analog

Denkbar erscheint es aber, zugunsten des Veranstalters von Fußballspielen ein Leistungsschutzrecht aus § 81 UrhG analog herzuleiten. Hierfür spricht die Grundüberlegung, dass das Schutzbedürfnis eines Sportveranstalters bzw. des Veranstalters von Fußballspielen mit dem eines ausübenden Künstlers i.S.d. § 73

---

76 BGH, Urt.v. 21.11.1980 – I ZR 106/78, GRUR 1981, 352, 353 –Staatsexamensarbeit; BGH, Urt.v. 09.05.1985 – I ZR 52/83, NJW 1986, 192, 196 – Inkasso-Programm.

77 Zur Klassifizierung als „eigenpersönliche Schöpfung“ von Elementen einer Operette beim Eiskunstlauf vgl. BGH, Urt.v. 18.03.1960 – I ZR 75/58, NJW 1960, 1902, 1903 – Eisrevue II.

78 BGH, Beschl.v. 14.03.1990 – KVR 4/88, NJW 1990, 2815, 2817 – Sportübertragungen. Statt vieler: *Lochmann*, S. 118 ff. m.w.N. Unklar *Papier*, FS für Lerche, S. 675, 678; A.A.: *Dieckmann*, UFITA 127 (1995), 35, 51, wobei unklar bleibt, ob eine unmittelbare oder analoge Anwendung des § 81 UrhG befürwortet wird.

79 EuGH, Urt.v. 04.10.2011 – C-403/08 – Football Association Premier League u. a. ./. QC Leisure und C-429/08 – Karen Murphy u. a. ./. Media Protection Services, GRUR 2012, 156, 160 (Rn. 98: „Sportereignisse können jedoch nicht als geistige Schöpfungen angesehen werden, die sich als Werke im Sinne der Urheberrechtsrichtlinie einordnen ließen. Das gilt insbesondere für Fußballspiele, die Spielregeln unterliegen, die für eine künstlerische Freiheit im Sinne des Urheberrechts keinen Raum lassen.“).

80 Vgl. zum Werkbegriff und dessen nationalen und unionsrechtlichen Schutzumfang, *Handig*, GRUR Int. 2012, 9, 11.

UrhG vergleichbar ist.[81] Denn aufgrund der besonderen Aktualitätsgebundenheit, die sportlichen Wettstreiten immanent ist und mit fortschreitendem Zeitablauf zu einem rapiden Wertverlust führt, lässt sich auch in Bezug auf Sportveranstalter ein besonderes Interesse an effektivem Leistungsschutz erkennen. Dies gilt insbesondere mit Blick auf den erheblichen finanziellen Aufwand, der im Rahmen einer Sportveranstaltung zu schultern ist.[82] Unter Gleichbehandlungsgesichtspunkten wird daher im Schrifttum eine entsprechende Anwendung des § 81 UrhG auch ohne Erreichen der Werkqualität befürwortet.[83] Hierfür spreche, dass der Veranstalterschutz aus § 81 UrhG der Sache nach ein rein lauterkeitsrechtliches Schutzrecht darstelle.[84]

Für eine analoge Anwendung wäre aber zunächst das Vorliegen einer planwidrigen Regelungslücke erforderlich; an der Planwidrigkeit der Regelungslücke fehlt es jedoch nach h.M.[85] Denn ausweislich der Begründung des Regierungsentwurfes hat der damalige Gesetzgeber bei der Urheberrechtsnovelle im Jahre 1965 expressis verbis bewusst Zirkus- und Varietévorführungen nicht mit in den geschützten Kreis aufnehmen wollen.[86] Aus der bewussten Auslassung von Zirkus- und Varietévorführungen folgert man im Schrifttum, dass selbiges auch für die Darbietung sportlicher Leistungen gelte und es insoweit an dem Bestehen einer planwidrigen Regelungslücke fehle.[87] Jedoch lässt sich der Begründung des seinerzeit veröffentlichten Regierungsentwurfes entnehmen, dass eine Erweiterung des Kreises geschützter Darbietungen zum damaligen Zeitpunkt im Jahre 1965 lediglich vorläufig – die Ausführungen sind in zeitlicher Hinsicht expressis verbis auf die Rechtslage „zur Zeit"[88] begrenzt – nicht in Frage kam. Daher wird

81 Vgl. *Diekmann*, UFITA 127 (1995), 35, 51 für ein vergleichbares Schutzbedürfnis der Spieler mit einem ausübenden Künstler unter Verweis auf BGH, Urt.v. 31.05.1960 – I ZR 64/58, NJW 1960, 2043 ff. – Figaros Hochzeit.

82 Kritisch zum Argument des Investitionsschutzes *Hilty/Henning-Bodewig*, S. 73.

83 *Lochmann*, S. 120; *Diekmann*, UFITA 127 (1995), 35, 51.

84 *Lochmann*, a.a.O.

85 *Waldhauser*, S. 118; *Haas/Reimann*, SpuRt 1999, 182; *Lochmann*, S. 120.

86 In der Begründung zu § 83 UrhG heißt es hierzu wörtlich: „Von einer Erweiterung des Schutzes auf Darbietungen, die nicht Vorträge oder Aufführungen eines Werkes darstellen, wie in der Regel Zirkus- und Varietévorführungen, sieht der Entwurf ab. Wenn auch ein Schutzbedürfnis für solche Darbietungen in gewissem Umfang nicht schlechthin zu verneinen sein dürfte, so fehlt es doch für eine gesetzliche Regelung zur Zeit an der notwendigen Klärung und Abgrenzung dieses Problems." Vgl. Begründung des Regierungsentwurfes BT-Drs- IV/270, S. 27 bis 116.

87 In diesem Sinne *Kübler*, S. 43; *Waldhauser*, S. 118.

88 Begründung des Regierungsentwurfes BT-Drs- IV/270, S. 90.

zum Teil vorgebracht, dass der Gesetzgeber seinerzeit von einer anderen Rechtlage ausgegangen sei.[89] Denn bei Erlass des § 81 UrhG habe zusätzlich Schutz auf lauterkeitsrechtlicher Basis gewährt werden können.[90] Infolge der Neuregelung im Jahre 2004 sei nun im UWG ein gewandeltes Verständnis vorherrschend; dies betreffe insbesondere die Generalklausel aus § 3 UWG, die nunmehr nur noch in besonderen Ausnahmefällen die Rechte eines Sportveranstalters schütze.[91] In Abweichung zur Rechtslage im Jahre 1965 werde auf lauterkeitsrechtlicher Grundlage kein ausreichendes Schutzniveau mehr gewährleistet. Daher hätten sich die Gegebenheiten im Vergleich zur früheren Situation grundlegend geändert, als man die Erstreckung urheberrechtlichen Leistungsschutzes auf Sportveranstaltungen mit Blick auf das UWG habe versagen können.[92]

Trotz dieses berechtigten Einwands spricht sich der überwiegende Teil der Literatur gegen eine analoge Anwendung des § 81 UrhG aus[93] und befürwortet die Schaffung eines eigenen Sportveranstalterrechts, das neben dem Leistungsschutzrecht aus § 81 UrhG Bestand haben soll.[94] Dies wird damit begründet, dass es für eine analoge Anwendung an einer vergleichbaren Interessenlage fehle. Denn der 25-jährige Schutzumfang i.R.d. § 81 UrhG sei deshalb unsachgerecht, weil Sportveranstaltungen im Vergleich zu der Darbietung künstlerischer Werke ein besonders kurzlebiges Zeitmoment zukomme und eine langjährige Schutzdauer insoweit als übersetzt erscheine.[95]

III. § 95 UrhG

Der Veranstalter von Fußballspielen könnte sich bei der medialen Vermarktung jedoch gegebenenfalls auf den Laufbilderschutz aus § 95 UrhG berufen. Seinem Wesen nach ist der Laufbilderschutz ein lauterkeitsrechtlich ausgerichteter

89 Vgl. *Hilty/Henning-Bodewig*, S. 84. In diesem Sinne bereits *Waldhauser*, S. 119.

90 Vgl. *Hilty/Henning-Bodewig*, a.a.O.

91 *Hilty/Henning-Bodewig*, S. 47; A.A.: *Summerer*, in: Fritzweiler/Pfister/Summerer, 4. Teil, Rn. 49.

92 Vgl. *Hilty/Henning-Bodewig*, S. 84 f.

93 Mangels Bestehens einer planwidrigen Regelungslücke erkennen auch *Hilty/Henning-Bodewig* keine analoge Anwendung des § 81 UrhG an, vgl. *Hilty/Henning-Bodewig*, S. 40.

94 *Hilty/Henning-Bodewig*, S. 85, 86; A.A.: *Dieckmann*, UFITA 127, 35, 47, 51 der einen urheberrechtlich verorteten Leistungsschutz für Lizenzspieler befürwortet weil diese gegenüber ausübenden Künstlern ebenso schutzbedürftig seien.

95 Vgl. *Lochmann*, S. 121 f.

„Investitionsschutz".[96] Hierdurch wird die „organisatorische und wirtschaftliche Leistung"[97] auch desjenigen geschützt, der eine Filmproduktion herstellt, die die Anforderungen eines Filmwerkes nicht erreicht und begrifflich als „Laufbild" unter § 95 UrhG einzuordnen ist.[98] Nach h.M. werden Aufnahmen von Sportveranstaltungen weiterhin als Laufbilder i.S.d. § 95 UrhG eingeordnet;[99] eine aufstrebende Mindermeinung bejaht hingegen das Vorliegen eines Filmwerkes.[100] Der Schutz des § 95 UrhG erstreckt sich auf den Filmträger i.S.d. § 94 UrhG.[101] Geschützt wird nur die Erstfixierung.[102] Da bei Fußball-Live-Übertragungen aber die erforderliche Erstfixierung fehlt, ist § 95 UrhG insoweit nicht anwendbar.[103] Ist dagegen eine Erstfixierung erfolgt, dann kommen den Laufbildern Leistungsschutzrechte unabhängig davon zu, ob das ganze Spiel oder lediglich Teilausschnitte in Form von Zusammenfassungen gezeigt werden.[104] Aus diesem Grund wären alle Aufnahmen eines Fußballspiels mit Ausnahme der besonders lukrativen Live-Übertragungen vom Schutzbereich des § 95 UrhG erfasst.[105]

Ein Laufbilderschutz zugunsten des DFB, der DFL bzw. der einzelnen Vereine scheitert jedoch daran, dass nach § 95 UrhG nur derjenige Schutz erfährt, der tatsächlich die wirtschaftliche Verantwortung, d. h. das gesamte finanzielle Risiko der Produktion, übernimmt.[106] Dies ist in Bezug auf die Übertragung von Fußballspielen der einzelne Sender, nicht jedoch der Ligaverband bzw. dessen Tochtergesellschaft, die Deutsche Fußball Liga GmbH (DFL).[107]

In diesem Kontext hat das OLG München in Bezug auf eine Boxveranstaltung ausgeführt, dass die Schutzrechte der §§ 94, 95 UrhG den unternehmerischen

---

96 *Bullinger/Jani*, ZUM 2008, 897, 899.

97 *Katzenberger*, in: Schricker/Loewenheim, § 95, Rn. 3.

98 *Wiebe*, in: Spindler/Schuster, § 95, Rn. 1, 2.

99 *Katzenberger*, in: Schricker/Loewenheim, § 95, Rn. 10 m.w.N.

100 *Bullinger/Jani*, ZUM 2008, 897, 899; *Jungheim*, SpuRt 2008, 89, 92; offen gelassen: *Elter*, S. 100. Die M.M. begründet das Vorliegen eines Filmwerkes damit, dass aufgrund der gestiegenen technischen Möglichkeiten in Gestalt von Zeitlupen, Nahaufnahmen und der Einspielung von Spielsequenzen, sowie der umfangreichen Bildregie von bis zu 14 Kameras ein ausreichend gestalterischer Spielraum vorhanden sei, vgl. *Schulze*, in: Dreier/Schulze, § 2, Rn. 210.

101 *Elter*, S. 100.

102 *Bullinger/Jani*, ZUM 2008, 897, 899; *Jungheim*, SpuRt 2008, 89, 91.

103 *Jungheim*, SpuRt 2008, 89, 91; vgl. hierzu ebenfalls *Lochmann*, S. 122.

104 Für einen Schutz von Filmteilen vgl. *Schulze*, in: Dreier/Schulze, § 94, Rn. 29.

105 Vgl. *Schulze*, in: Dreier/Schulze, a.a.O.

106 BGH, Urtv. 22.10.1992 – I ZR 300/90, NJW 1993, 1470, 1471 – Filmhersteller.

107 In diesem Sinne *Lochmann*, S. 122.

Aufwand schützten, der mit der Filmerstellung einhergehe. Daher sei der (Box-) Veranstalter auch dann nicht als Filmhersteller einzuordnen, wenn die Aufnahmen in seinem Auftrage angefertigt würden.[108] Der Senat hat ferner klargestellt, dass der Boxveranstalter, der den Auftrag zur Erstellung des audio-visuellen Materials erteile, die Filmherstellereigenschaft lediglich in dem Fall erlange, „wenn der Produzent und Auftragnehmer in jeder Hinsicht seinen Weisungen zu folgen hat, in seinem Namen und auf seine Rechnung Verträge schließt, Rechte erwirbt, die Finanzierung übernimmt und das Risiko in vollem Umfang trägt".[109] An der geforderten vollständigen Übernahme des unternehmerischen Risikos fehlte es bislang auf Seiten der DFL.[110] Etwas anderes hätte einzig für die damaligen Pläne der DFL gegolten, ab dem Jahr 2009 das Basissignal aller Spiele der 1. und 2. Fußball-Bundesliga durch das DFL-eigene Tochterunternehmen Sportcast produzieren zu lassen. Geplant war, hierdurch potenziellen Interessenten eine bereits vollständig erstellte Sportsendung bereitzustellen, die unmittelbar als verwertbares Endprodukt von Sportcast bezogen werden sollte.[111] Der jeweilige TV-Sender sollte demnach selbst nur noch eigene Aufnahmen von Interviews oder Nachberichten selbst produzieren.[112] Hierbei sollte die DFL neben den anfallenden Kosten für die Produktion und Distribution des Basissignals das gesamte wirtschaftliche Risiko übernehmen und demnach die Konstruktion einer unechten Auftragsproduktion vorliegen.[113] Infolge eines derartigen sog. unechten Auftragsproduktionsverhältnisses hätte die DFL Laufbilderschutz nach § 95 UrhG beanspruchen können.[114] Nachdem aber das Bundeskartellamt ernsthafte Bedenken hiergegen geäußert hatte,[115] legte die DFL diese Pläne wieder ad acta und beließ es bei der bisherigen

108 OLG München, Urt.v. 20.03.1997 – 29 U 4573/96, NJW-RR 1997, 1405, 1406.

109 OLG München, a.a.O.

110 Vgl. hierzu allgemein für Sportveranstalter, *Lochmann*, S. 122.

111 *Jungheim*, SpuRt 2008, 89; SpuRt 2009, 13, 15.

112 Vgl. *Jungheim*, SpuRt 2008, 89, 91.

113 *Jungheim*, SpuRt 2008, 89, 90.

114 Vgl. hierzu *Schulze*, in: Dreier/Schulze, § 94, Rn. 9.

115 Kritisch sah das Bundeskartellamt insbesondere, die Tatsache, dass TV-Sender „die vorgefertigte Live-Berichterstattung ohne eigene redaktionelle Bearbeitungsmöglichkeit" hätten übernehmen müssen. Das Bundeskartellamt befürchtete insoweit, dass hierdurch der Qualitätswettbewerb und die Presse- und Meinungsfreiheit beeinträchtigt werden könnten. Vgl. Bundeskartellamt, Hintergrundpapier zur Pressekonferenz am 24. Juli 2008 zum Thema „Zentralvermarktung der Verwertungsrechte der Fußball Bundesliga ab dem 1. Juli 2009", S. 5, abrufbar unter: http://www.bundeskartellamt.de/wDeutsch/download/pdf/080724_PK_Hintergrundpapier.pdf, Stand (Oktober 2013).

Praxis, bei der die Sender das Sendematerial selbst produzieren.[116] Aufgrund dessen genießt der Veranstalter von Fußballspielen keinen Laufbilderschutz nach § 95 UrhG.

IV. § 87 UrhG

Ein Leistungsschutzrecht aus § 87 UrhG kommt ebenfalls nicht in Betracht. Ein solches besteht nur zugunsten von Sendeunternehmen. Hieran fehlt es aber auf Seiten der betreffenden Vereine bzw. der DFL.[117] Nach bisheriger Praxis haben DFL und Vereine weder eine eigene Sendetätigkeit ausgeübt noch die wirtschaftliche und organisatorische Verantwortung für die Ausstrahlung der Spiele übernommen, so dass der Anwendungsbereich des § 87 UrhG nicht eröffnet ist.[118] Das geplante Sendeformat, bei dem das DFL-Tochterunternehmen Sportcast eine fertig produzierte Sportsendung hergestellt hätte, wurde – wie gerade angesprochen – aufgrund der rechtlichen Bedenken des Bundeskartellamtes wieder verworfen.[119]

B. Grundlage im UWG

Der Veranstalter von Fußballspielen kann aber unter Umständen auf lauterkeitsrechtlicher Grundlage Leistungsschutz erlangen. Im Rahmen seiner Entscheidung „Sportübertragungen" hat der BGH bereits im Jahre 1990 ausgeführt, dass die wirtschaftlichen Interessen des Sportveranstalters „je nach Fallgestaltung" neben anderen Vorschriften auch durch einen lauterkeitsrechtlichen Abwehranspruch aus § 1 UWG a.F. Schutz erfahren.[120] Nähere inhaltliche Erläuterungen zu einem lauterkeitsrechtlichen Leistungsschutz waren dem Beschluss des BGH jedoch nicht zu entnehmen.

---

116 Vgl. *Jungheim*, SpuRt 2009, 13, 16.

117 *Waldhauser*, S. 163; *Lochmann*, S. 122.

118 Vgl. allgemein zu den Voraussetzungen eines Sendeunternehmens i.S.d. § 87 UrhG, *Dreier*, in: Dreier/Schulze, § 87, Rn. 5; *Ehrhardt*, in: Wandtke/Bullinger, § 87, Rn. 13. Eine Ausnahme hiervon bilden kostenpflichtige vereinseigene Sender wie etwa „BVB total" oder „HSV total".

119 Vgl. *Jungheim*, SpuRt 2009, 13, 16.

120 BGH, Beschl.v. 14.03.1990 – KVR 4/88, NJW 1990, 2815, 2817 – Sportübertragungen.

I. Anwendbarkeit des Lauterkeitsrechts

Verschiedentlich hat im Schrifttum eine inhaltliche Auseinandersetzung mit dem Rangverhältnis zwischen Urheberrecht und Lauterkeitsrecht, speziell mit der Frage der Anwendbarkeit des UWG auf Sportveranstaltungen, stattgefunden.[121] In Frage steht hierbei, ob Sportveranstaltungen lauterkeitsrechtlicher Schutz zuteilwerden kann, obwohl diesen nach ganz h.M. ein solcher durch urheberrechtliche Vorschriften versagt bleibt. Insoweit wird teilweise vorgebracht, dass ein lauterkeitsrechtlicher Schutz grundsätzlich dort scheitern müsse, wo das speziellere Urheberrecht einen Schutz bewusst versage.[122] Da der Gesetzgeber Sportveranstaltungen aber lediglich unter urheberrechtlichem Blickwinkel als nicht schützenswert erachtet habe, sei hierdurch noch keine auch auf lauterkeitsrechtliche Normen übertragbare Vorentscheidung getroffen worden.[123] Ergänzend wird hierzu angeführt, dass die Aufnahme von Sportveranstaltungen in den Regelungsbereich des § 81 UrhG deshalb unterblieben sei, weil der Gesetzgeber insoweit keinen urheberrechtlichen Regelungsbezug gesehen habe; hierdurch habe man Sportveranstaltungen jedoch nicht per se jegliche Schutzwürdigkeit absprechen wollen.[124] Zwischen § 81 UrhG und § 1 UWG a.F. wird daher ein Spezialitätsverhältnis dergestalt angenommen, dass Lauterkeitsrecht stets anwendbar bleibt, sofern kein vorrangiges urheberrechtliches Schutzrecht eingreift.[125] Aufgrund dessen wird in Bezug auf Sportveranstaltungen von einer Anwendbarkeit lauterkeitsrechtlicher Vorschriften ausgegangen.[126]

II. Vorliegen eines Wettbewerbsverhältnisses

1. Auffassung der h.M.

Nach alter Rechtslage, d. h. vor Durchführung der UWG-Novellen, leitete die h.M. im Schrifttum einen Leistungsschutz zugunsten des Sportveranstalters aus § 1 UWG a.F. her.[127] Inhaltliche Grundvoraussetzung für einen lauterkeitsrechtlichen

121 Vgl. statt vieler, *Roth*, AfP 1989, 515, 517.

122 *Haas/Reimann*, SpuRt 1999, 182, 186.

123 Vgl. *Haas/Reimann* a.a.O.

124 *Waldhauser*, S. 137.

125 *Roth*, AfP 1989, 515, 517.

126 *Roth*, a.a.O.

127 Ein Abwehranspruch der sportlichen Akteure aus § 1 UWG wurde dagegen mangels eines Wettbewerbsverhältnisses zwischen Sportler und TV-Sender/

Anspruch war und bleibt auch nach neuem Recht das Vorliegen eines Wettbewerbsverhältnisses zwischen zwei Mitbewerbern. Ein solches wird zwischen einem Sportveranstalter und einem das Sportereignis übertragenden TV-Sender nach allgemeiner Auffassung damit begründet, dass beide im Wettbewerb um die Nachfrage des Publikums ständen.[128] Ferner fördere das Senden der Spiele den Absatz der Sender auf Kosten des Sportveranstalters, da sich hierdurch möglicherweise weniger Zuschauer zu einem Stadionbesuch entschlössen.[129] In dieselbe Richtung argumentiert die einschlägige Rechtsprechung und führt an, dass das konkrete Wettbewerbsverhältnis dadurch gekennzeichnet sei, dass sich die Wettbewerbshandlung wegen der Gleichheit des Kundenkreises unmittelbar gegen einen oder andere Mitbewerber richte.[130] Mit Blick auf einen effektiven wettbewerbsrechtlichen Leistungsschutz wurden in früheren Entscheidungen „keine besonderen Anforderungen" an das Vorliegen eines Wettbewerbsverhältnisses gestellt.[131] Soweit ersichtlich wurde einzig in dem „Hartplatzhelden"-Urteil des BGH das Vorliegen eines Wettbewerbsverhältnisses für den Bereich der medialen Vermarktung von Fußballspielen verneint; diese rechtliche Einordnung war jedoch expressis verbis auf den Fall von Amateurspielen begrenzt.[132]

2. Argumente der Gegenmeinung

Bei genauer Betrachtung ist aber fraglich, ob tatsächlich ein Wettbewerbsverhältnis zwischen der audio-visuellen Übertragung von Sportveranstaltungen und dem Stadionbesuch vor Ort besteht. *Parlasca* und *Elter* verneinen dies.[133] Sie ziehen in Zweifel, dass insoweit dieselben Zuschauerbedürfnisse bedient würden; diesbezüglich sind sie der Ansicht, dass das Angebot von Fußballspielen im TV im

---

Rechteverwerter abgelehnt. Vgl. *v. Westerholt*, ZIP 1996, 264, 265; *Haas/Reimann*, SpuRt 1999, 182, 183.

128 Vgl. BGH, Urt.v. 25.05.1963 – Ib ZR 62/62, NJW 1963, 1742, 1743 – Vortragsabend für den Fall einer Tonbandaufnahme eines Kabarettisten.

129 Für das Wettbewerbsverhältnis zwischen Boxveranstalter und TV-Sender, BGH, Urt.v. 29.04.1970 – I ZR 30/68, NJW 1970, 2060 – Bubi Scholz; *Roth*, AfP 1989, 515, 517; *Haas/Reimann*, SpuRt 1999, 182, 186; *v. Westerholt*, ZIP 1996, 264, 265. Das OLG München hat gar zwischen der Ausstrahlung historischer Boxkämpfe und einer aktuellen Boxveranstaltung ein Wettbewerbsverhältnis bejaht, vgl. OLG München, Urt.v. 20.03.1997 – 29 U 4573/96, NJW-RR 1997, 1405, 1406.

130 OLG München, a.a.O.

131 So ausdrücklich OLG München, a.a.O.

132 BGH, Urt.v. 28.10.2010 – I ZR 60/09, NJW 2011, 1811, 1813 – Hartplatzhelden.de.

133 *Parlasca*, S. 238 f.; *Elter*, S. 296 f.

Vergleich zu einem unmittelbaren Stadionbesuch verschiedenartige „Erlebnisdimensionen“ vermittle und dass insoweit unterschiedliche Kundenbedürfnisse angesprochen würden.[134] Ferner wird die Hypothese aufgestellt, dass TV-Angebote und Stadionbesuche partiell auf dieselbe „Teilmenge des Publikums“[135] abzielten und eine erhöhte Medienpräsenz gar eine Steigerung der Stadionbesuche bewirken könne.[136] Der BGH hat in diesem Zusammenhang ausgeführt, dass lauterkeitsrechtlicher Rechtsschutz im Grundansatz lediglich voraussetze, dass ein tatsächliches oder zumindest potenzielles Wettbewerbsverhältnis zwischen den betroffenen Parteien bestehe.[137] Das Erfordernis eines Wettbewerbsverhältnisses wurde sodann im nächsten Satz dahingehend präzisiert, dass insoweit maßgeblich sei, „ob aus Sicht der angesprochenen Verkehrskreise die angebotenen Waren oder Dienstleistungen austauschbar“ seien.[138] Unter Beachtung dieses Grundsatzes fehlt es aber nach der von *Parlasca* und *Elter* vertretenen Auffassung aus Sicht der angesprochenen Verkehrskreise gerade an der erforderlichen Substituierbarkeit, so dass nach diesem Maßstab ein Wettbewerbsverhältnis im Ergebnis zu verneinen wäre. Die fehlende Austauschbarkeit eines Stadionbesuchs durch entsprechende TV-Angebote wird nach *Parlasca* mittelbar durch empirische Untersuchungen belegt. Danach sei empirisch bewiesen, dass die Unterstützung der eigenen Mannschaft, das unmittelbare Stadionerlebnis und insbesondere die spezielle Stimmung auf den Rängen aus Zuschauersicht die Hauptkriterien für einen Stadionbesuch bildeten.[139]

3. Zuschauerentwicklung als Beleg fehlender Substituierbarkeit

Stellt man die Zuschauerentwicklung der Fußball-Bundesliga der gestiegenen TV-Präsenz gegenüber, so lässt sich die Tatsache der fehlenden Substituierbarkeit untermauern: Die Zuschauerzahlen in den zurückliegenden Spielzeiten 2008/2009 (12,822 Mio Stadionbesuche[140]), 2009/2010 (12,791 Mio Stadionbesuche[141]), 2010/2011 (12,882 Mio Stadionbesuche[142]) sind im Vergleich zur Saison

134 *Parlasca*, S. 239; *Elter*, S. 296 f.
135 *Elter*, S. 297.
136 Vgl. *Parlasca*, S. 239; *Elter*, S. 297.
137 BGH, Urt.v. 17.01.2002 – I ZR 215/99, NJW 2002, 2781, 2782 – Lottoschein.
138 BGH, a.a.O.
139 *Parlasca*, S. 239.
140 *DFL*, Bundesliga Report 2010, S. 20.
141 Vgl. *DFL*, Bundesliga Report 2011, S. 56.
142 Vgl. *DFL*, Bundesliga Report 2012, S. 56.

2000/2001 (8,696 Mio Stadionbesuche[143]) stark angestiegen. Der Zuwachs an Stadionbesuchen ist damit trotz der erhöhten TV-Berichterstattung, insbesondere der ab der Saison 2000/2001 erfolgenden Live-Ausstrahlung aller 306 Bundesligaspiele im Pay-TV,[144] erfolgt.

Die fehlende Austauschbarkeit wird ferner dadurch erkennbar, dass auch die Anzahl der Stadionbesuche in dem Zeitraum 2008 bis 2011 insgesamt sehr konstant geblieben ist,[145] obwohl ab der Saison 2009/2010 das TV-Angebot an Live-Übertragungen – in Form der zeitlich nachgelagerten Übertragung des Topspiels am Samstagabend, sowie der nun zeitversetzt stattfindenden Sonntagsspiele – weiter angewachsen und noch flexibler geworden ist als zuvor.[146] Diese Fakten belegen, dass Stadionbesuche und Live-Übertragungen aus Sicht der angesprochenen Verkehrskreise nicht austauschbar sind und tatsächlich nicht denselben sachlichen Markt betreffen.[147] Infolgedessen wäre das erforderliche konkrete Wettbewerbsverhältnis zu verneinen.[148] Auf dieser Tatsachengrundlage muss ernstlich in Frage gestellt werden, ob das Bestehen eines Wettbewerbsverhältnisses alleine deswegen bejaht werden kann, weil die potenzielle Möglichkeit besteht, dass identische Zuschauerkreise angesprochen werden könnten, wenn konkrete Zahlen eindeutig belegen, dass dies tatsächlich seit einigen Jahren nicht der Fall ist.[149]

Unabhängig hiervon ist auch die jüngere Rechtsprechung dazu übergegangen, strengere Voraussetzungen an das Vorliegen eines Wettbewerbsverhältnisses zu stellen. Diesbezüglich hat der BGH klargestellt, dass der Absatz eines Anbieters auf Kosten des anderen gehen müsse und „die Anforderungen an die Austauschbarkeit [scil. der Leistungen] nicht allzu sehr abgesenkt werden“ dürften.[150] Vor

---

143 *DFL*, Bundesliga Report 2010, S. 20.

144 Zur Ausweitung der Live-Fußballübertragungen im Pay-TV vgl. *Mai*, S. 20.

145 Saison 2008/2009 (12,822 Mio Stadionbesuche), Saison 2009/2010 (12,791 Mio Stadionbesuche), Saison 2010/2011 (12,882 Mio Stadionbesuche), vgl. Fn. 145 ff.

146 Neues Topspiel am Samstagabend, Sport1, abrufbar unter: http://www.sport1.de/de/fussball/fussball_bundesliga/artikel_29226.html, Stand (Oktober 2013).

147 In diesem Sinne auch *Michel/Brinkmann*, in: Beck'scher Kommentar zum Rundfunkrecht, § 5, Rn. 96, die darauf hinweisen, dass die audio-visuelle Live-Übertragung keinen Einfluss auf die Zuschauerzahlen in den Stadien hat.

148 Zur Annahme eines Wettbewerbsverhältnis auf dem sachlichen Markt vgl. die allgemeinen Ausführungen von *Sosnitza*, in: Piper/Ohly/Sosnitza, § 2, Rn. 56.

149 In diesem Sinne auch *Keller*, in: Harte-Bavendamm/Henning-Bodewig, § 2, Rn. 144. A.A: *Fesenmair*, NJOZ 2009, 3673, 3679, der ein „mögliches“ Wettbewerbsverhältnis als ausreichend ansieht.

150 BGH, Urt.v. 17.01.2002 – I ZR 215/99, NJW 2002, 2781, 2782 – Lottoschein.

diesem Hintergrund kann bei dieser Sachlage nicht länger ein Wettbewerbsverhältnis bejaht werden. Hierfür spricht auch, dass seit der UWG-Novelle 2004 ein abstraktes Wettbewerbsverhältnis nicht länger zur Begründung der Aktivlegitimation ausreichend ist.[151] Nach alledem sprechen die besseren Argumente dafür, in Abweichung zur h.M kein Wettbewerbsverhältnis zwischen Fußballübertragungen und Stadionbesuchen anzunehmen.[152]

III. Ergänzender Leistungsschutz nach § 4 Nr. 9 UWG

Folgt man der h.M. und lässt bereits ein rein potenzielles Wettbewerbsverhältnis genügen, so ist zu untersuchen, ob der Veranstalter eines Fußballspiels lauterkeitsrechtlichen Leistungsschutz beanspruchen kann. Die grundsätzlichen Änderungen, die in den Jahren 2004 und 2008 mit den UWG-Novellen[153] einhergegangen sind, haben auch Auswirkungen auf die lauterkeitsrechtliche Bewertung von Sportveranstaltungen entfaltet. Abgesehen von der grundsätzlichen Anwendbarkeit des Lauterkeitsrechts, die weiterhin mangels spezialgesetzlichen Leistungsschutzes aus § 81 UrhG fortbesteht,[154] hat sich gerade durch die UGP-Richtlinie, die in der zweiten UWG-Novelle in nationales Recht umgesetzt wurde, ein weitgehender Wandel vollzogen.

1. Begrenzungswirkung der Beispielsfälle

In Abweichung zur früheren Rechtslage ist die lauterkeitsrechtliche Generalklausel (§ 1 UWG a.F.) nunmehr in § 3 Abs. 1 UWG normiert; wesentlich ist aber, dass fortan vorrangig die in § 4 Nr. 1 bis 11 UWG neu gefassten – nicht abschließend aufgezählten – Beispielsfälle unlauterer Handlungen zu prüfen sind, bevor eine potenzielle Anwendung der Generalklausel in Betracht kommt. Maßgeblich ist, dass die Alternativen Nr. 1 bis 11 in § 4 UWG eine Begrenzungswirkung

151 Vgl. *Sosnitza*, in: Piper/Ohly/Sosnitza, § 2 Rn. 63.

152 *Lochmann* hingegen spricht sich dafür aus neben dem Ticketverkauf auch andere Bereiche wie Werbung und Sponsoring mit in die Beurteilung der Frage aufzunehmen, ob zwischen Sportveranstalter und Sendeanstalt ein Wettbewerbsverhältnis besteht. Vgl. *Lochmann,* in: Prisma des Sportrechts, S. 247, 264.

153 Gesetz gegen den unlauteren Wettbewerb (UWG) vom 03.07.2004, BGBl I 2004, 1414; Erstes Gesetz zur Änderung des Gesetzes gegen den unlauteren Wettbewerb (1. UWGÄndG) vom 22.12.2008, BGBl I 2008, 2949.

154 Vgl. *Paal*, CR 2009, 438, 439; *Hoeren/Schröder*, MMR 2008, 551, 553.

dergestalt entfalten, dass bei Nichterfüllung einer der Alternativen zunächst umgekehrt die Lauterkeit des in Rede stehenden Verhaltens zu untersuchen ist,[155] bevor schließlich die Unlauterkeit einer Wettbewerbshandlung im Sinne der Generalklausel des § 3 Abs. 1 UWG überprüft werden darf.[156] Ist keiner der in § 4 Nr. 1 bis 11 UWG aufgeführten Beispielsfälle erfüllt, kommt daher ein Rückgriff auf die Generalklausel in § 3 Abs. 1 UWG nur noch in Ausnahmefällen in Betracht.[157]

2. Fehlen einer Nachahmungshandlung

Für den Bereich von Sportveranstaltungen, insbesondere Fußballspielen, sind die in § 4 Nr. 9 UWG normierten Beispielsfälle von Interesse.[158] Danach wird ergänzender Leistungsschutz in Bezug auf Fußballübertragungen von einer Mindermeinung ausnahmsweise dann für denkbar gehalten, wenn die aus ökonomischen Gesichtspunkten bedeutsame Exklusivität der Erstverwertung durch eine Übernahmehandlung eines Dritten berührt wird.[159] Dies soll aber nur dann gelten, wenn es sich um eine „zeitgleiche oder zumindest zeitnahe Erstverwertung im TV oder einem qualitativen Substitut“[160] handle, die zu einer Beeinträchtigung der Exklusivität führe.

Diese Auffassung ist in Übereinstimmung mit dem BGH und der h.M. im Schrifttum abzulehnen. Ratio legis des § 4 Nr. 9 UWG ist es den Unternehmer gegen Ausbeutung eines von ihm realisierten Leistungsergebnisses durch unlautere Mittel eines Mitbewerbers zu schützen.[161] So hat der erste Senat in der „Hartplatzhelden“-Entscheidung audio-visuellem Bildmaterial von Fußballspielen mit überzeugender Begründung die Gewährung ergänzenden Leistungsschutzes versagt. Zwar ließen die Entscheidungsgründe allgemein dahinstehen, „ob und in welchem Umfang die Veranstaltung eines Fußballspiels eine nach § 4 Nr. 9 UWG

155 *Hilty/Henning-Bodewig*, S. 45.

156 Vgl. statt vieler: *Steinbeck*, GRUR 2008, 848, 853.

157 Vgl. *Podszun*, in: Harte-Bavendamm/Henning-Bodewig, UWG, § 3, Rn. 76 ff.

158 Der Gesetzgeber hat in Bezug auf ergänzenden Leistungsschutz i.S.d. § 4 Nr. 9 UWG inhaltlich nahezu vollständig die in der Rechtsprechungspraxis zur früheren lauterkeitsrechtlichen Generalklausel (§ 1 UWG a.F.) entwickelten Fallgruppen übernommen. Vgl. *Lochmann*, in: Prisma des Sportrechts, Fn. 72.

159 *Maume*, MMR 2008, 797, 800.

160 *Maume*, a.a.O.

161 *Köhler*, in: Köhler/Bornkamm, § 4, Rn. 9.2.

schutzfähige Leistung darstellt".[162] Ergänzender Leistungsschutz wurde jedoch – in Bezug auf die Filmaufzeichnung eines Fußballspiels bzw. einzelner Teile hiervon – deshalb nicht gewährt, weil es bereits an dem Ausgangstatbestandsmerkmal der „Nachahmung" fehle.[163] Die Aufzeichnung eines Fußballspiels stelle keine Nachahmung, sondern bloß eine „daran anknüpfende eigenständige Leistung" dar, da sich die Teil- und Gesamtleistung aller an einem Fußballspiel beteiligten Verantwortlichen von der in der Filmaufzeichnung eines Fußballspiels zu bestehenden Leistung unterscheide.[164] Ein Ausnutzen der Leistung erfolge daher nicht durch Nachahmung, sondern allenfalls durch eine unmittelbare Übernahme des Leistungsergebnisses.[165] Ein derartiger unmittelbarer Schutz des Leistungsergebnisses werde aber nicht durch § 4 Nr. 9 UWG gewährt.[166]

Die von dem BGH in Bezug auf Fußballspiele getroffenen Ausführungen entsprechen dem in Rechtsprechung und Schrifttum allseits anerkannten Grundsatz, nach dem § 4 Nr. 9 UWG nicht als subjektives Recht, sondern als „Marktverhaltensregelung"[167] verstanden wird. Ergänzender Leistungsschutz besteht damit nur bei bestimmten unlauteren Nachahmungshandlungen und greift nicht bereits ein, sofern bloß eine Leistung vorliegt.[168]

3. Mangelnde Unlauterkeit

Die Anwendbarkeit des § 4 Nr. 9 UWG scheitert aber auch aus einem anderen Grund. Denn die Nachahmung fremder Leistungen ist als solche nicht wettbewerbswidrig.[169] Vielmehr leitet die ganz h.M. im Umkehrschluss aus dem Numerus Clausus der Immaterialgüterrechte eine grundsätzliche Befugnis des Wettbewerbers zur Imitation fremder Leistungen her (Grundsatz der Nachahmungsfreiheit).[170] § 4 Nr. 9 UWG ist folglich nur anwendbar, wenn zur Nachahmungshandlung sonstige,

---

162 BGH, Urt.v. 28.10.2010 – I ZR 60/09, NJW 2011, 1811 – Hartplatzhelden.de.

163 BGH, a.a.O.

164 BGH, a.a.O. Vgl. *Hoeren/Schröder*, MMR 2008, 551, 553 f. So auch *Maume*, MMR 2008, 797, 799.

165 BGH, Urt.v. 28.10.2010 – I ZR 60/09, NJW 2011, 1811, 1812 – Hartplatzhelden.de.

166 BGH, a.a.O. m.w.N.

167 Vgl. *Köhler*, in: Köhler/Bornkamm, § 4, Rn. 9.4; BGH, 02.12.2004 – I ZR 30/02, NJW-RR 2005, 983, 984 – Klemmbausteine III; vgl. hierzu ebenso *Sambuc*, in: Harte-Bavendamm/Henning-Bodewig, § 4 Nr. 9, Rn. 13 ff.

168 Vgl. statt aller *Sambuc*, in: Harte-Bavendamm/Henning-Bodewig, § 4 Nr. 9, Rn. 13.

169 Vgl hierzu umfassend *Köhler*, in: Köhler/Bornkamm, § 4 Nr. 9 UWG, Rn. 9.4.

170 BGH, Urt.v. 11.01.2007 – I ZR 198/04, NJW-RR 2008, 124, 128 – Handtaschen.

die Unlauterkeit begründende Elemente hinzutreten.[171] Auch diese sind jedoch bei der Film- und Tonaufzeichnung eines Fußballspiels nicht zu erkennen. Denn die in § 4 Nr. 9 UWG enthaltenen Unlauterkeitsgründe der Täuschung über die betriebliche Herkunft (Alt. a), der Rufausbeutung (Alt. b) und der unredlichen Erlangung von Kenntnissen oder Unterlagen (Alt. c) sind nicht geeignet, das Anfertigen und Verwerten von Sendematerial an Fußballspielen zu erfassen.[172] Da es damit sowohl an einer Nachahmungshandlung als auch an einer einschlägigen Unlauterkeitsalternative aus § 4 Nr. 9 a) – c) UWG mangelt, kann jedenfalls zugunsten der Aufzeichnung und Verwertung von audio-visuellem Sendematerial von Fußballspielen und sonstigen Sportveranstaltungen kein ergänzender Leistungsschutz gewährt werden.

IV. Schutz über Generalklausel gem. § 3 UWG

Unmittelbarer Leistungsschutz könnte jedoch über die lauterkeitsrechtliche Generalklausel in § 3 UWG erfolgen. Im Unterschied zu § 4 Nr. 9 UWG erfordert diese nicht das Vorliegen besonderer Unlauterkeitsmerkmale.[173] Nach früherer Rechtslage wurde die Generalklausel (§ 1 UWG a.F.) regelmäßig als dogmatischer Ansatzpunkt der Fußballübertragungsrechte herangezogen. Dies ist nach geltendem Recht nicht länger möglich. Der Wandel geht auf die Richtlinie 2005/29/EG über unlautere Geschäftspraktiken (UGP-Richtlinie) zurück, die mit dem Ersten Gesetz zur Änderung des Gesetzes gegen den unlauteren Wettbewerb (2. UWG-Novelle) in nationales Recht umgesetzt wurde.[174] In Art. 4 der Richtlinie ist das Prinzip der Vollharmonisierung statuiert. Danach sind in allen Mitgliedstaaten einheitliche Regelungen verbindlich.[175] Entgegen der früheren nationalen Rechtslage kommt der Generalklausel aus § 3 UWG fortan kein extensiver Anwendungsbereich mehr zu. Dennoch wird im Schrifttum vereinzelt erwogen, Fußballspielen einen lauterkeitsrechtlichen Schutz aus § 3 UWG zu gewähren.

---

171 Vgl. *Sambuc*, in: Harte-Bavendamm/Henning-Bodewig, § 4 Nr. 9, Rn. 14, 37.

172 Vgl. *Lochmann*, in: Prisma des Sportrechts, S. 247, 267 f.

173 *Ohly*, in: Piper/Ohly/Sosnitza, § 4, Rn. 9.3.

174 *Köhler*, in: Köhler/Bornkamm, Einleitung, 3. Kapitel, 3. Abschnitt II. Rn. 3.64.

175 Vgl. *Ohly*, in: Piper/Ohly/Sosnitza, Einführung C. III. 11., Rn. 45; *Köhler*, in: Köhler/Bornkamm, Einleitung, 3. Kapitel, 3. Abschnitt II. Rn. 3.61.

1. Meinungsstand im Schrifttum

Teile des Schrifttums sind der Auffassung, dass die lauterkeitsrechtliche Generalklausel nur noch in besonderen, nicht näher erläuterten Ausnahmekonstellationen Schutzwirkung zugunsten einer Sportveranstaltung entfaltet.[176] Dies folge aus dem im Zuge der UWG-Novellen geänderten Grundverständnis, nach dem ein Schutz auf Grundlage der Generalklausel fortan erst im Falle des Nichtvorliegens eines Beispiels aus § 4 Nr. 1 bis 11 UWG und anschließender Untersuchung der Lauterkeit in Frage komme.[177] Partiell wird ein Schutz über die Generalklausel auch deshalb abgelehnt, weil § 3 UWG kein subjektives Recht enthalte, da die Norm weder einen eigenen Zuweisungsgehalt habe noch Durchsetzungsbefugnisse vermittle und daher im Ergebnis „eine allgemeine Handlungsregel in Form einer negativen Eingrenzung der grundgesetzlichen Wettbewerbsfreiheit“[178] darstelle.

Ungeachtet der weitreichenden Veränderungen, die das Lauterkeitsrecht durch die UGP-Richtlinie erfahren hat, wird weiterhin eine Schutzgewährung zugunsten von Sportveranstaltungen auf Grundlage der lauterkeitsrechtlichen Generalklausel befürwortet.[179] Dies wird inhaltlich damit begründet, dass der Sportveranstalter mit einem erheblichen Finanzierungs- und Organisationsaufwand ein Leistungsergebnis geschaffen habe, welches die Voraussetzungen eines „subjektivrechtlichen investitionsbezogenen Leistungsschutz[es]“ erfülle und daher ohne weiteres anderen Entscheidungen vergleichbar sei, in denen obergerichtlich investitionsspezifischer Leistungsschutz gewährt worden sei.[180] Die lauterkeitsrechtliche Generalklausel in § 3 Abs. 1 UWG sei auch dazu geeignet, einen leistungsbezogenen Investitionsschutz zu ermöglichen. Denn zum einen werde von der h.M. bereits seit langem aus einem „ganzen Konglomerat“ von Rechten der Sache nach ein „verdeckte[][r] Investitionsschutz“ gewährt, zum andern beziehe sich der durch § 3 UWG gewährleistete Leistungsschutz lediglich auf gewisse Leistungen

---

176 *Hilty/Henning-Bodewig*, S. 47; *Paal*, CR 2009, 438, 440; A.A.: *Ohly*, in: Piper/Ohly/Sosnitza, § 4, Rn. 9.80.

177 *Hilty/Henning-Bodewig*, a.a.O.

178 *Helbig*, S. 128. Dieser Zuweisungsaspekt wurde vereinzelt sogar von Befürwortern eines lauterkeitsrechtlichen Leistungsschutzes kritisch angesprochen. So wurde darauf hingewiesen, dass es im Rahmen eines Anspruches aus § 1 UWG a.F. eines „gewissen Begründungsaufwands“ bedürfe, um darzulegen, wem die TV-Rechte an Sportveranstaltungen konkret zugewiesen seien, vgl. *Petersen*, S. 16.

179 Umfassend hierzu *Lochmann*, in: Prisma des Sportrechts, S. 247, 268 ff.

180 *Lochmann*, S. 246.

und begründe keinen uferlosen Schutz.[181] Diese Mindermeinung ist abzulehnen. Denn ein solch weitreichender Schutz steht in Widerspruch zu dem reduzierten Anwendungsbereich des § 3 UWG, der der Vorschrift nach der UGP-Richtlinie verblieben ist.[182] Nach dem veränderten Grundverständnis der lauterkeitsrechtlichen Generalklausel kann nach ständiger Rechtsprechung und überwiegender Auffassung in der Literatur im Falle des Nichteingreifens der § 4 Nr. 9 a-c) UWG „nur in Ausnahmefällen" die Wettbewerbswidrigkeit aus § 3 Abs. 1 UWG hergeleitet werden.[183] Eine derart enge Interpretation entspricht auch der Rechtsprechungspraxis, die der BGH in aktuellen Entscheidungen zum Schutz von Sportveranstaltungen entwickelt hat.[184]

2. Wandel der aktuellen sportrechtlichen Rechtsprechung

In den Entscheidungen „Hörfunkrechte" und „Hartplatzhelden" hat der BGH entweder nicht oder nicht vorrangig auf einen lauterkeitsrechtlichen Schutz abgestellt. So wurde in dem „Hartplatzhelden"-Urteil expressis verbis offengelassen, „ob und gegebenenfalls unter welchen Voraussetzungen unmittelbarer Leistungsschutz auf der Grundlage von § 3 Abs. 1 UWG gewährt werden kann, wenn die Voraussetzungen der in § 4 Nr. 9 UWG geregelten Unlauterkeitstatbestände nicht

---

181 *Lochmann*, S. 241 f.

182 Vgl. hierzu *Podszun*, in: Harte-Bavendamm/Henning-Bodewig, UWG, § 3, Rn. 36 f., 76; *Ohly*, in: Piper/Ohly/Sosnitza, UWG, § 4, Rn. 11.8.

183 BGH, Urt.v. 11.01.2007 – I ZR 198/04, NJW-RR 2008, 124, 128 – Handtaschen; OLG Düsseldorf, Urt.v. 24.07.2012 – I-20 U 35/12, GRUR-RR 2012, 352, 356; OLG Köln, 21.12.2011 – 6 U 118/11, GRUR-RR 2012, 325, 329; OLG Karlsruhe, Urt.v. 14.04.2010 – 6 U 46/09, GRUR-RR 2010, 234, 237; *Podszun*, in: Harte-Bavendamm/Henning-Bodewig, § 3, Rn. 76; wohl auch *Sosnitza*, in: Piper/Ohly/Sosnitza, § 3, Rn. 62.

184 Für die Konstellation von Amateurfußballspielen hat der BGH lauterkeitskeitsrechtliche Abwehransprüche des Veranstalters zwar nicht unter Verweis auf die UWG-Novellen verneint. Ansprüche aus Wettbewerbsrecht wurden aber deshalb abgelehnt, weil Fernsehaufnahmen von Amateurspielen im Unterschied zu Sendematerial von Profispielen nicht die Nachfrage von Eintrittskarten beeinträchtigen könnten und die mediale Verwertung von Amateurspielen nicht zu dem „wesenseigenen gewerblichen Tätigkeitsbereich" eines (Landesfußball-) Verbandes gehöre, vgl. BGH, Urt.v. 28.10.2010 – I ZR 60/09, NJW 2011, 1811, 1813 – Hartplatzhelden.de. Diese Ausführungen sind klar auf den Amateurfußball bezogen und lassen sich nicht auf den Profibereich übertragen.

vorliegen".[185] Die weiteren Urteilsausführungen der „Hartplatzhelden"-Urteils weisen darauf hin, dass der Grundsatzentscheidung „Sportveranstaltungen" aus dem Jahre 1990 keine Festlegung dahingehend entnommen werden könne, „ob und in welchem Umfang dem Veranstalter eines Sportereignisses [...] „je nach Fallgestaltung" wettbewerbsrechtliche Abwehransprüche zustehen".[186] Diese Urteilsgründe deuten damit auf einen grundsätzlich engen Anwendungsbereich des § 3 UWG hin und sprechen dafür, dass der BGH die Grundlage für einen Schutz von Fußballübertragungsrechten grundsätzlich nicht im Wettbewerbsrecht angelegt sieht, obgleich die besagten Urteilsausführungen diesbezüglich ein „Hintertürchen" offen ließen. Der Bedeutungsverlust, den das Lauterkeitsrechts in Bezug auf Sportveranstaltungen erlitten hat, wird auch dadurch erkennbar, dass im „Hörfunkrechte"-Urteil des BGH an keiner Stelle der Entscheidungsgründe etwaige lauterkeitsrechtliche Abwehransprüche angedacht werden.[187]

3. Verstoß gegen lauterkeitsrechtliche Grundsystematik

Ein Schutz nach § 3 UWG muss letztlich deshalb ausscheiden, weil andernfalls eine Besserstellung im Vergleich zu dem nach § 4 Nr. 9 UWG gewährten ergänzenden Leistungsschutz bewirkt würde.[188] Denn die lauterkeitsrechtliche Generalklausel erfordert nicht das Vorliegen eines unlauteren Verhaltens, sondern schützt unmittelbar das „Leistungsergebnis"[189] selbst. Dass der Veranstalter von Fußballspielen keinen derartigen unmittelbaren Leistungsschutz genießt, wurde aber i.R.d. Grundsatzentscheidung „Sportübertragungen" klargestellt, in der ein Veranstalterschutz (aus § 81 UrhG) abgelehnt wurde.[190] Im Übrigen begründet ein solcher unmittelbarer Leistungsschutz einen Verstoß gegen die Systematik des Lauterkeitsrechts, welches „sonderdeliktische Marktverhaltensregelungen"[191] enthält und bestimmte unlautere Handlungen unterbinden, nicht aber originär das

185 BGH, Urt.v. 28.10.2010 – I ZR 60/09, NJW 2011, 1811, 1812 – Hartplatzhelden.de. Ausführlich hierzu *Körber*, in: Adolphsen/Nolte/Lehner/Gerlinger, Rn. 2522. In Bezug auf Profi-Fußballspiele sieht *Maume* den Anwendungsbereich des § 3 UWG als eröffnet an, vgl. *Maume*, MMR 2008, 797, 798

186 BGH, Urt.v. 28.10.2010 – I ZR 60/09, NJW 2011, 1811, 1812 – Hartplatzhelden.de.

187 Vgl. *Hilty/Henning-Bodewig*, Fn. 114; BGH, Urt.v. 08.11.2005 – KZR 37/03, NJW 2006, 377 ff. – Hörfunkrechte.

188 *Nemeczek*, GRUR 2011, 292.

189 *Nemeczek*, a.a.O.

190 BGH, Beschl.v. 14.03.1990 – KVR 4/88, NJW 1990, 2815, 2817 – Sportübertragungen.

191 *Nemeczek*, GRUR 2011, 292, 295.

Leistungsergebnis selbst schützen will.[192] Ein Schutz nach § 3 UWG muss daher ausscheiden.

V. Zwischenergebnis

Nach der hier vertretenen Auffassung fehlt es bei einem Stadionbesuch und einer Live-Übertragung im Fernsehen – in inhaltlicher Übereinstimmung mit *Parlasca* und *Elter* – bereits an der Substituierbarkeit und damit an dem erforderlichen Wettbewerbsverhältnis. Das tatsächliche Fehlen einer Austauschbarkeit wird durch die offiziellen Besucherzahlen der Fußball-Bundesliga belegt. Ungeachtet der gewachsenen Gesamtzahl von Live-Übertragungen ist auch die Summe der Stadionbesuche gestiegen und auch nach abermaliger Ausweitung des TV-Angebots in den letzten Jahren konstant geblieben.

Feststellbar ist, dass die aktuellere sportrechtliche BGH-Rechtsprechung keinen Leistungsschutz aus wettbewerbsrechtlichen Vorschriften herleitet,[193] sondern Fragestellungen, die einen lauterkeitsrechtlichen Schutz betreffen, offenlässt.[194] Im einschlägigen Schrifttum wird nach der UGP-Richtlinie nur noch vereinzelt ein Leistungsschutz aus Wettbewerbsrecht gewährt.[195] Infolge der oben dargestellten Veränderungen im Wettbewerbsrecht kann Sportveranstaltungen ein lauterkeitsrechtlicher Leistungsschutz – wenn überhaupt – nur noch in besonderen

---

192 *Nemeczek*, GRUR 2011, 292.

193 So bereits *Paal*, CR 2009, 438, 440. Vgl. auch *Hilty/Henning-Bodewig*, S. 47, Fn. 114, die zutreffend darauf hinweisen, dass der BGH in seiner „Hörfunkrechte" -Entscheidung (BGH, Urt.v. 08.11.2005 - KZR 37/03, NJW 2006, 377 ff. – Hörfunkrechte) mit keinem Wort auf ein potenziell denkbares Eingreifen der lauterkeitsrechtlichen Generalklausel eingeht. A.A.: *Stopper*, SpuRt 1999, 188, 190, der die Auffassung vertritt, dass das Hausrecht als Abwehrrecht gegenüber einem Rechtsschutz aus UWG zurücktrete, da die Vorschriften des UWG „die komplexen Strukturen" einer Sportveranstaltung besser erfassen und den Wert einer Sportveranstaltung genauer berücksichtigen könne. In diesem Sinne auch *Petersen*, S. 15 und *Helbig*, S. 137.

194 Die Fragestellungen „ob und in welchem Umfang die Veranstaltung eines Fußballspiels eine nach § 4 Nr. 9 UWG schutzfähige Leistung darstellt" und „ob und gegebenenfalls unter welchen Voraussetzungen unmittelbarer Leistungsschutz auf der Grundlage von § 3 I UWG gewährt werden kann, wenn die Voraussetzungen der in § 4 Nr. 9 UWG geregelten Unlauterkeitstatbestände nicht vorliegen" hat der BGH ausdrücklich offen gelassen, vgl. BGH, Urt.v. 28.10.2010 – I ZR 60/09, NJW 2011, 1811, 1812 – Hartplatzhelden.de.

195 Für einen Rechtsschutz nach § 3 UWG weiterhin *Summerer*, in: Fritzweiler/Pfister/Summerer, 4. Teil, Rn. 49.

Ausnahmefällen zuteilwerden.[196] Wann eine derartige Fallgestaltung vorliegen soll, kann nicht erkannt werden. Letztlich ist damit feststellbar, dass durch lauterkeitsrechtliche Vorschriften kein ausreichender Leistungsschutz zugunsten des Veranstalters von Fußballspielen gewährleistet werden kann.[197]

C. Schutz nach den Vorschriften über unerlaubte Handlungen i.S.d. §§ 823 Abs. 1, 826 BGB

I. § 823 BGB

Ein deliktischer Schutz von Fußballübertragungsrechten wird bereits seit längerer Zeit in der Rechtsprechung als möglich erachtet.[198] Bei der Frage, ob das Rahmenrecht des eingerichteten und ausgeübten Gewerbebetriebs einen Schutz von Sportveranstaltungen gem. § 823 Abs. 1 BGB gewähren kann, ist zwischen mehreren verschiedenen Problemkreisen zu differenzieren.

1. Anwendbarkeit des Deliktrechts

Der erste Problemkreis betrifft die Anwendbarkeit des Deliktsrechts in Bezug auf Sportveranstaltungen. Bedenken bestehen insoweit, als § 823 BGB nach ständiger Rechtsprechung und nahezu einhelliger Meinung im Schrifttum subsidiär zum wettbewerbsrechtlichen Leistungsschutz nach UWG ist und nur dort zur Anwendung gelangen kann, wo lauterkeitsrechtlicher Schutz nicht greift.[199] Wie bereits oben festgestellt, hat die wettbewerbsrechtliche Generalklausel aus § 3 UWG im Zuge der UWG-Novellen einen Bedeutungswandel erfahren. Sie gewährt – wenn überhaupt – nur noch in Ausnahmefällen einen lauterkeitsrechtlichen Leistungsschutz für Sportveranstaltungen. Der nicht mehr existierende oder zumindest stark reduzierte lauterkeitsrechtliche Schutzbereich hat auch Auswirkungen auf den Anwendungsbereich des Deliktsrechts. Dieser ist – vorbehaltlich potenzieller

---

196 *Hilty/Henning-Bodewig*, S. 47.

197 So auch Hilty/Henning-Bodewig, S. 47; für den Fall von Amateurspielen, *Hoeren/Schröder*, MMR 2008, 551, 554; *Paal*, CR 2009, 438, 440. A.A.: *Helbig*, S. 113, 130 f.

198 BGH, Beschl.v. 14.03.1990 – KVR 4/88, NJW 1990, 2815, 2817 – Sportübertragungen.

199 BGH, Urt.v. 22.12.1961 – I ZR 152/59, NJW 1962, 1103, 1105; *Lerche/Ulmer*, S. 87; *Haas/Reimann*, SpuRt 1999, 182, 187; *Lochmann*, S. 264; *Waldhauser*, S. 154; *Helbig*, S. 138.

Ausnahmefälle – grundsätzlich eröffnet, um die entstandenen Lücken des wettbewerbsrechtlichen Sportveranstalterschutzes zu schließen.

2. Eingerichteter und ausgeübter Gewerbebetrieb

Ein anderer Problemkreis ist darin zu sehen, ob wirtschaftliche Interessen des Sportveranstalters vom Schutzbereich des eingerichteten und ausgeübten Gewerbebetriebs erfasst sind, da diesem richterrechtlich entwickelten Institut von seiner Grundkonzeption her nur eine Auffangfunktion zukommt.[200] Hinsichtlich der kommerziellen Verwertung von Leistungen, die im Zusammenhang mit Sportveranstaltungen erbracht werden, ist dies durch die Rechtsprechung bejaht worden.[201] Da die zeitgleiche bzw. zeitnahe Verwertung von Fußballspielen im Fernsehen zum Kernbereich der wirtschaftlichen Verwertungsmöglichkeiten zählt, wird man den Anwendungsbereich des eingerichteten und ausgeübten Gewerbebetriebs als eröffnet ansehen müssen.[202]

a. Betriebsbezogenheit des Eingriffs

Doch ist umstritten, ob das anspruchsbegründende Merkmal des betriebsbezogenen Eingriffs bei einer unberechtigten Verwertung von audio-visuellen Aufnahmen von Fußballspielen bejaht werden kann. Das Merkmal der Betriebsbezogenheit begrenzt den sehr weiten Schutzbereich, der durch das richterrechtlich entwickelte Rechtsinstitut des eingerichteten und ausgeübten Gewerbebetriebs gewährt wird.[203] Nach der vom BGH entwickelten Formel besteht die erforderliche Betriebsbezogenheit nur, wenn der Eingriff den Gewerbebetrieb unmittelbar als solchen beeinträchtigt „und nicht Rechte oder Rechtsgüter betrifft, die vom Gewerbebetrieb ohne weiteres ablösbar sind".[204]

---

200 BGH, Urt.v. 10.12.1991 – VI ZR 53/91, NJW 1992, 1312 m.w.N.; *Wagner*, in: MüKo, BGB, § 823, Rn. 197.

201 BGH, Urt.v. 29.04.1970 – I ZR 30/68, NJW 1970, 2060 – Bubi Scholz; OLG München, Urt.v. 20.03.1997 – 29 U 4573/96, NJW-RR 1997, 1405, 1406 für die Konstellation von Boxkämpfen; vgl. hierzu auch *Waldhauser*, S. 155; *Hilty/Henning-Bodewig*, S. 41.

202 Vgl. *Waldhauser*, S. 155.

203 *Haas/Reimann*, SpuRt 1999, 182, 187.

204 BGH, Urt.v. 29.04.1970 – I ZR 30/68, NJW 1970, 2060 – Bubi Scholz unter Verweis auf BGH, Urt.v. 09.12.1958 – VI ZR 199/57, NJW 1959, 479, 481 – Stromunterbrechung; OLG München, Urt.v. 20.03.1997 – 29 U 4573/96, NJW-RR 1997, 1405, 1406; *Wagner*, in: MüKo, BGB, § 823, Rn. 194.

Im sportrechtlichen Schrifttum ist umstritten, ob in der audio-visuellen Übertragung von Sportveranstaltungen ein betriebsbezogener Eingriff gesehen werden kann, wenn die Ausstrahlung ohne Zustimmung des Veranstalters erfolgt.[205] Dies wird zum Teil bejaht und damit begründet, dass nach allgemeiner Überzeugung „die entgeltliche Einwilligung zu Film- und Fernsehaufnahmen zu den wesenseigenen wirtschaftlichen Auswertungsmöglichkeiten des Sportveranstalters" zähle.[206] Hierbei wird darauf abgestellt, dass die unberechtigte Verwertung von Fußballspielen den Veranstalter nicht lediglich mittelbar, sondern im Kernbereich seiner wirtschaftlichen Betätigung trifft und deshalb einen betriebsbezogenen Eingriff darstellt.

Die Gegenmeinung lehnt einen betriebsbezogenen Eingriff deshalb ab, weil dieser gedanklich voraussetze, dass die mediale Verwertung von Fußballspielen dem Schutzbereich des Veranstalters von Sportveranstaltungen als Inhaber eines eingerichteten und ausgeübten Gewerbebetriebs zugewiesen sei. Denn hiermit werde der Sache nach ein Schutzbereich zugestanden, der die kommerziellen Verwertungsinteressen an Sportveranstaltungen schütze.[207] Eine derartige Güterzuordnung überschreite aber die richterrechtlich entwickelte Rechtsfigur des Gewerbebetriebs und widerspreche den Grundannahmen der sonst anerkannten h.M., wonach dem Recht am eingerichteten und ausgeübten Gewerbebetrieb kein eigener Zuweisungsgehalt zukomme.[208]

Die Rechtsprechung hat bislang nicht zu der Voraussetzung eines betriebsbezogenen Eingriffs Stellung genommen, soweit der Bereich der Aufzeichnung von Profi-Fußballspielen betroffen ist. In Bezug auf Amateur-Fußballspiele hat der BGH jedoch klargestellt, dass Filmaufnahmen „nicht zum wesenseigenen gewerblichen Tätigkeitsbereich"[209] zählten, da diesen im Unterschied zu der Situation im Profi-Fußball keine relevante wirtschaftliche Bedeutung zukomme.[210] Durch das

205 *Siegfried*, S. 37; *Waldhauser*, S. 156; wohl auch *Haas/Reimann*, SpuRt 1999, 182, 187. Ablehnend dagegen: *Lochmann*, S. 265 f.; *Hilty/Henning-Bodewig*, S. 42; in Bezug auf Sportveranstaltungen im Amateurbereich: *Paal*, CR 2009, 438, 440; ablehnend für Hörfunkrechte *Agudo y Berbel/Engels*, WRP 2005, 191, 193.

206 *Waldhauser*, S. 155; zuvor bereits in diesem Sinne: *Siegfried*, S. 37.

207 *Lochmann*, S. 265.

208 *Lochmann*, a.a.O. Zustimmend *Hilty/Henning-Bodewig*, S. 42. Vgl. zum fehlenden Zuweisungsgehalt des Rechts am eingerichteten und ausgeübten Gewerbebetriebs, BGH, Urt.v. 14.02.1978 – X ZR 19/76, NJW 1978, 1377, 1379 – Fahrradgepäckträger II.

209 BGH, Urt.v. 28.10.2010 – I ZR 60/09, NJW 2011, 1811, 1813 – Hartplatzhelden.de.

210 BGH, a.a.O.

Onlinestellen von Bildmaterial werde daher „nicht in den rechtlichen Zuweisungsbereich eines eingerichteten und ausgeübten Gewerbebetriebs" eingegriffen.[211]

b. Wertungswiderspruch zu UWG

Ein deliktsrechtlicher Schutz von Fußballübertragungsrechten muss aber letztlich unter einem anderen Aspekt ausscheiden. Denn anerkanntermaßen kann ein geschäftliches Handeln nicht über § 823 Abs. 1 BGB verboten werden, wenn es nach den spezielleren Vorschriften des Lauterkeitsrechts zulässig ist.[212] Andernfalls würde der subsidiäre Anspruch aus eingerichteten und ausgeübten Gewerbebetrieb einen Wertungswiderspruch zum vorrangig anwendbaren Lauterkeitsrecht begründen. Aus diesem Grund ist ein Leistungsschutz nach den Grundsätzen des eingerichteten und ausgeübten Gewerbebetriebs i.R.d. § 823 Abs. 1 BGB in Bezug auf Fußballübertragungsrechte abzulehnen.

II. Schutz über § 826 BGB

Ein potenzieller Anspruch aus § 826 BGB scheidet ebenso deshalb aus, weil ein Verhalten, dass lauterkeitsrechtlich nicht zu beanstanden ist, aus Wertungsgesichtspunkten auch nicht unter dem Aspekt der vorsätzlichen sittenwidrigen Schädigung sanktioniert werden kann.[213] Die Bewertung eines sittenwidrigen Verhaltens i.R.d. § 826 BGB kann daher nicht anders erfolgen als nach Wettbewerbsrecht.[214]

211 BGH, a.a.O.

212 BGH, Urt.v. 24.06.2004 – I ZR 26/02, GRUR 2004, 877, 880 – Werbeblocker; *Lerche/Ulmer*, S. 87; *Kübler*, ZUM 1989, 326, 328; *Ladeur*, GRUR 1989, 885, 886; *Köhler*, in: Köhler/Bornkamm, § 4, Rn. 10.23; Vgl. *Agudo y Berbel/Engels*, WRP 2005, 191, 193 in Bezug auf Hörfunkrechte. *Nemeczek*, in: GRUR 2011, 292, 295 bezeichnet wettbewerbsrechtliche Vorschriften als „sonderdeliktische Marktverhaltensregelungen". Speziell für Hörfunkrechte an Fußballspielen hat das LG Hamburg hierzu wörtlich ausgeführt: „was wettbewerbsrechtlich erlaubt ist, muss auch zivilrechtlich erlaubt sein.", LG Hamburg, ZUM 2002, 655, 659.

213 A.A. *Siegfried*, S. 32 f. der einen Anspruch aus § 826 BGB grundsätzlich anerkennt.

214 *Winter*, ZUM 2003, 531, 537; *Mailänder*, ZUM 2003, 820, 824; *Agudo y Berbel/Engels*, WRP 2005, 191, 195; *Waldhauser*, S. 157; *Hütt*, S. 237; mit Einschränkungen auch *Lochmann*, S. 267 ff.

D. Gewohnheitsrechtliche Grundlage

Vereinzelt wurde der Versuch unternommen, einen dahingehenden Ansatz im Gewohnheitsrecht auszumachen bzw. Erkenntnisse zum Be- oder Nichtbestehen eines Veranstalterrechtes auf gewohnheitsrechtlicher Grundlage zu ermitteln.[215] Eine Mindermeinung stützt ein Veranstalterrecht dogmatisch auf ein weltweit existierendes Gewohnheitsrecht.[216] Voraussetzung für eine gewohnheitsrechtliche Herleitung wäre indes, dass ein allgemeines Sportveranstalterrecht durch ständige richterliche Rechtsfortbildung deutscher Gerichte anerkannt würde und diese Verfahrensweise infolge fortwährender Gerichtspraxis allgemeine Geltung erlangt hätte.[217] Hieran fehlt es jedoch gerade deshalb, weil i.R.d. Grundsatzentscheidung „Sportübertragungen" klargestellt wurde, dass sich ein Sportveranstalter nicht auf ein dem § 81 UrhG vergleichbares Schutzrecht berufen könne. Vielmehr hat der BGH ausgeführt, dass ihm „je nach Fallgestaltung"[218] deliktsrechtliche, lauterkeitsrechtliche Ansprüche oder ein Schutz auf hausrechtlicher Grundlage zustehen könnten.[219] Daher wird ein gewohnheitsrechtlich begründeter Ansatz in Deutschland allgemein abgelehnt.[220] Auch in aktuellen Entscheidungen sind keinerlei Tendenzen dafür erkennbar, die wirtschaftliche Vermarktung von Sportveranstaltungen auf ein allgemein anerkanntes Veranstalterrecht zu stützen.[221] Der BGH hat gerade umgekehrt eine gewohnheitsrechtliche Verpflichtung des Sportveranstalters dahingehend verneint, dass dieser gegenüber Hörfunksendern zur unentgeltlichen Hörfunkberichterstattung verpflichtet sei.[222] Vor diesem Hintergrund ist

---

215 Mit dem Aspekt des Gewohnheitsrechts im Zusammenhang mit der Vermarktung von Sportveranstaltungen haben sich bislang – soweit ersichtlich – *De Oliveira Ascensao*, *Petersen* und *Agudo y Berbel/Engels* auseinander gesetzt; *Agudo y Berbel/Engels* sehen die Veranstalterrechte in Bezug auf Hörfunkrechte aber gerade umgekehrt durch Gewohnheitsrecht begrenzt, vgl. *Agudo y Berbel/Engels*, WRP 2005, 191, 197.

216 *De Oliveira Ascensao*, GRUR Int. 1991, 20, 24 f.

217 Vgl. *Säcker*, in: MüKo, BGB, Einl., Rn. 94.

218 BGH, Beschl.v. 14.03.1990 – KVR 4/88, NJW 1990, 2815, 2817 – Sportübertragungen; BGH, Urt.v. 28.10.2010 – I ZR 60/09, NJW 2011, 1811, 1812 – Hartplatzhelden.de.

219 Vgl. *Lochmann*, S. 116.

220 *Petersen*, S. 131; *Lochmann*, S. 116; *Hilty/Henning-Bodewig*, S. 38.

221 BGH, Urt.v. 08.11.2005 – KZR 37/03, NJW 2006, 377, 378 – Hörfunkrechte; OLG Hamburg, Urt.v. 11.10.2006 – 5 U 112/06, GRUR-RR 2007, 181, 184; BGH, Urt.v. 28.10.2010 – I ZR 60/09, NJW 2011, 1811 – Hartplatzhelden.de.

222 Vgl. BGH, Urt.v. 08.11.2005 – KZR 37/03, NJW 2006, 377, 380, 381 – Hörfunkrechte. In den Urteilsausführungen dieser Entscheidung wird klargestellt, dass allein aufgrund der Tatsache, dass in der Vergangenheit keine Entgelte für Hörfunkberichterstattungen

kein Raum für ein gewohnheitsrechtlich anerkanntes Sportveranstalterrecht zur Verwertung von audio-visuellem Sendematerial.[223]

E. Das Hausrecht als dogmatische Grundlage

Die zentrale dogmatische Begründung der Fußballübertragungsrechte liegt nach h.M. im Hausrecht des Veranstalters.

I. Dogmatischer Ursprung des Hausrechts

Die aus dem öffentlichen Recht entstammende Begrifflichkeit des Hausrechts wird in verschiedenen öffentlich-rechtlichen Vorschriften verwendet, deren Regelungsgehalt auf die Ordnungsgewalt gegenüber Störern und der Gewährleistung eines störungsfreien Ablaufs gerichtet ist.[224] In strafrechtlichem Kontext ist diesbezüglich zwar keine ausdrückliche Aufnahme in den Wortlaut eines Strafgesetzes erfolgt, doch wird das Recht i.R.d. Hausfriedensbruchs als geschütztes Rechtsgut von § 123 StGB erfasst.[225] Im zivilrechtlichen Normenbestand wird – soweit ersichtlich – nirgends der Terminus technicus des Hausrechts explizit verwendet.

In der zivilrechtlichen Rechtsprechung und im Schrifttum besteht im Ausgangspunkt Einigkeit darüber, dass das Hausrecht aus den dinglichen Rechten an den betreffenden Räumlichkeiten erwächst und sich nicht aus der „Organisationsleistung des Veranstalters“[226] ergibt.[227] Abweichende Auffassungen werden jedoch zu dessen systematischem Standort vertreten. Aus strafrechtlichem Blickwinkel

---

in den Stadien erhoben wurden, aufgrund der „insgesamt veränderten Vermarktungsgepflogenheiten im Profi-Sport“ im Ergebnis keine Verpflichtung dazu hergeleitet werden kann diese Praxis auch zukünftig beizubehalten. A.A.: *Agudo y Berbel/Engels*, WRP 2005, 191, 197.

223 *Lochmann*, S. 116.

224 Z.B.: Art. 40 Abs. 2 S. 1 GG („Der Präsident (scil.: des Bundestages) übt das Hausrecht und die Polizeigewalt im Gebäude des Bundestages aus.“); § 7 Abs. 4 VersG („Der Leiter (scil.: einer öffentlichen Veranstaltung in geschlossenen Räumen) übt das Hausrecht aus.“). Eingehend zur Thematik des Hausrechts im öffentlichen Recht, *Hütt*, S. 117 ff.

225 *Lenckner/Sternberg-Lieben*, in: Schönke/Schröder, StGB, § 123, Rn. 1.

226 *Siegfried*, S. 39 unter Verweis auf *Kübler*, S. 63.

227 Vgl. BGH, Beschl.v. 14.03.1990 – KVR 4/88, NJW 1990, 2815, 2817 – Sportübertragungen; BGH, Urt.v. 08.11.2005 – KZR 37/03, NJW 2006, 377, 379 – Hörfunkrechte;

wird vereinzelt das Recht zum Besitz als die alleinige dogmatische Heimat angesehen.[228] Dies wird damit begründet, dass der Besitzer gegenüber dem Eigentümer vorerst eine überlegene Stellung innehabe, da er sein Besitzrecht mit Gewalt verteidigen dürfe, während der Eigentümer auf den Erhalt eines titulierten Anspruches warten müsse, um seine Rechte durchsetzen zu können.[229]

Eine andere Auffassung erblickt hingegen in der eigentumsrechtlichen Befugnis, „mit der Sache nach Belieben zu verfahren und andere von jeder Einwirkung auszuschließen" (§ 903 S. 1 BGB) den dogmatischen Ursprung des Hausrechts.[230] Nach nunmehr h.M. wird das dogmatische Fundament aber nicht gesondert alleine im Besitz- oder Eigentumsrecht, sondern in einer Verbindung beider Rechte gesehen und die hausrechtlichen Befugnisse konkret in den §§ 858 ff., 903, 1004 BGB verortet.[231] Rechtsprechung[232] und zahlreiche Stimmen in der Literatur[233] gehen dabei davon aus, dass sich das Recht aus einem Nebeneinander bzw. einer Kombination von eigentums- und besitzrechtlichen Rechtspositionen als „Konglomerat verschiedener Rechte"[234] zusammensetzt. Als begriffliche Bündelung

---

BGH, Urt.v. 30.10.2009 – V ZR 253/08, NJW 2010, 534, 535 – Stadionverbot; *Waldhauser*, S. 69.

228 *Engeln*, S. 37 f., 43. *Engeln* beleuchtet die dogmatischen Ursprünge des Hausrechts jedoch im Hinblick auf § 123 StGB aus strafrechtlichem Blickwinkel. Vor diesem Hintergrund führte er aus, dass das Hausrecht unter strafrechtlichen Gesichtspunkten eine Verstärkung des Besitzschutzes bezwecke und die Existenz eines Hausrechts ohne Sachherrschaft grundsätzlich nicht denkbar sei. Vgl. *Engeln*, S. 43. Ebenso auf den Besitz statt das Eigentum (für den Tatbestand des § 123 StGB) abstellend, *Amelung*, NJW 1986, 2075, 2081.

229 *Engeln*, S. 43.

230 Im Zusammenhang mit einem Rathausverbot für Fotografen, BGH, Urt.v. 26.10.1960 – V ZR 122/59, NJW 1961, 308; KG, Urt.v. 30.11.1999 – 9 U 8222/99, NJW 2000, 2210; *Nemeczek*, GRUR 2011, 292, 294. Im Zusammenhang mit einem Hausverbot vgl. BGH, Urt.v. 06.06.1967 – VI ZR 214/65, NJW 1967, 1911, 1912.

231 BGH, Urt.v. 20.09.1974 – I ZR 99/73, NJW 1975, 778 – Schloss Tegel; BGH, Urt.v. 17.12.2010 – V ZR 44/10, NJW 2011, 753 – Schlösser und Gärten; *Haas/Reimann*, SpuRt 1999, 182, 185; *Breucker*, JR 2005, 133; *Strauß*, S. 130; *Paal*, CR 2009, 438.

232 BGH, Beschl.v. 14.03.1990 – KVR 4/88, NJW 1990, 2815, 2817 – Sportübertragungen; BGH, Urt.v. 08.11.2005 – KZR 37/03, NJW 2006, 377, 379 – Hörfunkrechte; BGH, Urt.v. 30.10.2009 – V ZR 253/08, NJW 2010, 534, 535 – Stadionverbot.

233 *Kübler*, S. 63; *Löwisch/Rieble*, NJW 1994, 2596. In diesem Sinne auch *Haas/Reimann*, SpuRt 1999, 182, 185, Fn. 57; *Waldhauser*, S. 70; *Helbig*, S. 137

234 *Wegner*, S. 18; *Strauß*, S. 128; *Christensen*, JuS 1996, 873 m.w.N.

bzw. „Umschreibung all derjenigen Befugnisse, die aus Eigentum und Recht zum Besitz an Räumen und an Grund und Boden folgen“,[235] stelle es eine Kombination aus den beiden „Quellrechten“[236] dar.

Nach fast einhelliger Auffassung im Schrifttum wird das Hausrecht selbst aber nicht als eigenständiges absolutes Recht aufgefasst.[237] Dies wird damit begründet, dass es auf Eigentum und Besitzrecht als „Quellrechte“ angewiesen sei und nicht ohne bzw. losgelöst von diesen existieren könne.[238] Diese Auffassung teilt auch die Rechtsprechung.[239] In dem „Hartplatzhelden“-Urteil hat der BGH klargestellt, dass das Hausrecht zur Sicherung der Verwertung der vom Sportveranstalter erbrachten Leistung fungiere.[240] Diese Ausführungen belegen, dass der BGH insoweit kein eigenständiges Rechtsgut annimmt, sondern dem Recht eine dienende Funktion zukommen lässt.[241] Hierfür sprechen auch die zur eigentumsrechtlichen Reichweite ergangenen Urteilsausführungen der BGH-Entscheidung „Schlösser und Gärten“, die deutlich machen, dass es sich bei der eigentumsrechtlichen Verwertungsbefugnis „nicht um ein neben das Eigentum tretendes eigenständiges Recht“ handele, sondern das Verwertungsrecht „auf dem Grundstückseigentum selbst“ beruhe.[242]

II. Inhaltliche Reichweite des Hausrechts

Neben dem dogmatischen Ursprung ist insbesondere die inhaltliche Reichweite des Hausrechts umstritten.

---

235 *Löwisch/Rieble*, NJW 1994, 2596.

236 *Helbig*, S. 137.

237 *Waldhauser*, S. 69; *Lochmann*, S. 127; *Helbig*, S. 137; in diesem Sinne auch *Breucker*, NJW 2006, 1233, 1235; A.A.: *Schmieder*, GRUR 1964, 121, 124.

238 *Helbig*, S. 137.

239 Der BGH hat in der „Hörfunkrechte“-Entscheidung betont, dass „ein Hörfunkrecht im Sinne einer ausschließlichen Befugnis (...) als solches nicht (scil.: mit dem Hausrecht) verbunden“ sei, BGH, Urt.v. 08.11.2005 – KZR 37/03, NJW 2006, 377, 379 – Hörfunkrechte.

240 BGH, Urt.v. 28.10.2010 – I ZR 60/09, NJW 2011, 1811, 1812 – Hartplatzhelden.de.

241 In diese Richtung auch *Agudo y Berbel/Engels*, WRP 2005, 191, 194, die das Hausrecht „als bloßes Mittel zur Durchsetzung bereits bestehender Rechte“ ansehen.

242 BGH, Urt.v. 17.12.2010 – V ZR 45/10, NJW 2011, 749, 750 – Schlösser und Gärten.

1. Meinungsstand in der Literatur

a. Allgemeiner Grundkonsens

Als dogmatischer Standort werden regelmäßig die §§ 858 ff., 903, 1004 BGB ausgemacht und begrifflich unscharf von einem „Konglomerat"[243] von Rechten oder vereinzelt auch von einem „Rahmenrecht"[244] gesprochen.

Fraglich ist aber, was sich inhaltlich hinter diesen Sammelbegriffen verbirgt bzw. welche konkreten Befugnisse dem Hausrechtsinhaber zustehen. Hierzu ist der Meinungsstand im Schrifttum uneinheitlich. Zum Teil werden die sich aus dem Recht ergebenden Befugnisse restriktiv ausgelegt und eine Begrenzung auf dessen Ordnungsfunktion befürwortet.[245] Neben der Zutrittsgewährung sollen hierzu lediglich solche Maßnahmen zählen, die der Wahrung der äußeren Ordnung dienen,[246] durch Hausordnungen allgemeine Verhaltensregeln bzw. Nutzungsbedingungen festlegen und bei Verstößen hiergegen zu der Erteilung von Hausverboten führen.[247] Verletzt ein Stadionbesucher die Hausordnung, so liegt eine Eigentums- bzw. Besitzbeeinträchtigung vor, die der Rechtsinhaber sodann durch einen Anspruch gem. § 1004 Abs. 1 S. 1 BGB oder §§ 861 f. BGB beseitigen kann.[248] Eine derart enge Interpretation wird damit begründet, dass dem Hausrecht selbst kein eigener Zuweisungsgehalt zukomme, sondern es lediglich der Durchsetzung schon vorhandener Rechtspositionen diene.[249]

Eine andere Auffassung legt ein inhaltlich weiteres, über die bloße Ordnungsfunktion hinausgehendes Grundverständnis zugrunde und sieht auch einzelne Aspekte der vom Sportveranstalter generierten Leistung als geschützt an.[250] Neben der Entscheidungsbefugnis über die Gewährung oder Versagung von Zutritt zum Stadion bzw. Veranstaltungsort beinhaltet das Hausrecht demzufolge auch das Recht, die Zutrittsgewährung an Bedingungen wie etwa die Entrichtung eines

---

243 *Christensen*, JuS 1996, 873 m.w.N.; *Strauß*, S. 128.

244 *Fikentscher*, SpuRt 2002, 186, 187.

245 In diesem Sinne *Agudo y Berbel/Engels*, WRP 2005, 191, 194; wohl auch *Hoeren/Schröder*, MMR 2008, 553, 554; *Fikentscher*, SpuRt 2002, 186, 187.

246 Hierzu zählt etwa die Maßgabe, beim Stadionbesuch keine gefährlichen Gegenstände bei sich zu tragen. Vgl. im Zusammenhang mit Hörfunkrechten *v. Coelln*, AfP Sonderheft 2007, 55, 58.

247 *V. Coelln*, a.a.O.; Zu Hörfunkrechten ebenfalls, *Winter*, ZUM 2003, 531, 537.

248 *Breucker*, NJW 2006, 1233, 1235.

249 *Agudo y Berbel/Engels*, WRP 2005, 191, 194.

250 *Hilty/Henning-Bodewig*, S. 48.

Entgeltes zu koppeln.[251] Ein derartiges Verständnis entspricht der wohl h.M. im Schrifttum.[252] Dies wird zum Teil nüchtern damit erklärt, dass sich Sportveranstaltungen rein tatsächlich über das Mittel der „Zugangskontrolle“ vermarkten ließen.[253] Andere Vertreter im Schrifttum argumentieren wiederum, dass ein Verstoß gegen die vom Hausrechtsinhaber vorgegebenen Bedingungen einen Eigentums- bzw. besitzrechtlichen Eingriff darstelle und bei Bestehen eines Vertragsverhältnisses auch eine Vertragsverletzung begründe.[254]

Zieht man zur inhaltlichen Reichweite eine Zwischenbilanz, so kann festgestellt werden, dass den im Schrifttum vertretenen Auffassungen gemeinsam ist, dass diese aus dem Hausrecht bzw. der diesem zugrunde liegenden eigentums- oder besitzrechtlichen Elemente die Befugnis zur Zutrittsgewährung, Ordnungsmaßnahmen und die Festlegung von Verhaltensregeln mittels Hausordnungen herleiten.[255] Nach h.M. kann überdies auch der Zugang zu der betreffenden Örtlichkeit von bestimmten Bedingungen, wie etwa der Entrichtung eines Entgeltes, abhängig gemacht werden.[256] Personen, die bei der Zutrittsgewährung ins Stadion zu erkennen geben, dass sie beabsichtigen, Bild- und Tonmaterial unberechtigterweise zu gewerblichen Zwecken erstellen zu wollen, kann der Zutritt verwehrt und dadurch die Anfertigung von unbefugten Aufnahmen unterbunden werden.[257]

b. Streitpunkte

Über diesen Grundkonsens hinaus ist aber umstritten, ob über die Zutrittsgewährung hinaus auch die Befugnis zur medialen Verwertung von Fußballspielen und anderen Sportveranstaltungen aus dem Hausrecht folgt. Streitbehaftet ist insofern, ob das Hausrecht auch die audio-visuellen Rechte an einer Sportveranstaltung

251 Im Zusammenhang mit Hörfunkrechten, *Brinkmann*, ZUM 2006, 802, 805. In diesem Sinne wohl auch *Kübler*, ZUM 1989, 326, 328.

252 Im Zusammenhang mit Hörfunkrechten *v. Coelln*, AfP Sonderheft, 2007, 55, 58; *Körber*, in: Adolphsen/Nolte/Lehner/Gerlinger, Rn. 2502.

253 *Winter*, ZUM 2003, 531, 538; *Mailänder*, ZUM 2003, 820, 823.

254 *Schabenberger/Nemeczek*, GRUR-Prax 2011, 139.

255 Eine frühere Definition beschreibt das Hausrecht als das dem Veranstalter zukommende Anrecht, „die Zulassung zu der Veranstaltung privatautonom zu regeln und diese Regelung durchzusetzen“, *Kübler*, S. 63, *Siegfried*, S. 39.

256 *Waldhauser*, S. 68; *Körber*, in: Adolphsen/Nolte/Lehner/Gerlinger, Rn. 2502; in Bezug auf Hörfunkrechte, *v. Coelln*, AfP Sonderheft 2007, 55, 58; *Winter*, ZUM 2003, 531, 537.

257 *Hilty/Henning-Bodewig*, S. 48 f.

erfasst und der Hausrechtsinhaber die kommerzielle Verbreitung von unberechtigt angefertigtem Bild- und Tonmaterial untersagen bzw. verhindern kann.

aa) Ablehnende Auffassung

Die überwiegende Auffassung im Schrifttum schreibt den Schutz von audiovisuellem Sendematerial nicht oder nicht vorrangig dem Hausrecht zu.[258] Diesbezüglich wird ausgeführt, dass sich der hausrechtliche Schutzbereich auf die Gewährleistung eines reibungslosen Ablaufs der Sportveranstaltung erstrecke; nicht erfasst seien hingegen die kommerziellen Vermarktungsinteressen, da diese nicht vom eigentums- bzw. besitzrechtlichen Schutzgehalt umfasst seien.[259] Hinter diesem Argumentationsansatz steht der Grundgedanke, dass „das Sacheigentum an Fußballstadien [...] nicht eine Leistung inkorporieren [scil. kann], die auf seinem Substrat stattfindet".[260]

Die „abstrakte Sachgestalt" eines Gegenstandes sei nicht dem Eigentümer zugewiesen[261] und der eigentumsrechtliche Zuweisungsgehalt erfasse „nicht die Verwertung der auf dem Eigentumssubstrat stattfindenden Veranstaltung".[262] Eine Sportveranstaltung stelle ein Immaterialgut dar, und das Eigentumsrecht an einer Sache sei im Zusammenhang mit einer Sportveranstaltung weder unmittelbar noch mittelbar dazu geeignet, damit einhergehende kommerzielle Verwertungsmöglichkeiten zu schützen.[263] Konkret lasse der Aufzeichnungsvorgang als Realakt die rechtliche Verfügungsbefugnis unberührt und stelle auch keinen Eingriff in die eigentumsrechtliche Sachherrschaft dar, da der Eigentümer weiterhin in der Nutzung seines Eigentums frei bleibe.[264]

Auch die besitzrechtlichen Elemente des Hausrechts böten in Bezug auf die audio-visuelle Verwertung von Sportveranstaltungen keinen Schutz. Denn Besitzschutzregeln seien auf den Schutz der Sachherrschaft beschränkt und erschöpften sich darin, Dritte von einer bestimmten Örtlichkeit, wie einer Veranstaltungsstätte,

---

258 *Kübler*, ZUM 1989, 326, 328; vgl. *Lochmann*, S. 141 f.; a.A.: *Hilty/Henning-Bodewig*, S. 42 f. Im Bereich der Kurzberichterstattung, *Ladeur*, GRUR 1989, 885, 886; *Waldhauser*, S. 80; *Berengeno*, S. 218; *Petersen*, S. 15; *Stopper*, SpuRt 1999, 188, 190.

259 *Waldhauser*, S. 82.

260 *Ladeur*, GRUR 1989, 885, 886; *Waldhauser*, S. 80; *Berengeno*, S. 218.

261 *Waldhauser*, S. 80.

262 *Lochmann*, S. 139; S. 134 unter Verweis auf *Ladeur*, GRUR 1989, 885, 886.

263 *Lochmann*, S. 135.

264 *Waldhauser*, S. 79.

zu verweisen.[265] Andere Vertreter im Schrifttum lehnen einen Schutz von Fußballübertragungsrechten mit der Erwägung ab, dass das Hausrecht mit seinen sachenrechtlichen Elementen die wirtschaftliche Essenz einer Sportveranstaltung nur unzureichend erfassen könne.[266]

Ferner wird eingewandt, dass hausrechtlicher Schutz stets versage, wenn unberechtigt erstellte Aufnahmen anschließend von Dritten wirtschaftlich verwertet würden.[267] In diesem Fall fehle es an dem erforderlichen Schutzzweckzusammenhang, weil das Eigentum weder direkt noch mittelbar dazu diene, die Vermarktung einer Sportveranstaltung zu schützen.[268] Auch die durch das Hausrecht gewährleistete Zutrittsgewährung unter der Bedingung, dass sämtlichen eintretenden Zuschauern das Anfertigen und Verwerten von Spielaufnahmen zu kommerziellen Zwecken vertraglich verboten werde, scheitere in den Fällen, in denen der Zugang erschlichen und daher kein Vertragsverhältnis geschlossen werde.[269]

bb) Befürwortende Auffassung

Die Gegenauffassung ordnet die audio-visuelle Verwertung von Sportveranstaltungen dem Hausrecht zu und bejaht einen aus dem Hausrecht hergeleiteten Unterlassungsanspruch gegen Dritte, die unzulässig angefertigte Aufnahmen verbreiten. Argumentativ wird dies aus den Rechtsprechungsgrundsätzen der „Schloss Tegel"–Entscheidung des BGH zur kommerziellen Verwertung von Bildmaterial auf einem – von außen nicht einsehbaren[270] – Grundstück hergeleitet. Danach könne sich der Eigentümer eines Grundstücks aufgrund seiner Sachherrschaft über das Anfertigen von Aufnahmen auf seinem Grundstück frei entscheiden.[271] Da das Eigentumsrecht „gleichrangig" mit dem Urheberrecht sei und für den Schutz von Sacheigentum und „geistigen Eigentums" […] vergleichbare Wertungen"

---

265 *Lochmann*, S. 128, 130. So auch *Waldhauser*, der anführt, dass eine Besitz- bzw. Eigentumsstörung nur bestehe solange der vom Hausrecht erfasste räumliche Bereich (ohne Einwilligung) betreten werde. Da das Anfertigen von Bildmaterial selbst keine Beeinträchtigung sei, ende die Besitz- bzw. Eigentumsstörung mit Verlassen der betreffenden Räumlichkeitssphäre, vgl. *Waldhauser*, S. 82.

266 *Petersen*, S. 15; *Stopper*, SpuRt 1999, 188, 190.

267 *Kübler*, ZUM 1989, 326, 328; *Hilty/Henning-Bodewig*, S. 49.

268 Vgl. *Lochmann*, S. 135.

269 Vgl. *Lochmann*, S. 141; *Beater*, JZ 1998, 1101, 1103. A.A.: *Schabenberger/Nemeczek*, GRUR-Prax 2011, 139

270 Vgl. hierzu *Hoeren*, Anmerk. zu BGH, Beschl.v. 11.12.1997 – KVR 7/96, JR 1998, 332, 333 – Europapokalheimspiele.

271 *Haas/Reimann*, SpuRt 1999, 182, 185.

anzustellen seien, entstehe auch kein Widerspruch zwischen den Regelungsmaterien des Sacheigentums und des Immaterialgüterrechts.[272]

Andere Vertreter im Schrifttum sehen in dem Hausrecht zum Teil ein „vermarktungsfähige[][s] Gestattungsrecht“[273] bzw. lassen dem Hausrecht eine „verwertungsrechtliche Dimension“[274] zukommen. Auch eine neuere Literaturmeinung weist die Verwertungsbefugnis für Aufnahmen, die auf einem bestimmten Grundstück angefertigt wurden, dem Hausrechtsinhaber zu, da das Eigentumsrecht nicht auf physische Beeinträchtigungen begrenzt sei.[275] Verstoße ein Besucher gegen die vom Hausrechtsinhaber – etwa mittels einer an den Eingängen angebrachten – statuierten Hausordnung, die das Verbot der Anfertigung oder Verbreitung von Aufnahmen verlautbare, dann bedeute dies einen rechtswidrigen Eingriff in das Eigentumsrecht.[276] Der Hausrechtsinhaber habe infolge dieses rechtswidrigen Eingriffs einen Schadensersatzanspruch aus § 823 Abs. 1 BGB bzw. §§ 823 Abs. 2, 862 Abs. 1 BGB sowie einen Unterlassungsanspruch aus § 1004 Abs. 1 BGB.[277]

2. Stand der Rechtsprechung

Mit Blick auf die Entwicklung in der Rechtsprechung kann festgestellt werden, dass sich im Laufe der Zeit eine Erweiterung der aus dem Hausrecht abgeleiteten Befugnisse vollzogen hat. Ältere Entscheidungen, die sich mit dem Rechtsinhalt auseinandersetzen, stellen primär auf die Ordnungsfunktion ab. Im Rahmen einer solchen Interpretation dient das Hausrecht als Abwehrrecht gegen unerwünschte Störer, mithilfe dessen der Rechtsinhaber diese aus der betreffenden Örtlichkeit verweisen kann.[278] Daneben beinhaltet es die Befugnis, das Betreten einer

272 *Haas/Reimann*, a.a.O.

273 Vgl. *v. Coelln*, AfP Sonderheft 2007, 55, 59.

274 *Wegner*, S. 26. In diesem Sinne auch *Winter*, ZUM 2003, 531, 538; *Schabenberger/Nemeczek*, GRUR-Prax 2011, 139; *Wildmann/Castendyk*, MMR 2012, 75, 76.

275 *Schabenberger/Nemeczek*, GRUR-Prax 2011, 139 unter Verweis auf BGH, Urt.v. 17.12.2010 – V ZR 45/10, NJW 2011, 749, 750 – Schlösser und Gärten.

276 *Schabenberger/Nemeczek*, GRUR-Prax 2011, 139, 140.

277 Vgl. Schabenberger/Nemeczek, a.a.O. Eine andere Mindermeinung, die in dem Hausrecht ein eigenständiges absolutes Recht erblickt, billigt dem Hausrechtsinhaber im Falle von unberechtigt erstellten Aufnahmen einen Schadensersatzanspruch aus § 823 Abs. 1 BGB zu, vgl. Schmieder, GRUR 1964, 121, 124.

278 OLG Köln, Beschl.v. 30.11.1953 – 5 W 131/53, MDR 1954, 359, 360; OLG Köln, Urt.v. 09.11.1965 – Ss 300/65, NJW 1966, 265; BayObLG, Urt.v. 14.09.1976 – 3 St 99/76, NJW 1977, 261; OLG München, Urt.v. 14.06.1985 – 23 U 1894/85, OLGZ 1985, 466, 468, 470.

Räumlichkeit durch eine Hausordnung von bestimmten Bedingungen abhängig zu machen.[279] Insgesamt lässt die einschlägige Rechtsprechung eine Tendenz erkennen, die rechtlichen Befugnisse über die ursprünglichen Kernbereiche hinaus auf neue Kompetenzen auszudehnen; neuerdings wird gar die Existenz eines „virtuellen Hausrechts" diskutiert, mit Hilfe dessen der Betreiber eines Internetforums diffamierende Äußerungen löschen und auffällige Nutzer sperren können soll.[280]

Diese allgemeine Entwicklung trifft ebenfalls auf einschlägige Entscheidungen mit sportrechtlichem Regelungsbezug zu. Bereits im Jahre 1990 erblickte man in der Grundsatzentscheidung „Sportübertragungen" in dem Recht, eine von mehreren dogmatischen Grundlagen der medialen Übertragungsrechte an Sportveranstaltungen; diesbezüglich wurde herausgestellt, dass die Aufzeichnung und Übertragung von Bild- und Tonmaterial mittels hausrechtlicher Befugnisse unterbunden werden könne.[281] Im Jahre 2006 hat der Kartellsenat sodann in dem „Hörfunkrechte"-Urteil die unterschiedlichen Facetten und rechtlichen Konturen herausgearbeitet, die in früheren Entscheidungen lediglich allgemein vorausgesetzt wurden. So wurde ausgeführt, dass es „zunächst der Wahrung der äußeren Ordnung" diene, zugleich aber auch die Befugnis umfasse, Zutritt zu der betreffenden Örtlichkeit zu versagen, zu gestatten oder „rechtswirksam von Bedingungen wie der Zahlung eines Entgelts abhängig zu machen".[282] Diese Befugnisse wurden daraus hergeleitet, dass das Hausrecht auf dem Grundstückseigentum oder Besitzrecht beruhe.[283] Es ermögliche dem Inhaber, frei darüber zu entscheiden, wem der Zutritt gewährt und wem er versagt werde.[284] Dies schließe das Recht mit ein, den Zutritt nur zu bestimmten Zwecken oder unter bestimmten Vorbehalten wie der Zahlung eines Entgeltes zu erlauben.[285] Weiterhin wird in den Urteilsgründen ausgeführt, dass der Berechtigte in seiner Entscheidung darüber frei sei,

---

279 BGH, Urt.v. 03.11.1993 – VIII ZR 106/93, NJW 1994, 188, 189; OLG Frankfurt, Urt.v. 15.03.1993 – 4 U 172/91, NJW-RR 1993, 788, 789.

280 Ein virtuelles Hausrecht bejahend: OLG Köln, Urt.v. 25.08.2000 – 19 U 2/00, MMR 2001, 52; LG Bonn, Urt.v. 16.11.1999 – 10 O 457/99, MMR 2000, 109, 110; ablehnend: OLG Frankfurt, Urt.v. 05.03.2009 – 6 U 221/08, MMR 2009, 400. Eingehend zum virtuellen Hausrecht, vgl. *Maume*, in: MMR 2007, 620 ff.

281 Vgl. BGH, Beschl.v. 14.03.1990 – KVR 4/88, NJW 1990, 2815, 2817 – Sportübertragungen.

282 BGH, Urt.v. 08.11.2005 – KZR 37/03, NJW 2006, 377, 379 – Hörfunkrechte.

283 Vgl. bereits BGH, Beschl.v. 14.03.1990 – KVR 4/88, NJW 1990, 2815, 2817 – Sportübertragungen.

284 BGH, Urt.v. 08.11.2005 – KZR 37/03, NJW 2006, 377, 379 – Hörfunkrechte.

285 BGH, a.a.O.

ob der Erwerb einer Eintrittskarte automatisch zur Hörfunkberichterstattung berechtige oder ob hierfür zusätzliche Zahlungen zu leisten seien.[286] Selbiges ist erst recht im Bereich der besonders lukrativen Fernsehrechte anzunehmen.

Diese Rechtsprechungspraxis hat in der Folgezeit in der Entscheidung „Hartplatzhelden“ eine Fortführung erfahren. In besagtem Urteil wurden die rechtlichen Befugnisse abermals konkretisiert. Mit Bezugnahme auf die „Hörfunkrechte“-Entscheidung hat der erste Senat betont, dass einem Sportereignis als solchem kein wirtschaftlicher Wert zukomme.[287] Der wirtschaftliche Wert ergebe sich erst daraus, das Sportereignis durch Stadionbesucher oder durch audio-visuelle Medien zuschauerwirksam zu verwerten. Dem Hausrecht komme hierbei die Funktion zu, die zuschauerwirksamen und damit wirtschaftlich wichtigen Verwertungsmöglichkeiten abzusichern.[288] Die weiteren Urteilsausführungen ließen jedoch offen, ob hierzu die Berechtigung gehört, nachträglich die Verwertung solcher Aufnahmen untersagen zu können, die ursprünglich unter Verletzung fremder Rechte angefertigt wurden. Daher kann den Urteilsgründen kein Hinweis zu der Frage entnommen werden, ob eine auf dieser Rechtsgrundlage erfolgende Verwertung unmittelbar audio-visuelles Sendematerial erfasst oder ob unautorisiert filmenden Personen lediglich der Zutritt zum Stadion verwehrt werden kann.[289]

III. Räumlicher Anwendungsbereich des Hausrechts

Auch hinsichtlich der räumlichen Reichweite des Hausrechts bestehen unterschiedliche Auffassungen. Eine Auffassung beschränkt den Radius auf abgeschlossene Örtlichkeiten wie etwa Theater- und Konzertsäle, Zirkuszelte oder Sportstadien, die nicht jedermann frei zugänglich sind, sondern bei denen der

286 BGH, NJW 2006, 377, 380 m.w.N. – Hörfunkrechte.

287 BGH, Urt.v. 28.10.2010 – I ZR 60/09, NJW 2011, 1811, 1812 – Hartplatzhelden.de.

288 BGH, a.a.O.

289 Die Urteilsgründe beschränken sich insoweit auf nachfolgend wörtlich wiedergegebene Ausführungen: „Eine solche Rechtsposition ist nach der Rechtsprechung des BGH das Hausrecht, mit dessen Hilfe der Berechtigte Dritte von der unentgeltlichen Wahrnehmung des von ihm veranstalteten Spiels ausschließen und sich bei bedeutsamen Sportereignissen somit die Verwertung der von ihm erbrachten Leistung sichern kann.“ BGH, Urt.v. 28.10.2010 – I ZR 60/09, NJW 2011, 1811, 1812 – Hartplatzhelden.de.

Eigentümer, Mieter oder Pächter kraft sachenrechtlicher Befugnisse über die konkrete Zutrittsgewährung bestimmt.[290]

Ein anderer Teil des Schrifttums zählt neben den umfriedeten Örtlichkeiten auch die im Gemeingebrauch stehenden, unmittelbar jedermann zugänglichen Plätze und Wege zum räumlichen Anwendungsbereich. Für einen derart ausgedehnten Geltungsbereich wird vorgebracht, dass der Sportveranstalter – dem für öffentliche Flächen eine öffentlich-rechtliche Sondernutzungserlaubnis erteilt wurde – sein Hausrecht im Rahmen dieser Sondernutzungserlaubnis ausübe.[291] Infolgedessen könne er beispielsweise im Rahmen eines Radrennens Kamerateams untersagen, das Rennen zu begleiten.[292]

Gegen eine derartige räumliche Erstreckung ist einzuwenden, dass die Konstruktion eines auf eine öffentlich-rechtliche Sondernutzungserlaubnis gestützten Anwendungsbereichs in dogmatischer Hinsicht nicht überzeugen kann. Denn die Erteilung einer derartigen Sondernutzungserlaubnis hat einen im Vergleich zu hausrechtlichen Befugnissen völlig anderen Regelungsgehalt und betrifft inhaltlich die Frage, „ob die straßenfremde Nutzung mit den Belangen der Sicherheit und Leichtigkeit des Verkehrs vereinbar und insoweit gemeinverträglich ist".[293] Aus sondernutzungsrechtlicher Sicht sind daher lediglich die Auswirkungen auf die Straßenverkehrsfläche und die Verkehrsteilnehmer von Interesse; andere Belange sind nach dem diesbezüglich einschlägigen Fachrecht zu beurteilen.[294]

Damit erschöpft sich der Regelungsgehalt einer öffentlich-rechtlichen Sondernutzungserlaubnis in Belangen der Sicherheit und Leichtigkeit des Straßenverkehrs; nicht erfasst sind hingegen Fragen, die die Zutrittsgewährung oder die wirtschaftliche Verwertung einer Sportveranstaltung betreffen. Letztgenannte Aspekte sind auf hausrechtlicher Grundlage nach sachenrechtlichen Vorschriften zu beurteilen, die im Verhältnis zum Straßen- und Wegerecht insoweit vorrangiges Fachrecht darstellen. Eine dogmatische Anknüpfung an das zivilrechtliche Eigentum erfolgt selbst bei Gebäuden und Einrichtungen der öffentlichen Hand. Auch dort unterbleibt eine Herleitung aus eigentumsfremden Vorschriften.[295] Damit bleibt festzuhalten, dass die von Teilen der Literatur vorgenommene Konstruktion

---

290 *Lerche/Ulmer*, S. 97; *Wegner*, S. 19 ff.; wohl auch *Schmidt*, S. 8.

291 *Waldhauser*, S. 71; *Helbig*, S. 133.

292 *Waldhauser*, a.a.O.; vgl. *Helbig*, S. 133. In diese Richtung auch *Summerer*, in: Fritzweiler/Pfister/Summerer, 4. Teil, Rn. 79.

293 VGH München, NVwZ-RR 2004, 886, 887.

294 VGH München, a.a.O.

295 BGH, Urt.v. 26.10.1960 – V ZR 122/59, NJW 1961, 308 f.; BayObLG, Urt.v. 14.09.1976 – 3 St 99/76, NJW 1977, 261.

über eine Sondernutzungserlaubnis im Ergebnis dazu beiträgt, dass ein zivilrechtlich eindeutig umrissenes Abwehrrecht durch öffentlich-rechtliche Gestaltungen verwässert wird.[296]

In Bezug auf die räumliche Reichweite ist schließlich auch § 905 BGB zu beachten. Danach gehört auch der über dem Grundstück befindliche Luftraum zu dem erfassten Herrschaftsbereich. Ausgenommen sind nach § 905 S. 2 BGB lediglich derartige Einwirkungen, die in solcher Höhe vorgenommen werden, dass der Eigentümer hieran kein Ausschlussinteresse mehr haben kann. Aufgrund der bestehenden und stetig wachsenden technischen Möglichkeiten, durch Zoom-Bilder aus großer Höhe und Entfernung aufnehmen zu können, wird man daher i.R.d. § 905 S. 2 BGB einen strengen Maßstab anlegen und davon ausgehen müssen, dass ein „gezielte[][s] Kreisen" über dem Grundstück dem räumlichen Anwendungsbereich des Hausrechts unterliegt.[297]

IV. Inhaber des Hausrechts

Entsprechend der dogmatischen Herleitung aus Eigentum oder Recht zum Besitz werden nach ganz herrschender Auffassung in Rechtsprechung und Literatur der Eigentümer und bzw. oder der berechtigte Besitzer der betreffenden Örtlichkeiten als Rechtsinhaber angesehen.[298] Aufgrund des Nebeneinanders von eigentums- und besitzrechtlichen Ansprüchen wird in diesem Zusammenhang treffend von einer „Bivalenz"[299] des Hausrechts gesprochen.[300]

---

296 Vgl. zu diesem Argumentationsansatz die Ausführungen von *Stürner* im Zusammenhang mit der Frage einer verfassungsrechtlichen Einschränkung des zivilrechtlichen Hausrechts der Deutschen Bahn, *Stürner*, Anmerk. zu BayObLG, Urt.v. 14.09.1976 – 3 St 99/76, JZ 1977, 312. Für eine ausschließlich zivilrechtliche Einordnung von Hausverboten, vgl. *Stürner*, Anmerk. zu BVerwG, Urt.v. 13.03.1970 – VII C 80.67, JZ 1971, 98f. Kritisch zu einer Lösung über Sondernutzungen ebenfalls *Hilty/Henning-Bodewig*, S. 49.

297 *Waldhauser*, S. 71. Zustimmend *Wegner*, S. 20. A.A.: *Hoeren*, Anmerk. zu BGH, Beschl.v. 11.12.1997 – KVR 7/96, JR 1998, 332, 333 – Europapokalheimspiele.

298 BGH, Urt.v. 08.11.2005 – KZR 37/03, NJW 2006, 377, 379 – Hörfunkrechte; BGH, Urt.v. 30.10.2009 – V ZR 253/08, NJW 2010, 534, 535 – Stadionverbot; *Petersen*, S. 12; *Helbig*, S. 133; *Schabenberger/Nemeczek*, GRUR-Prax. 2011, 139.

299 *Waldhauser*, S. 70.

300 Eine Mindermeinung sieht dagegen aus strafrechtlichem Blickwinkel einzig den unmittelbaren Besitzer als Inhaber des Hausrechts an, vgl. *Engeln*, S. 46. In diesem Sinne wohl auch *Amelung*, NJW 1986, 2075, 2081.

Aufgrund seiner umfassenden Eigentumsbefugnisse aus § 903 S. 1 BGB wird dem Eigentümer die Rechtsinhaberschaft zugeschrieben.[301] Wurde über die betreffenden Räumlichkeiten ein Miet- oder Pachtverhältnis abgeschlossen, so werden die aus dem Besitzrecht folgenden Befugnisse überwiegend daraus abgeleitet, dass dem Mieter als (berechtigtem) unmittelbaren Besitzer die „Ausübung" des Rechts vom vermietenden Eigentümer überlassen wird[302] bzw. dass es diesem durch den Miet- oder Pachtvertrag übertragen wird.[303]

Eine Mindermeinung vertritt demgegenüber den Standpunkt, dass der Mieter oder Pächter eine eigenständige Rechtsposition, losgelöst von eigentumsrechtlichen Befugnissen, erhalte.[304] In diesem Zusammenhang wird argumentiert, dass einer Übertragung einzelner Eigentümerbefugnisse – die von der h.M. anerkannt wird – entgegenstehe, dass ein Anspruch aus § 1004 BGB nicht auf den Mieter übertragbar sei.[305] Diesem Einwand ist zwar insoweit zuzustimmen, als ein Anspruch aus § 1004 BGB in unmittelbarer Anwendung tatsächlich einzig vom Eigentümer geltend gemacht werden kann.[306] Dagegen ist jedoch zu berücksichtigen, dass das Besitzrecht auch als sonstiges Recht i.R.d. § 823 Abs. 1 BGB Schutz erfährt. Aufgrund dessen steht dem Besitzer nach §§ 823 Abs. 1, 1004 Abs. 1 S. 2 BGB analog bei Beeinträchtigungen seines Rechts zum Besitz ebenfalls ein Unterlassungsanspruch zu, unabhängig von der Frage, ob er eine eigenständige Rechtsposition innehat.[307] Dieser besteht etwa dann, wenn gegen die Hausordnung verstoßen wird und somit eine Besitzstörung vorliegt.[308] Mit der vorzugswürdigen h.M. ist deshalb anzunehmen, dass mit dem Abschluss eines Miet- oder

301 Vgl. OLG Frankfurt, Urt.v. 15.03.1993 – 4 U 172/91, NJW-RR 1993, 788, 789.

302 *Agudo y Berbel/Engels*, WRP 2005, 191, 194; Mäsch, JuS 2012, 556, 557.

303 OLG Frankfurt, Urt.v. 15.03.1993 – 4 U 172/91, NJW-RR 1993, 788, 789; *Breucker*, JR 2005, 133, 134; *Strauß*, S. 130.

304 *Waldhauser*, S. 69.

305 *Waldhauser*, a.a.O.; So auch *Helbig*, S. 133; *Baldus*, in: MüKo, BGB, § 1004, Rn. 19 m.w.N.

306 Ebenso ist § 1004 BGB für dingliche Rechte wie etwa Dienstbarkeiten kraft Verweisung aus § 1027 BGB anwendbar, vgl. *Baldus*, in: MüKo, BGB, § 1004, Rn. 4. Der possessorische Anspruch aus § 862 BGB ist von seiner rechtlichen Konzeption darauf angelegt nur vorläufige Entscheidungen herbeizuführen. Auch ist der aus § 862 BGB folgende Unterlassungsanspruch lediglich auf Störungen des unmittelbaren Besitzes gerichtet.

307 *Lochmann*, S. 137; *Breucker*, JR 2005, 133, 134; NJW 2006, 1233, 1235.

308 Vgl. *Löwisch/Rieble*, NJW 1994, 2596. Übersichtlich zur Thematik des Hausverbots, *Gutzeit*, in: Staudinger, § 858, Rn. 39.

Pachtvertrages einzelne Hausrechtsbefugnisse auf den Mieter bzw. Pächter übertragen werden.[309]

Von gesteigerter Bedeutung ist ferner, wem konkret die entgeltliche Gestattung des Zutritts Dritter zum Stadiongelände und insbesondere die zur audio-visuellen Übertragung der stattfinden Spiele wirtschaftlich zugewiesen ist. Diese Frage ist stets dann von Relevanz, wenn der betreffende Fußballverein nicht selbst Eigentümer des Stadions bzw. des Stadiongeländes ist. Der Eigentümer hat sich eines Teils seiner Eigentumsbefugnisse – konkret seiner „Gebrauchs- und Verwertungsmöglichkeit" – durch Eingehung des Mietvertrages dergestalt „begeben", dass der Mieter nunmehr dazu berechtigt ist, das Mietobjekt wirtschaftlich zu nutzen.[310] Aufgrund dessen ist die Befugnis zur entgeltlichen Zugangsgestattung dem anmietenden Verein als berechtigtem Besitzer vorbehalten.[311] In Anwendung der gängigen Rechtsprechungspraxis des BGH sind Gewinne aus Untervermietung selbst bei unberechtigter Untervermietung wirtschaftlich dem Mieter zugewiesen und nicht an den vermietenden Eigentümer herauszugeben.[312] Demnach ist in Bezug auf die rechtlichen Befugnisse eines Vereins irrelevant, ob das Stadion Vereinseigentum ist oder lediglich gemietet bzw. gepachtet wurde.[313] Denn der aus dem Eigentum gem. §§ 903, 1004 BGB hergeleitete Schutzumfang des Hausrechts ist identisch mit dem besitzrechtlichen Schutzumfang aus §§ 858, 862 BGB.[314]

V. Schwächen des hausrechtlichen Ansatzes

Der hausrechtliche Ansatz kann in Bezug auf Fußballübertragungsrechte keinen umfassenden Schutz gewährleisten. Folgt man der h.M. im Schrifttum, so versagt ein Schutz dann, wenn der Rechtsinhaber die unberechtigte Aufzeichnung des

---

309 OLG Frankfurt, Urt.v. 15.03.1993 – 4 U 172/91, NJW-RR 1993, 788, 789, *Waldhauser*, S. 69.

310 BGH, Urt.v. 12.08.2009 – XII ZR 76/08, NJW-RR 2009, 1522, 1524.

311 Dies gilt selbst in dem realitätsfernen Fall, in dem die Stadt bzw. Gemeinde als Eigentümer des Stadions dem Verein als Mieter die „Untervermietung" nicht gestattet hat. Auch dann stünden- nach den vom BGH zur unberechtigten Untervermietung entwickelten Grundsätzen – die wirtschaftlichen Einnahmen aus der Stadionnutzung dem Verein zu. Vgl. BGH, Urt.v. 20.05.1964 – VIII ZR 235/63, NJW 1964, 1853.

312 BGH, Urt.v. 20.05.1964 – VIII ZR 235/63, NJW 1964, 1853. Zustimmend: *Schwab* in: MüKo, BGB, § 812, Rn. 255; A.A.: *Larenz/Canaris*, SchR II/2, S. 173; für einen angemessenen Mietzuschlag, *Neumann-Duesberg*, BB 1965, 729, 731.

313 *Petersen*, S. 12; *Strauß*, S. 130; *Helbig*, S. 133.

314 *Strauß*, S. 130.

Spiels oder einzelner Spielszenen beim Aufnahmevorgang selbst nicht bemerkt und daher nicht unverzüglich durch Ausübung seines Hausrechts die Aufnahmen stoppen und den Filmenden des Stadions verweisen kann. Denn nach h.M. ist die inhaltliche Reichweite des Rechts auf die Befugnis zur Zutrittsgewährung und der Möglichkeit, Ordnungsmaßnahmen zu treffen, beschränkt. Werden unrechtmäßig erstellte Aufnahmen im Nachhinein sodann (durch einen Dritten) verwertet, so hat der Berechtigte nach h.M. keine Möglichkeit, die Verbreitung dieser Aufnahmen zu unterbinden, da das Bildmaterial nicht selbst vom Schutzbereich des Hausrechts – bzw. dessen eigentumsrechtlichen Bestandteilen – erfasst ist.[315] Aus demselben Grund scheidet ein Anspruch aus Eingriffskondiktion i.S.d. § 812 Abs. 1 S. 1 Alt. 2 BGB aus. Ein solcher bereicherungsrechtlicher Anspruch scheitert daran, dass die Ausstrahlung des angefertigten Sendematerials keinen Eingriff in eine Rechtsposition begründet, die dem Rechtsinhaber zugewiesen ist.[316]

Eine Schwäche des hausrechtlichen Ansatzes besteht aus Sicht der Stadionzuschauer sowie der TV-Sender ferner darin, auch nach erfolgter Zutrittsgewährung fortdauernd des Stadions verwiesen werden zu können. Denn die durch den Rechtsinhaber i.R.d. § 858 BGB erteilte Erlaubnis zum Betreten bzw. Verweilen ist ohne weitere Begründung zu jedem Zeitpunkt frei widerruflich.[317] Selbst dann, wenn sich der Veranstalter vertraglich dazu verpflichtet hat, dem Stadionbesucher bzw. TV-Sender Zutritt zum Stadion zu gewähren, ist diese schuldvertragliche Vereinbarung besitzrechtlich i.R.d. § 858 BGB nicht bindend.[318] Die Vertragspartner bleiben in diesen Fällen auf Schadensersatzansprüche verwiesen, wenn sie des Stadions verwiesen wurden, obwohl sie die durch die Hausordnung auferlegten und vertraglich einbezogenen Verhaltenspflichten befolgt haben.

Letztlich ist in der begrenzten räumlichen Reichweite ein Aspekt zu sehen, der keinen vollständigen Schutz von audio-visuellen Aufnahmen solcher Sportveranstaltungen ermöglicht, die außerhalb einer abgeschlossenen Örtlichkeit ausgetragen werden. Denn wie dargelegt, sind die rechtlichen Befugnisse nach

---

315 In diesem Sinne *Kübler*, ZUM 1989, 326, 328; *Waldhauser*, S. 75 ff.; *Hilty/Henning-Bodewig*, S. 49. Die Gegenmeinung, die die Anfertigung von audio-visuellem Material dem Eigentum zuweist, scheint hingegen einen eigentumsrechtlichen Schutz gegen die Verbreitung derartiger Aufnahmen zu bejahen. In diesem Sinne wohl *Haas/Reimann*, SpuRt 1999, 182, 185.

316 So im Ergebnis *Waldhauser*, S. 84. Ein Anspruch aus Eingriffskondiktion besteht hingegen nach dem modifizierten hausrechtlichen Ansatz, vgl. 3. Kap. G. I.

317 Vgl. *Stürner*, Anmerk. zu BayObLG, Urt.v. 14.09.1976 – 3 St 99/76, JZ 1977, 312; *Waldhauser*, S. 73; *Löwisch/Rieble*, NJW 1994, 2596.

318 *Joost*, in: MüKo, BGB, § 858, Rn. 7.

vorzugswürdiger Auffassung auf die sachenrechtlichen Eigentumsgrenzen begrenzt und nicht durch eine öffentlich-rechtliche Sondernutzungserlaubnis auf den öffentlichen Verkehrsraum erweiterbar.[319] Aufgrund dessen bietet das Hausrecht solchen Sportveranstaltungen keinen Schutz, die etwa im Falle von Radrennen auf öffentlichen Straßen und Wegen stattfinden.[320]

F. Veranstalter als Inhaber der Sportübertragungsrechte

I. Problemaufriss

Nach einhelliger Meinung ist der Veranstalter der Bundesligaspiele Inhaber der Fußballübertragungsrechte. Der Veranstalterbegriff gewinnt daher im Bereich der medialen Verwertung zentrale Bedeutung. Fraglich ist jedoch, ob die Vereine oder aber der Verband – der nach den Vorschriften des GWB zur zentralen Vermarktung berechtigt ist[321] – eigenständig als Veranstalter anzusehen ist oder ob beiden gemeinsam als Mitveranstalter die mediale Vermarktung der Bundesliga vorbehalten ist. Zweifel sind deshalb begründet, weil der Sportveranstalterbegriff keine selbständige gesetzliche Normierung erfahren hat und auch nicht mittelbar aus gesetzlichen Vorschriften abgeleitet werden kann. Zwar ist die zentral durch den Ligaverband erfolgende Vermarktung aus kartellrechtlicher Sicht so lange zulässig, wie eine angemessene Verbraucherbeteiligung an den Effizienzvorteilen der Zentralvermarktung sichergestellt ist.[322] Aus der kartellrechtlichen Behandlung der Bundesligavermarktung lässt sich jedoch weder direkt noch mittelbar eine verbindliche Aussage darüber herleiten, wer als Veranstalter der Bundesligaspiele anzusehen ist. Die gesetzgeberische Untätigkeit ist gerade deshalb misslich, weil

319 Vgl. hierzu 2. Kap. E III.

320 Hingegen kann bei solchen Sportveranstaltungen, die innerhalb einer geschlossenen Räumlichkeit ausgetragen werden, eine Verbesserung der Abwehrmöglichkeiten rein pragmatisch durch das Anbringen von geeigneten Sichtschutzvorrichtungen erreicht werden, *Ohly*, Anmerkung zu BGH, Urt.v. 28.10.2010 – I ZR 60/09 – Hartplatzhelden.de, GRUR 2011, 439, 440.

321 Aufschlussreich hierzu die Ausführungen des Bundeskartellamtes: BKartA, Entsch.v. 12.01.2012 – B 6–114/10.

322 Dies wird durch den Ligaverband in Form einer Verpflichtungszusage nach § 32 b GWB gegenüber dem Bundeskartellamt garantiert. Vgl. hierzu lehrbuchartig die Ausführungen des Bundeskartellamtes, BKartA, Entsch.v. 12.01.2012 – B 6–114/10.

der (Sport-) Veranstalter nach allgemeiner Überzeugung Inhaber der medialen Verwertungsrechte eines Sportereignisses ist.[323] Nachfolgend soll daher die Frage, wer konkret Veranstalter der 1. und 2. Fußball-Bundesliga und damit Inhaber der medialen Verwertungsrechte ist, einer Klärung zugeführt werden. Dabei steht in Streit, ob der jeweilige (Heim-) Verein und der Fußballverband als (Mit-) Veranstalter anzusehen sind oder ob die Veranstaltereigenschaft einzig den Vereinen bzw. dem Verband alleine zukommt.

Zur besseren Verständlichkeit erfolgt im ersten Schritt zunächst eine Darstellung des verbandsrechtlichen Verhältnisses zwischen den Vereinen der Profiligen und dem Liga Fußballverband e.V.[324] (Ligaverband) als Mitglied des Deutschen Fußball Bundes (DFB). Daran schließt sich im zweiten Schritt ein Überblick über die zum Veranstalterbegriff in Rechtsprechung und Schrifttum vertretenen Positionen an. Ein Vorgehen in dieser Reihenfolge ist sinnvoll, da auf diesem Weg die gängige Verwertungspraxis erörtert wird, wie sie nach Maßgabe der verbandsrechtlichen Vorschriften der DFB-Satzung sowie der Satzung des Ligaverbandes erfolgt. Danach kann beurteilt werden, ob diese Verfahrensweise in Einklang steht mit dem Veranstalterbegriff, der in Rechtsprechung und Literatur vertreten wird. Konkret wird untersucht, ob die medialen Rechte, die nach bewährter Praxis durch die Deutsche Fußball Liga GmbH (DFL) als 100-prozentiges Tochterunternehmen des Ligaverbandes vermarktet werden, dem Verband originär als (Mit-) Veranstalter zustehen oder ob dieser die Rechte lediglich derivativ als Zusammenschluss der einzelnen Vereine erwirbt.

II. Verhältnis Lizenzvereine – Verband

Ursprünglich waren die jeweils in der 1. und 2. Fußball-Bundesliga spielenden Vereine außerordentliche Mitglieder des Deutschen Fußball Bundes e.V. (DFB).[325] Infolge der Strukturreform des DFB sind die Profi-Clubs jedoch zum 28.04.2001 als außerordentliche Mitglieder aus diesem ausgeschieden und haben mit dem Ligaverband einen eigenen Verband gegründet, dem sie ab der Saison 2001/2002

323 Vgl. statt vieler: *Stopper*, SpuRt 1999, 188, 191 f.

324 Die exakte Bezeichnung des Ligaverbandes ist „Die Liga – Ligaverband e.V.“. Allgemein ist jedoch schlicht von dem Ligaverband die Rede.

325 Vgl. Präambel des Grundlagenvertrages DFB, Präambel der Satzung des Ligaverbandes; *Holzhäuser*, SpuRt 2004, 144, 146.

angehören.[326] Der Ligaverband ist in § 16 DFB-Satzung legaldefiniert als „Zusammenschluss der lizenzierten Vereine und Kapitalgesellschaften der Bundesliga und der 2. Bundesliga".[327]

Nicht mehr die Vereine selbst, sondern der Ligaverband ist nach § 7 Abs. 2 b) VI. DFB-Satzung i.V.m. § 3 Satzung Ligaverband nunmehr ordentliches Mitglied des DFB.[328] Von diesem hat der Ligaverband die Erlaubnis zum Betrieb der – ihm zur Nutzung überlassenen – Vereinseinrichtungen der Bundesliga und der 2. Bundesliga sowie der eigenverantwortlichen und exklusiven Verwertung der Vermarktungsrechte, inklusive des Ligalogos, erhalten.[329] Zwischen DFB und Ligaverband besteht insoweit nach § 4 Abs. 1 des ab dem 01.07.2009 gültigen Grundlagenvertrages ein Pachtverhältnis. Danach ist der Ligaverband einerseits zur Verwertung der medialen Rechte berechtigt. Andererseits ist er zur Entrichtung eines Pachtzinses i.H.v. 3 Prozent der Gesamteinnahmen aus dem Eintrittskartenverkauf und zur Verwertung der Medienrechte verpflichtet.[330] Die Vermarktungsrechte, die dem Ligaverband vom DFB zur Nutzung überlassen wurden, werden nach § 19 Nr. 2 Satzung Ligaverband nicht unmittelbar durch den Ligaverband selbst, sondern durch dessen Tochtergesellschaft, die DFL, vermarktet.[331] Die DFL

---

326 Die hinter der Strukturreform des DFB stehenden Grundgedanken werden durch *Holzhäuser* näher erläutert. Danach sei mit der Trennung von Amateur- und Profi-Sport eine verbesserte Entwicklung und Vermarktung der Profiligen, sowie eine Optimierung der Entscheidungsfindungsprozesse bezweckt gewesen. Außerdem sei durch die rechtliche Auslagerung der Profiligen der Schwerpunkt der wirtschaftlichen Tätigkeit auf den Ligaverband, bzw. auf dessen 100 prozentige Tochtergesellschaft Deutsche Fußball Liga GmbH (DFL), verlagert worden. Hierdurch solle „die steuerrechtliche Gemeinnützigkeit der Verbände" gewahrt werden, *Holzhäuser*, SpuRt 2004, 144, 145 m.w.N. Auch *Elter* begrüßt die Auslagerung der Lizenzligen aus dem Zuständigkeitsbereich des DFB. Hiermit werde den primär ideellen Interessen des DFB auf der einen Seite und den primär kommerziellen Interessen der Profiligen andererseits entsprechend Rechnung getragen, *Elter*, S. 152.

327 § 16 DFB-Satzung.

328 Nach § 16 c Nr. 1 DFB-Satzung i.V.m. § 8 Nr. 1 Satzung Ligaverband erwerben die Vereine der Lizenzligen bzw. die Kapitalgesellschaften die Mitgliedschaft im Ligaverband mit Lizenzerteilung durch den Ligaverband.

329 Vgl. § 16 a Nr. 2 DFB-Satzung i.V.m. § 6 Nr. 2 a Satzung Ligaverband sowie die Präambel des Grundlagenvertrages DFB.

330 § 4 Abs. 1 Grundlagenvertrag.

331 Neben der Leitung des Spielbetriebs der Lizenzligen ist die DFL daher schwerpunktmäßig mit der exklusiven medialen Vermarktung der Fußball-Bundesliga betraut und hat hiermit in Zusammenhang stehende Forderungen gerichtlich geltend zu machen. Die Rechteübertragung durch den Ligaverband auf eine Tochtergesellschaft ist gem.

führt das „operative Geschäft“[332] und versteht sich als Dienstleistungsunternehmen der Bundesligavereine als Mitglieder des Ligaverbandes.[333] Über den Ligaverband ist die DFL mittelbar mit den Vereinen verbunden, da sie 100-prozentige Tochtergesellschaft des Ligaverbandes ist und die Vereine wiederum Verbandsmitglieder sind.

III. Begriff des Sportveranstalters in Rechtsprechung und Schrifttum

Die Diskussion um den Sportveranstalterbegriff liegt darin begründet, dass ein Veranstalterrecht lediglich in § 81 UrhG gesetzlich geregelt ist. Diese Vorschrift ist allerdings nicht auf Sportveranstaltungen anwendbar.[334] In einer älteren Entscheidung – die die Herausgabe und den Vertrieb von Programmheften im Rahmen von Berufsboxkämpfen betraf – hat der BGH zum Veranstalterbegriff Stellung genommen. Danach ist Veranstalter, wer den organisatorischen Aufwand sowie das wirtschaftliche Erfolgsrisiko durch den Einsatz finanzieller Mittel übernimmt.[335] Diesen Ansatz hat der BGH auch in der „Bubi Scholz“-Entscheidung weiterverfolgt, in dem er ausgeführt hat, dass die Tätigkeit eines Boxveranstalters im Wesentlichen in der Abwicklung der organisatorischen Arbeit und der umfassenden Auswertung der bestehenden wirtschaftlichen Möglichkeiten bestehe.[336]

In einer weiteren Entscheidung („Europapokalheimspiele“) hat der BGH den Heimverein eines Fußballspiels als Mitveranstalter angesehen und diese Einordnung damit begründet, dass der Verein insbesondere mit der Finanzierung der Spieler und Bereitstellung des Stadions wesentliche wirtschaftliche Leistungen und den erforderlichen organisatorischen Aufwand vor Ort erbringe.[337] Expressis

---

§ 10 Abs. 2 Grundlagenvertrag zulässig, sofern der Ligaverband alleiniger bzw. beherrschender Gesellschafter der Tochtergesellschaft ist. Der sich aus der Verlagerung auf die Deutsche Fußball Liga GmbH (DFL) ergebende Vorteil besteht insbesondere darin, dass auf diesem Weg die steuerrechtliche Gemeinnützigkeit des Ligaverbandes gewahrt wird, vgl. *Holzhäuser*, SpuRt 2004, 144, 145.

332 Vgl. *Elter*, S. 150, 151; *Jungheim*, SpuRt 2008, 89, 90.

333 Vgl. § 19 Nr. 2 Satzung Ligaverband; *Jungheim*, SpuRt 2008, 89, 90.

334 *Summerer*, in: Fritzweiler/Pfister/Summerer, 4. Teil, Rn. 82.

335 Vgl. BGH, Urt.v. 22.04.1958 – I ZR 67/57, NJW 1958, 1486, 1487 f. – Box-Programmheft.

336 BGH, Urt.v. 29.04.1970 – I ZR 30/68, NJW 1970, 2060 – Bubi Scholz.

337 BGH, Beschl.v. 11.12.1997 – KVR 7/96, NJW 1998, 756, 758 – Europapokalheimspiele.

verbis offengelassen hat der BGH jedoch die Entscheidung darüber, ob die Vereine den ökonomischen Wert einer Sportveranstaltung alleine erwirtschaften und daher alleinige Inhaber der Vermarktungsrechte sind[338] oder ob dem beteiligten Sportverband eine Mitveranstaltereigenschaft deshalb zukommt, weil er einen „Wettbewerbe ins Leben gerufen, über Jahre durch zahlreiche Einzelmaßnahmen organisiert und geleitet und ihnen ein hohes Ansehen bei den Zuschauern verschafft hat".[339] Obgleich diese Fragen in den Entscheidungsgründen explizit offenblieben,[340] wurde die „Europapokalheimspiele"-Entscheidung in Rechtsprechung und Literatur überwiegend als Erweiterung des Veranstalterbegriffs zugunsten der Fußballverbände interpretiert.[341] In zwei einschlägigen aktuellen Entscheidungen hat es der BGH erneut dabei bewenden lassen, einmal die Vereine[342] und ein anderes Mal den Sportverband[343] als Mitveranstalter einzuordnen, ohne sich inhaltlich näher mit den Voraussetzungen des Sportveranstalterbegriffs auseinanderzusetzen.

Die Austragung eines Sportereignisses durch mehrere Sportveranstalter wird im Schrifttum zum Teil für möglich gehalten und dem Fußballverband eine Mitveranstaltereigenschaft zuerkannt.[344] Andere Stimmen im Schrifttum lehnen dagegen eine Mitveranstaltereigenschaft des Verbandes deshalb ab, weil nur der Verein das wirtschaftliche Risiko der Veranstaltung zu tragen habe und der Verband einzig „vorgelagerte Hilfsfunktionen"[345] übernehme, denen kein Schutz zuzubilligen sei.[346] Ungeachtet der im Ergebnis widerstreitenden Auffassungen um die Veranstaltereigenschaft hat sich allgemein die Formel durchgesetzt, dass Sportveranstalter „derjenige [ist], der das finanzielle und organisatorische Risiko

---

338 BGH, Beschl.v. 11.12.1997 – KVR 7/96, NJW 1998, 756, 759 – Europapokalheimspiele.

339 BGH, a.a.O.

340 Die Frage der Mitveranstaltereigenschaft des Verbandes konnte deshalb unentschieden bleiben, weil der DFB bei Europapokalspielen nicht maßgeblich involviert ist und die Union of European Football Associations (UEFA) nicht Adressatin der Untersagungsverfügung des Bundeskartellamtes war, vgl. BGH, Beschl.v. 11.12.1997 – KVR 7/96, NJW 1998, 756, 758 – Europapokalheimspiele.

341 *Summerer*, in: Fritzweiler/Pfister/Summerer, 4. Teil, Rn. 85 m.w.N.

342 BGH, Urt.v. 08.11.2005 – KZR 37/03, NJW 2006, 377, 378 – Hörfunkrechte.

343 BGH, Urt.v. 28.10.2010 – I ZR 60/09, NJW 2011, 1811 – Hartplatzhelden.de.

344 *Stopper*, SpuRt 1999, 188, 191 f.; *Paal*, CR 2009, 438, 441; *v. Westerholt*, ZIP 1996, 264, 265.

345 *Haas/Reimann*, SpuRt 1999, 182, 187.

346 Vgl. *Hausmann*, BB 1994, 1089, 1091; *Haas/Reimann*, SpuRt 1999, 182, 187; kritisch zu einer Mitveranstaltereigenschaft des Fußballverbandes, *Waldhauser*, Anmerk. zu BGH, Beschl.v. 11.12.1997 – KVR 7/96, ZUM 1998, 129, 131.

der Sportveranstaltung trägt".[347] Nach dieser Formel besteht in Rechtsprechung[348] und überwiegendem Schrifttum[349] Einigkeit, dass sowohl die jeweiligen Heimvereine als auch der übergeordnete Verband als Mitveranstalter originäre Inhaber der Fußballübertragungsrechte sind.

Die übliche Verwertungspraxis, bei der die Verwertung der medialen Rechte durch die DFL erfolgt, entspricht damit der in Rechtsprechung und Literatur vertretenen Rechtsposition. Danach sind der Ligaverband und die DFL als dessen 100-prozentige Tochtergesellschaft in ihrer Rechtsstellung als (Mit-) Veranstalter originär (Mit-) Inhaber der Vermarktungsrechte.

IV. Kritik am Veranstalterbegriff

An dem in Rechtsprechung und Schrifttum etablierten Veranstalterbegriff wird m.E. zu Recht verschiedentlich Kritik geübt. Konkret wird bemängelt, dass sich in ständiger Rechtsprechungspraxis ein Veranstalterbegriff herausgebildet habe, ohne dass der exakte systematische Standort der Fußballübertragungsrechte geklärt worden sei, die zu den maßgeblichen Veranstalterrechten gehören.[350] In dieselbe Richtung weisen auch die geäußerten Bedenken, dass eine allgemeingültige Definition des Sportveranstalters aufgrund der Vielzahl potenzieller dogmatischer Anknüpfungspunkte „zumindest fraglich" erscheine[351] bzw. dass eine exakte Bestimmung des konkret anwendbaren Abwehrrechts für die Frage der Sportveranstaltereigenschaft nicht ohne Belang sein könne.[352] Den genannten Literaturauffassungen ist darin zuzustimmen, dass die Rechtsinhaberschaft schwerlich ermittelbar ist, ohne genauere Erkenntnisse darüber zu haben, auf welcher dogmatischen Grundlage überhaupt das in Rede stehende Recht beruht. Denn wer Träger eines Rechtes ist, kann denknotwendig erst bestimmt werden, wenn

347 *Haas/Reimann*, SpuRt 1999, 182, 186 m.w.N.; *Paal*, CR 2009, 438, 440; *Summerer*, in: Fritzweiler/Pfister/Summerer, 4. Teil, Rn. 83; Umfassend zur Bestimmung des Sportveranstalters, *Stopper*, SpuRt 1999, 188 ff.

348 BGH, Beschl.v. 11.12.1997 – KVR 7/96, NJW 1998, 756, 759 – Europapokalheimspiele; BGH, Urt.v. 28.10.2010 – I ZR 60/09, NJW 2011, 1811, 1813 – Hartplatzhelden.de. In diesem Sinne auch BGH, Urt.v. 30.10.2009 – V ZR 253/08, NJW 2010, 534 ff. – Stadionverbot.

349 Vgl. statt vieler: *Stopper*, SpuRt 1999, 188, 191 f.

350 Vgl. *Lochmann*, S. 24.

351 *Waldhauser*, S. 66 f.

352 *Petersen*, S. 14.

Gewissheit besteht, welches Recht in Rede steht und wo dessen dogmatischer Ursprung liegt.[353]

Nimmt man die Position der aktuellen Rechtsprechung ein, die seit geraumer Zeit konsequent das Hausrecht als dogmatischen Ursprung der Übertragungsrechte heranzieht, so kommt einzig den jeweiligen Heimvereinen die Sportveranstaltereigenschaft zu. Bestätigt wird dies durch eine Entscheidung des BGH, die die Verhängung eines bundesweiten Stadionverbotes betraf. Dort stellte der 5. Senat auf das Hausrecht der einzelnen Vereine, nicht aber auf ein potenzielles Hausrecht des Fußballverbandes ab.[354] Demnach wäre die DFL lediglich mittelbar an den Übertragungsrechten beteiligt, nicht aber originär als Veranstalter der Bundesligaspiele anzusehen.[355] Eine derivative Rechtsinhaberschaft folgt aus den oben dargelegten Verflechtungen, die zwischen Ligaverband, DFL und den einzelnen Bundesligavereinen bestehen.

---

353 In diesem Sinne *Petersen*, S. 14; vgl. *Waldhauser*, Anmerk. zu BGH, Beschl.v. 11.12.1997 – KVR 7/96 – Europapokalheimspiele, ZUM 1998, 129, 131.

354 BGH, Urt.v. 30.10.2009 – V ZR 253/08, NJW 2010, 534, 535 – Stadionverbot. Der BGH hat in dieser Entscheidung vielmehr klargestellt, dass die vom DFB vereinheitlichten Richtlinien für Stadionverbote nicht unmittelbar im Verhältnis zwischen DFB und Stadionbesucher Anwendung finden, vgl. BGH, Urt.v. 30.10.2009 – V ZR 253/08, NJW 2010, 534, 536 – Stadionverbot. Auch daraus kann geschlossen werden, dass der DFB nicht den Verband, sondern den Verein als Hausrechtsinhaber ansieht. Auch in der Entscheidung „Hartplatzhelden" stellt der BGH nicht auf ein Hausrecht des Württembergischen Fußballverbandes (WFV), sondern eines der ihm angehörigen Vereine ab, vgl. BGH, Urt.v. 28.10.2010 – I ZR 60/09, NJW 2011, 1811, 1812 – Hartplatzhelden.de.

355 *Waldhauser*, Anmerk. zu BGH, Beschl.v. 11.12.1997 – KVR 7/96 – Europapokalheimspiele, ZUM 1998, 129, 131 m.w.N.

3. Kapitel: Modifizierter Ansatz zum Hausrecht als neue dogmatische Grundlage der Fußballübertragungsrechte

A. Einleitung

Die bislang zum dogmatischen Ursprung der Fußballübertragungsrechte angestellten Untersuchungen haben ergeben, dass der überwiegende Teil im Schrifttum die Verwertung von audio-visuellem Sendematerial nicht als vom Hausrecht umfasst ansieht (2. Kap. E. II.,V.). Danach steht es dem Rechtsinhaber zwar frei die Anfertigung von Aufnahmen zu unterbinden, indem er einem Kamerateam den Zutritt zum Stadion verweigert. Nach überwiegender Auffassung in der Literatur besteht aber keine Handhabe gegen die (nachträgliche) Verwertung von Aufnahmen, die unberechtigt angefertigt und im Aufnahmezeitpunkt unentdeckt geblieben sind. Die Rechtsprechung hat zu der Verwertung von audio-visuellem Sendematerial einer Sportveranstaltung auf hausrechtlicher Grundlage noch nicht abschließend Stellung bezogen und lediglich ausgeführt, dass dieses der Sicherung der Verwertung diene.[356] Offen blieb aber, ob die auf dieser Rechtsgrundlage erfolgende Verwertung unmittelbar audio-visuelles Sendematerial erfasst oder die Befugnisse lediglich darauf beschränkt sind, unberechtigt filmenden Personen den Zutritt zum Stadion zu verwehren.

In diesem Zusammenhang soll nun anschließend die Frage näher beleuchtet werden, ob und unter welchen Voraussetzungen der Zuweisungsgehalt des Grundstückseigentums die Anfertigung von Bild- und Tonmaterial erfasst. Oben wurde bereits festgestellt, dass das Hausrecht kein eigenständiges Rechtsgut ist, sondern ein Bündel von eigentums- und besitzrechtlichen Rechtspositionen darstellt.[357] Gedanklicher Dreh- und Angelpunkt der folgenden Überlegungen ist die Frage, ob die gefestigten BGH-Rechtsprechungsgrundsätze zur kommerziellen Verwertung von Bildaufnahmen, die unmittelbar auf einem von außerhalb nicht einsehbaren Grundstück angefertigt wurden – im Folgenden „Schloss Tegel"-Grundsätze genannt – für den hausrechtlichen Ansatz zum Schutz von

356 Vgl. BGH, Urt.v. 28.10.2010 – I ZR 60/09, NJW 2011, 1811, 1812 – Hartplatzhelden.de.
357 Vgl. *Helbig*, S. 137, der Eigentum und Besitzrecht als „Quellrechte" ansieht.

Fußballübertragungsrechten herangezogen werden können. Sollte dies möglich sein, so würde dies auf eine Modifizierung des bisherigen hausrechtlichen Ansatzes hinauslaufen und die Rechtsposition des Veranstalters ganz erheblich verbessern. In mehreren Entscheidungen wurde höchstrichterlich zu der Frage Stellung genommen, ob die kommerzielle Verwertung von Bildaufnahmen, die nach Betreten eines von außen nicht frei einsehbaren Grundstücks aufgenommen wurden, dem Grundstückseigentümer rechtlich zugewiesen sind.[358] Zwar stellten die hierzu entschiedenen Fallkonstellationen in dogmatischer Hinsicht durchweg einzig auf das (Grundstücks-) Eigentum, nicht aber auf eine haus- oder besitzrechtliche Grundlage ab. Da das Eigentum – neben dem Recht zum Besitz – das dogmatische Fundament des Hausrechts bildet und Letzteres kein eigenständiges Rechtsgut darstellt, kann aber eine Übertragung der zum Eigentum ergangenen Rechtsprechungsgrundsätze in Erwägung gezogen werden.

Vorab klarzustellen ist, dass die einschlägige Rechtsprechung stets Konstellationen betraf, in denen es um die rechtliche Beurteilung einzelner Fotoaufnahmen, nicht aber um ganze Bildsequenzen ging. Allgemein wird jedoch angenommen, dass für Einzelbilder und – sich aus Bildfolgen zusammensetzenden – Filmaufnahmen dieselben Grundsätze maßgeblich sind.[359] Dies erscheint auch deshalb sachgerecht, weil die Produktion von Filmen der Sache nach eine Aneinanderreihung von Einzelbildaufnahmen darstellt.[360]

Nachdem die Frage erörtert wird, ob und unter welchen Voraussetzungen Bildmaterial vom Zuweisungsgehalt des (Grundstücks-) Eigentums erfasst ist (3. Kap.B.-D.) setzen sich die anschließenden Überlegungen damit auseinander, ob die zum Eigentum entwickelten Grundsätze auch in Bezug auf die Verwertung von audio-visuellen Aufnahmen eines Fußballspiels in Form eines modifizierten hausrechtlichen Ansatzes fruchtbar gemacht werden können (3. Kap. F., G.).

---

358 BGH, Urt.v. 20.09.1974 – I ZR 99/73, NJW 1975, 778 f. – Schloss Tegel; BGH, Urt.v. 09.03.1989 – I ZR 54/87, NJW 1989, 2251 ff. – Friesenhaus; BGH, Urt.v. 17.12.2010 – V ZR 45/10, NJW 2011, 749 ff. und BGH, Urt.v. 17.10.2010 – V ZR 44/10, NJW 2011, 753 ff. – Schlösser und Gärten.

359 *Lochmann*, S. 132; *Waldhauser*, S. 75 ff; gedanklich vorausgesetzt von *Haas/Reimann*, SpuRt 1999, 182, 185; *Flöter/Königs*, ZUM 2012, 383, 384.

360 *Lochmann*, S. 132.

B. Zuordnung von Bildmaterial zum eigentumsrechtlichen Zuweisungsgehalt nach den „Schloss Tegel"-Grundsätzen

Etwaige Befugnisse des Eigentümers, gegen die Aufnahme und wirtschaftliche Verwertung solchen Bildmaterials, das auf seinem Grundstück angefertigt wurde, vorgehen zu können, setzen im Ausgangspunkt notwendigerweise voraus, dass die betreffenden Handlungen als Eigentumsbeeinträchtigungen einzuordnen sind. Dies wäre der Fall, wenn die Aufnahme und Verwertung von Bildmaterial vom Zuweisungsgehalt des Eigentums umfasst und damit ausschließlich dem Eigentümer vorbehalten bliebe.[361] Nachdem sich bereits das Kammergericht im Jahre 1909 mit der Frage einer Eigentumsverletzung durch die Anfertigung von Bildaufnahmen auseinanderzusetzen hatte,[362] nahm auch der BGH in mehreren Entscheidungen zu dieser Frage Stellung.[363]

I. Inhaltliche Voraussetzungen

In der „Schloss Tegel"-Entscheidung stellte der BGH klar, dass die wirtschaftlichen Nutzungen eines Grundstücks grundsätzlich dem Eigentümer gebühren.[364] Kraft seiner Sachherrschaft könne der Eigentümer darüber entscheiden, ob und unter welchen Bedingungen Dritte Aufnahmen anfertigen dürften, wenn diese Aufnahmen auf dem Grundstück selbst und nicht von außerhalb angefertigt würden.[365] Für die Beurteilung der Frage, ob eine Verletzung des Eigentumsrechts

---

361 Vgl. *Waldhauser*, S. 78; *Lochmann*, S. 132; in Bezug auf Hörfunkaufnahmen, *Hütt*, S. 132.

362 KG, Urt.v. 25.11.1909 – XXI ZS, OLGE 20, 402 ff.

363 BGH, Urt.v. 20.09.1974 – I ZR 99/73, NJW 1975, 778 f. – Schloss Tegel; BGH, Urt.v. 09.03.1989 – I ZR 54/87, NJW 1989, 2251 ff. – Friesenhaus; BGH, Urt.v. 17.12.2010 – V ZR 45/10, NJW 2011, 749 ff. und BGH, Urt.v. 17.12.2010 – V ZR 44/10, NJW 2011, 753 ff. – Schlösser und Gärten. Für den Fall von der Nachbildung einer gemeinfreien Skulptur vgl. BGH, Urt.v. 13.10.1965 – Ib ZR 111/63, NJW 1966, 542 ff. – Apfel-Madonna.

364 BGH, Urt.v. 20.09.1974 – I ZR 99/73, NJW 1975, 778 – Schloss Tegel.

365 BGH, a.a.O.

gegeben ist, stellt die Rechtsprechung einerseits auf den Fotografiervorgang selbst und andererseits auf die Verwertung des gewonnenen Bildmaterials ab.[366]

Die „Schloss Tegel"-Grundsätze weisen dem Eigentümer die wirtschaftliche Verwertung des Bildmaterials durchweg dann zu, wenn die Aufnahmen auf einem nicht allgemein zugänglichen und von außen nicht einsehbaren Grundstück angefertigt wurden.[367] Letztgenanntes Kriterium wird nicht explizit in den Urteilsgründen genannt aber gedanklich vorausgesetzt. Denn bei freier Einsichtnahme von außen ist das Betreten des Grundstücks gerade nicht erforderlich, weil Aufnahmen in diesem Fall von einem allgemein zugänglichen Platz aus angefertigt

366 In Bezug auf den Fotografierakt hat die Rechtsprechung lange keine verbindliche Einordnung vorgenommen. So hat der BGH in der „Apfel-Madonna" – (BGH, Urt.v. 13.10.1965 – Ib ZR 111/63, NJW 1966, 542, 543 – Apfel-Madonna) und der „Schloss Tegel"–Entscheidung (BGH, Urt.v. 20.09.1974 – I ZR 99/73, NJW 1975, 778 – Schloss Tegel) dahinstehen lassen, ob in dem Fotografiervorgang selbst eine zur Abwehr nach §§ 903, 1004 BGB berechtigende Eigentumseinwirkung zu sehen ist. In dem nachfolgenden „Friesenhaus"-Urteil hat der BGH den Fotografiervorgang von einem außerhalb des Grundstücks gelegenen Platz als Realakt eingeordnet. Hinsichtlich der hergestellten Aufnahmen hat er jedoch eine Eigentumsbeeinträchtigung abgelehnt, BGH, Urt.v. 09.03.1989 – I ZR 54/87, NJW 1989, 2251, 2252 – Friesenhaus. Erstmals hat der Senat sodann aber in der aktuellen Verbundsache „Schlösser und Gärten" den Fotografiervorgang selbst als Eigentumsbeeinträchtigung eingeordnet, sofern die betreffende Aufnahme durch Betreten des Grundstücks zustande kam (BGH, Urt.v. 17.12.2010 – V ZR 45/10, NJW 2011,749 – Schlösser und Gärten: „durch (das Aufnehmen und) die Verwertung von Fotografien"; vgl. ebenfalls BGH, Urt.v. 17.12.2010 – V ZR 44/10, NJW 2011, 753, 754 – Schlösser und Gärten: „Anfertigung und Verwertung von Abbildungen"). Der Senat führte zunächst aus, dass das Fotografieren eines fremden Grundstückes zwar nicht dessen Sachsubstanz beeinträchtige und ebenso die Nutzung des Grundstücks unberührt lasse, da keine Besitzstörung vorliege und der Eigentümer nach wie vor frei sei, wie er sein Grundstück nutze. Eine Eigentumsbeeinträchtigung bestehe aber dadurch, dass es „in einer dem Willen des Eigentümers widersprechenden Weise genutzt" werde (BGH, Urt.v. 17.12.2010 – V ZR 45/10, NJW 2011,749, 750 – Schlösser und Gärten unter Verweis auf BGH, Urt.v. 15.09.2003 – II ZR 367/02, NJW 2003, 3702 f.). Damit hat der BGH die lange offen gebliebene Frage nach der rechtlichen Behandlung des Fotografiervorgangs beantwortet und unter bestimmten Voraussetzungen ebenfalls dem Zuweisungsgehalt des Eigentums zugeordnet.

367 Das Kriterium der nicht Einsehbarkeit von außen wird auch in der „Friesenhaus"-Entscheidung angesprochen. In dieser Entscheidung hat der BGH klargestellt, dass der Eigentümer Dritte „vom Anblick auf die Sache (bei einem Gebäude zum Beispiel durch eine Grundstücksbepflanzung)" ausschließen könne. BGH, Urt.v. 09.03.1989 – I ZR 54/87, NJW 1989, 2251, 2252 – Friesenhaus.

werden können. Für diese Konstellation hat die Friesenhaus- Entscheidung aber klargestellt, dass solche Aufnahmen nicht vom Zuweisungsgehalt des Eigentums erfasst sind.[368]

II. Bestätigung und Erweiterung durch „Schlösser und Gärten"-Entscheidung

Ungeachtet der im Schrifttum geäußerten Kritik[369] haben die „Schloss Tegel"-Rechtsprechungsgrundsätze in der Folgezeit eine Präzisierung und Verfestigung erfahren. In der Verbundsache „Schlösser und Gärten" hat der BGH klargestellt, dass die wirtschaftliche Verwertung des äußeren Erscheinungsbildes einer Sache unter bestimmten Voraussetzungen zu den eigentumsrechtlichen Befugnissen zähle.[370] Ließen sich die gewünschten Aufnahmen einzig durch Betreten des Grundstückes anfertigen, dann folge insoweit aus dem Eigentum ein ausschließliches Verwertungsrecht.[371] Nach diesem Verständnis umfasst der Zuweisungsgehalt des Eigentums unter den bestimmten Voraussetzungen die wirtschaftliche Verwertung des Bildmaterials einer Sache. Aus der Perspektive des BGH stellen Einnahmen aus der kommerziellen Verwertung des Bildnisses einer Sache in gleicher Weise wie solche aus deren Vermietung als Kulisse Früchte des Grundstücks i.S.d. § 99 Abs. III BGB selbst dar.[372] Aus den wiedergegebenen Urteilspassagen wird deutlich, dass der Zuweisungsgehalt des Eigentums an einem Grundstück – nach Überzeugung des BGH – jegliche gewerbliche Nutzung, die innerhalb der Grundstücksgrenzen erfolgt, umfasst.[373] Hierzu zählt der BGH neben Bild- nun auch Tonaufnahmen, wie aus einer in der „Schlösser und Gärten"-Entscheidung enthaltenen Bezugnahme auf das „Hörfunkrechte"-Urteil

---

368 BGH, Urt.v. 09.03.1989 – I ZR 54/87, NJW 1989, 2251, 2252 – Friesenhaus.

369 *Kübler*, S. 61 f.; kritisch auch *Schmieder*, Anmerk. zu BGH, Urt.v. 20.09.1974 – I ZR 99/63 – Schloss Tegel, NJW 1975, 1164 f. *Wagner*, in: MüKo, BGB, § 823, Rn. 115; *Löhr*, Anmerk. zu BGH, Urt.v. 20.09.1974 – I ZR 99/73 – Schloss Tegel, WRP 1975, 523 ff.

370 BGH, Urt.v. 17.12.2010 – V ZR 44/10, NJW 2011, 753 – Schlösser und Gärten unter Verweis auf BGH, Urt.v. 20.09.1974 – I ZR 99/63 – Schloss Tegel.

371 BGH, Urt.v. 17.12.2010 – V ZR 45/10, NJW 2011, 749, 750 – Schlösser und Gärten.

372 BGH, a.a.O.

373 *Flöter/Königs* sprechen in Bezug auf Bildmaterial, das auf einem Grundstück aufgenommen wird von einem „grundstücksinternen Bild". Vgl. *Flöter Königs*, ZUM 2012, 383.

des Senats deutlich wird.[374] Ohne ausdrückliche Gestattung des Eigentümers sind Aufnahmen, die zu gewerblichen Zwecken angefertigt werden, unter den gerade genannten Voraussetzungen alleine dem Eigentümer vorbehalten.[375]

Dieser in gefestigter BGH-Rechtsprechung entwickelte Ansatz soll im Folgenden näher beleuchtet werden. Inhaltlich ist die Frage betroffen, wie die Anfertigung und die Verwertung audio-visuellen Materials, das unter bestimmten Voraussetzungen zu den wirtschaftlichen Komponenten des Eigentums an der betreffenden Örtlichkeit gezählt wird, dogmatisch exakt zu verorten sind.[376] Im Rahmen dessen wird nachfolgend untersucht, ob die Aufnahme und wirtschaftliche Verwertung von „grundstücksinterne[][m]“[377] Sendematerial unter den Oberbegriff der Nutzungen i.S.d. § 100 BGB subsumierbar ist.[378] Nutzungen einer Sache i.S.d. § 100 BGB sind Früchte und Gebrauchsvorteile.

---

374 BGH, Urt.v. 17.12.2010 – V ZR 45/10, NJW 2011, 749, 750 – Schlösser und Gärten.

375 Vgl. hierzu die lehrbuchartigen Ausführungen des BGH in der „Schloss Tegel“-Entscheidung: „Wird aber eine Fotografiererlaubnis in Fällen der vorliegenden Art ohne ausdrückliche Einschränkung auf Aufnahmen für private Zwecke erteilt, ergibt sich eine solche Einschränkung in der Regel stillschweigend daraus, daß es das natürliche Vorrecht des Eigentümers ist, den gewerblichen Nutzen, der aus seinem nur gegen seine Erlaubnis zugänglichen Eigentum gezogen werden kann, für sich zu beanspruchen. Wer Ansichtskarten eines im Privateigentum stehenden Gebäudes, das nicht frei zugänglich ist, gewerblich herstellt und verwertet, macht sich dabei nach natürlicher Betrachtung einen fremden Vermögenswert nutzbar. Er darf – auch ohne ausdrückliches Verbot – nicht damit rechnen, daß der Eigentümer gewillt sei, jedermann eine solche Auswertung ohne Entgelt zu gestatten.“, BGH, Urt.v. 20.09.1974 – I ZR 99/73, NJW 1975, 778, 779 – Schloss Tegel.

376 Verschiedene Vertreter im Schrifttum rücken in diesem Zusammenhang die „positive“ Verwertungsbefugnis, nicht aber die „negative“ Ausschlussfunktion des Eigentumsrechts in den Fokus der Überlegungen. Vgl. hierzu *Wegner*, S. 24; *Hütt*, S. 131.

377 *Flöter/Königs*, ZUM 2012, 383.

378 Eine sachenrechtliche Einordnung von Fußballübertragungsrechten bejahend: *Hoeren*, Anmerk. zu BGH, Beschl.v. 11.12.1997 – KVR 7/96 – Europapokalheimspiele, JR 1998, 332, 333.

C. Audio-visuelles Sendematerial als Nutzungen des Grundstücks

I. Historischer Hintergrund zum Fruchtbegriff

Der Fruchtbegriff geht auf das lateinische Wort fructus zurück und bedeutete Frucht, Ertrag und Nutzen. In den römischen Rechtsquellen enthält der Fruchtbegriff eine objektive und eine subjektive Komponente. Der Fruchtbegriff bezieht sich in subjektiver Hinsicht auf die Person desjenigen, der den Fruchtgenuss aus der Sache zieht; objektiv sind der Fruchtkörper, d.h. „alle durch die organische Thätigkeit einer Sache hervorgebrachten Erzeugnisse" umfasst.[379]

Ursprünglich war ein rein naturalistisches Verständnis des Fruchtbegriffs vorherrschend.[380] Infolge der wirtschaftlichen Bedürfnisse, insbesondere durch den sich entwickelnden Geldverkehr, erfuhr der Fruchtbegriff jedoch eine Ausweitung; fortan wurde zwischen den „fructus naturales" (Sachfrüchten) und den „fructus civiles" (Rechtsfrüchten) differenziert.[381]

Zu den Sachfrüchten zählten alle organischen Erzeugnisse wie etwa Milch, Wolle, Tierjunge oder Obst sowie die anorganische Ausbeute aus Grund- und Bodenbestandteilen, wie Lehm und Steine. Zinsen für in Anspruch genommene Geldmittel wurden hingegen als Rechtsfrüchte angesehen, unterlagen aber denselben Regeln wie Sachfrüchte.[382]

Im römischen Recht existierte zum Fruchtbegriff eine ausgeprägte Einzelfallkasuistik.[383] Diese wurde durch eine wirtschaftlich ausgerichtete Betrachtungsweise und den sich infolge der wirtschaftlichen Weiterentwicklung stets im Wandel befindlichen ökonomischen Gegebenheiten begünstigt. Trotz der Zerfaserung in eine Vielzahl unterschiedlicher Fallgruppen lassen sich eine wirtschaftliche Zweckbindung, ein enthaltsamer Umgang mit der Muttersache und der dadurch ermöglichte wiederkehrende Fruchtgenuss zu den kennzeichnenden Komponenten des Fruchtbegriffs zusammenfassen.[384]

Hinsichtlich der gesetzlichen Grundkonzeption des Frucht- und Nutzungsbegriffs wird i.R.d. Gesetzgebungsarbeiten zum BGB ein Bruch erkennbar: Während anfänglich beabsichtigt war, keine gesetzliche Definition aufzunehmen, sondern

---

379 *Heimbach*, S. 3 f.

380 *Bungart*, S. 109.

381 *Bungart*, a.a.O. m.w.N.

382 *Heimbach*, S. 34; *Wieling*, § 2 V 1.

383 *Bungart*, S. 110.

384 *Bungart* a.a.O.

einzig den Fruchtziehungsvorgang zu normieren und im Übrigen von einer gesetzlichen Fiktion Gebrauch zu machen, verfolgte die erste Kommission zum BGB einen anderen Ansatz, der letztlich im BGB Niederschlag gefunden hat.[385] Danach erfolgte die Normierung eines einheitlichen weiten Fruchtbegriffs, auf den alle denkbaren Fallkonstellationen Anwendung finden sollten.[386] In den Motiven zum BGB heißt es hierzu: „Der Entwurf bestimmt deshalb in dem § 792 den Begriff der Frucht nach dessen verschiedenen Richtungen, indem er davon ausgeht, dass diese Bestimmung nicht blos für die Fälle, in welchen das Recht zur Beziehung der Früchte einem Anderen als demjenigen zusteht, dem der fruchttragende Gegenstand gehört, sondern auch für die Fälle maßgebend ist, in welchen die Früchte herauszugeben oder zu ersetzen sind. Der Begriff ist immer der nämliche, selbst wenn das Gesetz das Recht zum Bezuge oder die Pflicht zum Ersatze der Früchte einschränkt oder auf Gegenstände ausdehnt, welche nicht als Früchte angesehen werden können."[387] Neben diesem zentralen Fruchtbegriff hat ebenfalls der Fruchterwerb im BGB in den §§ 953–957 BGB Niederschlag gefunden.

Im Rahmen einer Betrachtung der historischen Ursprünge wird erkennbar, dass der Fruchtbegriff bereits im römischen Recht infolge fortwährender Veränderungen der wirtschaftlichen Bedürfnisse eine Erweiterung erfahren hat und auch dem im BGB enthaltenen Fruchtbegriff ein weites Begriffsverständnis zugrunde liegt.

II. Audio-visuelles Sendematerial als Erzeugnis i.S.d. § 99 Abs. 1 Alt. 1 BGB

Zu den Erzeugnissen einer Sache zählen nach allgemeiner Auffassung alle organischen „Tier- und Bodenprodukte", solange die Substanz der Muttersache nicht infolge der Fruchtgewinnung untergeht.[388] Aus dem organischen Charakter

---

385 Der damalige § 20 mit der Überschrift „Früchte" hatte den folgenden Inhalt: *„Als Früchte einer Sache gelten für die Beurtheilung des Rechts zum Bezuge derselben:*

1. *diejenigen Erzeugnisse der Sache und dienjenige sonstige Ausbeute aus derselben, deren Gewinnung nach den Regeln einer guten erhaltenden Wirthschaft zur bestimmungsgemäßen Nutzung der Sache gehört;*
2. *die Einkünfte, welche die Sache vermöge eines Rechtsverhältnisses abwirft, z. B. Pacht- und Miethgelder, die Einkünfte aus besonderen Berechtigungen, welche mit dem Eigenthum der Sache verbunden sind (Grundgerechtigkeiten, Real/Zehnt-, Fischerei- und Rechte, Realgewerbeberechtigungen u. dgl.*" *Johow*, S. 18.

386 Vgl. *Wieling*, § 2 V 1.

387 Mot. III, S. 68.

388 Vgl. statt aller: *Stresemann*, in: MüKo, BGB, § 99, Rn. 2 und 3 m.w.N.

eines Erzeugnisses folgt, dass diese Alternative des Fruchtbegriffs auf eine Sache beschränkt ist. Scheidet die Alternative der Erzeugnisse im Hinblick auf Fußballübertragungsrechte mangels Sachqualität also erkennbar aus, so ist nachfolgend zu untersuchen, ob die Alternative der sonstigen Ausbeute i.S.d. § 99 I BGB als dogmatische Grundlage in Betracht kommt.

III. Audio-visuelles Sendematerial als sonstige Ausbeute i.S.d. § 99 Abs. 1 Alt. 2 BGB

Die Variante der sonstigen Ausbeute setzt inhaltlich voraus, dass die betreffende Sache dafür vorgesehen ist das, was letztlich als „Gewinn" entnommen wird, als Ausbeute hervorzubringen.[389] Bestimmungsgemäß ist die Ausbeute nur, wenn sie der natürlichen oder verkehrstypischen Nutzung entspricht. Nach diesen Maßstäben wäre das angefertigte audio-visuelle Sendematerial eines Fußballspiels als bestimmungsgemäße Ausbeute eines Fußballspielstadions bzw. des Stadiongrundstücks anzusehen. Problematisch ist aber, ob das Merkmal der sonstigen Ausbeute i.S.d. § 99 Abs. 1 Alt. 2 BGB, ebenso wie die Fallgruppe der Erzeugnisse, zwingend voraussetzt, dass das, was aus dem Grund und Boden gewonnen wird, Sacheigenschaft aufweisen muss. In diesem Zusammenhang hatte einst das OLG Koblenz eine Konstellation zu beurteilen, bei der es inhaltlich um Kapazitäten einer ehemaligen Kiesgrube ging. In Frage stand konkret eine Beurteilung des in Anspruch genommenen Deponieraums als sonstige Ausbeute des Grundstücks. Das Gericht erblickte in dem Deponieraum einen „Nutzfaktor des Grundstücks",[390] ohne dass diesem selbst Sachcharakter zukommt. Im Zuge dessen wurde erwogen, den unkörperlichen Verfüllraum der Kiesgrube im Wege richterlicher Rechtsfortbildung dem Fall der Entnahme anorganischer Bodenbestandteile gleichzusetzen. Diese Erwägungen wurden mit einem im modernen Wirtschaftsleben und zunehmender Raumknappheit gewandelten Verständnis begründet, nach dem nutzbare „Deponiekapazität (…) heute ein gefragtes und gut bezahltes Wirtschaftsgut"[391] darstelle. Letztendlich ließ das Gericht aber die exakte dogmatische Verortung offen, da diese Frage nicht

389 Bereits im römischen Recht ist diese ökonomische Zielsetzung als inhaltliche Beschränkung des Fruchtbegriffs vorzufinden, vgl. *Windscheid*, S. 719.

390 OLG Koblenz, NJW 1994, 463, 464.

391 OLG Koblenz, a.a.O. Schon das OLG Karlsruhe erkannte frühzeitig die Nutzung eines Grundstücks als Ablagerungsplatz für Baugrund an, OLG Karlsruhe, Urt.v. 05.03.1915 – 1 ZS, OLGE 34, 71.

entscheidungserheblich war.[392] Das Erfordernis der Sachqualität ist i.R.d. Alternative der sonstigen Ausbeute umstritten:

Die wohl h.M. verlangt, dass das als Ausbeute entnommene Etwas selbst eine körperliche Sache ist.[393] Dies wird damit begründet, dass „Ausbeute" Substanzentnahme bedeute und daher begrifflich Sachqualität voraussetze.[394] Auch spreche der Wortsinn „Ausbeute" für eine körperliche Entnahme aus dem Grundstück.[395] Zum Teil wird in diesem Zusammenhang ausgeführt, dass für eine einengende Auslegung auch der Grundsatz spreche, dass „bei der Fruchtziehung die Substanz der Muttersache erhalten bleiben"[396] müsse. Die Gegenauffassung setzt hingegen keine Sachqualität voraus.[397] Für diese Sichtweise sprechen gute Gründe. So werden in den einschlägigen Stellen der Motive zum BGB weder eine Substanzentnahme noch eine Substanzwahrung verlangt. Ausweislich der Motive zum BGB ist hinsichtlich der Variante der „sonstigen Ausbeute" einzig erforderlich, dass das, was als Ausbeute einer Sache erzielt wird, einer bestimmungsgemäßen Nutzung entspricht, um durch diese Voraussetzung dem angestrebten Substanzerhaltungszweck in Bezug auf den betreffenden Gegenstand Rechnung zu tragen.[398] Auch die inhaltliche Weite des im BGB normierten Fruchtbegriffs sowie die sich wandelnden wirtschaftlichen Erfordernisse des Rechtsverkehrs sprechen dafür, die Alternative der sonstigen Ausbeute nicht auf körperliche Gegenstände zu beschränken. Entgegen der h.M. setzt auch der Wortlaut der Norm keine Sachqualität voraus. Denn seinem Wortverständnis nach kann

---

392 Für eine Einordnung als sonstige Ausbeute, *Stresemann*, in: MüKo, BGB, § 99 Rn. 4.

393 *Jickeli/Stieper*, in: Staudinger, § 99, Rn. 10; A.A.: *Stresemann*, in: MüKo, BGB, § 99 Rn. 4, der auch die Kapazität bzw. das Verfüllvolumen einer Kiesgrube als sonstige Ausbeute ansieht.

394 *Enneccerus/Nipperdey*, § 127, Fn. 12; *Jickeli/Stieper*, in: Staudinger, § 99 Rn. 10.

395 Im Ergebnis a.A.: *Stresemann*, in: MüKo, BGB, § 99 Rn. 4.

396 *Wieling*, § 2 V 2 b.

397 *Michalski*, in: Erman, § 99 Rn. 5.

398 Mot. III, S. 69: „Allerdings gestaltet sich diese Ausbeute meist zu einem theilweisen Verbrauche der Substanz und damit zu einer Verschlechterung des Grundstückes; (...) Allein ein Bedenken gegen die Ausdehnung des Fruchtbegriffes über das Gebiet der organischen Erzeugnisse kann hieraus gegenüber jener Erwägung um so weniger entnommen werden, als das Gesetz auch bei der Auffassung dieser Erzeugnisse als Früchte nicht den Sinn hat, die Wahrung der Substanz als strenge Grenze festzuhalten. Zur Schonung der Substanz ist nur erforderlich, dass die Behandlung der sonstigen Ausbeute als Frucht davon abhängig gemacht wird, dass dieselbe zur bestimmungsmäßigen Nutzung der Sache gehört."

der Begriff „Ausbeute einer Sache“ sowohl körperlich als auch ökonomisch interpretiert werden. Für letztere Deutung spricht auch, dass das Gesetz mit „sonstiger“ Ausbeute einen unbestimmten terminus technicus verwendet und damit einer Deutung als Auffangtatbestand i.R.d. § 99 Abs. 1 BGB offensteht.

Auch finden die von der h.M. bemühten Begründungsansätze in den Motiven zum BGB keine Stütze und wissen in der Sache nicht zu überzeugen. Denn die in den Motiven zum BGB enthaltene Begründung offenbart vielmehr, dass die Variante der sonstigen Ausbeute keine Substanzentnahme voraussetzt. Wie gerade festgestellt, sehen die Motive zum BGB hinsichtlich der intendierten Substanzerhaltung einzig und allein vor, dass die Nutzung bestimmungsgemäß zu erfolgen hat. Das Erfordernis einer bestimmungsgemäßen Nutzung wird darüber hinaus im Rahmen anerkannter Fallkonstellationen für ausreichend gehalten. Es ist kein Grund erkennbar, in Bezug auf unkörperliche Vorteile andere Maßstäbe anzulegen. Wie gesehen, ist aus dem Wortlaut keineswegs eindeutig das Erfordernis einer Sachqualität ableitbar; vielmehr kann der Wortlaut in gleicher Weise gegen das Erfordernis eines Sachcharakters angeführt werden. Vor diesem Hintergrund kann der wohl h.M. nicht gefolgt werden.

Damit bleibt festzuhalten, dass entgegen der wohl h.M. das auf einem Grundstück erstellte audio-visuelle Sendematerial unter den in der „Schloss Tegel“-Entscheidung herausgearbeiteten Voraussetzungen unter die Alternative der sonstigen Ausbeute i.S.d. § 99 Abs. 1 Alt. 2 BGB subsumiert werden kann, sofern diese Art der Nutzung zu dem bestimmungsgemäßen Gebrauch des Grundstücks zählt.

IV. Audio-visuelles Sendematerial als Rechtsfrucht i.S.d. § 99 Abs. 2 BGB

Bild-/Tonaufnahmen auf einem Grundstück stellen keine Rechtsfrucht i.S.d. § 99 Abs. 2 BGB dar. Denn als sog. Stammrecht kommt hier einzig das Grundstückseigentum in Betracht. Früchte des Eigentums werden jedoch nicht als Rechtsfrucht angesehen, sondern unterfallen einzig § 99 Abs. 1 BGB.[399]

399 *Jickeli/Stieper*, in: Staudinger, § 99, Rn. 11; *Michalski*, in: Erman, § 99, Rn. 8.

V. Bildaufnahmen als mittelbare Sachfrucht i.S.d. § 99 Abs. 3 BGB

Fraglich ist ferner, ob die Erträge, die durch Verwertung des auf einem von außen nicht einsehbaren Grundstück angefertigten Sendematerials erzielt werden, als mittelbare Sachfrucht i.S.d. § 99 Abs. 3 BGB subsumiert werden können. Mittelbare Sachfrüchte sind die Erträge, welche eine Sache oder ein Recht für die Überlassung des Gebrauchs an Dritte infolge rechtsgeschäftlicher Vereinbarungen, eines Verwaltungsaktes oder eines Gesetzes erzielt.[400]

In der Entscheidung „Schlösser und Gärten" wurde im Zusammenhang mit der Anfertigung und Verwertung von Bildmaterial das Vorliegen einer mittelbaren Sachfrucht i.S.d. § 99 Abs. 3 BGB bejaht.[401] In Anwendung der „Schloss Tegel"-Rechtsprechungsgrundsätze hat der Senat die ungenehmigte Anfertigung von Fotografien als Eigentumsbeeinträchtigung und die Erträge aus der späteren wirtschaftlichen Verwertung der Bildaufnahmen als mittelbare Sachfrüchte eingeordnet.[402] Im Einzelnen hat der BGH darauf abgestellt, dass der Grundstückseigentümer sein Grundstückseigentum gem. § 903 BGB nach Belieben nutzen und den Zugang zu seinem Grundstück vollständig gewähren, versagen oder aber von Bedingungen abhängig machen könne.[403] Danach könne der Zutritt zum Eigentum auch unter der Bedingung gewährt werden, dass die Anfertigung und Verwertung von Fotos, die nach Betreten des Grundstücks aufgenommen werden, dem Eigentümer vorbehalten bleiben.[404] Eine solche Verwertungsbefugnis beruhe auf dem Grundstückseigentum selbst, welches das Recht zur Fruchtziehung umfasse. Erträge aus der Vermietung des Grundstücks als Kulisse stellten daher ebenso

400 *Michalski*, in: Erman, § 99, Rn. 9; *Jickeli/Stieper*, in: Staudinger, § 99, Rn. 18.

401 BGH, Urt.v. 17.12.2010 – V ZR 45/10, NJW 2011, 749, 750 – Schlösser und Gärten.

402 BGH a.a.O. Die dogmatische Einordnung der auf einem Grundstück erfolgenden Anfertigung von Fotografien blieb allerdings offen. Auch ohne genaue dogmatische Verortung ist den Urteilsausführungen jedoch zu entnehmen, dass bereits die ungenehmigte Anfertigung von Fotografien als Eigentumsbeeinträchtigung eingestuft wird und die spätere Verwertung dieser Aufnahmen zu einer Vertiefung der Eigentumsverletzung führt. Hieraus ergibt sich, dass neben der Verwertung auch die Anfertigung von Fotografien auf einem Grundstück vom Zuweisungsgehalt des Eigentums umfasst ist.

403 Vgl. BGH, Urt.v. 17.12.2010 – V ZR 45/10, NJW 2011, 749, 750 – Schlösser und Gärten.

404 BGH a.a.O.

Grundstücksfrüchte dar wie solche, die aus der Verwertung der Abbilder der auf dem Grund und Boden befindlichen Gebäude oder Gärten resultierten.[405]

Gegen die vom BGH vorgenommene Sichtweise wird eingewandt, dass dasjenige, was als „Ertrag" letztlich hervorgebracht wird, unmittelbar durch die Nutzung des Eigentums selbst, nicht aber durch persönliche Fertigkeiten bzw. das Geschick des Nutzers erzielt werden müsse.[406] Dieser Argumentationsansatz wird aus einer vergleichenden Betrachtung zu den Früchten eines Unternehmens hergeleitet; danach werde ebenfalls zwischen Gewinnanteilen aus der Nutzung des Unternehmensgegenstandes und Gewinnanteilen aus persönlicher Leistung des Unternehmers differenziert.[407] Diese Kritik ist deshalb nicht überzeugend, weil weder schlüssig dargelegt noch erkennbar wird, warum die Differenzierung, die bei der Sonderfallgruppe der Früchte eines Unternehmens erfolgt, auch auf die vorliegende Konstellation der Verwertung von Sendematerial Anwendung finden sollte. Hinsichtlich der Früchte eines Grundstückes ist eine Differenzierung danach, ob der Ertrag auf der Grundstücksnutzung oder dem Geschick des Eigentümers beruht, nicht sachgerecht. So ist etwa nicht exakt ermittelbar, inwieweit die erzielten Miet- oder Pachterlöse auf dem Eigentum selbst (Lage, Zustand der Mietsache, Einrichtung usw.) oder dem Verhandlungsgeschick des Eigentümers beruhen. Das Problem einer exakten Preisbildung besteht allgemein bei Immobilien und ist der Grund dafür, warum sich die Praxis etwa mit der Ermittlung von Bodenrichtwerten oder der ortsüblichen Vergleichsmiete behelfen muss.

Ein weiterer Kritikpunkt, der zum Teil in der Literatur an der Einordnung als mittelbarer Sachfrucht erhoben wird, bezieht sich darauf, dass der Entscheidung in Sachen „Schlösser und Gärten" ein Sachverhalt zugrunde lag, der einen öffentlich zugänglichen Park betraf. Aufgrund dessen wird eingewendet, dass es bei einer frei zugänglichen Parkanlage streng genommen an dem erforderlichen

405 BGH a.a.O. Im Ergebnis sieht der fünfte Senat damit die Voraussetzung einer Eigentumsbeeinträchtigung als gegeben an und bejaht einen Unterlassungsanspruch aus § 1004 Abs. 1 S. 2 BGB. Eine Eigentumsbeeinträchtigung könne auch ohne Substanzverletzung dadurch bestehen, dass das Eigentum in einer dem Eigentümer widersprechenden Weise genutzt werde. Eine Eigentumsbeeinträchtigung liege insoweit auch bei einer ungenehmigten Anfertigung solcher Fotografien vor, welche von dem Grundstück aus aufgenommen wurden. Die – durch die unerlaubte Anfertigung der Bilder begangene – Eigentumsbeeinträchtigung werde durch die unberechtigte Verwertung der Bilder weiter vertieft.

406 *Hütt*, S. 134.

407 Vgl. *Hütt*, S. 134 f.

Rechtsverhältnis i.S.d. § 99 Abs. 3 BGB fehlt, welches die Erträge gewährt.[408] Dieser Einwand mag für die Konstellation eines öffentlich zugänglichen Parks zutreffend sein. Für andere Sachverhaltskonstellationen – in denen ein Rechtsverhältnis existiert – ist die Einordnung der erzielten Erträge als mittelbare Sachfrucht dagegen konsequent, wenn man das auf einem Grundstück angefertigte Bild- oder Tonmaterial unter bestimmten Voraussetzungen dem Zuweisungsgehalt des Grundstückseigentums beimisst.[409] Da der Eigentümer aufgrund seines allumfassenden Herrschaftsrechts – das sich inhaltlich nach § 903 S. 1 BGB aus einem „Zuweisungsaspekt" und einem „Abwehraspekt" zusammensetzt[410] – imstande ist, alle Vorteile aus der Sache zu ziehen,[411] gehört hierzu konsequenterweise auch die Möglichkeit, den Zugang oder aber den „Anblick"[412] auf das Eigentum zu verwehren bzw. Dritten nach Zahlung eines Entgelts zu gestatten. Von dieser Sichtweise aus betrachtet lassen sich die aus der Verwertung von Fotografien – durch Abschluss eines Lizenzvertrages – erzielten Erträge folgerichtig als mittelbare Sachfrüchte einordnen. Die vom BGH vorgenommene Qualifizierung als mittelbare Sachfrucht ist vor diesem Hintergrund konsequent, setzt jedoch i.R.d. § 99 Abs. 3 BGB stets ein Rechtsverhältnis voraus. Fehlt ein solches – etwa weil kein Vertragsschluss erfolgte oder sich unbemerkt der Zutritt zum Grundstück erschlichen wurde – so ändert dies nichts an der Tatsache, dass die wirtschaftliche Verwertung der nach Betreten des Grundstücks vorgenommenen Nutzung dem Eigentümer als Berechtigtem zugewiesen ist. Nach der hier vertretenen Auffassung kann daher bereits die Anfertigung und Verwertung von audio-visuellem Material unter den dargelegten Voraussetzungen als sonstige Ausbeute i.S.d. § 99 Abs. 1 Alt. 2 BGB subsumiert werden.

---

408 *Schack*, JZ 2011, 375, 376. Demgegenüber gehen *Flöter/Königs* wohl davon aus, dass § 99 Abs. 3 BGB lediglich „deklaratorisch[er]" Natur sei und das „umfassende[] Verwertungsrecht des Grundstückseigentümers aus § 903 BGB" jegliche Verwertungsmöglichkeiten auch ohne das Vorliegen eines konkreten Rechtsverhältnisses i.S.d. § 99 Abs. 3 BGB erfasse. Vgl. *Flöter/Königs*, ZUM 2012, 383, 385 f.

409 A.A.: *Hütt*, die in Bezug auf Hörfunkrechte die Verwertung einer Sportveranstaltung als nicht vom Zuweisungsgehalt des Eigentums erfasst ansieht, *Hütt*, S. 135.

410 *Wendehorst*, in: MüKo, EGBGB, Art. 43, Rn. 41.

411 Vgl. *Wolf/Wellenhofer*, § 3, Rn. 2 f.

412 Vgl. BGH, Urt.v. 09.03.1989 – I ZR 54/87, NJW 1989, 2251, 2252 – Friesenhaus.

VI. Bildaufnahmen als Gebrauchsvorteil i.S.d. § 100 Alt. 2 BGB

Fraglich ist weiter, ob die Herstellung und die Verwertung von Bild- und Tonaufnahmen als Gebrauchsvorteile des Grundstücks rechtlich subsumiert werden können.

1. Historischer Ursprung

In Relation zu den umfangreichen Ausführungen zum Fruchtbegriff können den Vorarbeiten zum BGB in Bezug auf die Alternative der Gebrauchsvorteile i.S.d. § 100 Alt. 2 BGB nur relativ knappe Hinweise entnommen werden. Erläuterungen finden sich nur im Zusammenhang mit dem Oberbegriff der Nutzungen. Ausweislich der Vorlagen der Redaktoren für die erste Kommission zur Ausarbeitung des Entwurfs eines Bürgerlichen Gesetzbuches sollte der Rechtsbegriff des „Nutzens" dem allgemeinen Sprachgebrauch entsprechen und einzig für den Umfang der Nutzungsbefugnisse des Berechtigten bedeutsam sein.[413] Eine nähere gesetzliche Definition der Nutzungen wurde nach den Vorentwürfen zum BGB nicht erwogen, da über den Umfang der Nutzung materiell-rechtlich „ohnehin bei den betreffenden Instituten das Erforderliche zu sagen"[414] sei. Neben den Sach- und Rechtsfrüchten sollen nach den Motiven des BGB auch die Vorteile, die der Gebrauch eines Gegenstandes gewährt, vom Nutzungsbegriff umfasst sein.[415]

2. Vorliegen eines Gebrauchsvorteils

a. Einleitung

Als Gebrauchsvorteil werden alle Vorteile bewertet, die durch den Gebrauch einer Sache oder eines Rechts erwachsen, ohne Früchte zu sein.[416] Maßgeblich bleibt jedoch stets, dass der Vorteil aus dem Gebrauch der Sache hervorgeht und nicht die Grenze des vollständigen Verbrauchs erreicht wird.[417] In Bezug auf die Alternative

---

413 Vorentwürfe der Redaktoren des BGB, SachR I, S. 212.

414 Vorentwürfe der Redaktoren des BGB, a.a.O.

415 Mot. III, S. 70. In diesem Zusammenhang heißt es in den Motiven, dass in der Form des § 793 (späterer § 100 BGB) auch eine entsprechende Worterklärung gewählt werde, um keine Zweifel aufkommen zu lassen.

416 *Stresemann*, in: MüKo, BGB, § 100 Rn. 2; vgl. *Marly*, in: Soergel, § 100 Rn. 3.

417 *Wieling*, § 2 V 3. Der Verbrauch fällt nicht mehr unter den Begriff des Gebrauchs, obwohl sich aus § 92 BGB ergibt, dass der bestimmungsgemäße Gebrauch einer Sache in dem Verbrauch liegen kann. Vgl. *Stresemann*, in: MüKo, BGB, § 100, Rn. 5.

der Gebrauchsvorteile haben sich unter Geltung des BGB eine ganze Reihe anerkannter Fallkonstellationen herausgebildet.[418]

Anders als bei der Alternative der sonstigen Ausbeute nach § 99 Abs. 1 Alt. 2 BGB wird für das Vorliegen eines Gebrauchvorteils nicht das Bestehen von Sachqualität verlangt.[419]

b. *Anfertigung von audio-visuellen Aufnahmen als Gebrauchsvorteil des Eigentums*

Nach den gerade dargestellten Grundsätzen ist für das Vorliegen eines Gebrauchvorteils erforderlich, aber auch ausreichend, dass der Vorteil aus dem Gebrauch der Sache gezogen wird und kein Verbrauch vorliegt. Dem gezogenen Vorteil muss keine Sachqualität innewohnen und es ergibt sich aus der Natur der betreffenden Sache, worin konkret der gezogene Vorteil liegt.[420] Demnach wäre es denkbar in den Fällen, in denen das Grundstück als Kulisse[421] dergestalt genutzt wird, dass auf dem Grund und Boden – etwa als Austragungsort für Fußballspiele – audio-visuelle Aufnahmen angefertigt werden, das Gebrauchen der räumlichen Kapazitäten als Gebrauchsvorteil aufgefasst wird.[422] Stellt man etwa auf das Beispiel eines Fußballstadions ab, so wird der Grund und Boden, konkret der Rasen der Spielfeldfläche sowie die auf dem Grundstück befindlichen Stadionränge und technischen Anschlüsse, zur Austragung und (medialen) Zurschaustellung des

---

418 So wird beispielsweise in der Zurschaustellung eines Tieres (*Wieling*, § 2 V 3), dem Nutzen eines Grundstücks als Ablagerungsplatz (OLG Karlsruhe, Urt.v. 05.03.1915 – 1 ZS, OLGE 34, 71) oder in dem Bewohnen eines Hauses (BGH, Urt.v. 16.01.1985 – IV b ZR 59/83, NJW 1985, 909, 911) ein Gebrauchsvorteil gesehen. Ebenso wird der Gewinn eines Gewerbebetriebs nach umstrittener Auffassung als Gebrauchsvorteil eingeordnet, *Marly*, in: Soergel, § 100 Rn. 1, a.A.: *Stresemann*, in: MüKo, BGB, § 100 Rn. 6. Die Kehrseite des Gebrauchs bildet aber der Verbrauch. Vgl. hierzu *Enneccerus/Nipperdey*, § 127, Fn. 20.

419 *Jickeli/Stieper*, in: Staudinger, § 99, Rn. 10, § 100, Rn. 3, 7; *Wieling*, § 2 V 2 a. Nach vorzugswürdiger Auffassung wird aber auch bei der Alternative der sonstigen Ausbeute keine Sachqualität gefordert, vgl, 1. Kap. C. III.

420 Vgl. *Stresemann*, in: MüKo, BGB, § 100, Rn. 2.

421 Den Gesichtspunkt einer Nutzung als Kulisse sprach der BGH in der „Schlösser und Gärten“-Entscheidung bereits bei der Frage des Vorliegens mittelbarer Sachfrüchte an, vgl. BGH, Urt.v. 17.12.2010 – V ZR 45/10, NJW 2011, 749, 750 – Schlösser und Gärten.

422 A.A.: *Hütt*, S. 134, die in Bezug auf die Gestattung Hörfunkaufnahmen auf einem Grundstück das Vorliegen eines Gebrauchvorteils mit der Begründung ablehnt, es werde nicht das Grundstück als solches genutzt.

Spieles „gebraucht“. Dasselbe gilt etwa für einen Park oder ein Museum, in dem Kunstgegenstände ausgestellt sind. In all diesen Fällen wird der Vorteil letztlich aus dem Grundstückseigentum selbst gezogen, ohne dass die Sachsubstanz des Grundstücks verbraucht wird.

Im Rahmen einer Gegenüberstellung mit anderen anerkannten Fallkonstellationen, wie etwa der Nutzung eines Grundstückes als Lagerplatz oder dem Bewohnen eines Hauses, ist auch kein Grund dafür ersichtlich, warum nicht auch die Nutzung als Kulisse, Ausstellungs- oder Veranstaltungsort einen Gebrauchsvorteil darstellen können soll. Auch der allgemeine Sprachgebrauch – der nach den Vorarbeiten und Motiven zum BGB für den Begriff des Gebrauchsvorteils maßgeblich sein soll – legt eine derartige Auslegung nahe. Vor diesem Hintergrund sprechen gute Gründe dafür, die Anfertigung von Bild- und Tonaufnahmen auf einem Grundstück als Gebrauchsvorteil einzuordnen.[423]

c. Zutrittsgewährung gegen Entgelt als Gebrauchsvorteil des Eigentumsrechts

Denkbar wäre ebenso, in der sich aus der Ausschlussfunktion des Eigentums ergebenden Befugnis zur Zutrittsgewährung bzw. Zutrittsversagung einen Gebrauchsvorteil des Eigentumsrechts zu erblicken.[424] Unter dem Aspekt, dass in der Geltendmachung eines Rechts ein Gebrauch der – diese Befugnis umfassenden – Rechtsposition selbst zu sehen ist, hat bereits das Reichsgericht das Stimmrecht eines Aktionärs als Gebrauchsvorteil einer Aktie eingeordnet. Das Reichsgericht hat klargestellt, dass unter Nutzungen i.S.d. § 100 BGB „nicht bloß die Früchte der Sache oder des Rechts, sondern auch die Vorteile, die der Gebrauch der

423 In diesem Zusammenhang weist *Prengel* darauf hin, dass Götz Schulze die These vertritt, „dass die Ansichten von einem Grundstück aus zu den Gebrauchsvorteilen des Grundstückseigentums i.S.d. § 100 Hs. 2 BGB gehören und ausschließlich dem Sacheigentümer bzw. dem Nutzungsberechtigten zustehen.“, *Prengel*, S. 216 unter Bezugnahme auf einen unveröffentlichten Habilitationsvortrag von Götz Schulze vor den Mitgliedern der Juristischen Fakultät Heidelberg, „Das private Hausrecht: dingliche Sachherrschaft über einen Raum – zugleich Rechtsschutzform für immaterielle Güter und Leistungen“. *Hütt* verneint in Bezug auf die Gestattung von Hörfunkaufnahmen das Vorliegen eines Gebrauchsvorteils, vgl. *Hütt*, S. 134. Allgemein eine Eigentumszuordnung von Hörfunkrechten ablehnend, *Mailänder*, ZUM 2003, 820, 823.

424 Auf die Möglichkeit einer Zutrittsgewährung stellt die Rechtsprechung regelmäßig ab, ohne eine dogmatische Einordnung diesbezüglich vorzunehmen. Vgl. BGH, Urt.v. 17.12.2010 – V ZR 45/10, NJW 2011, 749, 750 – Schlösser und Gärten; BGH, Urt.v. 20.09.1974 – I ZR 99/73, NJW 1975, 778 – Schloss Tegel; BGH, Urt.v. 08.11.2005 – KZR 37/03, NJW 2006, 377, 379 – Hörfunkrechte.

Sache oder des Rechts gewährt",[425] eingeordnet werden können. „Wer den Besitz einer Sache oder eines Rechts benutzt, um Rechte auszuüben, gebraucht auch die Sache oder das Recht."[426] Neben der Nutzung als Austragungsort, die von dem Zuweisungsaspekt des Eigentums erfasst wird, kommt Örtlichkeiten wie einem Fußballstadion jedoch eine weitere Funktion zu, bei der der Abwehraspekt des Eigentums maßgeblich ist. Denn das auf dem Grundstück errichtete Stadion bietet rein tatsächlich Sichtschutz gegen optische Einsichtnahme von außen und bildet mit seinen baulichen Vorkehrungen auch die Grundlage für die Einlasskontrollen, mittels derer nicht durch eine Eintrittskarte legitimierten Dritten der Zutritt verwehrt sowie störende Einwirkungen von dem Grundstück ferngehalten werden können. Vor diesem Hintergrund kann auch in der Versagung des Zugangs bzw. der unter Bedingungen erfolgenden Zutrittsgewährung zum Grundstück ein Gebrauchen des Eigentumsrechts gesehen werden. Denn anerkanntermaßen werden auch bloße Abwehrrechte als Gebrauchsvorteile i.S.d. § 100 BGB angesehen.[427]

Im Zusammenhang mit einem Pachtvertrag hat das OLG Hamburg ausgeführt, dass es zu den Gebrauchsvorteilen eines Grundstücks gehöre, dass der Rechtsinhaber „nach eigenem Gutdünken seine unmittelbare Umgebung hätte gestalten bzw. störende Einwirkungen von seinem Mietgrundstück hätte fernhalten können."[428] Gebrauchsvorteile müssten nicht ausnahmslos die Möglichkeit gewähren, dass sich neue Nutzungsmöglichkeiten eröffnen. Vielmehr bestehe gerade bei einem Grundstück umgekehrt auch ein Gebrauchsvorteil darin, „störende Einwirkungen"[429] abwehren bzw. Dritten den Zugang versagen zu können. Wenn dies der Fall ist und der Eigentümer gem. § 903 BGB mit der Sache nach Belieben verfahren kann, dann gehört auch die Möglichkeit, gegen Entgelt von der Ausübung der Abwehrrechte abzusehen, zu den Gebrauchsvorteilen des Grundstücks. Hierdurch begibt sich der Eigentümer weder endgültig seiner Abwehrrechte, da er die Gestattung jederzeit widerrufen kann,[430] noch veräußert er Teile seines Eigentums, so dass kein Fall vorliegt, der einem Verbrauch wertungsmäßig gleichzustellen ist und einer Einordnung als Gebrauchsvorteil entgegenstände. Übertragen auf die Konstellation eines Stadions, Museums oder Parks bedeutet dies: Einerseits ist

425 RG, Urt.v. 25.10.1927 – VII ZR 297/27, RGZ 118, 266, 268; Vgl. *Enneccerus/Nipperdey*, § 127, V.

426 Vgl. RG, Urt.v. 25.10.1927 – VII ZR 297/27, RGZ 118, 266, 269.

427 *Stresemann*, in: MüKo, § 100 BGB, Rn. 2.

428 OLG Hamburg, Urt.v. 28.05.1953 – 2 U 70/53, MDR 1953, 613, 614.

429 OLG Hamburg, a.a.O.

430 *Baldus*, in: MüKo, BGB, § 1004, Rn. 97.

die Verwendung als Kulisse, Sichtschutz oder Motiv ein Vorteil der Nutzung des Grundstücks. Andererseits liegt auch in der Ausschlussmöglichkeit Dritter bzw. in dem entgeltlichen Verzicht auf die Ausübung der Ausschlussmöglichkeit ein Gebrauchsvorteil des Eigentumsrechts.[431]

D. Vereinbarkeit mit Numerus Clausus

Im Folgenden wird erörtert, ob die unter bestimmten Voraussetzungen vorgenommene sachenrechtliche Einordnung von Bild- oder Tonaufnahmen als Eigentumsbestandteil mit dem Grundsatz des Numerus Clausus vereinbar ist. Dieser umfasst die Prinzipien des Typenzwangs und der Typenfixierung. Im Anschluss erfolgt zunächst eine Darlegung der vorhandenen Problemstellung und der historischen Ursprünge des Numerus Clausus. Danach wird dessen exakter Inhalt herausgearbeitet, um verbindlich feststellen zu können, ob die dogmatische Verortung insoweit einen Verstoß begründet.

I. Problemaufriss und historischer Hintergrund

Sieht man einerseits die Nutzung als Austragungsort sowie andererseits die Zutrittsgewährung zu einem Grundstück als vom Zuweisungsgehalt des (Grundstücks-) Eigentums erfasst an und nimmt eine dogmatische Verortung als sonstige Ausbeute oder Gebrauchsvorteil vor, so ist klärungsbedürftig, ob ein solches Vorgehen mit dem Grundsatz des Numerus Clausus in Einklang zu bringen ist.[432] Bedenken bestehen insoweit, als dieser der Entwicklung neuer dinglicher Rechtspositionen entgegensteht. Denn anders als im Schuldrecht gilt hier nicht der Grundsatz der Privatautonomie, nach der die beteiligten Vertragspartner beliebig über den Inhalt ihrer Vereinbarung disponieren können. Vielmehr ist nur ein bestimmter Kreis

431 Nach allgemeiner Überzeugung werden in dem Bestehen von Abwehrrechten Gebrauchsvorteile i.S.d. § 100 Alt. 2 BGB gesehen, vgl. OLG Hamburg, Urt.v. 28.05.1953 – 2 U 70/53, MDR 1953, 613, 614; *Stresemann*, in: MüKo, BGB, § 100, Rn. 2.

432 Dieselbe Fragestellung ergibt sich bei der durch den BGH in der „Schlösser und Gärten"-Entscheidung vorgenommenen Einordnung der Verwertungserlöse als mittelbare Sachfrucht i.S.d. § 99 Abs. 3 BGB, BGH, Urt.v. 17.12.2010 – V ZR 45/10, NJW 2011, 749, 750 – Schlösser und Gärten.

dinglicher Rechte im Rechtsverkehr anerkannt.[433] Im Folgenden wird daher zu klären sein, ob audio-visuelle Aufnahmen unter bestimmten Voraussetzungen zum Inhalt des Grundstückseigentums zählen können oder ob dieser Einordnung das benannte sachenrechtliche Institut entgegensteht.

Der Beginn des Numerus Clausus liegt im römischen Recht, welches nur eine sehr geringe Anzahl von dinglichen Rechten enthielt.[434] Nachdem in Diskrepanz zum römischen Recht das mittelalterliche deutsche Recht sowie das Allgemeine Preußische Landrecht eine große unübersichtliche Anzahl von dinglichen Rechten kannten, erfolgte mit der Einführung des Bürgerlichen Gesetzbuches erneut eine Hinwendung zur strengen Geltung des Typenzwangs.[435] Obgleich man im Zuge der Gesetzgebungsarbeiten zum BGB mit ähnlicher Strenge wie zuvor im römischen Recht den Grundsatz der Begrenztheit dinglicher Rechte respektierte, enthält das BGB im Vergleich zum römischen Recht dennoch eine größere Zahl dinglicher Rechte.[436] Der numerische Anstieg der dinglichen Rechte war den gewachsenen ökonomischen Anforderungen geschuldet[437] und hat aus eben diesem Grund auch nach Einführung des BGB zu einer Vermehrung der im Rechtsverkehr anerkannten dinglichen Rechte wie dem Sicherungseigentum und dem Anwartschaftsrecht geführt.[438]

II. Inhalt des Numerus Clausus

Die hinter dem Institut des Numerus Clausus stehende Zwecksetzung liegt darin, die Sicherheit und Übersichtlichkeit des Rechtsverkehrs zu gewährleisten.[439] Dieser Schutzgedanke wird mit dem in § 137 S. 1 BGB enthaltenen Verbot, körperliche Gegenstände mit dinglicher Wirkung dem allgemeinen Rechtsverkehr (insbesondere den betroffenen Gläubigern) zu entziehen, komplettiert.[440] Obgleich

433 Vgl. Mot. III, S. 3.

434 Für einen Überblick zum historischen Ursprung und den Entwicklungen des Numerus Clausus vgl. *Heck*, § 22, S. 84 ff.

435 Vgl. hierzu *Heck*, § 22, S. 86 f.

436 *Heck*, § 22, S. 86 f.

437 Vgl. *Forkel*, S. 69. Danach sollte durch die Beachtung des numerus clausus „die allzu weitgehende verkehrs- und kulturschädliche Belastung der Immobilien (…) eingedämmt und verhindert werden.“, *Forkel*, S. 70.

438 Vgl. *Seiler*, in: Staudinger, Einl. zum SachenR, Rn. 42.

439 Vgl. statt aller: *Herbst*, S. 140.

440 *Medicus*, AT, Rn. 678.

der Grundsatz des Numerus Clausus weder in § 137 BGB noch an anderer Stelle im BGB expressis verbis normiert ist, steht außer Frage, dass er im Sachenrecht verbindlich Gültigkeit erlangt.[441] Dessen inhaltlicher Leitgedanke ist bereits in den Motiven zum BGB dargelegt. Im Kontext der Abgrenzung von Schuldrecht und Sachenrecht und der Eigenständigkeit des Sachenrechts heißt es wörtlich:

> *„Den Betheiligten kann es daher nicht freistehen, jedem beliebigen Rechte, welches sich auf eine Sache bezieht, den Karakter des dinglichen zu verleihen. Der Grundsatz der Vertragsfreiheit, welcher das Obligationenrecht beherrscht, hat für das Sachenrecht keine Geltung. Hier gilt der umgekehrte Grundsatz: Die Betheiligten können nur solche Rechte begründen, deren Begründung das Gesetz zuläßt. Die Zahl der dinglichen Rechte ist daher nothwendig eine geschlossene."*[442]

In diesen Ausführungen kommt der zentrale Inhalt des Numerus Clausus zum Ausdruck, der aus zwei Ausprägungen besteht: Der Einhaltung des Typenzwangs sowie der Beachtung der Typenfixierung.[443] Da dem BGB der Gedanke eines „geschlossenen Kreis[es] dinglicher Rechte"[444] zugrunde liegt, ist den am Rechtsverkehr teilnehmenden Akteuren die freie Konzeption eigener dinglicher Rechtsgebilde verwehrt.[445] Beabsichtigen die Vertragsparteien, dingliche Rechte zu begründen, zu übertragen, belasten oder inhaltlich zu verändern, so sind sie aufgrund des geltenden Typenzwangs auf den Katalog der im BGB enthaltenen Rechtsfiguren beschränkt.[446] Infolge der hierdurch begrenzten Anzahl an möglichen dinglichen Rechten kann der jeweilige Rechtsinhaber in zumutbarer Weise ermittelt werden,[447] und es braucht im Rechtsverkehr niemand mit „individuell zugeschnittenen" dinglichen Rechtsformen zu rechnen.[448]

---

441 *Herbst*, S. 140. Im Wege des Umkehrschlusses wird jedoch aus der Begrenztheit der normierten dinglichen Rechtsfiguren auf dessen abschließenden Charakter geschlossen: „Was nicht erlaubt ist, wird verboten, ist für das Recht unmöglich.", *Heck*, § 23, S. 87.

442 Mot. III, S. 3.

443 *Baur/Stürner*, § 1, Rn. 7; BGH, Urt.v. 13.02.1957 – IV ZR 183/56, NJW 1957, 672.

444 Vgl. hierzu *Seiler*, in: Staudinger, Einl. zum SachenR, Rn. 38 ff.

445 Ebenso ist es den Vertragsparteien verwehrt Gegenstände mit dinglicher Wirkung dem Rechtsverkehr zu entziehen. Vgl. hierzu *Flume*, § 17 7, der in § 137 BGB einen wesentlichen Beitrag zur Sicherheit des Rechtsverkehrs ausmacht.

446 Vgl. *Liebs*, AcP (175) 1975, 1, 26 der die Gewährleistung von Orientierungssicherheit im Rechtsverkehr und die Sicherung der Zwangsvollstreckung als Hauptanliegen des durch § 137 BGB abgesicherten Numerus Clausus ansieht.

447 Vgl. *Forkel*, S. 69.

448 Vgl. *Liebs*, AcP (175) 1975, 1, 35.

Fraglich ist im Folgenden, ob einer Subsumtion von Bild- und Tonaufnahmen, die sich unter bestimmten Voraussetzungen als sonstige Ausbeute oder Gebrauchsvorteil einordnen lassen, der Grundsatz des Numerus Clausus entgegensteht. Da die Varianten der sonstigen Ausbeute und des Gebrauchsvorteils bereits im BGB normiert sind, wird hierdurch nicht der Kreis dinglicher Rechte vergrößert. Daher scheint das Institut des Typenzwangs bei kursorischer Betrachtung kein Hindernis zu begründen. Etwas anderes gilt jedoch mit Blick auf das Prinzip der Typenfixierung. Da dingliche Rechtsgeschäfte gegenüber Dritten Wirkung entfalten, sind deren Inhalt und Reichweite für jedermann gleich. Hinsichtlich der im BGB typisierten dinglichen Rechte besteht daher im Unterschied zu schuldrechtlichen Vereinbarungen keine individuelle Modifizierbarkeit.[449] Fraglich ist daher, ob der Grundsatz der Typenfixierung durch die in Rede stehende Subsumtion verletzt wird. Dies hängt maßgeblich davon ab, ob der Inhalt dinglicher Rechte aufgrund des Numerus Clausus abschließend feststeht oder ob insoweit gleichwohl inhaltliche Entwicklungen denkbar sind. Dass diese möglich sind, wird daran erkennbar, dass in der Vergangenheit nicht unterschiedslos an dem sachenrechtlichen Grundprinzip festgehalten wurde.

III. Ausnahmen vom Numerus Clausus

Von der mit dem Numerus Clausus verbundenen „geschlossenen Zahl der Sachenrechte“[450] sind aufgrund der wachsenden wirtschaftlichen Bedürfnisse nach Einführung des BGB vereinzelt Ausnahmen gemacht worden. So haben die durch die Rechtsprechung entwickelten Rechtsinstitute – konkret in Gestalt des Anwartschaftsrechts und des Sicherungseigentums – zu einem Zuwachs der ursprünglichen Anzahl dinglicher Rechte geführt.[451] Fraglich ist, ob diese richterrechtlich entwickelten dinglichen Rechtsinstitute einen Verstoß gegen den Numerus Clausus begründen, da dieser bei kursorischer Betrachtung jedem Hinzutreten weiterer dinglicher Rechte entgegensteht.

Bei genauerer Betrachtung wird jedoch erkennbar, dass die oben angesprochene beschränkte Zahl dinglicher Rechte nur auf Privatrechtssubjekte, nicht aber auf Rechtsprechung oder Gesetzgeber bezogen ist.[452] Denn Sicherheit und

449 Vgl. zum Ganzen *Baur/Stürner*, § 1, Rn. 7 ff.
450 *Seiler*, in: Staudinger, Einl. zum SachR, Rn. 38.
451 Vgl. *Raiser*, JZ 1961, 465, 467; *Gaier*, in: MüKo, BGB, Einl. zum SachenR Rn. 11.
452 Vgl. *Ohly*, in: FS Schricker, S. 106; *Liebs*, AcP 175 (1975), 1, 26.

Übersichtlichkeit des Rechtsverkehrs bleiben auch bei einer durch die Rechtsprechung vorgenommenen Ergänzung der dinglichen Rechte nach wie vor gewahrt, solange Inhalt und Reichweite der hinzutretenden Rechte klar umrissen sind.[453] Unsicherheit und Unübersichtlichkeit im Rechtsverkehr wären hingegen dann herabgesetzt, wenn es Privatrechtssubjekten freistünde, individuell nach Gutdünken neue Rechtsfiguren mit dinglicher Wirkung zu kreieren. Für ein solches Verständnis spricht ebenso die Ratio des § 137 S. 1 BGB. Danach wird ein Ausschluss der Verfügungsbefugnis mit dinglicher Wirkung verboten, um die „Orientierungssicherheit des Rechtsverkehrs"[454] zu gewährleisten.[455] Stände es im Belieben der betreffenden Parteien, je nach Vereinbarung bestimmten Gegenständen mit dinglicher Wirkung die Verkehrsfähigkeit zu entziehen, so würde Gläubigern die Möglichkeit der Zwangsvollstreckung genommen und die durch den Numerus Clausus bezweckte Sicherheit und Übersichtlichkeit des Rechtsverkehrs beeinträchtigt.[456] In einer Gesamtschau mit den §§ 135, 136 BGB wird jedoch erkennbar, dass das rechtsgeschäftliche Verfügungsverbot des § 137 S. 1 BGB nur an Private gerichtet ist; Gerichte sowie Behörden sind gleichwohl im Stande mit dinglicher Wirkung besagte Verfügungsbefugnis auszuschließen.[457] Damit wird deutlich, dass die i.R.d. Numerus Clausus bestehenden Ausprägungen des Typenzwangs und der Typenfixierung nicht abschließend an die rechtlichen Verhältnisse von 1900 bei Einführung des BGB gebunden sind.[458] Vielmehr stehen sie einer aus praktischen Motiven erfolgenden Rechtsentwicklung offen, sofern Sicherheit und Übersichtlichkeit des Rechtsverkehrs gewährleistet bleiben.[459] Die von der Rechtsprechung im Wege richterlicher Rechtsfortbildung entwickelten dinglichen Rechtsinstitute des Anwartschaftsrechts und des Sicherungseigentums begründen daher keinen Verstoß gegen sachenrechtliche Grundprinzipien.

453 In diesem Sinne bereits *v. Caemmerer*, FS zum hundertjährigen Bestehen des Deutschen Juristentages, Bd. II, S. 49, 83; *Liebs*, AcP 175 (1975), 1, 27; *Seemann*, S. 74.

454 *Medicus*, AT, Rn. 678.

455 Vgl. *Larenz/Wolf*, § 23 Rn. 47; *Flume*, § 17 7.

456 Vgl. zum Ganzen *Armbrüster*, in: MüKo, BGB, § 137, Rn. 2 ff.

457 *Medicus*, AT, Rn. 675.

458 Vgl. *Raiser*, S. 55.

459 *Herbst*, S. 144 f.; vgl. *Forkel*, S. 69.

IV. Vereinbarkeit der „Schloss Tegel"-Grundsätze mit dem Numerus Clausus

Nach dem gerade Gesagten steht der Numerus Clausus einer Rechtsentwicklung durch die Rechtsprechung nicht ausnahmslos entgegen. Daher wird nachfolgend erörtert, ob die durch den BGH herausgebildeten „Schloss Tegel"-Grundsätze mit dem sachenrechtlichen Institut in Einklang zu bringen sind. Wie bereits oben angerissen, bereitet die Frage einer Vereinbarkeit mit dem Prinzip des Typenzwangs keine gravierenden Probleme. Zwar führen die betreffenden Rechtsprechungsleitlinien dazu, dass sich der Zuweisungsgehalt des Eigentumsrechts vergrößert. Es wird aber – anders als im Falle des Anwartschaftsrechts bzw. des Sicherungseigentums – kein neuartiges Rechtsinstitut kreiert und insbesondere kein „Recht am Bild der eigenen Sache" geschaffen.[460] Denn die dogmatische Herleitung der Verwertungsbefugnis aus dem Grundstückseigentum, die die audio-visuellen Aufnahmen als sonstige Ausbeute i.S.d. § 99 Abs. 1 Alt. 2 BGB oder als Gebrauchsvorteil i.S.d. § 100 BGB einordnet, erfolgt innerhalb des Kanons der anerkannten und gesetzlich normierten Rechte. Das Prinzip des Typenzwangs, das eine Herausbildung neuer dinglicher Rechte untersagt, wird mithin nicht tangiert. Weiterhin klärungsbedürftig ist jedoch, ob besagte Rechtsprechungsleitlinien gegen die Typenfixierung des Numerus Clausus verstoßen. Dies ist – wie oben dargelegt – nicht der Fall, sofern Sicherheit und Übersichtlichkeit im Rechtsverkehr gewahrt sind. Hinsichtlich des Kriteriums der Rechtssicherheit kann festgestellt werden, dass bei den in ständiger Rechtsprechung entwickelten Grundsätzen zur Anfertigung und Verwertung von Bildmaterial über Jahrzehnte hinweg eine Verfestigung eingetreten ist, i.R. derer sich klare inhaltliche Voraussetzungen herausgebildet haben. Die inhaltlichen Kriterien, nach denen im Wege höchstrichterlicher Rechtsprechung die Verwertung von Bildmaterial dem Eigentümer vorbehalten ist, sind seit dem „Schloss Tegel"-Urteil aus dem Jahre 1975 einheitlich, wurden schrittweise und beständig präzisiert und haben durch die Verbundsache „Schlösser und Gärten" weiter an Verfestigung erfahren. Frühzeitig wurde dabei klargestellt, dass keine Eigentumsbeeinträchtigung vorliegt, wenn das Bildmaterial von einer „allgemein zugänglichen Stelle aus"[461] aufgenommen wird, sondern stets das Betreten der Grundstücksgrenzen erforderlich ist. Danach umfasst das

---

460 Vgl. BGH, Urt.v. 17.12.2010 – V ZR 45/10; NJW 2011, 749, 750 – Schlösser und Gärten.

461 BGH, Urt.v. 09.03.1989 – I ZR 54/87, NJW 1989, 2251, 2252 – Friesenhaus.

Grundstückseigentum solche Abbildungen, die unmittelbar von dem Grund und Boden eines von außen nicht frei einsehbaren Grundstücks angefertigt werden.[462]

Dadurch, dass die Rechtsprechungsgrundsätze auf die physisch klar abgrenzbaren Grundstücksgrenzen sowie die mangelnde Einsehbarkeit von außerhalb abstellen, wird auch dem Gesichtspunkt der Rechtssicherheit hinreichend Rechnung getragen. Denn durch die Fixierung auf die sachenrechtlichen Grundstücksgrenzen ist sichergestellt, dass die Übersichtlichkeit bestehender Rechte gewährleistet bleibt und kein Streit darüber aufkommt, wem das angefertigte Bildmaterial zugewiesen ist.[463] Eine schrankenlose Ausdehnung des Eigentumsrechts sowie Überschneidungen mit dem Immaterialgüterrecht werden dadurch vermieden, dass stets auf das Betreten der Grundstücksgrenzen abgestellt wird.[464] Nach alledem lassen die „Schloss Tegel"-Rechtsprechungsgrundsätze Rechtssicherheit und Übersichtlichkeit des Rechtsverkehrs unberührt und sind damit mit dem Grundsatz des Numerus Clausus vereinbar.

E. Vereinbarkeit mit dem Urheberrecht

I. Einwände im Schrifttum

Gegen eine sachenrechtliche Einordnung von Bildmaterial bestehen im Schrifttum erhebliche Vorbehalte. Diesbezüglich wird vorgebracht, dass der BGH hiermit ein „Recht am Bild der eigenen Sache" geschaffen habe.[465] Hierdurch werde die Trennlinie zwischen Sacheigentum und Immaterialgüterrecht überschritten

462 Eben diese Voraussetzungen wurden auch in der „Schlösser und Gärten"-Entscheidung konsequent beibehalten und mit einer urheberrechtlich aus § 59 UrhG abgeleiteten Parallelwertung – nach der i.R.d. sog. „Panoramafreiheit" im öffentlich zugänglichen Verkehrsraum die „zustimmungs- und vergütungsfreie Nutzung fremder Werke" (*Dreier*, in: Dreier/Schulze, UrhG, § 59, Rn. 1) gewährleistet ist – begründet, vgl. BGH, Urt.v. 17.12.2010 – V ZR 45/10, NJW 2011, 749, 750 – Schlösser und Gärten. Durch die vorgenommene Parallelwertung werde sichergestellt, dass urheberrechtliche Freistellungsvorschriften nicht eigentumsrechtlich unterlaufen werden könnten, BGH, a.a.O.

463 In diese Richtung auch *Wanckel*, NJW 2011, 1779, 1780, der insoweit von einer „klaren Grenzziehung" spricht.

464 Vgl. *Haas*, SpuRt 1999, 182, 185.

465 *Löhr*, Anmerk. zu BGH, Urt.v. 20.09.1974 – I ZR 99/73 – Schloss Tegel, WRP 1975, 523, 524; Eingehend zum Argument des „Recht am Bild der eigenen Sache", *Wanckel*, NJW 2011, 1779 ff.

und unterschiedliche Fragestellungen miteinander „vermengt".[466] Bei dem Fotografieren einer Sache werde lediglich der in der Sache enthaltene immaterielle Wert gebraucht, nicht aber selbst in das Eigentumsrecht eingegriffen.[467] Der Wert der Ablichtung sei nicht vom eigentumsrechtlichen Zuweisungsgehalt umfasst, sondern stehe im Falle von urheberrechtlich geschützten Werken einzig dem Urheber zu.[468] Auch der Umstand, dass der BGH gemeinfrei gewordene Werke weiterhin dem Zuweisungsgehalt des Eigentums zuschreibe, degradiere das Urheberrecht zu einer „temporären Einschränkung des Sacheigentums" und führe den urheberrechtlichen „Gedanke[n] der Gemeinfreiheit ad absurdum".[469] Durch die Zuweisung zum Eigentum erhalte der Eigentümer auch nach Ablauf urheberrechtlicher Schutzfristen ein „umfassendes ewiges Nutzungsrecht".[470] Letztlich wird kritisiert, dass das Abstellen auf die sachenrechtlichen Grundstücksgrenzen faktisch zu einer gravierenden Ungleichbehandlung von Eigentümern führe: Der Eigentümer, der aufgrund der konkreten Lage sein Grundstück nicht durch Sichtbarrieren vor Einsichtnahme von außen schützen könne, werde gegenüber anderen Eigentümern willkürlich benachteiligt.[471]

II. Gegenargumente des BGH

Den im Schrifttum geäußerten Kritikpunkten ist der BGH mit folgenden Argumenten begegnet: Dem Einwand, man habe ein „Recht am eigenen Bild der Sache"[472] geschaffen, wurde inhaltlich entgegengehalten, dass es sich bei der Befugnis des Eigentümers zur Anfertigung von Abbildungen auf dessen Eigentum nicht um ein eigenständiges Recht handele, das neben das Eigentum trete, sondern die Verwertungsbefugnis solcher Bilder aus dem Grundstückseigentum selbst folge, aus dem

---

466 *Kübler*, S. 62. In diesem Sinne auch *Löhr*, Anmerk. zu BGH, Urt.v. 20.09.1974 – I ZR 99/73 – Schloss Tegel, WRP 1975, 523, 524.

467 *Schack*, JZ 2011, 375.

468 *Schack*, JZ 2011, 375; *Lehment*, Anmerk. zu BGH, Urt.v. 17.12.2010 – V ZR 45/10 – Schlösser und Gärten, GRUR 2011, 327.

469 *Lehment*, Anmerk. zu BGH, Urt.v. 17.12.2010 – V ZR 45/10 – Schlösser und Gärten, GRUR 2011, 327.

470 *Schmieder*, Anmerk. zu BGH, Urt.v. 20.09.1974 – I ZR 99/73 – Schloss Tegel, NJW 1975, 1164.

471 *Wanckel*, NJW 2011, 1779, 1780.

472 *Löhr*, Anmerk. zu BGH, Urt.v. 20.09.1974 – I ZR 99/73 – Schloss Tegel,WRP 1975, 523, 524.

der Eigentümer die Früchte ziehen dürfe.[473] Ein Recht zur Herstellung und Verwertung von Bildaufnahmen folge aus dem Grundstückseigentum nur dann, wenn es betreten werde.[474] Auch könne aus den Vorschriften zum urheberrechtlichen Vervielfältigungs- und Verbreitungsrecht (§§ 16, 17 UrhG) nicht der Grundsatz abgeleitet werden, dass die Nutzung des äußeren Erscheinungsbildes einer Sache ausschließlich dem Urheber zugewiesen und dem Eigentümer gänzlich vorenthalten sei.[475]

Am Original eines Werkes stünden Urheberrecht und Eigentumsrecht „unabhängig" und „selbstständig nebeneinander".[476] „An ein und demselben körperlichen Gegenstand" könnten „neben dem Eigentumsrecht mehrere privatrechtlich geschützte Ausschließlichkeitsrechte" existieren, die das Eigentumsrecht begrenzten.[477] Hieraus folge, dass an solchen Gegenständen, die urheberrechtlichen Werkschutz erfahren, die eigentumsrechtlichen Befugnisse dort enden, wo Urheberrecht verletzt werde.[478] Das bedeute aber, dass eine Verwertung der Sachansicht durch den Eigentümer dann kollisionsfrei erfolgen könne, wenn der betreffende Gegenstand entweder von Anfang an nicht urheberrechtlich geschützt oder im betreffenden Zeitpunkt gemeinfrei geworden sei.[479]

III. Stellungnahme

Den Argumenten des BGH ist zu folgen. Durch die „Schloss Tegel"-Rechtsprechungsgrundsätze hat der BGH aus dem Eigentum kein selbständiges Recht am Bildnis einer Sache kreiert.[480] Denn die bildhafte Erscheinung einer Sache ist

---

473 BGH, Urt.v. 17.12.2010 – V ZR 45/10, NJW 2011, 749, 750 – Schlösser und Gärten.

474 BGH, a.a.O.

475 BGH, a.a.O

476 BGH, a.a.O. unter Verweis auf BGH, Urt.v. 23.02.1995 – I ZR 68/93, NJW 1995, 1556 – Mauer-Bilder.

477 BGH, Urt.v. 31.05.1960 – I ZR 53/58, NJW 1960, 2051, 2054 – Schallplatten-Künstlerlizenz.

478 RG, Urt.v. 08.06.1912 – I ZR 382/11, RGZ 79, 397, 400 – Fresco-Gemälde; BGH, Urt.v. 31.05.1960 – I ZR 53/58, NJW 1960, 2051, 2054 – Schallplatten-Künstlerlizenz; BGH, Urt.v. 23.02.1995 – I ZR 68/93, NJW 1995, 1556 – Mauer-Bilder.

479 In diesem Sinne BGH, Urt.v. 17.12.2010 – V ZR 45/10, NJW 2011, 749, 750 – Schlösser und Gärten – m.w.N.; gleicher Ansicht auch *Haas/Reimann*, SpuRt 1999, 182, 185.

480 *Löhr*, Anmerk. zu BGH, Urt.v. 20.09.1974 – I ZR 99/73 – Schloss Tegel, WRP 1975, 523, 524 spricht von einem „Recht am Bild der eigenen Sache".

nicht automatisch dem Grundstückseigentum zugewiesen, sondern lediglich bei Betreten des Grund und Bodens. Ferner werden dadurch, dass bei der Verwertung von Sachabbildungen auf die Eigentumsgrenzen abgestellt und das Eigentumsrecht im Kollisionsfall mit anderen Ausschließlichkeitsrechten eingeschränkt wird, Konflikte sowie Vermengungen mit anderen Rechtsgebieten verhindert.[481] Entgegen der im Schrifttum teilweise vertretenen Auffassung besteht zwischen Urheberrecht und Eigentumsrecht weder ein Exklusivitäts-[482], noch ein Spezialitätsverhältnis.[483] Vielmehr stehen beide Rechtsmaterien „gleichrangig" nebeneinander.[484] Da Sacheigentum und geistiges Eigentum trotz unterschiedlicher Schutzzwecke beide durch den Gedanken der Sozialbindung begrenzt werden, finden insoweit dieselben Grundwertungen Beachtung.[485] Aufgrund dessen ist die unter bestimmten Voraussetzungen erfolgende sachenrechtliche Erfassung von Bildaufnahmen auch mit Urheberrecht vereinbar und bewirkt keine eigentumsrechtliche Konterkarierung urheberrechtlicher Wertungen.[486] Der Umstand, dass das Sacheigentum anders als das Urheberrecht keine Schutzfristen kennt, beruht darauf, dass Sacheigentum und Urheberrecht unterschiedliche Schutzzwecke verfolgen.[487] Aufgrund der unterschiedlichen Schutzzwecke erscheint es daher nicht

---

481 Zustimmend *Baldus*, in: MüKo, BGB, § 1004, Rn. 47.

482 Vgl. *Flöter/Königs*, ZUM 2012, 383, 386 unter Verweis auf *Lehment*, Anmerk. zu BGH, Urt.v. 17.12.2010 – V ZR 45/10 – Schlösser und Gärten, GRUR 2011, 327.

483 *Flöter/Königs*, ZUM 2012, 383, 387.

484 *Haas/Reimann*, SpuRt 1999, 182, 185; *Flöter/Königs*, ZUM 2012, 383, 387. Ein solches Gleichrangverhältnis zwischen Urheberrecht und Eigentumsrecht hat bereits das Reichsgericht in RG, Urt.v. 08.06.1912 – I ZR 382/11, RGZ 79, 397, 400 angenommen: „In der überwiegenden Mehrzahl der Fälle des täglichen Lebens wird ein Zwiespalt zwischen dem Urheberrecht des Künstlers und dem Eigentumsrechte des Besitzers des Kunstwerkes nicht praktisch werden. Wo er aber im Einzelfalle eintritt, da kann grundsätzlich das Urheberrecht nur unbeschadet des Eigentumsrechts, das Eigentumsrecht nur unbeschadet des Urheberrechts ausgeübt werden."

485 *Nordemann*, in: Fromm/Nordemann, Vor § 44 a ff., Rn. 1; *Müller-Katzenburg*, NJW 1996, 2341, 2343; *Haas/Reimann*, SpuRt 1999, 182, 185. Das ein wertungsmäßiger Gleichlauf von Eigentum und Urheberrecht erfolgt, hat der BGH abermals in der Entscheidung „Schlösser und Gärten" klargestellt, in dem er zur Bestimmung des eigentumsrechtlichen Zuweisungsgehalts expressis verbis eine Parallelwertung zu § 59 UrhG vornahm. Vgl. BGH, Urt.v. 17.12.2010 – V ZR 45/10, NJW 2011, 749, 750 – Schlösser und Gärten.

486 Eine sachenrechtliche Einordnung von Fußballübertragungsrechten ebenfalls befürwortend, *Hoeren*, Anmerk. zu BGH, Beschl.v. 11.12.1997 – KVR 7/96, JR 1998, 332, 333 – Europapokalheimspiele.

487 BGH, Urt.v. 09.03.1989 – I ZR 54/87, NJW 1989, 2251, 2252 – Friesenhaus.

von vornherein verfehlt Bildaufnahmen je nach Schutzrichtung auch unterschiedlich langen Rechtsschutz zukommen zu lassen.[488] Auch der erhobene Einwand, ein Abstellen auf Grundstücksgrenzen und Einsehbarkeit von außen führe zu willkürlichen Ungleichbehandlungen, je nachdem, ob es rein tatsächlich möglich sei, Sichtbarrieren zu errichten, ist unbeachtlich. Maßgeblich ist, dass für alle Grundstücke dieselben rechtlichen Maßstäbe Anwendung finden. Der Fakt, dass Grundstücke aufgrund ihrer tatsächlichen geologischen Lage durch Sichtbarrieren unterschiedlich stark Sichtschutz erfahren können, ist ebenso rein tatsächlicher Natur wie etwa der Umstand, dass der durchschnittliche Grundstückspreis in München deutlich über dem eines Grundstücks in der Uckermark liegt. Eine willkürliche rechtliche Ungleichbehandlung geht hiermit nicht einher. Aus den vorgenannten Gründen sind die „Schloss Tegel"-Grundsätze mit den Wertungen des Urheberrechts vereinbar.

F. Übertragbarkeit auf den hausrechtlichen Ansatz zu Fußballübertragungsrechten

Nachdem eine Darstellung der „Schloss Tegel"-Grundsätze sowie eine dogmatische Einordnung der Anfertigung und Verwertung audio-visueller Aufnahmen erfolgt ist und die Vereinbarkeit mit Numerus Clausus und Urheberrecht geklärt wurde, soll nun die Möglichkeit erörtert werden, besagte Grundsätze auf die Ausübung des Hausrechts bei Bundesligaspielen zu übertragen. In diesem Zusammenhang wird im Bereich von Fußballübertragungsrechten von einem modifizierten hausrechtlichen Ansatz gesprochen. Im weiteren Verlauf der Arbeit wird dieser Terminus gewählt.

I. Inhaltlicher Gleichlauf der Grundsätze

Die Heranziehung der Rechtsprechungsgrundsätze, die der BGH insbesondere in der „Schloss Tegel"-Entscheidung erarbeitet hat, wäre deshalb von zentraler Bedeutung, weil hierdurch unter bestimmten Voraussetzungen ein wirksamer Schutz von Bild- und Tonmaterial auch dann gewährt würde, wenn die erstellten Aufnahmen unbemerkt angefertigt oder durch Dritte verwertet würden. Ein derartiger Schutz kann nach der bestehenden Rechtsprechungspraxis und der h.M. im

488 A.A.: *Stieper*, ZUM 2011, 331, 333.

Schrifttum auf hausrechtlicher Basis nicht gewährt werden. Eine Übertragbarkeit der Rechtsprechungsleitlinien auf den Bereich der Fußballball-übertragungsrechte würde erhebliche Schutzlücken i.R.d. medialen Vermarktung von Fußballspielen schließen. Ein derartiges Unterfangen wurde im Schrifttum bereits mehrfach thematisiert, jedoch letztlich abgelehnt.[489] Gegen die Übertragbarkeit wurde vorgebracht, das Sacheigentum könne keine Leistung inkorporieren, die auf dem Eigentumssubstrat stattfinde.[490] Bei Sportveranstaltungen werde nicht das Bildnis einer Sache, sondern das Sportereignis selbst wirtschaftlich verwertet.[491] Andernfalls komme es zu einer Vermischung von Immaterialgüter- und Sachenrechten.[492]

Den im Schrifttum vorgebrachten Argumenten kann nicht gefolgt werden. Denn bei Anwendung besagter Grundsätze erfasst der Zuweisungsgehalt des Sacheigentums nicht automatisch in jedem Falle das audio-visuell festgehaltene Sportereignis, sondern nur dann, wenn die Austragung unmittelbar auf dem Grundstück erfolgt. Diese Sichtweise hat auch der Kartellsenat in der „Hörfunkrechte"-Entscheidung vertreten. Er führte in diesem Kontext weiter aus, dass einer Sportveranstaltung an sich noch kein wirtschaftlicher Wert zukomme.[493] Der ökonomische Gehalt resultiere aus der tatsächlichen Möglichkeit einer Vielzahl an sportbegeisterten Konsumenten, die optische und akustische Verfolgung des Spielgeschehens gegen Entrichtung eines Entgelts zu ermöglichen und damit die Veranstaltung zu verwerten.[494] Diese Argumentation steht in gedanklichem Einklang mit den „Schloss Tegel"-Grundsätzen. Denn kann die Fußballbegegnung auch ohne Betreten des Stadiongeländes verfolgt werden, dann ist auch nach diesen Grundsätzen keine Beeinträchtigung der Eigentumsbefugnisse gegeben. Eine wirtschaftliche Verwertung scheitert in diesem Fall. Existiert aber ein wirtschaftlicher Wert, weil Dritte von der unentgeltlichen Verfolgung des auf dem Grund und Boden des Stadiongeländes ausgetragenen Spiels ausgeschlossen werden können, dann kommt dem Hausrecht nach Auffassung des Kartellsenats eine Sicherungsfunktion zu.[495]

---

489 Ablehnend für Sportveranstaltungen im Allgemeinen, *Kübler*, ZUM 1989, 326, 328; *Waldhauser*, S. 80; *Lochmann*, S. 134. A.A. wohl *Haas/Reimann*, SpuRt 1999, 182, 185.

490 *Ladeur*, GRUR 1989, 885, 886; *Waldhauser*, S. 80; *Lochmann*, S. 134.

491 *Lochmann*, S. 133.

492 *Lochmann*, S. 135.

493 BGH, Urt.v. 08.11.2005 – KZR 37/03, NJW 2006, 377, 380 – Hörfunkrechte; BGH, Urt.v. 28.10.2010 – I ZR 60/09, NJW 2011, 1811, 1812 – Hartplatzhelden.de.

494 BGH, Urt.v. 08.11.2005 – KZR 37/03, NJW 2006, 377, 380 – Hörfunkrechte.

495 Vgl. BGH, Urt.v. 08.11.2005 – KZR 37/03, NJW 2006, 377, 380 – Hörfunkrechte; BGH, Urt.v. 28.10.2010 – I ZR 60/09, NJW 2011, 1811, 1812 – Hartplatzhelden.de. In

Zwischen den „Schloss Tegel"-Rechtsprechungsleitlinien und den zum Hausrecht entwickelten Grundsätzen ist eine inhaltliche und wertungsmäßige Kongruenz feststellbar. Diese liegt darin, dass in der – durch das Eigentum/ Hausrecht – gewährten Verwertungsbefugnis kein eigenständiges Rechtsgut gesehen wird, das neben das Eigentum tritt.[496] Die Berechtigung zur Verwertung wird vielmehr übereinstimmend aus dem Eigentum selbst bzw. im Falle des Hausrechts aus Eigentum oder Besitzrecht hergeleitet.[497] Überdies spricht für eine Übertragbarkeit aber auch die dogmatische Teilidentität: Denn die entwickelten Rechtsprechungsgrundsätze knüpfen in Bezug auf die wirtschaftliche Verwertung von (audio-) visuellem Material übereinstimmend an das Grundstückseigentum an. Neben der Tatsache, dass es bei der Anfertigung und Verwertung von Bild- und Tonaufnahmen stets an der konkreten Fühlungnahme mit dem abgelichteten Motiv fehlt,[498] sind bei Sportveranstaltungen und Aufnahmen in einem Park bzw. Museum weitere sachverhaltliche Grundgemeinsamkeiten auszumachen. Denn die zu bewertenden Sachverhalte betreffen sämtlich Konstellationen, in denen Bildmaterial kommerziell verwertet wird, das nach Betreten des Grundstückeigentums angefertigt wurde und dessen Wert nicht unmittelbar aus der Sache selbst, sondern erst mittelbar aus der Nachfrage des interessierten Publikums nach dem Bild erwächst.

Aus sachenrechtlichem Blickwinkel ist kein sachlicher Unterschied dahingehend erkennbar, ob Aufnahmen von Gebäuden, Gemälden, Statuen oder ähnlichen auf dem Grundstück befindlichen Gegenständen angefertigt werden oder ob ein Sportereignis auf dem Grund und Boden aufgezeichnet bzw. live übertragen wird. Ausgehend davon leuchtet es ein, dass für Fernseh- und Hörfunkrechte an Sportveranstaltungen grundsätzlich dieselben rechtlichen Grundsätze Anwendung finden und dass das neuerliche „Schlösser und Gärten"-Urteil des BGH einen

---

diese Richtung auch *Wegner*, S. 26, der dem Hausrecht nicht nur eine „abwehrrechtliche", sondern auch eine „verwertungsrechtliche Dimension" zukommen lässt.

496 BGH, Urt.v. 17.12.2010 – V ZR 45/10, NJW 2011, 749, 750 – Schlösser und Gärten; BGH, Urt.v. 30.10.2009 – V ZR 253/08, NJW 2010, 534, 535 – Stadionverbot.

497 In der aktuellen „Schlösser und Gärten II"-Entscheidung hat der BGH jedoch klargestellt, dass das Eigentum und nicht das Hausrecht oder Besitzrecht als Grundlage eines Unterlassungsanspruchs gegen die Aufnahme und Verwertung von Fotografien heranzuziehen ist, BGH, Urt.v. 01.03.2013 – V ZR 14/12, NJW 2013, 1809, 1812 – Schlösser und Gärten II; A.A: *Stieper*, der auf das Hausrecht selbst abstellt, ZUM 2011, 331, 332.

498 Zu der Thematik der fehlenden Fühlungnahme bei Fotografien vgl. *Beater*, JZ 1998, 1101, 1104.

Bezug zur „Hörfunkrechte“-Entscheidung herstellt.[499] Denn all diesen Fällen ist gemein, dass nicht an das abgelichtete bzw. aufgenommene Objekt angeknüpft wird, sondern im Wege einer sachenrechtlichen Betrachtung einzig auf das Eigentum an der Örtlichkeit abgestellt wird, das dieses umschließt.[500] Die vorgenannten Grundsätze, die hier als modifizierter hausrechtlicher Ansatz bezeichnet werden, stehen im Übrigen auch im Einklang mit der Grundsatzentscheidung „Sportübertragungen“. Dort hat der BGH klargestellt, dass Fußballspielen kein unmittelbarer Leistungsschutz zukommt.[501] Hinsichtlich der Anfertigung und Verwertung audio-visueller Aufnahmen wird wie oben dargestellt nicht unmittelbar an das Fußballspiel, sondern lediglich an das Grundstückseigentum des Stadiongeländes angeknüpft. Dadurch erfährt das Sportereignis lediglich mittelbar Schutz, wird aber nicht per se als solches geschützt.

II. Bezugnahme durch Rechtsprechung

Nachdem zunächst im Schrifttum die Möglichkeit einer Übertragbarkeit der „Schloss Tegel“-Grundsätze thematisiert wurde, hat nun auch die Rechtsprechung erstmals in der Entscheidung „Schlösser und Gärten“ durch Bezug auf die „Hörfunkrechte“-Entscheidung eine unmittelbare Verbindung zwischen der Verwertung von Bildaufnahmen auf einem Grundstück und den hausrechtlichen Befugnissen eines Sportveranstalters hergestellt.[502] Zwar hat bislang in keiner sportrechtlichen Entscheidung eine unmittelbare Heranziehung der Grundsätze stattgefunden, doch hat der 5. Senat durch die Bezugnahme zu erkennen gegeben, dass er eine Übertragung für denkbar hält.[503] Im Übrigen hat bereits ein früherer, i.R.d. Gesetzgebungsarbeiten zum Kurzberichterstattungsrecht erarbeiteter Ergänzungsentwurf des Bundesinnenministeriums vorgesehen, „den

499 BGH, Urt.v. 17.12. 2010 – V ZR 45/10, NJW 2011, 749, 750 – Schlösser und Gärten; BGH, Urt.v. 08.11.2005 – KZR 37/03, NJW 2006, 377 ff. – Hörfunkrechte.

500 Einen derartigen Schutz ablehnend *Ladeur*, GRUR 1989, 885, 886; *Waldhauser*, S. 80; *Lochmann*, S. 133 f.

501 Vgl. BGH, Beschl.v. 14.03.1990 – KVR 4/88, NJW 1990, 2815, 2817 – Sportübertragungen.

502 BGH, Urt.v. 17.12.2010 – V ZR 45/10, NJW 2011, 749, 750 – Schlösser und Gärten; *Schabenberger/Nemeczek*, GRUR-Prax 2011, 139.

503 Vgl. BGH, a.a.O.

wirtschaftlichen Vermarktungsinteressen des Sportveranstalters“ eigentumsrechtlichen Schutz aus § 903 BGB zu gewähren.[504]

III. Vereinbarkeit mit Urheberrecht

Einer Heranziehung der „Schloss Tegel“-Grundsätze stehen auch keine urheberrechtlichen Gesichtspunkte entgegen. Denn wie bereits oben angesprochen, sind Überschneidungen zwischen sachenrechtlichem und geistigem Eigentum immer dann ausgeschlossen, wenn ein urheberrechtlicher Schutz nicht oder nicht mehr besteht.[505] Da Fußballspielen nach zutreffender Auffassung mangels Werkqualität kein urheberrechtlicher Leistungsschutz zukommt, steht einer Verwertung durch den Sportveranstalter damit nichts entgegen. Das von einigen Vertretern im Schrifttum geäußerte Argument, durch die Zuordnung von Bildaufnahmen zum Sacheigentum werde ein ewiges Verwertungsrecht geschaffen, ist aus den oben genannten Gründen, namentlich der Anknüpfung an den Bestand des Eigentums und dessen Rechtsinhaberschaft, unzutreffend. Im Übrigen ist dieser Einwand für die Konstellation von Sportveranstaltungen – insbesondere Fußballspielen – rein theoretischer Natur. Denn der Unterhaltungswert und der wirtschaftliche Nutzen einer Sportveranstaltung sind von einer besonderen Aktualitätsgebundenheit geprägt.[506] Einem bereits mehrere Tage zurückliegenden Sportereignis kommt daher kaum noch ein wirtschaftlicher Wert zu, so dass die Problematik eines ewigen Verwertungsrechts insoweit nicht den tatsächlichen und wirtschaftlichen Gegebenheiten entspricht.

IV. Zwischenergebnis

Nach alledem kann zusammenfassend festgestellt werden, dass die „Schloss Tegel“-Grundsätze auch auf Konstellationen übertragbar sind, in denen die

---

504 Kurzberichterstattung im Rundfunk über Sportveranstaltungen – weitere ergänzende Referatsaufzeichnung – (SM 8 – 341 012/26) vom 8.8.1988, S. 8, zitiert nach *Kübler*, ZUM 1989, 326, (Fn. 5), 328. Identische Zitierweise bereits *Laier*, S. 127, Fn. 9. Vgl. auch *Berengeno*, S. 218.

505 BGH, Urt.v. 17.12.2010 – V ZR 45/10, NJW 2011, 749, 750 – Schlösser und Gärten unter Verweis auf *Prengel*, S. 205 f.

506 *Elter*, S. 48, 50; *Lochmann*, S. 122; ders., in: Prisma des Sportrechts, S. 247, 279; *Waldhauser*, S. 122; *Maume*, MMR 2008, 797, 800.

wirtschaftliche Verwertung von Sportveranstaltungen auf hausrechtlicher Grundlage erfolgt.[507] Danach sind Bild- und Tonaufnahmen und deren kommerzielle Verwertung dem Eigentümer bzw. Hausrechtsinhaber zugewiesen, sofern die Aufnahmen durch Betreten des betreffenden Grundstücks erfolgten. Dogmatisch lässt sich die Anfertigung und Verwertung des audio-visuellen Materials als sonstige Ausbeute i.S.d. § 99 Abs. 1 Alt. 2 BGB oder Gebrauchsvorteil gem. § 100 Alt. 2 BGB einordnen. Das Hausrecht sichert die Verwertungsbefugnis ab und dient der Durchsetzung des eigentumsrechtlichen Zuweisungsgehalts. Urheberrechtliche Gesichtspunkte können einer Heranziehung besagter Rechtsprechungsleitlinien im Zusammenhang mit der Austragung von Fußballspielen nicht entgegenstehen, da diese nach nahezu einhelliger Auffassung keinen immaterialgüterrechtlichen Leistungsschutz erfahren.

Hat der Hausrechtsinhaber aufgrund eines Miet- oder Pachtvertrages lediglich berechtigten Besitz an den Örtlichkeiten des Stadions, dann ist ihm gleichfalls die wirtschaftliche Verwertung des Sportereignisses zugewiesen, da die Berechtigung zur Nutzung des Grundstücks nicht zwingend das Innehaben der Eigentümerstellung erfordert.[508]

G. Folgen der Übertragbarkeit der „Schloss Tegel"-Grundsätze auf den Bereich der Fußballübertragungsrechte

Ordnet man audio-visuelles Sendematerial und dessen Verwertung unter den oben genannten Voraussetzungen dem Zuweisungsgehalt des Grundstückeigentums zu, so ergeben sich aus dieser dogmatischen Weichenstellung unterschiedliche Folgewirkungen.

---

507 *Schabenberger/Nemeczek*, GRUR-Prax 2011, 139.

508 Vgl. hierzu die Grundsatzentscheidung BGH, Urt.v. 20.05.1964 – VIII ZR 235/63, NJW 1964, 1853; *Prengel*, S. 216. In Abweichung hierzu hat der BGH jedoch in der aktuellen „Schlösser und Gärten II"-Entscheidung ausdrücklich klargestellt, dass das Besitzrecht nicht als Grundlage eines Unterlassungsanspruchs gegen die Aufnahme und Verwertung von Fotografien ausreicht, BGH, Urt.v. 01.03.2013 – V ZR 14/12, NJW 2013, 1809, 1812 – Schlösser und Gärten II.

I. Erweiterter Schutzumfang zugunsten des Hausrechtsinhabers

Die dogmatische Einordnung als Eigentumsbestandteil bringt gegenüber der – nach bisheriger h.M. – bestehenden Rechtslage sowohl auf Seiten des Hausrechtsinhabers als auch auf Seiten der TV-Sender verschiedene Veränderungen mit sich. Behält sich der Hausrechtsinhaber die Anfertigung von Bild- oder Tonaufnahmen zu kommerziellen Zwecken vertraglich oder durch Aufstellen entsprechender Hinweisschilder vor, so bleibt er bei Zuwiderhandlungen nicht lediglich auf vertragliche Ansprüche aus der Verletzung des Besuchervertrags verwiesen.[509] Ihm steht aufgrund der eigentumsrechtlichen Einordnung vielmehr ein Anspruch aus § 823 Abs. 1 BGB zu. Denn das zu kommerziellen Zwecken angefertigte audiovisuelle Material bzw. dessen Verwertung stellt unter den dargelegten Voraussetzungen einen Eingriff in das Eigentumsrecht dar.[510] Erfolgt die Aufnahme und Verwertung dagegen lediglich zu privaten Zwecken, so werden die eigentums- bzw. hausrechtlichen Befugnisse nicht spürbar beeinträchtigt. Ob in diesen Fällen bereits kein Eingriff in den Zuweisungsgehalt vorliegt oder ob es insoweit an der Rechtswidrigkeit der Beeinträchtigung mangelt, kann dahinstehen, da das Eigentum anerkanntermaßen hinsichtlich solcher Auswirkungen keinen Schutz bietet, an denen nach objektiven Maßstäben kein schützenswertes Interesse besteht.[511] Dieser dem Eigentum innewohnende Grundgedanke ergibt sich einerseits aus der grundgesetzlich verankerten Sozialbindung des Eigentums und hat spezialgesetzlich etwa in den §§ 905 S. 2, 906 Abs. 1 S. 1 BGB Niederschlag gefunden.

---

509 Sind keine Verbotsschilder oder dahingehende vertragliche Vereinbarungen vorhanden, so kann derjenige, der Bilder zu kommerziellen Zwecken anfertigt, in gleicher weise nicht ohne weiteres von dessen Zulässigkeit ausgehen, sondern muss die gewerbliche Nutzung des Bildmaterials bei dem Rechtsinhaber grundsätzlich erbitten. Die Anfertigung gewerblicher Filmaufnahmen bedarf der ausdrücklichen Erlaubnis, vgl. KG, Urt.v. 30.11.1999 – 9 U 8222/99, NJW 2000, 2210, 2211.

510 *Prengel*, S. 229.

511 Schulze nimmt nach Darstellung von *Prengel* in diesem Zusammenhang an, dass sämtliche von einem Grundstück aus mögliche Ansichten wie etwa die eines Schlosses grundsätzlich „nichtvermögensrechtlicher Natur“ und ungeschützt sind. Unter bestimmten Voraussetzungen könnten die Ansichten jedoch vermögensrechtlichen Charakter gewinnen. Vgl. hierzu *Prengel*, S. 216 unter Verweis auf einen unveröffentlichten Habilitationsvortrag von Götz Schulze vor den Mitgliedern der Juristischen Fakultät Heidelberg, „Das private Hausrecht: dingliche Sachherrschaft über einen Raum – zugleich Rechtsschutzform für immaterielle Güter und Leistungen“.

In Bezug auf kommerzielle Nutzungen ist der Veranstalter – neben einem Anspruch aus § 823 Abs. 1 BGB – Inhaber eines Beseitigungs- und Unterlassungsanspruches aus § 1004 BGB.[512] Umstritten ist, worauf der Beseitigungsanspruch konkret gerichtet ist. Nach einer Auffassung ist der Anspruch auf Herbeiführung des Status quo ante, d.h. auf Beseitigung der aus der Eigentumsstörung resultierenden Beeinträchtigungen, gerichtet.[513] Andere Vertreter im Schrifttum halten es dagegen für ausreichend, dass der Verpflichtete den actus contrarius zu der konkreten Störungshandlung vornimmt. Innerhalb dieser Auffassung herrscht wiederum Uneinigkeit, worin konkret dieser besteht. Nach einer Auffassung ist die Beseitigung der Störquelle erforderlich,[514] nach einer anderen Auffassung wird bereits die bloße Unterbindung der Störung für die Zukunft für ausreichend gehalten.[515] In Rechtsprechung und Literatur ist diesbezüglich keine klare Linie erkennbar.[516] In Bezug auf die unberechtigte Anfertigung von audio-visuellen Aufnahmen führen die beiden erstgenannten Theorien zu dem Ergebnis, dass das angefertigte Material zu beseitigen bzw. unbrauchbar zu machen ist.[517] Denn hierin besteht einerseits der Status quo ante und andererseits der actus contrarius zur Störungshandlung. Die schlichte Nichtausstrahlung des angefertigten Materials ist im Falle von Fußballübertragungsrechten nicht ausreichend. Denn das angefertigte Sendematerial ist als Störfaktor in diesem Fall noch vorhanden und kann weiterhin die mediale Vermarktung beeinträchtigen, da der Exklusivität der Rechte bei Fußballübertragungsrechten eine besondere Bedeutung zukommt.[518] Wurde zwischen

512 *Gerauer*, GRUR 1988, 672, 674.

513 Sog. „Wiederbenutzbarkeitstheorie“, vgl. *Wolf/Wellenhofer*, § 24, Rn. 39.

514 Sog. „Störquellentheorie“, vgl. *F. Baur*, AcP 160 (1961), 465, 488, 489; *Prengel*, S. 226, Fn. 1037.

515 Sog. „Störungsbeendigungstheorie“, BGH, Urt.v. 09.07.1958 – V ZR 202/57, NJW 1958, 1580, 1581; *Wolf/Wellenhofer*, § 24, Rn. 37. Zusammenfassend: BGH, Urt.v. 04.02.2005 – V ZR 142/04, NJW 2005, 1366, 1367 f.

516 Vgl. zur Zerstörung einer Abwasserleitung durch Wurzelwerk, BGH, Urt.v. 07.03.1986 – V ZR 92/85 NJW 1986, 2640 ff.; BGH, Urt.v. 21.10.1994 – V ZR 12/94, NJW 1995, 395, 396 – Baumwurzelschaden; bezüglich der Ausbauchung einer Brandmauer, BGH, Urt.v. 09.07.1958 – V ZR 202/57, NJW 1958, 1580 ff.; hinsichtlich einer Bodenkontamination, BGH, Urt.v. 01.12.1995 – V ZR 9/94, NJW 1996, 845 ff.; BGH, Urt.v. 04.02.2005 – V ZR 142/04, NJW 2005, 1366 ff.

517 A.A.: *Prengel*, S. 226 unter Verweis auf *Bullinger*, in: FS Raue, 379, 392. Diese nehmen an, dass der Schutzgehalt des Hausrechts lediglich den Zugang, nicht aber darüber hinausgehende Abwehrbefugnisse gewährt.

518 Nach der sehr engen sog. „Störungsbeendigungstheorie“ dürfte sich der Beseitigungsanspruch hingegen auf ein (zukünftiges) Sendeverbot des angefertigten Bild- bzw.

den Parteien dagegen ein Lizenzvertrag geschlossen, der zur Aufzeichnung und Übertragung der Spiele berechtigt, so resultiert hieraus eine Duldungspflicht und lässt die Rechtswidrigkeit i.R.d. § 1004 BGB entfallen.[519]

Fehlt es hingegen an einer vertraglichen Vereinbarung oder wird gegen diese etwa dadurch verstoßen, dass ein Besucher vertragswidrig Bildmaterial zur kommerziellen Verwertung anfertigt, so steht dem Eigentümer bzw. Hausrechtsberechtigten gem. § 812 Abs. 1 S. 1 Alt. 2 BGB ein bereicherungsrechtlicher Anspruch auf Herausgabe des Erlangten zu.[520] In der Verwertung der Aufnahmen liegt ein Eingriff in die vermögensrechtlichen Belange, die dem Eigentümer bzw. Hausrechtsinhaber nach dem Willen der Rechtsordnung zu dessen ausschließlicher Nutzung zugewiesen sind. Ein solcher Anspruch aus Eingriffskondiktion ist nach vorzugswürdiger Auffassung auch nicht durch das Bestehen eines Besuchervertragsverhältnisses ausgeschlossen.[521] Denn überschreitet derjenige, dem zwar der Zutritt, nicht aber das Anfertigen und Verwerten von Bildmaterial zu gewerblichen Zwecken vertraglich gestattet war, diese Erlaubnis, so befinden sich diese Vermögenswerte infolge eigenmächtigen Verhaltens insoweit ohne Rechtsgrund im Vermögen des Aufnehmenden, da das bestehende (Besucher-) Vertragsverhältnis diesen Eingriff nicht gedeckt hat.[522] Aufgrund dessen sind die vorhandenen Vermögensvorteile nach bereicherungsrechtlichen Grundsätzen abzuschöpfen.

---

audio-visuellen Materials beschränken. Zur Exklusivität der Rechte vgl. *Summerer*, in: Martinek/Semler/Habermeier/Flohr, § 53, Rn. 26, 27; *Körber*, in: Adolphsen/Nolte/Lehner/Gerlinger, Rn. 2533 ff.

519 Vgl. zu Rechtswidrigkeit und Duldungspflicht, *Baldus*, in: MüKo, BGB, § 1004, Rn. 192 ff.; *Wolf/Wellenhofer*, § 24, Rn. 27 f.

520 Vgl. *Prengel*, S. 227. Dieser hält einen Anspruch aus Eingriffskondiktion für möglich sofern ein Besucher gegen die Vereinbarungen aus dem Besuchervertrag verstößt und unberechtigt Bildmaterial anfertigt; A.A.: *Lehment*, S. 118.

521 Vgl. *Prengel*, a.a.O.

522 Vgl. hierzu die lehrbuchartigen Ausführungen des BGH in der „Schloss Tegel“-Entscheidung: „Wird aber eine Fotografiererlaubnis in Fällen der vorliegenden Art ohne ausdrückliche Einschränkung auf Aufnahmen für private Zwecke erteilt, ergibt sich eine solche Einschränkung in der Regel stillschweigend daraus, daß es das natürliche Vorrecht des Eigentümers ist, den gewerblichen Nutzen, der aus seinem nur gegen seine Erlaubnis zugänglichen Eigentum gezogen werden kann, für sich zu beanspruchen. Wer Ansichtskarten eines im Privateigentum stehenden Gebäudes, das nicht frei zugänglich ist, gewerblich herstellt und verwertet, macht sich dabei nach natürlicher Betrachtung einen fremden Vermögenswert nutzbar. Er darf – auch ohne ausdrückliches Verbot – nicht damit rechnen, daß der Eigentümer gewillt sei, jedermann eine

II. Dingliche Rechtsposition des Lizenznehmers

Nach bislang h.M. können Lizenznehmer aus dem Lizenzvertrag über Fußballübertragungsrechte lediglich schuldrechtliche Ansprüche herleiten. Dies liegt darin begründet, dass ein derartiges Lizenzvertragsverhältnis als Einwilligung in – an sich durch den Sportveranstalter als Lizenzgeber abwehrbare[523] – bestimmte Eingriffe eingeordnet wird, die gleichzeitig mit der Verpflichtung einhergeht, keinem Dritten die Übertragung der Spiele zu gestatten.[524]

Anders stellt sich die Rechtslage nach dem modifizierten hausrechtlichen Ansatz dar. Bedingt durch die sachenrechtliche Einordnung audio-visuellen Sendematerials können dem Lizenznehmer fortan dingliche Rechtspositionen zugewiesen werden. Konkret besteht die Möglichkeit, eine beschränkt persönliche Dienstbarkeit mit dem Inhalt zu bestellen, dass der Begünstigte dinglich berechtigt ist, auf dem Grundstück audio-visuelles Sendematerial aufzunehmen und zu verwerten.[525] Im Rahmen der sog. „Typenoffenheit"[526] des Dienstbarkeitsrechts wäre es möglich, an dem Stadiongelände eine Dienstbarkeit mit entsprechendem Inhalt einzuräumen. Eine derartiges dingliches Rechtsinstitut könnte sowohl zugunsten einzelner Berechtigter als auch zugunsten mehrerer Gesamtberechtigter i.S.d. § 428 BGB, Mitgläubiger nach § 432 BGB oder aber einer Bruchteilsgemeinschaft gem. § 741 BGB bestellt werden.[527] Aufgrund der auf diesem Wege „verdinglichte[n]" Leistungspflichten"[528] wäre ein Lizenznehmer als Dienstbarkeitsberechtigter in der Lage, von jedem, der sein dinglich geschütztes Recht auf Anfertigung und Ausstrahlung von audio-visuellem Sendematerial beeinträchtigt, Beseitigung oder Unterlassung nach §§ 1090 Abs. 2, 1027, 1004 BGB zu verlangen. Hierdurch würde dessen Rechtsposition eine wesentliche Erweiterung erfahren, da er nicht

solche Auswertung ohne Entgelt zu gestatten.", BGH, Urt.v. 20.09.1974 – I ZR 99/73, NJW 1975, 778, 779 – Schloss Tegel.

523 BGH, Beschl.v. 14.03.1990 – KVR 4/88, NJW 1990, 2815, 2817 – Sportübertragungen; Vgl. *Roth*, AfP 1989, 515, 518.

524 *Summerer*, in: Fritzweiler/Pfister/Summerer, 4. Teil, Rn. 73.

525 *Lochmann*, S. 136.

526 *Mayer*, in: Staudinger, § 1027, Rn. 3.

527 Vgl. zu den bestehenden Gestaltungsmöglichkeiten bei Gläubigermehrheiten *Amann*, DNotZ 2008, 324, 331 ff.

528 *Amann*, DNotZ 1989, 531, 536 unter Verweis auf *Canaris*, FS Flume, S. 371 ff. und *Ertl*, DNotZ 1988, 4, 21 f.

länger auf schuldrechtliche Ansprüche verwiesen bliebe.[529] Wäre lediglich eine Störung der dinglich eingeräumten Nutzungsbefugnisse zu besorgen, so müsste nicht deren tatsächlicher Eintritt abgewartet werden, denn auch bei erstmalig drohender Beeinträchtigung wäre eine vorbeugende Unterlassungsklage statthaft.[530] Wesentlich wäre auch, dass der Lizenznehmer als Inhaber einer Dienstbarkeit die erworbenen Rechte selbst prozessual durchsetzen könnte, ohne auf eine Mitwirkung des Grundstückseigentümers angewiesen zu sein.[531] Schließlich bestünde bei Insolvenz des Eigentümers ein Aussonderungsrecht i.S.d. § 47 InsO.[532]

---

529 In diesem Sinne erstmals *Lochmann*, der die Möglichkeit der Einräumung beschränkt persönlicher Dienstbarkeiten andenkt, im Ergebnis jedoch ablehnt, vgl. *Lochmann*, S. 136. Zur Verdinglichung schuldrechtlicher Positionen durch Dienstbarkeiten, vgl. *Walter/Maier*, NJW 1988, 377, 379.

530 Vgl. BGH, Urt.v. 17.03.1967 – V ZR 67/64, WM 1967, 582 in Bezug auf einen aus einer Dienstbarkeit hergeleiteten (vorbeugenden) Unterlassungsanspruch zur Erhaltung des architektonischen Charakters einer Häusergruppe; *Mayer*, in: Staudinger, § 1027, Rn. 2.

531 BayObLG, Urt.v. 23.05.1903 – I ZR 1/03, BayObLGZ 4, 372, 377; *Mayer*, in: Staudinger, § 1027, Rn. 6.

532 Vgl. *Schumacher*, in: MüKo, InsO, § 86, Rn. 6; *Lüer*, in: Uhlenbruck, § 351, Rn. 10. Dennoch ist zu berücksichtigen, dass die Lizenzrechte im Falle einer potenziellen Insolvenz der Vereine bzw. der DFL als Veranstalter der Fußball-Bundesliga für den Lizenznehmer vollständig wirtschaftlich entwertet würden. Denn anders als etwa bei Lizenzrechten an einem Softwareprogramm oder Patentlizenzen, bei denen der Lizenznehmer nach Aussonderung weiterhin unbeschränkt von der Nutzung der Lizenzrechte Gebrauch machen kann, ist der Lizenznehmer bei Fußballübertragungsrechten für die weitere Nutzung seiner Rechte darauf angewiesen, dass der Ligabetrieb aufrecht erhalten wird und weiterhin die auszustrahlenden Spiele durchgeführt werden.

4. Kapitel: Bestand von Fußballübertragungsrechten in der Insolvenz

Ausgangspunkt des nachfolgenden Kapitels ist die Frage der Zulässigkeit insolvenzabhängiger Lösungsklauseln. Diese wird zunächst im Allgemeinen aufgearbeitet (4. Kap. A.), bevor eine Erörterung dieser Frage für den Bereich der Lizenzverträge über Fußballübertragungsrechte erfolgt (4. Kap. B). Im Anschluss hieran werden sodann die Rechtsfolgen behandelt, die bei Beendigung des Lizenzvertrages eintreten. Daraus ergibt sich folgender Untersuchungsgang: Als erstes wird die Geltung des Abstraktionsprinzips im Immaterialgüterrecht erläutert (4. Kap. C. I), bevor eine nähere Thematisierung in Bezug auf die mediale Vermarktung der Fußball-Bundesliga stattfindet (4. Kap. C. II). Hieran schließt sich eine zusammenfassende Betrachtung der insolvenzrechtlichen Folgen für Lizenzverträge über Fußballübertragungsrechte an (4. Kap. C. III), ehe deren Eignung als Kreditsicherheit auf Grundlage der bisher erzielten Untersuchungsergebnisse abschließend beurteilt wird (4. Kap. D.).

A. Zulässigkeit von insolvenzabhängigen Lösungsklauseln

Die Streitfrage der Wirksamkeit insolvenzabhängiger Lösungsklauseln ist seit langem Gegenstand konkurs- und insolvenzrechtlicher Abhandlungen. Die Gründe für die anhaltende Diskussion, das vorhandene Meinungsspektrum sowie die regelmäßig angeführten Argumentationsansätze werden i.R.d. folgenden Ausführungen dargestellt, bevor eine eigene Stellungnahme erfolgt.

I. Einleitung

Lösungsklauseln sind fester Bestandteil der Kautelarpraxis und treten in unterschiedlichen Bereichen im Wirtschaftsleben auf. Die Verwendung sog. insolvenzabhängiger Lösungsklauseln zielt darauf ab, dass sich die solvente Vertragspartei schnellstmöglich vom Vertragsverhältnis mit dem insolventen bzw. insolvenzbedrohten Vertragspartner lösen kann. Während insolvenzunabhängige

Ausgestaltungen allgemein als wirksam angesehen werden,[533] beziehen sich die nachfolgenden Ausführungen ausschließlich auf solche vertraglichen Bestimmungen, die insolvenzabhängig eine Vertragsbeendigung gestatten. Über deren Wirksamkeit besteht Uneinigkeit.

II. Formen insolvenzabhängiger Lösungsklauseln

Insolvenzabhängige Lösungsklauseln – mit denen sich eine Vertragspartei aufgrund vertraglicher Vereinbarung bei Zahlungseinstellung, Stellung des Insolvenzantrages oder Insolvenzeröffnung von dem Vertragsverhältnis mit dem insolventen Vertragspartner lösen kann[534] – lassen sich in zwei Unterkategorien typisieren. In der Praxis sind diese in der Form von Beendigungsklauseln oder Kündigungsklauseln anzutreffen.[535] Erstgenannte knüpfen typischerweise an den Insolvenzeintritt dergestalt an, dass bestehende vertragliche Pflichten automatisch mit Eintritt des Insolvenzfalls erlöschen. Der Insolvenzeintritt ist hierbei das Ereignis, das im Sinne einer auflösenden Bedingung i.S.d. § 158 II BGB – als sogenannte Resolutivbedingung[536] – zum sofortigen Wegfall bestehender Vertragspflichten führt.[537]

Das automatische Entfallen der Vertragsbindungen tritt dabei unabänderlich und ohne Entscheidung oder jegliches weitere Zutun – möglicherweise gar ohne Kenntnis einer Vertragspartei – ein.[538] Da zwischen Vertragsschluss und späterem Insolvenzeintritt in zeitlicher Hinsicht häufig eine gewisse Zeitspanne von unter Umständen mehreren Jahren liegt, kann die im Voraus erfolgende Aufnahme derart starrer unflexibler Bedingungen späteren wirtschaftlichen Gegebenheiten häufig nur unzulänglich Rechnung tragen. Denkbar ist beispielsweise, dass Vertragspflichten selbst dann enden, wenn deren Erfüllung an sich gerade für die

---

533 Statt vieler: *Huber*, in: Gottwald, § 35 Rn. 12; für gesellschaftsrechtliche Lösungsklauseln vgl. *Treffer*, MDR 2000, 1178, 1179.

534 BGH, Urt.v. 27.05.2003 – IX ZR 51/02, NJW 2003, 2744, 2746; BGH, Urt.v. 15.11.2012 – IX ZR 169/11, NJW 2013, 1159, 1160.

535 Unter dem Begriff der Kündigungsklauseln im weiteren Sinne werden in der Regel Klauseln verstanden, die einer oder beiden Seiten bei Eintritt eines bestimmten Umstandes die Lösung vom Vertrag ermöglichen. Der Begriff Kündigung ist im untechnischen Sinne zu verstehen, so dass hierunter etwa auch ein vertraglich eingeräumtes Rücktrittsrecht fällt, vgl. *Wiedemann*, Rn. 1250

536 *Bork* in: Staudinger, BGB, Vor §§ 158 ff., Rn. 12.

537 Zum Ganzen, *Westermann*, in: MüKo, BGB, § 158 Rn. 8.

538 Zur Unterscheidung Beendigungsklauseln – Kündigungsklauseln vgl. *Wiedemann*, Rn. 1250.

solvente Vertragspartei wirtschaftlich vorteilhaft gewesen wäre und sich der ursprünglich bei Vertragsschluss auf seinen Vorteil bedachte Vertragsteil aufgrund der unweigerlich durch die Lösungsklausel eintretenden Rechtsfolgen „ins eigene Fleisch schneidet".[539] Aufgrund dessen wird im Wirtschaftsleben vorwiegend von sogenannten Kündigungsklauseln Gebrauch gemacht.

In Abweichung zu dem angesprochenen Defizit, das starren Beendigungsklauseln anhaftet, ist die Vereinbarung einer Kündigungsklausel deshalb von Vorteil, weil der zur Lösung vom Vertrag berechtigte Vertragspartner nicht vorab unabänderlich in seinem Handeln festgelegt ist.[540] Die Entscheidung darüber, ob eine Lösung vom Vertragsverhältnis tatsächlich erfolgen soll, kann dadurch unter Einbeziehung der aktuellen wirtschaftlichen Interessen getroffen werden.

Der Sammelbegriff der Kündigungsklauseln wird im rechtstechnischen Sinne gebraucht und umfasst daher auch das Erlöschen vertraglicher Pflichten infolge Rücktritts oder Widerrufs.[541] Bei Austauschverträgen wird regelmäßig ein Rücktrittsrecht vereinbart, bei Dauerschuldverhältnissen hingegen erfolgt oftmals die Aufnahme eines Kündigungsrechts.[542] Bei der kautelarjuristischen Umsetzung wird als Bezugspunkt etwa an den Insolvenzantrag, die Insolvenzeröffnung oder den Verzugseintritt angeknüpft.[543] Wie eingangs angesprochen, ist die Frage der Wirksamkeit insolvenzabhängiger Lösungsklauseln seit langer Zeit äußerst umstritten.

III. Rechtslage unter Geltung der Konkursordnung

Während sich das Reichsgericht zwar mit der Wirksamkeit vertraglicher Lösungsklauseln im Konkursverfahren auseinanderzusetzen hatte, eine abschließende Entscheidung zu deren Zulässigkeit indes offenlassen konnte,[544] befasste sich

539 Vgl. *Schwörer*, S. 6.

540 Ausführlich zu sog. Beendigungsklauseln, *Jahn*, in: MüKo, InsO, § 104, 163 ff.

541 Vgl. *v. Wilmowsky*, ZIP 2007, 553.

542 *Schwörer*, S. 6.

543 Für eine ausführliche Darstellung der denkbaren Bezugspunkte vgl. *Schwörer*, S. 6 ff. Darüber hinaus lassen sich Lösungsklauseln auch in Form von sog. ein- und zweistufigen Lösungsklauseln unterscheiden. Letztere enthalten neben der Lösung vom Vertrag auch weitere Regelungen hinsichtlich der Abwicklung des Vertragsverhältnisses, *Berger*, in: Kölner Schrift zur InsO, S. 499, 501; *Schwörer*, S. 12 f. Zur Problematik einer Teilnichtigkeit bei zweistufigen Lösungsklauseln vgl. *Adam*, DZWIR 2005, 1, 6.

544 RG, Urt.v. 23.11.1926 – ZR III 540/25, RGZ 115, 271, 273 lässt die Entscheidung darüber, ob das Konkursverwalterwahlrecht aus § 17 KO durch ein vertraglich vereinbartes Kündigungsrecht umgangen werden kann, ausdrücklich dahingestellt.

auch der BGH mehrere Male mit dieser Thematik.[545] Bedauerlicherweise konnten aber auch diese Entscheidungen nicht zu einer verlässlichen Klärung der Rechtsfrage beitragen. Obgleich der siebte Senat erstmals die umstrittene Materie thematisierte, konnte den Urteilsgründen keine allgemeingültige Aussage zu der konkursrechtlichen Zulässigkeit von Lösungsklauseln entnommen werden. Denn der Entscheidung lag eine bau- bzw. werkvertraglich gelagerte Fallkonstellation zugrunde. Bei dieser Sachlage folgte bereits ein gesetzliches Kündigungsrecht aus § 649 BGB, so dass nicht mehr entscheidungserheblich war „ob der Auftraggeber den Vertrag im Falle eines Konkurses überhaupt kündigen"[546] durfte. Unbeantwortet blieb daher, ob das für den Konkursfall in § 8 Nr. 2 VOB/B a.F. vorgesehene Kündigungsrecht einen Verstoß gegen das aus § 17 KO folgende Konkursverwalterwahlrecht begründete. Der BGH führte lediglich näher aus, dass die sich aus einer insolvenzbedingten Kündigung nach § 8 Nr. 2 VOB/B a.F. ergebenden Rechtsfolgen mit konkursrechtlichen Vorschriften in Einklang zu bringen seien.[547]

In der Literatur wurde dieses Urteil kritisch aufgenommen. Zum einen wurde bemängelt, dass den Urteilsgründen keine Ausführungen zu einer etwaigen Kollision der Kündigungsrechte aus § 649 BGB und § 8 Nr. 2 VOB/B a.F. mit dem Wahlrecht aus § 17 KO zu entnehmen waren.[548] Darüber hinaus wurde oftmals

---

545 Für den Fall einer Kündigung nach § 8 VOB/B vgl. BGH, Urt.v. 26.09.1985 – VII ZR 19/85, NJW 1986, 255, 256. Bereits in den Entscheidungen BGH, Urt.v. 30.05.1963 – VII ZR 11/62, WM 1963, 964 f. und BGH, Urt.v. 25.10.1971 – VII ZR 65/69, WM 1971, 1474 f. ging der BGH – ohne Begründung – von der Wirksamkeit einer Kündigung nach § 8 VOB im Konkursverfahren aus. Vgl. ferner BGH, Urt.v. 11.11.1993 – IX ZR 257/92, NJW 1994, 449, 450 – Breitbandverteilanlage.

546 BGH, Urt.v. 26.09.1985 – VII ZR 19/85, NJW 1986, 255, 256.

547 Dies wurde damit begründet, dass es keine Bestimmung gäbe, die eine Vereinbarung untersage, wonach dem Auftraggeber im Konkursfall ein Kündigungsrecht und Schadensersatzansprüche wegen Nichterfüllung zustünden. Außerdem seien für die Masse nachteilige Vereinbarungen, die zeitlich vor dem Konkurs getroffen wurden, nicht schon ohne weiteres unwirksam, wie schon die Regelungen der §§ 29 ff. KO zeigten. Ferner stellte der Senat darauf ab, dass der Konkursverwalter seine Rechte nur insoweit ausüben könne, als auch der betreffende Vertrag als Grundlage dieser Rechte Bestand habe, vgl. BGH, Urt.v. 26.09.1985 – VII ZR 19/85, NJW 1986, 255, 256.

548 Vgl. *Berger*, ZIP 1994, 173, 179. Henckel kritisiert an der Urteilsbegründung, dass diese für die im Zentrum des Interesses liegende Frage, ob das in § 17 KO enthaltene Konkursverwalterwahlrecht zwingendes Recht darstelle, keine überzeugende Erklärung liefere bzw. eine solche umgehe. Der kurze Verweis auf eine bereits bestehende Kündigungsmöglichkeit aus § 649 BGB und die dadurch unterbleibende nähere Auseinandersetzung mit § 8 Nr. 2 VOB/B trage der Problematik nicht in ausreichendem

bedauert, dass die ergangene Entscheidung „lediglich“ vom VII. für Bausachen zuständigen Zivilsenat des BGH, nicht aber von dem vorrangig mit konkursrechtlichen Fragestellungen befassten IX. Zivilsenat getroffen wurde.[549] Aufgrund dessen wurde vereinzelt die Hoffnung geäußert, dass die Auswirkungen der Entscheidung ausschließlich auf baurechtliche Fälle begrenzt blieben.[550] Angesichts der verbliebenen Unklarheiten hielt der Streitstand um die konkursrechtliche Zulässigkeit vertraglicher Lösungsklauseln weiter an[551] und setzte sich auch in der sog. „Breitbandverteilanlage“-Entscheidung fort.[552]

Maße Rechnung. Denn diese Ausgangsüberlegung, mit der sich der BGH nähere Ausführungen zu der Frage einer Kündigungsmöglichkeit nach § 8 Nr. 2 VOB/B entledige, verkenne einen zwischen den beiden in Betracht kommenden Kündigungsrechten bestehenden grundlegenden Unterschied. Während die Kündigung nach § 649 BGB die Konkursmasse nicht schmälere, führe § 8 Nr. 2 VOB/B zu einer erheblichen Belastung der Masse und wirke sich damit zum Nachteil der anderen Konkursgläubiger aus. Vgl. Henkel, JZ 1986, 297, 298.

549 *Berger*, ZIP 1994, 173, 175.

550 *Uhlenbruck*, WuB VI. B. § 17 KO Nr. 1.86, S. 197.

551 Eine Ansicht stellte im Ausgangspunkt darauf ab, dass nach dem Wortlaut des § 17 KO der Konkursverwalter „an Stelle des Gemeinschuldners“ über die Erfüllung des Vertrages entscheidet und damit in genau die Rechtsposition eintritt, in der sich der Konkursschuldner befunden hat, vgl. *Heidland*, BauR 1975, 305, 307; *Jaeger/Lent*, KO, § 17 Anmerkung 55 b. Wenn bis zum Zeitpunkt der tatsächlichen Konkurseröffnung kein gesetzliches Verbot dahingehend bestehe, den Vertrag zu kündigen obwohl zwar bereits die materiellen Voraussetzungen der Konkurseröffnung vorlägen, das Konkursverfahren aber noch nicht eröffnet sei, dann sei kein Grund dafür ersichtlich, warum für diesen Fall nicht auch eine vertragliche Kündigungsmöglichkeit geschaffen werden könne, *Heidland*, BauR 1975, 305, 307. Machten die Parteien von dieser vertraglichen Möglichkeit Gebrauch, dann werde das Vertragsverhältnis vor Konkurseröffnung bereits so umgestaltet, dass der Konkursverwalter bei Konkurseröffnung gar kein Wahlrecht mehr habe.

Die Gegenansicht hält jegliche vertragliche Kündigungsrechte für den Konkursfall für unwirksam, vgl. *Rosenberger*, BauR 1975, 233, 236. Danach wiederhole der Wortlaut des § 17 KO nur das, was ohnehin schon für das Konkursverfahren allgemein gelte. Da der Konkursverwalter mit Konkurseröffnung insgesamt in die Rechtsposition des Schuldners eintrete, handele es sich bei diesem Teil des Wortlauts des § 17 KO um einen „nichtssagenden Schnörkel des Gesetzgebers aus 1877“. Die Unwirksamkeit derartiger Lösungsklauseln ergebe sich aus dem Wahlrecht des Konkursverwalters und aus dem Prinzip der Gläubigergleichbehandlung im Konkursverfahren, vgl. *Rosenberger*, BauR 1975, 233, 236.

552 BGH, Urt.v. 11.11.1993 – IX ZR 257/92, NJW 1994, 449 ff. – Breitbandverteilanlage. Ausführlich hierzu *Berger*, ZIP 1994, 173, 180 f.

In besagtem Urteil wurden Lösungsklauseln nach konkursrechtlichen Maßstäben zwar grundsätzlich als zulässig eingestuft. Für das Fortbestehen von Rechtsunsicherheit war jedoch wesentlich, dass der BGH in einem kurzen Klammereinschub in Form eines obiter dictum durchblicken ließ, dass er künftig nach § 137 Abs. 2 S. 1 des Regierungsentwurfes zur Insolvenzordnung die Unzulässigkeit konkursbedingter bzw. insolvenzbedingter Kündigungsklauseln annehmen werde.[553] Der Umstand, dass die Frage der Zulässigkeit insolvenzabhängiger Lösungsklauseln auch nach Einführung der Insolvenzordnung weiterhin ungeklärt blieb, ist letztlich auf das scheinbar widersprüchliche, zumindest aber unglückliche Agieren der am Gesetzgebungsverfahren beteiligten Akteure in Bezug auf den heutigen § 119 InsO (§ 137 RegE) zurückzuführen.[554] Insbesondere der Rechtsausschuss hat durch die Streichung der § 137 Abs. 2 und Abs. 3 RegE für kontroverse Diskussionen gesorgt.

IV. Hintergrund und Auslöser des Streitstandes

1. Missstände und Fehlentwicklungen unter Geltung der Konkursordnung

Unter Geltung der Konkursordnung war in immer größerem Ausmaß eine chronische Massearmut der Konkursverfahren zu beklagen,[555] so dass treffend von einem „Konkurs des Konkurses“[556] die Rede war. Da die potenzielle Konkursmasse im Vorfeld des Konkursverfahrens oftmals weitgehend im Rahmen konkursfester Vereinbarungen abgeschöpft wurde, bezweifelte man, ob dem geltenden Grundsatz der gleichmäßigen Gläubigerbefriedigung tatsächlich noch hinreichende Geltung zukam.[557] Vor diesem Hintergrund bestanden die gesetzgeberischen

553 BGH, Urt.v. 11.11.1993 – IX ZR 257/92, NJW 1994, 449, 450 – Breitbandverteilanlage.

554 Vgl. zum Ganzen *Huber*, in: MüKo, InsO, § 119, Rn. 29 f.

555 Vgl. *Uhlenbruck*, NJW 1975, 897, 899.

556 So der Titel des Vortrags von *Kilger* auf dem Deutschen Anwaltstag 1975 in Berlin, KTS 1975, 142 ff. Der BGH spricht nach heutiger Rechtslage im Zusammenhang mit der Einstellung des Verfahrens mangels Masse oder Masseunzulänglichkeit nach den §§ 207 InsO ff. von „Insolvenz in der Insolvenz der Insolvenz“, vgl. BGH, Urt.v. 13.04.2006 – IX ZR 22/05, NJW 2006, 2997, 2999.

557 Nach über 100 Jahren Geltung der Konkursordnung sah sich der Gesetzgeber veranlasst, das bestehende Konkurssystem zu ändern und mit der Insolvenzordnung auf ein neues Fundament zu stellen. Hauptgründe hierfür waren der im Laufe der achtziger Jahre zu beobachtende „Funktionsverlust“ des Konkursrechts und die

Motive bei Einführung der Insolvenzordnung vor allem darin, die abhanden gekommene Verteilungsgerechtigkeit wiederherzustellen sowie die Massehaltigkeit der Verfahren zu erhöhen.[558]

2. Beabsichtigte Korrektur der Fehlentwicklungen durch den Gesetzgeber

Aus diesem Grund sah der Erste Bericht der Kommission für Insolvenzrecht vor, dass „Vereinbarungen über die Kündigung oder Auflösung eines Vertrags für den Insolvenzfall"[559] dem Grundsatz entgegenstünden, dass die vorhandenen vertraglichen Vereinbarungen im Insolvenzverfahren erhalten bleiben sollten. In Übereinstimmung hiermit erklärte Leitsatz 2.4.1.11 des Ersten Berichts der Kommission expressis verbis die Unwirksamkeit derartiger Vereinbarungen: "Vereinbarungen, die ein außerordentliches Kündigungsrecht wegen des Insolvenzfalls einräumen, oder Vereinbarungen, die wegen des Insolvenzfalls die Auflösung des Vertrags bewirken, sind unwirksam."[560] Auch § 127 des Diskussionsentwurfs des Bundesministeriums sah die Unwirksamkeit jener Vereinbarungen vor, die das Insolvenzverwalterwahlrecht ausschlossen oder einschränkten (Abs. 1) bzw. im Insolvenzfall zur Vertragsauflösung oder einseitigen Lösungsmöglichkeit führten (Abs. 2).[561] Hierdurch sollte dem Wahlrecht des Insolvenzverwalters nicht der Boden entzogen und der Begriff des Insolvenzeintritts weit ausgelegt werden, um insbesondere Vereinbarungen zu erfassen, die auf den Insolvenzantrag, das Vorliegen eines Insolvenzgrundes oder die Eröffnung des Insolvenzverfahrens abstellen.[562] Der spätere Regierungsentwurf knüpfte an die inhaltlichen Vorarbeiten des

---

„Bedeutungslosigkeit" des Vergleichsverfahrens. Die fehlende Akzeptanz beruhte vor allem darauf, dass in den Jahren 1985 bis 1990 über 75% aller Konkursanträge mangels Masse abgewiesen wurden und nicht bevorrechtigte Gläubiger regelmäßig nur etwa 5% ihrer Forderungen im Konkursverfahren realisieren konnten. Infolge des häufig eintretenden „Konkurs des Konkurses" kam es zu unterschiedlichsten Missständen, die nicht selten zu manipulativen Vermögensverschiebungen und Wirtschaftsstraftaten führten, vgl. zum Ganzen Gesetzentwurf zur Insolvenzordnung, BT-Drs. 12/2443, S. 72.

558 Gesetzentwurf zur Insolvenzordnung, BT-Drs. 12/2443, S. 81; *Wiedemann*, Rn. 1152.

559 BMJ, Erster Bericht der Kommission für Insolvenzrecht, S. 226.

560 BMJ, Erster Bericht der Kommission für Insolvenzrecht, a.a.O.

561 Vgl. Diskussionsentwurf des Bundesministeriums der Justiz, abgedruckt bei *Huber*, in: MüKo, InsO, § 119, Rn. 8.

562 Bundesministerium der Justiz (Hrsg.), Diskussionsentwurf Bundesministerium der Justiz, Gesetz zur Reform des Insolvenzrechts, Teil B, B 102.

Diskussionsentwurfs weitgehend an und stellte in Abs. 3 des § 137 Regierungsentwurf klar, dass eine Lösungsmöglichkeit im Falle von Verzug und anderen Vertragsverletzungen weiterhin zulässig sei.[563]

3. Unklarheit infolge der Streichungen des Rechtsausschusses

Ein vermeintlicher Bruch im bisher stringenten Gesetzgebungsverfahren ist jedoch im Handeln des Rechtsausschusses zu sehen.[564] Denn während die ursprüngliche Fassung des betreffenden § 137 RegE drei Absätze umfasste, sah der Bericht des Rechtsausschusses vor, Absätze 2 und 3 der Norm ersatzlos zu streichen und lediglich § 137 Abs. 1 RegE bestehen zu lassen. Diese umfangreiche Beschneidung wurde unter anderem mit der (angeblich) sanierungsfeindlichen Wirkung des § 137 Abs. 2 S.1 begründet.[565] Darüber hinaus habe der internationale Geschäftsverkehr Erwartungen im Hinblick auf vertragliche Lösungsklauseln. Schließlich sei auch die aus vertraglichen Lösungsklauseln resultierende mittelbare Beeinträchtigung des Insolvenzverwalterwahlrechts hinzunehmen, da durch den Schutz dieses Wahlrechts kein schwerwiegender Eingriff in die Privatautonomie gerechtfertigt werden könne.[566] Im Anschluss an die Streichungen des Rechtsausschusses hat der Bundestag den verbliebenen Absatz 1 des § 137 RegE in der

---

563 Vgl. die ursprüngliche Fassung des Regierungsentwurfs § 137:
(1) *Vereinbarungen, durch die im Voraus die Anwendung der §§ 117 bis 136 ausgeschlossen oder beschränkt wird, sind unwirksam.*
(2) *Vereinbarungen, die für den Fall der Eröffnung des Insolvenzverfahrens die Auflösung eines gegenseitigen Vertrags vorsehen oder der anderen Partei das Recht geben, sich einseitig vom Vertrag zu lösen, sind unwirksam. Ist in einem gegenseitigen Vertrag vereinbart, dass bei einer Verschlechterung der Vermögensverhältnisse einer Vertragspartei die andere das Recht hat, sich einseitig vom Vertrag zu lösen, so kann dieses Recht nach der Eröffnung des Insolvenzverfahrens nicht mehr ausgeübt werden.*
(3) *Die Wirksamkeit von Vereinbarungen, die an den Verzug oder an andere Vertragsverletzungen anknüpfen, wird durch die Absätze 1 und 2 nicht berührt.*

564 *Pape* spricht in diesem Zusammenhang von einem „Bruch des Gesetzes“, *Pape*, in: Kölner Schrift zur InsO, S. 531, 571.

565 In der Begründung des Rechtsausschusses wird zur sanierungsfeindlichen Wirkung weiter ausgeführt, dass potenzielle Vertragspartner im Falle der drohenden Insolvenz das Risiko einer vertraglichen Bindung nicht eingehen und damit Sanierungsversuche in der kritischen Phase verhindert werden, vgl. Begründung der Beschlussempfehlung des Rechtsausschusses, BT-Drs. 12/7302, S. 170.

566 Begründung der Beschlussempfehlung des Rechtsausschusses, BT-Drs. 12/7302, S. 170.

durch den Rechtsausschuss veränderten Fassung beschlossen, ohne sich zu den ganz erheblichen Modifikationen in irgendeiner Form zu äußern. Insbesondere in Bezug auf die Streichung der Absätze 2 und 3 des § 137 RegE wären aber klarstellende Ausführungen notwendig gewesen. Unklar war und ist insbesondere, ob der Gesetzgeber die Streichung besagter Absätze lediglich im Rahmen allgemeiner gesetzestechnischer „Verschlankungsmaßnahmen“[567] vornahm, im Übrigen jedoch an der bislang konsequenten Linie im Gesetzgebungsverfahren festhalten wollte oder aber die Möglichkeit vertraglicher Lösungsklauseln – in Einklang mit der Auffassung des Rechtsausschusses – weiterhin bestehen lassen wollte. Aufgrund des gesetzgeberischen Schweigens blieben damit konträre Deutungsmöglichkeiten vertretbar; zum Teil wird das Schweigen des Gesetzgebers als Beleg *für*, zum Teil als Zeichen *gegen* die Zulässigkeit von insolvenzbedingten Lösungsklauseln gewertet und auf unterschiedlichsten Begründungswegen argumentativ untermauert.[568] Nachfolgend werden die verschiedenen Ansätze im Meinungsspektrum mit den dazugehörigen wesentlichen Argumenten dargestellt.

V. Meinungsstand zu der Zulässigkeit von insolvenzabhängigen Lösungsklauseln

Der kontrovers diskutierte Streitstand zur Zulässigkeit insolvenzabhängiger Lösungsklauseln ist in drei Auffassungen unterteilbar.[569]

567 Kritisch zu der durch den Rechtsausschuss vorgenommenen „Verschlankung“ des Normenbestands durch Streichung einzelner Vorschriften vgl. *Gravenbrucher Kreis*, ZIP 1994, 585 ff.

568 Vgl. statt vieler: *Huber*, in: MüKo, InsO, § 119, Rn. 27.

569 Einen (überholten) Ansatz, der sich keinem dieser Lager zuordnen lässt stellt die Auffassung *Bruns* dar.

Diesem Ansatz liegt die Grundannahme zugrunde, dass die zwischen den Parteien noch bestehenden Erfüllungsansprüche mit Eröffnung des Insolvenzverfahren erlöschen und – den Rechtsfolgen eines Rücktritts i.S.d. §§ 346, 323 BGB vergleichbar – das Vertragsverhältnis in ein sekundäres Rückabwicklungsverhältnis umgestaltet wird. Dieser Ansatz beruht auf der sog. „Erlöschenstheorie“, der der BGH bis ins Jahr 2002 folgte und diese Rechtsprechung erst mit Urteil vom 25.04.2002 – BGH IX ZR 313/99 aufgab. Nach diesem Ansatz wird das Rückabwicklungsverhältnis bei Erfüllungswahl durch den Insolvenzverwalter gem. § 103 Abs. 1 InsO (§ 17 KO) sodann erneut in seinen ursprünglichen Rechtszustand versetzt und damit wieder zu einem Primärschuldverhältnis.

1. Die Zulässigkeit befürwortende Auffassung

Die Befürworter von Lösungsklauseln nehmen allgemein die Wirksamkeit von vertraglichen Vereinbarungen, die an die Eröffnung des Insolvenzverfahrens anknüpfen, an. Die im Schrifttum vorhandenen Ausprägungen variieren dabei im Einzelnen. Obgleich es sich hierbei um eine „Flut von Veröffentlichungen

---

Basierend auf diesen Grundannahmen stellt *Bruns* im Rahmen einer analogen Anwendung des § 103 Abs. 1 InsO (§ 17 KO) eine vergleichende Betrachtung an: Wenn schon die infolge Insolvenzeröffnung erloschenen Erfüllungsansprüche durch Erfüllungswahl des Insolvenzverwalters erneut in primäre Erfüllungspflichten umgewandelt werden könnten, dann müsse doch auch eine auf vertraglichem Wege – in Form von Lösungsklauseln – bewirkte Beendigung der Vertragspflichten durch Erfüllungswahl wieder in Primäransprüche umgewandelt werden können, *Bruns*, ZZP 110 (1997), 305, 329. Da der Insolvenzverwalter statistisch gesehen nur selten Vertragserfüllung wählen werde, würden Lösungsklauseln in der Praxis auch nur ausnahmsweise mit dem Insolvenzverwalterwahlrecht kollidieren, *Bruns*, ZZP 110 (1997), 305, 320. Liege ein solcher Kollisionsfall vor, dann würden die Vertragspflichten – entgegen der durch Lösungsklauseln vorgegebenen Vertragsbeendigung – mit Erfüllungswahl wieder neu entstehen, denn letztlich stehe das Insolvenzverwalterwahlrecht nicht zur Disposition der Vertragsparteien, *Bruns*, ZZP 110 (1997), 305, 329.

Folgt man der Auffassung *Bruns*, so kann der Streitstand über die Zulässigkeit von Lösungsklauseln mangels Entscheidungserheblichkeit offenbleiben. Denn selbst bei unterstellter Zulässigkeit von Lösungsklauseln bewirkt das Erfüllungswahlrecht des Insolvenzverwalters letztlich, dass das – an sich durch Lösungsklausel beendete – Vertragsverhältnis rechtlich wieder auflebt. Nach dem Verständnis *Bruns* führen Lösungsklauseln damit nur die Rechtsfolgen herbei, die nach der „Erlöschentheorie" des BGH ohnehin kraft Gesetzes bei Insolvenzeröffnung eintreten.

Der Auffassung *Bruns* kann jedoch aus mehreren Gründen nicht gefolgt werden. Zum einen hat der BGH mittlerweile die von ihm bis ins Jahr 2002 vertretene sog. „Erlöschenstheorie" aufgegeben. Entgegen der „Erlöschentheorie" nimmt der BGH nunmehr an, dass nach Insolvenzeröffnung die noch nicht erfüllten Vertragspflichten nicht erlöschen, sondern lediglich ihre Durchsetzbarkeit verlieren (BGH, Urt.v. 25.04.2002 - BGH IX ZR 313/99, NJW 2002, 2783, 2785 - Erlöschenstheorie -). Darüber hinaus ändert die Eröffnung des Insolvenzverfahrens auch nichts an den zeitlich vor der Insolvenz eingegangenen vertraglichen Verpflichtungen und lässt genau die Rechtsposition unverändert bestehen, die der Insolvenzverwalter bei Eröffnung des Verfahrens vorfindet, vgl. BGH, Urt.v. 26.09.1985 – VII ZR 19/85, NJW 1986, 255, 256; *Wiedemann*, Rn. 1254, 1266. Daraus folgt, dass der Insolvenzverwalter an eine durch Lösungsklausel herbeigeführte Vertragsbeendigung gebunden ist und nicht nachträglich durch Erfüllungswahl wieder aufleben lassen kann, *Wiedemann*, Rn. 1255. Aus den dargelegten Gründen kann der Ansicht *Bruns* nicht gefolgt werden.

[scil. die] kaum noch überschaubar ist“[570] handelt und sich die Argumentationsschwerpunkte teilweise deutlich voneinander unterscheiden, sollen die zentralen Gesichtspunkte des Meinungsstreits um die Zulässigkeit von Lösungsklauseln wiedergegeben werden. Eines der Hauptargumente, das zur Zulässigkeit von Lösungsklauseln vorgebracht wird, ist die eingangs angesprochene Streichung des Absatzes 2 des § 137 RegE.[571]

Hieraus leiten die Befürworter von Lösungsklauseln ab, dass der Gesetzgeber bewusst ein klares Zeichen in Bezug auf die Wirksamkeit derartiger Vereinbarungen gesetzt habe. Der Gesetzgeber sei sich angesichts der kontroversen Diskussionen i.R.d. Gesetzgebungsverfahrens der Problemstellung offensichtlich bewusst gewesen.[572] Die Begleitumstände – d. h. konkret die Tatsache, dass sich im Nachgang an die Urteilsausführungen des BGH in der „Breitbandverteilanlage“-Entscheidung[573] eine neue Dynamik in der Diskussion entwickelt habe – könnten als Beleg hierfür herangezogen werden. Hierfür spreche insbesondere die Tatsache, dass der Rechtsausschuss letztendlich Absatz 2 gestrichen habe, obwohl zuvor im Ersten Bericht der Kommission für Insolvenzrecht, wie auch im Diskussionsentwurf des Bundesministeriums der Justiz und dem Regierungsentwurf noch die Unzulässigkeit derartiger Lösungsklauseln fixiert worden sei.[574] Zwar habe sich der Gesetzgeber selbst nicht expressis verbis zu dem Streitstand geäußert.[575] Der Umstand, dass der Gesetzgeber die vom Rechtsausschuss empfohlene Fassung beschlossen und Gesetz habe werden lassen, lasse aber keinen anderen

570 *Huber* in: MüKo, InsO, § 119 Rn. 27.

571 *Wiedemann*, Rn. 1264; *Bosch*, in: Kölner Schrift zur InsO, S. 1009, 1033; *Wortberg*, ZInsO 2003, 1032, 1033 f. Der Wortlaut des Absatzes 2 behandelte explizit verschiedene Konstellationen im Zusammenhang mit der Eröffnung des Insolvenzverfahrens und lautete wie folgt:

> *(2) Vereinbarungen, die für den Fall der Eröffnung des Insolvenzverfahrens die Auflösung eines gegenseitigen Vertrages vorsehen oder der anderen Partei das Recht geben, sich einseitig vom Vertrag zu lösen, sind unwirksam. Ist in einem gegenseitigen Vertrag vereinbart, dass bei einer Verschlechterung der Vermögensverhältnisse einer Vertragspartei die andere das Recht hat, sich einseitig vom Vertrag zu lösen, so kann dieses Recht nach der Eröffnung des Insolvenzverfahrens nicht mehr ausgeübt werden.*

572 *Huber* in MüKo, InsO, § 119 Rn. 29.

573 BGH, Urt.v. 11.11.1993 – IX ZR 257/92, NJW 1994, 449 ff – Breitbandverteilanlage.

574 Vgl. *Huber*, in: MüKo, InsO, § 119, Rn. 29.

575 Vgl. *Wortberg*, ZInsO 2003, 1032, 1033.

Schluss zu, als dass er dessen Auffassung geteilt habe.[576] Daher habe der Gesetzgeber es bei der alten zur Konkursordnung geltenden und durch höchstrichterliche Entscheidungen bestätigten Rechtslage belassen bzw. die konkursrechtliche Rechtslage nach Einführung der InsO fortschreiben wollen.[577]

Ein weiteres zentrales Argument der Befürworter von Lösungsklauseln besteht in dem Einwand, dass Lösungsklauseln nicht zu einer Aushöhlung des Insolvenzverwalterwahlrechts aus § 103 Abs. 1 InsO führen würden. Derartige Klauseln bewirkten lediglich, dass die betreffenden Vermögenswerte bereits vorab nicht in die Insolvenzmasse fielen und daher auch insoweit keine insolvenzrechtlichen Belange beeinträchtigt würden.[578] Das Insolvenzverwalterwahlrecht greife aber erst ab dem Zeitpunkt der Eröffnung des Insolvenzverfahrens ein, und der Insolvenzverwalter als Rechtsnachfolger des Schuldners habe die Rechtslage so hinzunehmen, wie sie sich in diesem Zeitpunkt darstelle.[579] Im Zeitpunkt der Insolvenzeröffnung bestehe hinsichtlich des vorab aus der Masse herausgefallenen Vermögens daher kein Wahlrecht, welches ausgehöhlt werden könne.[580]

Darüber hinaus wird vorgebracht, dass ein Verbot von Lösungsklauseln, welches auf die Eröffnung des Insolvenzverfahrens abstelle, ohnehin weitgehend wirkungslos wäre, da vergleichbare Lösungsklauseln durch eine Vorverlagerung des Anknüpfungszeitpunktes vor diesen Zeitpunkt eine schnelle und simple Umgehungsmöglichkeit eröffnen würden.[581] Dasselbe gelte bei geeigneten Sachverhalten für die Vereinbarung eines aufschiebend bedingten Rechtserwerbs vor Insolvenzeröffnung, mit dem letztlich die Rechtsfolgen einer Lösungsklausel auf diesem Umweg erreicht werden könnten.[582]

Ferner sprächen auch, wie bereits durch den Rechtsausschuss geltend gemacht, bessere vorinsolvenzrechtliche Sanierungsmöglichkeiten für die Zulässigkeit von Lösungsklauseln. Ohne die Verwendungsmöglichkeit von Lösungsklauseln bestehe die Gefahr, dass es wirtschaftlich angeschlagenen Unternehmen kaum noch gelingen werde, den erforderlichen Geschäftsverkehr aufrechtzuerhalten, da sich andere Geschäfts- und potenzielle Vertragspartner ohne kurzfristige

576 *Huber* in: MüKo, InsO, § 119 Rn. 30; im Ergebnis auch *Wortberg*, ZInsO 2003, 1032, 1033 f; übersichtlich zum Ganzen *Dahl*, NJW-Spezial 2008, 373.

577 *Wiedemann*, Rn. 1260; *Treffer*, MDR 2000, 1178, 1179.

578 *v. Wilmowsky*, ZIP 2007, 553, 554.

579 Vgl. *Bosch*, in: Kölner Schrift zur InsO, S. 1009, 1031 m.w.N.

580 In diesem Sinne *Bosch*, a.a.O.

581 Vgl. *v. Wilmowsky*, ZIP 2007, 553, 554.

582 *Huber*, in: MüKo, InsO, § 119, Rn. 37.

Lösungsmöglichkeit kaum an einen wirtschaftlich instabilen Geschäftspartner binden wollten.[583]

Im Übrigen wird zum Teil vorgebracht, dass sich aus der speziell für Miet- und Pachtverträge in § 112 InsO[584] normierten Kündigungssperre ergebe, dass das Verwenden von insolvenzbedingten Lösungsklauseln im Allgemeinen zulässig sei.[585] Denn § 112 InsO unterstelle hierdurch die Wirksamkeit einer an die Insolvenz des Mieters anknüpfenden Lösungsklausel.[586]

Außerdem würde auf diesem Wege auch eine Harmonisierung mit den in ausländischen Rechtsordnungen existierenden Regelungen[587] erfolgen und den zu einer internationalen Konkurrenzfähigkeit notwendigen rechtlichen Erfordernissen Rechnung getragen.[588] Letztlich wird argumentativ auch darauf abgestellt, dass eine etwaige Beeinträchtigung des Insolvenzverwalterwahlrechts nicht einen schwerwiegenden Eingriff in die – als Ausfluss der grundgesetzlich geschützten Privatautonomie bestehende – Vertragsfreiheit rechtfertige.[589]

2. Die Zulässigkeit ablehnende Auffassung

Die Gegner von Lösungsklauseln stützen ihre ablehnende Haltung dagegen im Wesentlichen auf folgende Argumente:

Der Verlauf des Gesetzgebungsverfahrens könne nicht als Beleg für die Zulässigkeit von Lösungsklauseln herangezogen werden. Die Streichung der § 137 Abs. 2, 3 RegE durch den Rechtsausschuss sei nur eine von vielen im Gesetzgebungsverfahren gewesen und müsse in den Gesamtzusammenhang eingeordnet werden. Der Rechtsausschuss habe zum Zweck der Straffung der Normen eine

583 *Treffer*, MDR 2000, 1178, 1179.

584 § 112 InsO hat folgenden Wortlaut:
Ein Miet- oder Pachtverhältnis, das der Schuldner als Mieter oder Pächter eingegangen war, kann der andere Teil nach dem Antrag auf Eröffnung des Insolvenzverfahren nicht kündigen:
1. wegen eines Verzugs mit der Entrichtung der Miete oder Pacht, der in der Zeit vor dem Eröffnungsantrag eingetreten ist;
2. wegen einer Verschlechterung der Vermögensverhältnisse des Schuldners.

585 *v. Wilmowsky*, ZIP 2007, 553, 554.

586 *v. Wilmowsky*, a.a.O.

587 *v. Wilmowsky*, ZIP 2007, 553, 555.

588 *Huber* in: MüKo, InsO, § 119 Rn. 28.

589 *Huber* in: MüKo, InsO, § 119 Rn. 29, 35; in diesem Sinne auch *Wortberg*, ZInsO 2003, 1032, 1034.

Reihe von Streichungen und Kürzungen eingedenk der Tatsache vorgenommen, dass die entfernten Passagen dennoch Gültigkeit erlangen würden.[590] Daher könne nicht abschließend bewertet werden, ob der gestrichene § 137 Abs. 2 RegE nur deklaratorischer oder aber konstitutiver Natur gewesen sei.[591] Für eine rein deklaratorische Wirkung spreche insbesondere die Tatsache, dass bereits § 137 Abs. 1 RegE jede potenzielle Beschränkung der §§ 103 ff. InsO erfasse und daher eine Streichung des § 137 Abs. 2 RegE, welcher einzig die Reichweite des vorstehenden Absatzes 1 verdeutlicht habe, folgenlos bleibe.[592]

Ferner hätten auch die Stellungnahmen und Empfehlungen der am Gesetzgebungsverfahren beteiligten Ausschüsse nur begrenzte Deutungsmacht und stellten „keine unmittelbar und ohne weiteres bindende Richtschnur für die Rechtsanwendung dar".[593] Die begrenzte Eignung als Auslegungshilfe ergebe sich auch aus den wenig überzeugenden Ausführungen des Berichts des Rechtsausschusses.[594] Letztlich sei der Rechtsausschuss nicht der Gesetzgeber; der Gesetzgeber habe sich nicht zu den Änderungen geäußert.[595]

Auch das Argument einer besseren vorinsolvenzrechtlichen Sanierungsmöglichkeit sei nicht tragfähig. Nach dem Konzept der Insolvenzordnung solle eine Sanierung gerade in einem einheitlichen Verfahren durchgeführt werden.[596] Gerade vor diesem Hintergrund sei es nicht nachvollziehbar, Sanierungsversuche, die zeitlich vor dem Insolvenzverfahren stattfänden, zu privilegieren. Denn im Falle des Scheiterns dieser Versuche stände die Masse dann noch schlechter da, als dies ohnehin schon der Fall sei.[597]

---

590 Kritisch zu der „Verschlankung" durch Streichung einzelner Vorschriften durch den Rechtsausschuss vgl. *Gravenbrucher Kreis*, ZIP 1994, 585 ff.

591 *Tintelnot* in: Kübler/Prütting, § 119 Rn. 18; *Berger* in: Kölner Schrift zur InsO, S. 499, 511 Fn. 71.

592 Vgl. *Schwörer*, S. 124.

593 *Berger* in: Kölner Schrift zur InsO, S. 499, 512 unter Verweis auf *Dänzer-Vanotti*, DB 1994, 1052, 1054, der darauf hinweist, dass der „Sinnzusammenhang" im Rahmen einer Gesetzesauslegung „völlig unabhängig von den subjektiven Vorstellungen der an der Gesetzgebung Beteiligten" besteht.

594 Vgl. *Blank /Möller*, ZInsO 2003, 437, 443.

595 *Berger* in: Kölner Schrift zur InsO, S. 499, 511 kritisiert, dass sich der gesetzgeberische Wille unglücklicher weise an keiner Stelle des Gesetzestextes positiv ableiten lasse. Dies sei vor allem deshalb kurios, weil für dieselbe Thematik bei Finanztermingeschäften gleich in drei verschiedenen Gesetzen derartige Hinweise erfolgt seien.

596 *Dahl*, NJW-Spezial 2008, 373, 374.

597 *Pape* in: Kölner Schrift zur InsO, S. 531, 571.

Zudem sei bereits in dem Ersten Bericht der Kommission für Insolvenzrecht die Problematik gesehen worden, dass die Restrukturierung eines angeschlagenen Unternehmens oftmals gerade daran scheitere, dass ihm infolge bestehender Lösungsklauseln die zum Überleben notwendigen vertraglichen Positionen entzogen würden.[598] Daher stehe das Sanierungsargument in „diametralem Widerspruch zur Begründung der Insolvenzrechtskommission".[599] Aufgrund dessen lasse sich das Argument einer erleichterten Sanierungsmöglichkeit auch umgekehrt gegen die Zulässigkeit von Lösungsklauseln verwenden.[600] Weiter laufe die grundsätzliche Zulässigkeit von Lösungsklauseln gerade dem in § 1 InsO enthaltenen Hauptziel zuwider, die Befriedigung aller Gläubiger innerhalb eines Insolvenzverfahrens sicherzustellen.[601]

Dem von der Gegenmeinung herangezogenen Argument des nicht gerechtfertigten schwerwiegenden Eingriffs in die Privatautonomie wird entgegengehalten, dass es gerade für ein Insolvenzverfahren kennzeichnend sei, dass die einzelnen privatautonomen Handlungsmöglichkeiten im Hinblick auf eine geordnete Verteilung der Masse und zur Herbeiführung der beabsichtigten Gläubigergleichbehandlung beschränkt würden.[602]

Letztlich sei auch der Einwand, der internationale Rechtsverkehr erfordere die Zulässigkeit von Lösungsklauseln, nicht überzeugend, weil zum Teil auch in ausländischen Rechtsordnungen die Unzulässigkeit derartiger Klauseln angenommen werde.[603]

---

598 Vgl. *Blank/Möller*, ZInsO 2003, 437, 443.

599 *Blank/Möller*, a.a.O.

600 *Bruns*, ZZP 110 (1997), 305, 323 spricht insoweit von einer „Ambivalenz des Sanierungsarguments"

601 *Blank/Möller*, ZInsO 2003, 437, 443. *Von Wilmowsky* spricht sich für die Zulässigkeit von Lösungsklauseln aus und stellt fest, dass sich die Verwertung am Interesse der Gläubiger zu orientieren hat, ZIP 2007, 553, 554. Lösungsklauseln kommen jedoch lediglich dem Teil der Gläubiger zugute, der sich hierdurch von den vertraglichen Pflichten lösen kann. Für den anderen Teil der Gläubiger führt gerade dies zu einer Verminderung der Insolvenzmasse. Vor diesem Grund ist das von *v. Wilmowsky* bemühte Argument nicht belastbar.

602 *Dahl*, NJW-Spezial 2008, 373 f. Für einen Vorrang des insolvenzrechtlichen Gläubigergleichbehandlungsgrundsatzes gegenüber einem Eingriff in die Vertragsfreiheit, vgl. *Gerhardt*, AcP 200 (2000), 426, 443.

603 *Abel*, NZI 2003, 121, 129.

3. Vermittelnde Auffassung

Im vorhandenen Meinungsspektrum sind ferner mehrere verschiedene Ansätze aufzufinden, die vermittelnde Auffassungen vertreten. Eine Auffassung befürwortet die Durchführung einer Einzelfallprüfung. Bei dieser müsse ermittelt werden, ob der weitere Bestand des Vertrages, der eine Lösungsklausel enthält, nach dem Gesetzeszweck für eine Sanierung erforderlich sei.[604] Hierbei sei stets zu beachten, dass der zwingende Fortbestand des Vertrages nicht dem Gesetzeszweck – d. h. der Absicherung des Wahlrechts des Insolvenzverwalters – zuwiderlaufe.[605]

Eine andere Auffassung erkennt der Sache nach zwar ein berechtigtes Lösungsinteresse für besondere Ausnahmefälle an, in denen eine ordnungsgemäße Erfüllung durch die Masse handgreiflich als abwegig erscheint und dem Vertragspartner ein Festhalten am Vertrag daher nicht zuzumuten ist.[606] Im Ergebnis lehnt diese Auffassung dennoch die Zulässigkeit insolvenzbedingter Lösungsklauseln ab, da in den Ausnahmefällen – in denen das Erfüllungsverlangen des Insolvenzverwalters eine unzumutbare Härte bedeute – letztlich das Insolvenzgericht in seiner Aufsichtsfunktion vorrangig Abhilfe schaffen könne.[607]

Mit ähnlicher Begründung verneint auch eine andere Auffassung im Ergebnis die Zulässigkeit von Lösungsklauseln, die lediglich mittelbar zu einer Beeinträchtigung des Insolvenzverwalterwahlrechts führen. Da es zur Beurteilung der Unzumutbarkeit – eines weiteren Festhaltens am Vertrag – auf die konkreten Gegebenheiten des Einzelfalles ankomme, könne eine in Form von Lösungsklauseln bereits vorab vertraglich vereinbarte Entscheidung für den Insolvenzfall nicht getroffen, sondern müsse im Rahmen einer „situationsbezogene[n] Entscheidung" durch das Insolvenzgericht gefällt werden.[608]

---

604 Vgl. *Wegener*, in: Frankfurter Kommentar zur InsO, § 119, Rn. 3.

605 Vgl. *Wegener*, in: Frankfurter Kommentar zur InsO, a.a.O. Gegen einen solchen Ansatz wird jedoch berechtigterweise angeführt, dass nicht erkennbar sei, wann konkret vom Fehlen einer Beeinträchtigung des Insolvenzverwalterrechts auszugehen sei, da infolge der Lösungsklausel per se kein Insolvenzverwalterwahlrecht mehr ausgeübt werden könne, vgl. *Cepl*, NZI 2000, 357, 360.

606 *Tintelnot*, in: Kübler/Prütting, § 119, Rn. 23.

607 *Tintelnot*, in: Kübler/Prütting, a.a.O.

608 *Berger*, in: Kölner Schrift zur InsO, S. 499, 517. Den dargestellten Auffassungen ist darin zuzustimmen, dass in den Ausnahmefällen, in denen keine ordnungsgemäße Erfüllung gewährleistet werden kann, sich ein Insolvenzverwalter auch nicht für Vertragserfüllung entscheiden wird, da er andernfalls seinerseits selbst in der Haftung aus § 60 InsO ist, vgl. *Gerhardt*, AcP 200 (2000), 426, 443. Vgl. zu der Haftung des Konkursverwalters nach § 82 KO a.F. für den Fall des Eintretens in einen Bauvertrag

Interessengerechte Ergebnisse scheint aber ein anderer neuerdings in der Rechtsprechung vertretener Ansatz zu liefern. Hierbei wird die Zulässigkeit von Lösungsklauseln ebenso – wie die vorherigen vermittelnden Auffassungen – durch den BGH an das Kriterium der Unzumutbarkeit der weiteren Vertragsdurchführung geknüpft.[609] Derartige Lösungsklauseln, die zwar letztlich das Insolvenzverwalterwahlrecht unterlaufen, von ihrer Grundkonzeption und inhaltlichen Zielsetzung her jedoch nicht auf eine solche Folge angelegt sind und für beide Vertragsparteien eine Lösungsmöglichkeit vorsehen, werden als mit dem gem. § 119 InsO geschützten Insolvenzverwalterwahlrecht vereinbar angesehen. Dies wird damit begründet, dass solche Tatsachen, die die Unzumutbarkeit einer weiteren Vertragsdurchführung begründen, gerade unabhängig von einer Insolvenz eintreten könnten.[610]

4. Streitentscheid durch BGH, Urt.v. 15.11.2012 – IX ZR 169/11

In einer aktuellen Entscheidung hat der BGH Ende 2012 für den Bereich von fortlaufenden Energielieferungsverträgen oder der Lieferung von Waren nun explizit klargestellt, dass insolvenzabhängige Lösungsklauseln nach § 119 InsO unwirksam sind. Abweichendes gilt nur dann, wenn die Beendigungsmöglichkeit unmittelbar einer spezialgesetzlichen Normierung entspringt und die Klausel deshalb einer „gesetzlich vorgesehenen Lösungsmöglichkeit entspricht".[611] Dies hat der für insolvenzrechtliche Fragen zuständige 9. Senat damit begründet, dass § 119 InsO das Insolvenzverwalterwahlrecht aus § 103 Abs. 1 InsO schütze und damit dem Masseschutz und dem Grundsatz der gleichmäßigen Gläubigerbefriedigung diene.[612] Diesem Zweck liefen insolvenzabhängige Lösungsklauseln zuwider, die das Wahlrecht aus § 103 Abs. 1 InsO umgingen. Das Verbot insolvenzabhängiger Lösungsklauseln entfalte im Falle von Energielieferungsverträgen oder von Waren auch nicht die i.R.d. Gesetzgebungsverfahrens befürchtete sanierungsfeindliche Wirkung, da der Bestand des Vertragsverhältnisses gerade der weiteren Betriebsfortführung diene.[613] Ferner spreche auch § 112 InsO nicht für die grundsätzliche

bereits *Kilger*, EWiR 1986, 87 f. Vor diesem Hintergrund besteht unter insolvenzrechtlichem Blickwinkel selbst in den angeführten Ausnahmefällen kein berechtigtes Interesse an der Einbeziehung von insolvenzabhängigen Lösungsklauseln.

609 BGH, Urt.v. 17.11.2005 – IX ZR 162/04, NJW 2006, 915, 917 – Softwarenutzungsrecht.

610 BGH, a.a.O.

611 BGH, Urt.v.15.11.2012 – IX ZR 169/11, NJW, 2013, 1159, 1160 m.w.N.

612 BGH, Urt.v.15.11.2012 – IX ZR 169/11, NJW, 2013, 1159, 1161.

613 BGH a.a.O.

Zulässigkeit insolvenzabhängiger Lösungsklauseln, da die Norm lediglich § 119 InsO für bestimmte Vertragstypen in zeitlicher Hinsicht ergänze. Darüber hinaus hat der Senat darauf hingewiesen, dass § 119 InsO eine Vorwirkung in dem Sinne zukommt, dass die Norm nicht erst ab Insolvenzeröffnung, sondern bereits in dem Zeitpunkt der Stellung eines Insolvenzantrages eingreift, da die Norm andernfalls in der Praxis leer liefe.[614]

5. Stellungnahme

Die Entscheidung des BGH vom 15.11.2012, in der sich der Senat erstmals klar und deutlich gegen die Zulässigkeit insolvenzabhängiger Lösungsklauseln positioniert und sich damit den Gegnern derartiger Klauseln angeschlossen hat, ist zu begrüßen. Die argumentative Auseinandersetzung mit den vorherrschenden Gesichtspunkten entspricht den im Schrifttum seit langem angeführten Überlegungen. Dadurch, dass der neunte Senat spezialgesetzlich vorgesehene Lösungsmöglichkeiten von dem Lösungsverbot ausklammert, wird eine Überschneidung von insolvenzrechtlichen Wertungen mit anderen Spezialmaterien vermieden. Obgleich der BGH besagte Entscheidung ausdrücklich auf den Bereich von Verträgen über die fortlaufende Lieferung von Waren oder Energie beschränkt hat, können die zentralen Urteilsausführungen auch für andere Vertragstypen Geltung beanspruchen. Dies gilt jedenfalls für die Materie der Lizenzverträge über Fußballübertragungsrechte. Da mit der Austragung einzelner Spiele bzw. Spieltage ebenfalls eine sukzessive Leistungserbringung erfolgt, ist die Interessenlage in Bezug auf Fußballübertragungsrechte mit der von fortlaufenden Warenlieferungen vergleichbar. Die vom BGH vertretene Auffassung kann ferner die nachfolgend wiedergegebenen Gesichtspunkte für sich in Anspruch nehmen:

a. Schweigen des Gesetzgebers

Wie aus dem wiedergegebenen Meinungsstand erkennbar wird, lassen sich aus den Ereignissen des Gesetzgebungsverfahrens gegenläufige Schlüsse ziehen. Entgegen der Auffassung, die die Zulässigkeit von insolvenzabhängigen Lösungsklauseln annimmt und sich insoweit auf die Gesetzgebungsgeschichte des § 119 InsO (§ 137 RegE) beruft, sprechen m.E. die besseren Argumente dafür, trotz Streichung des § 137 Abs. 2 RegE im Gesetzgebungsverfahren ein Verbot von Lösungsklauseln anzunehmen.

---

614 BGH a.a.O.

Hierfür lassen sich zunächst die Gesamtumstände des Gesetzgebungsverfahrens anführen. Der erste Bericht der Kommission für Insolvenzrecht,[615] der Diskussionsentwurf des Bundesministeriums der Justiz[616] und der Gesetzesentwurf zur Insolvenzordnung[617] gingen bis zur Begründung des Rechtsausschusses von der Unwirksamkeit von Lösungsklauseln aus.

Die nach alter Rechtslage zu beklagenden Fehlentwicklungen, namentlich die abhanden gekommene gleichmäßige Gläubigerbefriedigung sowie die chronische Massearmut der Konkursverfahren,[618] drängten den Gesetzgeber nach ca. 100-jähriger Geltungsdauer der Konkursordnung zu einer gesetzlichen Neunormierung.[619] Vor diesem Hintergrund ist nur schwer vorstellbar, dass die verantwortlichen Entscheidungsträger in Kauf nahmen, die mit der Einführung der Insolvenzordnung bezweckte Verbesserung der gleichmäßigen Gläubigerbefriedigung durch die Billigung von Lösungsklauseln wieder dadurch zu unterlaufen, dass sich erneut einzelne Gläubiger auf Kosten der Masse und zu Lasten der Gläubigergemeinschaft vorab befriedigen könnten.[620] Dies wäre bei Lösungsklauseln der Fall, denn im Ergebnis verfügt der Schuldner bereits mit Abschluss des die Klausel enthaltenden Vertrages vorab zum Nachteil der Insolvenzmasse.[621]

Die Zweifel an der Zulässigkeit von Lösungsklauseln verstärken sich, wenn man bedenkt, dass der Gesetzgeber eine grundlegende und richtungweisende Änderung der zuvor über Jahre hinweg beratenen und geplanten gesetzlichen Neukonzeption unter den damals gegebenen Umständen – nämlich in letzter Minute, auf Drängen von Wirtschaftsverbänden (BDI und DHTI) und ohne jede eigene Begründung – getroffen haben soll.[622] Gerade bei zentralen Weichenstellungen, die den Gesamtcharakter der neuen Insolvenzordnung betreffen, hätte erhöhter Anlass zu klarstellenden Ausführungen bestanden.

---

615 BMJ, Erster Bericht der Kommission für Insolvenzrecht, Leitsatz 2.4.1.11., S. 226.

616 Diskussionsentwurf des Bundesministeriums der Justiz, § 127 Abs. 2, S. 62, B101-B103.

617 Gesetzesentwurf zur Insolvenzordnung, BT-Drs. 12/2443, S. 30, 152 f.

618 Vgl. Gesetzentwurf zur Insolvenzordnung, BT-Drs. 12/2443, S. 81; *Wiedemann*, Rn. 1152.

619 Zur Vorgeschichte der Insolvenzordnung vgl. ebenso BT-Drs. 12/2443, S. 102 f.

620 In diesem Sinne *Berger*, in: Kölner Schrift zur InsO, S. 499, 508 unter Verweis auf *Uhlenbruck*, WuB VI B. § 17 KO, Nr. 1.86, S. 196 f.

621 *Pape*, in: Kölner Schrift zur InsO, S. 531, 570 m.w.N.

622 Skeptisch ebenso *Berger*, in: Kölner Schrift zur InsO, S. 499, 509 ff.

b. Gesamtumstände im Zuge der Streichung durch den Rechtsausschuss

Im Rahmen der Streichung der § 137 Abs. 2, 3 RegE erfolgt nachfolgend ein genauerer Blick in das Beratungsverfahren des Rechtsausschusses.[623] Nach dem Bericht des Rechtsausschusses geht die Streichung des § 137 Abs. 2 RegE auf die Anhörung vom 28. April 1993 zurück, bei der verschiedene Wirtschaftsverbände „nachdrücklich (…) auf die sanierungsfeindliche Wirkung der Vorschrift des Regierungsentwurfs hingewiesen haben".[624] Bei besagter Anhörung waren die Sanierungschancen konkursbedrohter Unternehmen allenfalls mittelbar Gegenstand der Erörterungen. Vielmehr rückte die Interessenlage solventer (Groß-) Unternehmen in den Fokus der Erörterungen. Auch eine Verschlechterung bzw. Beeinträchtigung der Sanierungschancen als Folge eines Verbots insolvenzabhängiger Lösungsklauseln wurde von den sachverständigen Vertretern des BDI und DHTI an keiner Stelle expressis verbis angesprochen.[625] Vielmehr führten die Vertreter der Wirtschaftsverbände nur Fallkonstellationen an, in denen Großunternehmen in besonderem Maße auf fristgerechte Leistung ihrer Lieferanten angewiesen und andernfalls, d. h. im Falle einer Fristüberschreitung, empfindlich hohen Vertragsstrafen ihrer Auftraggeber ausgesetzt waren.[626]

Dass der Rechtsausschuss im Rahmen seiner Beschlussempfehlung letztlich explizit das ohnehin strittige Argument einer sanierungsfeindlichen Wirkung von Lösungsklauseln als zentrales Argument für eine Streichung anführte, überrascht darüber hinaus auch aus einem weiteren Grund.[627] Denn auf Nachfrage des

---

623 Vgl. Bericht der Abgeordneten Bachmaier, Gres, Kleinert, Dr. Pick und Dr. Freiherr von Stetten für den Rechtsausschuss, BT-Drs. 12/7302, S. 149 ff.

624 Begründung der Beschlussempfehlung des Rechtsausschusses, BT-Drs. 12/7302, S. 170.

625 Sanierungschancen konkursbedrohter Unternehmen waren lediglich in einem kurzen Halbsatz mittelbar Gegenstand der Thematik als der Vertreter des BDI zu Bedenken gab, dass Unternehmen fortan nur noch Vertragspartner aussuchen könnten, die „absolut bon sind.", vgl. Fragenkatalog für die Sachverständigenanhörung des Rechtsausschusses zur Insolvenzrechtsreform am 28. April 1993, S. 78.

626 Vgl. Fragenkatalog für die Sachverständigenanhörung des Rechtsausschusses zur Insolvenzrechtsreform am 28. April 1993, S. 78, 205 f. Diese Ausführungen nahmen insbesondere Bezug auf die sehr hohen, täglich anfallenden Vertragsstrafen im internationalen Großanlagengeschäft und internationalen Schiffbau, vgl. Fragenkatalog für die Sachverständigenanhörung des Rechtsausschusses zur Insolvenzrechtsreform am 28. April 1993, S. 206.

627 Das Argument der sanierungsfeindlichen Wirkung wird von Befürwortern, als auch von Gegnern insolvenzabhängiger Lösungsklauseln ins Feld geführt, vgl. *Kroth*, in:

Abgeordneten Gres, ob die von den Vertretern des DHTI und BDI gegen ein Verbot von Lösungsklauseln vorgetragenen Bedenken in der Praxis bestätigt werden könnten, erfolgte die Anhörung mehrerer Sachverständiger. Konkret erklärten die Sachverständigen Kübler, Grub und Uhlenbruck unisono, dass sie die Bedenken der Wirtschaftsverbände nicht bestätigen könnten und anderer Auffassung seien.[628] Vor diesem Hintergrund ist bemerkenswert, dass der Rechtsausschuss dennoch den Befürchtungen des DHTI und BDI Geltung verschaffte und sich hinsichtlich der vorgenommenen Streichungen inhaltlich auf das Sanierungsargument bezog.[629] Aufgrund der Gesamtumstände kann jedoch kaum angenommen werden, dass hierdurch eine vollkommene Kehrtwende im Vergleich zu der lange im Gesetzesentwurf vorgesehenen Regelung vollzogen werden sollte.

Braun, § 119, Rn. 10; *Balthasar*, in: Nerlich/Römermann, § 119, 15. In diese Richtung auch *v. Wilmowsky*, ZIP 2007, 553, 557, der im Zusammenhang mit einer insolvenzrechtlichen Anfechtung insolvenzabhängiger Lösungsklauseln anführt, dass die betreffenden Vertragsverhältnisse möglicherweise ohne entsprechende Klauseln erst gar nicht abgeschlossen worden wären und die Insolvenzmasse daher nie gemehrt hätten. In diesen Fällen verhielten sich derartige Lösungsklauseln für die Insolvenzmasse neutral. Lösungsklauseln könnten daher in diesem Falle hinweggedacht werden, ohne dass eine eingetretene Vermögensminderung entfiele; es fehle daher zwischen Lösungsklauseln und einer Vermögensbeeinträchtigung an der Kausalität.

628 Fragenkatalog für die Sachverständigenanhörung des Rechtsausschusses zur Insolvenzrechtsreform am 28. April 1993, S. 207/208. Der Sachverständige *Kübler* erklärte darüber hinaus, dass die Durchführbarkeit eines Konkursverfahrens seiner Meinung nach mit dem Aspekt der Lösungsrechte stehen und fallen kann.

629 Auch die vor der Sachverständigenanhörung am 13.04.1993 eingegangene schriftliche Stellungnahme des DHTI enthält keine Ausführungen zu einer Verbesserung oder Erschwerung der Sanierungschancen durch das Verbot von Lösungsklauseln (S. 25 f.). Die schriftliche Stellungnahme des BDI, eingegangen am 16.04.1993, wendet ein, dass der Regierungsentwurf in Bezug auf § 137 gerade nicht auf eine Sanierung gerichtet sei (S. 9) und der Gläubiger gezwungen sei den insolventen Schuldner zu sanieren (S. 10). Den beiden Stellungnahmen ist gemein, dass sie vom Grundanliegen her nicht die Sanierungsfähigkeit der insolventen Vertragspartei im Auge haben, sondern vielmehr das Verhindern von nachteiligen Auswirkungen auf die solvente Vertragspartei verhindern wollen. Daher erstaunt es, dass der Rechtsausschuss nach Anhörung der beiden Wirtschaftsverbände für die vorgenommene Streichung des § 137 Abs. 2 RegE das Argument besserer Sanierungsmöglichkeiten anführte.

c. Verhältnis des § 112 InsO zu § 119 InsO

Auch aus dem Verhältnis von § 119 InsO zu § 112 InsO lassen sich – entgegen vereinzelt vertretener Auffassung[630] – keine Schlüsse zur Wirksamkeit von Lösungsklauseln ziehen.[631] Für die Annahme der Unzulässigkeit von Lösungsklauseln spricht insbesondere, dass die Bundesregierung im Rahmen einer Gegenäußerung im Hinblick auf die Bedenken des Bundesrates zwischen § 119 InsO (§ 137 Abs. 2 RegE) und § 112 InsO (§ 126 RegE) keinen Widerspruch gesehen hat. Nach der Regierungserklärung „ergänzt" § 112 InsO den allgemeinen § 119 InsO, da § 112 InsO für Miet- und Pachtverträge bereits ab Insolvenzantragsstellung eingreife und der allgemeine § 119 InsO „für die Zeit vor der Eröffnung des Insolvenzverfahrens" keine Regelung enthalte.[632] Dies deutet darauf hin, in § 112 InsO neben einem allgemeinen Lösungsklauselverbot aus § 119 InsO einen lediglich in zeitlicher Hinsicht vorverlagerten Spezialfall für Miet- und Pachtverträge zu sehen.

Geht man davon aus, dass zwischen § 112 InsO und § 119 InsO ein derartiges Spezialitätsverhältnis besteht, dann erscheinen auch die gegen Ende der Gesetzgebungsarbeiten vorgenommenen Streichungen der § 137 Abs. 2 und 3 RegE in einem anderen Licht. Denn dann war bzw. ist das allgemeine Verbot von Lösungsklauseln bereits in § 137 Abs. 1 RegE (= § 119 InsO) enthalten und wurde durch die – letztlich gestrichenen – Absätze 2 und 3 lediglich für bestimmte Fälle präzisiert.[633] War deshalb das allgemeine Lösungsklauselverbot bereits in § 137 Abs. 1 RegE normiert, dann ist in der vorgenommenen Streichung gerade keine kommentarlose Abkehr von dem – im übrigen Gesetzgebungsverfahren stringent beibehaltenen – Grundsatz der Unzulässigkeit von Lösungsklauseln zu sehen.[634] Aus dieser Perspektive betrachtet spricht viel dafür, dass mit der Streichung der

---

630 v. *Wilmowsky* vertritt die Auffassung, dass § 112 einen Ausnahmefall zu dem allgemeinen aus § 119 InsO hergeleiteten Grundsatz bildet, nachdem Lösungsklauseln grundsätzlich zulässig sind, vgl. ZIP 2007, 553, 554. *Bruns* geht dagegen davon aus, der Gesetzgeber habe eine Streichung des § 112 InsO „schlicht und einfach übersehen", vgl. *Bruns*, ZZP 110 (1997), S. 325. *Herr*, S. 124.

631 Vgl. BGH, Urt.v. 15.11.2012 – IX ZR 169/11, NJW 2013, 1159, 1161.

632 Gegenäußerung Bundesregierung, BT-Drs. 12/2443, S. 264.

633 Vgl. *Tintelnot*, in: Kübler/Prütting, § 119, Rn. 18 der § 137 Abs. 2 RegE lediglich eine klarstellende Funktion beimisst.

634 Vgl. *Tintelnot*, in: Kübler/Prütting, § 119, Rn. 18, der auch davon ausgeht, dass die Streichung des § 137 Abs. 2 RegE folgenlos bleibt.

Absätze 2 und 3 lediglich eine „Verschlankung“ des Normenkatalogs bewirkt werden sollte.[635]

Hätte der Gesetzgeber mit § 112 InsO einen vom Grundsatz der Zulässigkeit von Lösungsklauseln abweichenden Ausnahmefall schaffen wollen, dann hätte es in Bezug auf § 119 InsO gesetzestechnischer Abstimmungen bedurft, wie dies der Bundesrat seinerzeit nachdrücklich in seiner Stellungnahme zu Bedenken gegeben hat.[636] Einen derartigen Abstimmungsbedarf hat die Bundesregierung trotz dieses unmittelbaren Hinweises jedoch verneint, da sie zwischen § 112 InsO und § 119 InsO keinen Widerspruch sah.[637]

Ein stimmiges Gesamtkonzept ergibt sich i.R.d. vom Gesetzgeber verabschiedeten Regelwerks der §§ 103 ff. InsO aber dann, wenn man umgekehrt die allgemeine Unzulässigkeit von Lösungsklauseln annimmt. Denn in diesem Fall bedurfte es – wie durch die Bundesregierung geschehen – keiner näheren Begründung zu § 112 InsO, da der Wortlaut des § 112 InsO eindeutig ist. Der Gesetzestext lässt Zweifeln keinen Raum, da § 112 InsO im Unterschied zu § 119 InsO lediglich in zeitlicher Hinsicht den Anknüpfungszeitpunkt auf den Zeitpunkt der Antragstellung vorverlagert. Wie in der Gegenäußerung der Bundesregierung dargelegt, „ergänzt“ § 112 InsO nach diesem Verständnis den allgemeinen Grundsatz aus § 119 InsO.[638] Aufgrund dessen bestehen m.E. klare Anhaltspunkte, dass der heutige § 119 InsO vom Wortlaut her eindeutig ist und zwischen § 119 InsO und § 112 InsO ein Spezialitätsverhältnis besteht.

d. Eingriff in Privatautonomie

Letztlich ist aber auch das vom Rechtsausschuss angeführte Argument, der Schutz des Insolvenzverwalterwahlrechts rechtfertige keinen Eingriff in die Privatautonomie, nicht tragfähig.[639] Dies liegt darin begründet, dass die Wertungen des BGB und HGB einerseits und die der InsO zugrunde liegenden Wertungen grundverschieden sind. Während erstgenannte Regelungsmaterien auf einen zweiseitigen Interessenausgleich der Vertragsparteien ausgerichtet sind, trägt die InsO dem

---

635 Im Ergebnis wurde der Entwurfstext erheblich reduziert; statt den 399 Paragraphen des Regierungsentwurfs umfasste die Beschlussempfehlung nur noch 335 Paragraphen, vgl. Begründung der Beschlussempfehlung des Rechtsausschusses, BT-Drs. 12/7302 S. 155.

636 Vgl. Stellungnahme des Bundesrates, BT-Drs. 12/2443, S. 252.

637 Vgl. Gegenäußerung der Bundesregierung, BT-Drs. 12/2443, S. 264.

638 Gegenäußerung der Bundesregierung, a.a.O.

639 Vgl. *Gerhardt*, AcP 200 (2000), 426, 443.

Gläubigergleichbehandlungsgrundsatz Rechnung. Ist ein Interessenausgleich nicht auf zweipolige Rechtsverhältnisse beschränkt, so sind der Privatautonomie Grenzen gesetzt, wie sich deutlich am sachenrechtlichen Typenzwang und Numerus Clausus beobachten lässt. Vor diesem Hintergrund kann der Vereinbarung einer insolvenzabhängigen Lösungsklausel die Wirkung eines Vertrages zu Lasten Dritter zukommen.[640] Die Tatsache, dass Eingriffe in die Privatautonomie unter Geltung der InsO nicht unüblich sind, lässt sich auch anhand einer Neuerung i.R.d. Gesetzes zur weiteren Erleichterung der Sanierung von Unternehmen (ESUG) belegen. Nach den §§ 225a Abs. 2 S. 1, 245 Abs. 1 InsO, die im Zuge des ESUG eingefügt wurden, ist nunmehr im Falle einer Unternehmenssanierung gar ein Eingriff in die Gesellschafterstruktur dergestalt möglich, dass Gläubiger ihre gegen die Gesellschaft bestehenden Forderungen mittels eines sog. Debt-Equity-Swaps in Gesellschaftsanteile umwandeln und so – gegen den Willen der Altgesellschafter – von Gläubigern (Fremdkapitalgebern) zu Gesellschaftern (Eigenkapitalgebern) werden.[641] Ein solcher Eingriff betrifft die gesamte Rechtsstellung der Altgesellschafter und geht damit erheblich weiter als ein lediglich für einzelne Vertragsverhältnisse bestehendes Verbot insolvenzabhängiger Lösungsklauseln. Das vorhandene Spannungsverhältnis zwischen Insolvenzrecht und Vertragsfreiheit ist daher zugunsten des Insolvenzrechts zu lösen und dem Schutz des Insolvenzverwalterwahlrechts gegenüber der grundsätzlich bestehenden Privatautonomie der Vorrang einzuräumen.[642]

e. *Anfechtbarkeit nach §§ 129 ff. InsO*

Die Wirksamkeit einer insolvenzabhängigen Lösungsklausel wäre darüber hinaus aber auch unter dem Aspekt einer Anfechtbarkeit nach den §§ 129 ff. InsO zu verneinen.[643] Enthält die Klausel eine Kündigungsmöglichkeit für den Insolvenzfall, so ist in der Kündigung selbst die anfechtbare Rechtshandlung zu sehen.[644] Nach § 140 Abs. 1 InsO gilt eine Rechtshandlung als in dem Zeitpunkt vorgenommen, in dem ihre rechtlichen Wirkungen eintreten. Da die Kündigungserklärung

640 In diesem Sinne bereits *Pape*, in: Kölner Schrift zur InsO, S. 531, 570.

641 Vgl. hierzu *Brinkmann* WM 2011, 97 ff.

642 Für einen Vorzug des Insolvenzrechts im Spannungsverhältnis mit der Vertragsfreiheit bereits *Gerhardt*, AcP 200 (2000), 426, 443.

643 BGH, Urt.v. 11.11.1993 – IX ZR 257/92, NJW 1994, 449, 450 – Breitbandverteilanlage; *Sinz*, in: Uhlenbruck, § 119, Rn. 26.

644 *Kirchhof*, in: MüKo, InsO, § 131, Rn. 41a; BGH, Urt.v.14.05.2009 – IX ZR 63/08, NJW 2009, 2600, 2601 m.w.N; *De Bra*, in: Braun, § 130, Rn. 25.

erst nach Eintritt der Bedingung, bei insolvenzabhängigen Lösungsklauseln also nach Insolvenzeintritt bzw. Stellung des Insolvenzantrages, erklärt wird, liegt sie stets im anfechtungsrelevanten Zeitraum. Durch die Vereinbarung einer insolvenzabhängigen Lösungsklausel „räumt der Schuldner durch seine auf einer persönlichen Entschließung fußende (sic) Rechtshandlung dem Gläubiger mehr Rechte ein, als diesem kraft seiner eigenen Rechtsstellung gebühren".[645] Hierin und in den Rechtsfolgen der Kündigung, d. h. des Verlustes des Anspruchs auf das Lizenzrecht bzw. umgekehrt des Verlustes des Anspruchs auf die Lizenzgebührenzahlungen ist konkret die Gläubigerbenachteiligung zu sehen, die eine insolvenzrechtliche Anfechtung voraussetzt.[646]

Aber auch in dem Fall, in dem die insolvenzabhängige Lösungsklausel so ausgestaltet ist, dass Vertragsbeendigung ohne separate Kündigungserklärung automatisch und aufschiebend bedingt mit Eintritt insolvenztypischer Ereignisse stattfindet (sog. Beendigungsklausel)[647], sind derartige Lösungsklauseln anfechtbar. Denn obgleich nach § 140 Abs. 3 InsO bei bedingten oder befristeten Rechtshandlungen der Eintritt der Bedingung bzw. des Termins in zeitlicher Hinsicht außer Betracht zu bleiben hat und damit eigentlich nicht auf den Insolvenzfall, sondern auf den unter Umständen außerhalb des Anfechtungszeitraumes liegenden Zeitpunkt der Vereinbarung der Lösungsklausel abzustellen ist, in dem die Rechtsfolgen i.S.d. § 140 Abs. 1 InsO eintreten, gilt in Bezug auf insolvenzabhängige Lösungsklauseln eine Besonderheit. Denn als Bedingung darf nicht der Eintritt des Insolvenzfalles selbst vereinbart sein.[648] Andernfalls könnte auf diesem Weg die insolvenzrechtliche Anfechtbarkeit systematisch ausgeschlossen bzw. erheblich erschwert werden.[649] Aufgrund dessen ist die Wirksamkeit insolvenzabhängiger Lösungsklauseln auch unter anfechtungsrechtlichem Blickwinkel zu verneinen.[650]

6. Zwischenergebnis

Nach vorzugswürdiger Auffassung, der sich nun explizit auch der BGH in einer Entscheidung Ende 2012 ausdrücklich angeschlossen hat, sind insolvenzbedingte

645 BGH, Urt.v.14.05.2009 – IX ZR 63/08, NJW 2009, 2600, 2601.

646 Vgl. BGH, a.a.O.; BGH, Urt.v. 11.11.1993 – IX ZR 257/92, NJW 1994, 449, 450 – Breitbandverteilanlage.

647 Vgl. zu Beendigungsklauseln, *Jahn*, in: MüKo, InsO, § 104, Rn. 163 ff.

648 *Kirchhof*, in: MüKo, InsO, § 140, Rn. 52 m.w.N.; BAG, Urt.v. 19.01.2006 – 6 AZR 529/04, NZI 2007, 58, 61.

649 *Kirchhof*, in: MüKo, InsO, § 140, Rn. 52.

650 *Huber*, in: Gottwald, § 35, Rn. 14; *Reul*, DNotZ 2008, 824, 827.

Lösungsklauseln – auch außerhalb des Anwendungsbereiches des § 112 InsO – nach § 119 InsO unwirksam.[651] Hierfür spricht insbesondere das Schweigen des Gesetzgebers und das Verhältnis von § 112 InsO zu § 119 InsO. Auch ein Eingriff in die Privatautonomie ist durch insolvenzrechtliche Vorschriften möglich. Selbst im unterstellten Fall der Zulässigkeit insolvenzabhängiger Lösungsklauseln wären derartige Klauseln letztlich auch insolvenzrechtlich anfechtbar. Nachdem der BGH zunächst die Wirksamkeit von Lösungsklauseln, die nicht unmittelbar darauf gerichtet waren, das in § 103 Abs. 1 InsO statuierte Insolvenzverwalterwahlrecht zu beeinträchtigen, sondern an die Unzumutbarkeit der weiteren Vertragsdurchführung anknüpften, bestätigt hat,[652] hat er nun im Rahmen einer aktuellen Entscheidung für bestimmte Vertragstypen explizit die Unwirksamkeit insolvenzabhängiger Lösungsklauseln angenommen.[653]

---

651 Der BGH hat die Unwirksamkeit nach § 119 InsO jedoch bislang expressis verbis auf Verträge über die Lieferung von Waren oder Energie beschränkt, vgl. BGH, Urt.v. 15.11.2012 – IX ZR 169/11, NJW 2013, 1159 ff. Für eine Unwirksamkeit insolvenzabhängiger Lösungsklauseln auch *Herr*, S. 163.

652 BGH, Urt.v. 17.11.2005 – IX ZR 162/04, NJW 2006, 915, 917 – Softwarenutzungsrecht.

653 Für die Unwirksamkeit von Lösungsklauseln im Anwendungsbereich von § 112 InsO im Ergebnis auch *Herr*, S. 125 m.w.N. Den Gesetzgebungsmaterialien zum letztlich nicht verabschiedeten Entwurf eines Gesetzes zur Entschuldung mittelloser Personen, zur Stärkung der Gläubigerrechte sowie zur Regelung der Insolvenzfestigkeit von Lizenzen (BT-Drs. 16/7416) ist zu entnehmen, dass auch Bundesregierung und Bundesrat mehrere Jahre nach Inkrafttreten der Insolvenzordnung von einem allgemeinen Verbot von insolvenzabhängigen Lösungsklauseln in Bezug auf Lizenzverträge ausgehen. In Artikel 1 Nr. 12 des Gesetzesentwurfs der Bundesregierung war vorgesehen nach § 108 InsO einen neu geschaffenen § 108 a InsO einzufügen. Der geplante § 108a InsO sollte folgenden Wortlaut haben: „§ 108 a InsO – Schuldner als Lizenzgeber-

Ein vom Schuldner als Lizenzgeber abgeschlossener Lizenzvertrag über ein Recht am geistigen Eigentum besteht mit Wirkung für die Insolvenzmasse fort. Dies gilt für vertragliche Nebenpflichten nur in dem Umfang, als deren Erfüllung zwingend geboten ist, um dem Lizenznehmer eine Nutzung des geschützten Rechts zu ermöglichen. Besteht zwischen der im Lizenzvertrag vereinbarten Vergütung und einer marktgerechten Vergütung ein auffälliges Missverhältnis, so kann der Insolvenzverwalter eine Anpassung der Vergütung verlangen; in diesem Fall kann der Lizenznehmer den Vertrag fristlos kündigen.“ Vgl. Stellungnahme der Deutschen Vereinigung für Gewerblichen Rechtsschutz und Urheberrecht e.V. GRUR zur Frage der Insolvenzfestigkeit von Lizenzen Entwurf eines § 108 a InsO, abrufbar unter: http://www.grur.de/cms/upload/pdf/stellungnahmen/2007/2007-11-19_GRUR_Stn__108a-E_InsO.pdf, Stand (Oktober 2013).

B. Lösungsklauseln in Lizenzverträgen über Fußballübertragungsrechte

I. Einleitung

Die DFL übernimmt auf Veranstalterseite die zentrale Vermarktung der Fußballübertragungsrechte. Sie handelt die Vertragskonditionen aus und schließt letztlich für die dem Ligaverband angehörigen Bundesligavereine mit den Erwerbern die Lizenzverträge ab.[654] Die Erlaubnis audio-visuelles Sendematerial von Spielen der 1. und 2. Fußball-Bundesliga aufzuzeichnen und auszustrahlen, wird den Sendeanstalten bzw. Rechteverwertern im Rahmen von Lizenzverträgen erteilt. Wie bei anderen gegenseitigen Verträgen sind auch bei Lizenzverträgen über Fußballübertragungsrechte die Interessen der Vertragsparteien gegenläufig. Der Veranstalter – nach h.M. konkret Vereine und Verband als Mitveranstalter – ist als Lizenzgeber vorwiegend bestrebt, die Refinanzierung seiner Investitionen sicherzustellen.[655] Neben den Spielergehältern[656] müssen unter anderem nicht unerhebliche finanzielle Mittel für das Schiedsrichterwesen, Lizenzierungsverfahren, Spielplanerstellung, Sportgerichtsbarkeit und der kommerziellen

§ 108a InsO sollte die Insolvenzfestigkeit von Lizenzverträgen wiederherstellen, die unter Geltung der Konkursordnung nach § 21 KO in analoger Anwendung für Lizenzverträge gegeben war und im Zuge der Insolvenzrechtsreform verloren ging. In der Begründung des Gesetzesentwurfs ging man mit keinem Wort auf eine durch Lösungsklauseln existierende Lösungsmöglichkeit ein. Vielmehr setzte man umgekehrt stets voraus, dass die durch den Insolvenzverwalter ausgesprochene Erfüllungsverweigerung aus § 103 Abs. 1 InsO die einzige Lösungsmöglichkeit vom Vertragsverhältnis darstellt, die es zur Herbeiführung der Insolvenzfestigkeit von Lizenzverträgen zu beseitigen galt, vgl. BT-Drs. 16/7416, S. 29 ff. Dies wird ebenfalls durch die Stellungnahme des Bundesrates (Anlage 3) bestätigt. Hierin heißt es : „Klärungsbedarf besteht auch deshalb, weil ein Kündigungsrecht des (nicht insolventen) Lizenzgebers mit automatischem Rechterückfall nach den §§ 112, 119 InsO vertraglich nicht wirksam vereinbart werden könnte.“, BT-Drs. 16/7416, S. 53.

Den Ausführungen des Bundesrates wurde auch in der Gegenäußerung der Bundesregierung in diesem Punkt nicht widersprochen, vgl. BT-Drs. 16/7416, S. 66. Hieraus folgt, dass nicht nur der Bundesrat, sondern auch die Bundesregierung die Unwirksamkeit von insolvenzbedingten Lösungsklauseln voraussetzten.

654 Vgl. *Schröer*, S. 121.

655 *Schwarz/Klingner*, UFITA 138 (1999), 29, 30 f.; *Körber*, in: Adolphsen/Nolte/Lehner/Gerlinger, Rn. 2653.

656 Vgl. zu den Spielergehältern als Löwenanteil der Gesamtkosten, *Elter*, S. 142, 143.

Vermarktung von Bundesligaspielen aufgewendet werden, um den regulären Spielbetrieb aufrechtzuerhalten. Gerät der Lizenznehmer in Insolvenz, dann ist der lizenzgebende Veranstalter primär bestrebt, die TV-Rechte schnellstmöglich und nach Möglichkeit zu wirtschaftlich verbesserten Konditionen erneut zu vergeben, um den laufenden Finanzbedarf zu erfüllen. Um einen neuen solventen Abnehmer für die Übertragungsrechte finden und mit diesem einen Vertragsabschluss herbeiführen zu können, richtet der Lizenzgeber sein Hauptaugenmerk darauf, sich frühzeitig von dem Lizenzvertrag mit dem insolventen Lizenznehmer lösen zu können. Vor diesem Hintergrund besteht auf Lizenzgeberseite ein enormes Interesse an der Zulässigkeit von insolvenzabhängigen Lösungsklauseln im Rahmen von Lizenzverträgen über Fußballübertragungsrechte. Konkret wurde etwa i.R.d. seinerzeitigen Kirch-Insolvenz eine insolvenzbedingte Kündigung des Lizenzvertrages erwogen; diese Option wurde jedoch letztlich von Seiten der DFL verworfen, nachdem eine Prüfung der Rechtslage vorangegangen war.[657]

Umgekehrt besteht auf Seiten des Lizenznehmers ein Interesse daran, den Bestand der von ihm erworbenen Lizenzen zu sichern. Denn regelmäßig liegt ein Schwerpunkt seiner wirtschaftlichen Tätigkeit auf der Verwertung der Bundesliga-TV-Rechte. Zumindest aber im Hinblick auf die oben bereits beschriebene positive Ausstrahlungswirkung hat er erhebliches Interesse daran, die gewissermaßen als „Zugpferd"[658] dienenden Lizenzrechte weiterhin innezuhaben. Zu berücksichtigen sind schließlich auch die Interessen der beteiligten Kreditinstitute, die die zur Finanzierung des Bundesligaspielbetriebs oder zum Erwerb der Lizenzrechte erforderlichen Mittel bereitgestellt haben.[659] Haben Kreditinstitute auf Lizenzgeber-, auf Lizenznehmerseite oder auf beiden Seiten die Finanzierung übernommen, dann sind auch sie in die gerade beschriebene Interessengemengelage involviert, da der Bestand des Lizenzvertrages unter Umständen weitreichende Folgen für die Besicherungssituation der Kreditinstitute hat. Nachfolgend sind zunächst Lizenzverträge im Allgemeinen Gegenstand der weiteren Ausführungen, bevor eine genauere Erörterung von Lizenzverträgen über Fußballübertragungsrechte erfolgt. Auf Grundlage der gewonnenen Ergebnisse wird sodann abschließend beurteilt, ob sich Lizenzen an Fußballübertragungsrechten nach geltender Rechtslage als Kreditsicherheit eignen.

---

657 *Elter*, S. 347.

658 Vgl. *Elter*, S. 16.

659 *Schwarz/Klingner* sprechen von „horizontale[n]" Sicherungsinteressen der Kreditgeber, UFITA 138 (1999), S. 29, 31.

II. Inhalt und Rechtsnatur des Lizenzvertrags

Auch wenn der Lizenzvertrag ein eigenständiger Vertragstypus ist,[660] sind Lizenzverträge nicht ausdrücklich im BGB normiert, obwohl sie im Wirtschaftsleben, insbesondere in der Medien- oder Pharmabranche, eine zentrale Rolle spielen. Da Lizenzverträge in den unterschiedlichsten Wirtschaftsbereichen Verwendung finden und die Vertragsparteien weitgehend frei darin sind, Leistungspflichten individuell nach ihren jeweiligen Bedürfnissen auszurichten, lassen sich schwerlich allgemeinverbindliche Aussagen zu der inhaltlichen Ausgestaltung von Lizenzverträgen treffen.[661] Allgemein ist für Lizenzverträge aber charakteristisch, dass der Rechtsinhaber als Lizenzgeber auf die alleinige Nutzung seines Rechtes verzichtet und dem Lizenznehmer ein Nutzungsrecht einräumt.[662] Abhängig von dem inhaltlichen Umfang des eingeräumten Nutzungsrechts handelt es sich dabei um eine ausschließliche oder einfache Lizenz. Im Rahmen einer ausschließlichen Lizenz wird vertraglich vereinbart, dass keinem anderen Dritten ein Lizenzrecht eingeräumt werden darf (vgl. § 31 Abs. 3 UrhG); bei einer einfachen Lizenz wird dem Lizenznehmer dagegen die Unterlizenzierung an Dritte gestattet (vgl. § 31 Abs. 2 UrhG).[663] Darüber hinaus ist für Lizenzverträge regelmäßig kennzeichnend, dass ihnen ein Wagnischarakter dergestalt zukommt, dass die wirtschaftlichen Erfolgsaussichten bei Vertragsabschluss häufig nicht vorab mit hinreichender Sicherheit prognostiziert werden können.[664]

Nachdem die frühere Rechtsprechungspraxis Lizenzverträge als Verträge sui generis einordnete,[665] werden diese nach aktueller Rechtslage als typengemischte Verträge behandelt.[666] Abhängig von der jeweiligen Interessenlage sind damit die gesetzlich normierten Vertragstypen heranziehbar.[667] Nach den Grundsätzen

660 *Eichmann*, in: Eichmann/von Falckenstein, § 31, Rn. 3.

661 In diesem Sinne *Osterrieth*, 3. Teil, Rn. 320.

662 Vgl. *Eichmann*, in: Eichmann/von Falckenstein, § 31, Rn. 3.

663 Vgl. zum Ganzen *Damrau*, in: MüKo, BGB, § 1274, Rn. 85.

664 BGH, Urteil vom 05.07.1960, I ZR 63/59, GRUR 1961, 27, 28 – Holzbauträger.

665 BGH, Urt.v. 15.06.1951 – I ZR 151/50, NJW 1951, 705, 706; BGH, Urt.v. 21.04.1953 – I ZR 110/52, NJW 1953, 1258, 1259.

666 BGH, Urt.v. 11.06.1970 – X ZR 23/68, NJW 1970, 1503; BGH, Urt.v. 03.11.1988 – I ZR 242/86, NJW 1989, 456, 457 – Präsentbücher; BGH, Urt.v. 19.09.2001 – I ZR 343/98, NJW-RR 2002, 1027, 1028; OLG Hamburg, Urt.v. 27.11.2008 – 3 U 146/06, NJOZ 2009, 3031, 3041 – Herrenstrumpfwaren.

667 BGH, Urt.v. 05.07.1960, I ZR 63/59, GRUR 1961, 27, 29 – Holzbauträger; *Osterrieth*, 3. Teil, Rn. 320.

der Kombinationstheorie wird je nach Einzelfall eine Zuordnung zu demjenigen Vertragstypus vorgenommen, der dem betreffenden Parteiwillen am nächsten kommt und für die zu beurteilende Leistungspflicht eine interessengerechte Lösung bereithält.[668] Aufgrund der ihnen innewohnenden Vielgestaltigkeit wurden Lizenzverträge bereits als Rechtskauf,[669] als Miet-[670] oder Pachtvertrag[671] sowie als Gesellschaftsvertrag[672] eingeordnet.[673] Da einem Lizenzvertrag häufig Dauerschuldcharakter zukommt und dem Lizenznehmer das Lizenzrecht zur Nutzung auf Zeit eingeräumt wird, besteht regelmäßig jedoch eine besondere Nähe zum (Rechts-) Pachtvertrag.[674]

III. Inhalt und Rechtsnatur des Lizenzvertrags über Fußballübertragungsrechte

Im Anschluss werden zunächst die Vertragsbestandteile dargestellt, die regelmäßig Inhalt von Lizenzverträgen über Fußballübertragungsrechte sind, bevor im zweiten Schritt die Rechtsnatur derartiger Verträge erörtert wird.

1. Rechte und Pflichten der Vertragsparteien

Im Zusammenhang mit der medialen Berichterstattung über Sportveranstaltungen ist keine einheitliche Terminologie vorhanden. Neben der Bezeichnung des Lizenzvertrags wird zum Teil auch von einem „Fernsehverwertungsvertrag“[675]

---

668 Vgl. BGH, Urt.v. 19.12.2001 – XII ZR 233/99, NJW 2002, 1336, 1337; *Stadler*, in: Jauernig, BGB, § 311, Rn. 33.

669 RG, Urt.v. 20.04.1893 – IV ZR 73/93, RGZ, 31, 295, 300 f.; zum Ganzen *Heidland*, KTS 1990, 183, 197 für den Fall von Standard-Software.

670 Für den Fall von Softwareverträgen, bei denen die Nutzung im Einzelnen vorgegeben ist, vgl. *Heidland*, KTS 1990, 183, 198.

671 *Harke*, in: MüKo, BGB, § 581 Rn. 18; *Schwörer*, S. 160. Als Rechtspacht mit Dauernutzungscharakter einordnend: BGH, Urt.v. 17.11.2005 – IX ZR 162/04, NJW 2006, 915, 916 m.w.N.

672 Vgl. BGH, Urt.v. 25.10.1957 – I ZR 25/57, NJW 1958, 137 – Sympatol.

673 Vgl. zum Ganzen die ausführliche Darstellung bei *Seemann*, S. 8 ff. und *Wiedemann*, Rn. 1022 ff.

674 *Seemann*, S. 14. So auch *Osterrieth*, 3. Teil, Rn. 320.

675 *Summerer*, in: Martinek/Semler/Habermeier /Flohr, § 53 Rn 61. In der Praxis wird eine Vielzahl unterschiedlicher Begrifflichkeiten verwendet. Ein allgemein gebräuchlicher Einheitsbegriff hat sich bislang hingegen nicht durchsetzen können, *Summerer*,

gesprochen. Vertragspartner eines Lizenzvertrags über Fußballübertragungsrechte ist auf Lizenzgeberseite die DFL, die die Zentralvermarktung der Fußball-Bundesliga für den Ligaverband als Zusammenschluss aller 36 Vereine der 1. und 2. Liga übernimmt. Auf Lizenznehmerseite sind TV-Sender und gegebenenfalls Sportrechte-Agenturen vertreten.[676] Nach dem Vertragsinhalt des Lizenzvertrags werden dem Lizenznehmer das Anfertigen von Bild- und Tonaufnahmen bestimmter Spielbegegnungen sowie dessen zeitgleiche oder zeitversetzte Ausstrahlung innerhalb eines festgelegten Sendegebietes gestattet.[677] Darüber hinaus werden die Übertragungswege terrestrisch, via Satellit, Kabel, oder Internet, sowie die Angebotsformen (Free-TV/ Bezahlsender) vertraglich exakt fixiert.[678] Entscheidende wertbildende Faktoren bei dem Erwerb von Lizenzen an Fußballübertragungsrechten sind die Exklusivität[679] der Rechte sowie der vertraglich festgelegte Ausstrahlungszeitpunkt, da Sportereignisse in besonderem Maße durch ihre Aktualitätsgebundenheit gekennzeichnet sind.[680] Hat ein Lizenznehmer nicht das Recht zur Live-Berichterstattung erworben, so darf erst nach Ablauf festgelegter „Sperrzeiten"[681] zeitversetzt über die Spiele berichtet werden. Die Einhaltung einer „Karenzzeit" gilt grundsätzlich auch für Kurzberichterstattungen i.S.d. § 5 RStV.[682]

In Abweichung von den in anderen Bereichen gängigen Begrifflichkeiten der ausschließlichen und einfachen Lizenzrechte werden in Bezug auf

---

in: Martinek/Semler/Habermeier/Flohr, § 53, Rn. 31; *Elter*, S. 22. Im Folgenden soll der Begriff des Lizenzvertrages an (Fußball-) Übertragungsrechten Verwendung finden. Der Terminus technicus des Übertragungsrechts wurde bereits frühzeitig im Jahre 1990 in der Entscheidung „Sportübertragungen" verwendet, vgl. BGH, Beschl.v. 14.03.1990 – KVR 4/88, NJW 1990, 2815, 2817 – Sportübertragungen.

676 Vgl. allgemein für Sportveranstaltungen: *Summerer*, in: Fritzweiler/Pfister/Summerer, 4. Teil, Rn. 144.

677 *Summerer*, in: Fritzweiler/Pfister/Summerer, 4. Teil, Rn. 145.

678 Vgl. hierzu *Ehrhardt*, in: Wandtke/Bullinger, § 20 b, Rn. 11; *Summerer*, in: Fritzweiler/Pfister/Summerer, 4. Teil, Rn. 145.

679 Die im Rahmen der Zentralvermarktung erzeugte Exklusivität der Übertragungsrechte bereitete in der Vergangenheit bereits mehrfach aus kartellrechtlicher Sicht Probleme, vgl. hierzu Bundeskartellamt, Hintergrundpapier zur Pressekonferenz am 24.07.2008 zum Thema „Zentralvermarktung der Verwertungsrechte der Fußball Bundesliga ab dem 01. Juli 2009", abrufbar unter: http://www.bundeskartellamt.de/wDeutsch/download/pdf/080724_PK_Hintergrundpapier.pdf, Stand (Oktober 2013).

680 Vgl. statt vieler *Damm*, S. 33.

681 *Partikel*, D.II.10., S. 264.

682 *Michel/Brinkmann*, in: Beck'scher Kommentar zum Rundfunkrecht, § 5, Rn. 96.

Fußballübertragungsrechte die Termini technici „echte“ und „unechte“ Exklusivrechte gebraucht. „Echte“ Exklusivität besteht, wenn der Lizenznehmer einzig und allein zur ausschließlichen Ausstrahlung der Bild- und Tonaufnahmen berechtigt ist und alle anderen Sender von der Berichterstattung durch Bild- oder Tonaufnahmen ausgeschlossen sind. Bei der „unechten“ Exklusivität erfolgt hingegen die Vergabe sog. Zweitverwertungsrechte oder ungenutzte Rechte an andere Sender.[683] Über die Unterscheidung in echte und unechte Exklusivrechte hinaus lassen sich die vermarkteten Lizenzrechte in weitere Einzelkategorien untergliedern.

Die folgende Übersicht gibt die besonders gelungene Darstellung von *Summerer* wieder:[684]

- **Exklusivrechte** (zeitgleich/ live/ zeitversetzt oder zusammengefasst)
- **Erstverwertungsrechte** (zeitgleich/ live/ zeitversetzt oder zusammengefasst)
- **Zweitverwertungsrechte** (stets zeitversetzt/ zusammengefasst nach Beendigung der Erstverwertung)
- **Nachverwertungsrechte** (stets zeitversetzt/ zusammengefasst nach Beendigung der Zweitverwertung)
- **Nachrichtliche Berichterstattungsrechte** (Zusammenfassungen bis zu drei Minuten Länge)
- **Archivrechte** (Aufnahmematerial für Jahresrückblicke/ Dokumentationen)
- **Sublizenzrechte** (Recht, anderen Sendern (nachrangige) Senderechte einzuräumen)

Im Lizenzvertrag kann eine Vielzahl individueller Nebenpflichten – wie etwa der Vereinbarung einer Vertraulichkeitsabrede[685] – festgelegt sein, deren vollständige Wiedergabe den Umfang der vorliegenden Arbeit sprengen würde.

Zu den maßgeblichen Primärleistungspflichten eines derartigen Lizenzvertragsvertragsverhältnisses zählt jedoch, dass der Lizenzgeber dem Lizenznehmer ungehinderten Zutritt zum Stadion zu gestatten hat. Hiervon umfasst sind insbesondere der Spielfeldrand und die zur Produktion des Sendematerials notwendigen Räumlichkeiten sowie die technischen Anschlüsse. Ferner ist dem Lizenznehmer ein ungestörter Aufnahmevorgang zu ermöglichen.[686] Umgekehrt wird dem Lizenznehmer vertraglich die Pflicht auferlegt, das Sendematerial unter Beachtung der

683 *Summerer*, in: Martinek/Semler/Habermeier/Flohr, § 53, Rn. 27.
684 *Summerer*, in: Martinek/Semler/Habermeier /Flohr, § 53 Rn 26.
685 *Partikel*, D.II.11., S. 272, 274.
686 *Partikel*, D.II.10., S. 265.

herkömmlichen Aufnahmestandards anzufertigen.[687] Weiterhin ist es ihm untersagt das Bildmaterial zu verändern oder eigenständig Werbung einzublenden, die über die im Stadion selbst vorhandenen Werbebanner und die üblichen Werbezeiten vor und nach dem Spiel bzw. in der Halbzeitpause hinausgehen.[688] Außerdem hat der Lizenznehmer verschiedenen Unternehmen – die ihm von Lizenzgeberseite vorgegeben werden – ein Vorkaufsrecht für Werbezeiten innerhalb der Werbepausen einzuräumen.[689]

2. Rechtsnatur als typengemischter Vertrag

Im Schrifttum wird der Lizenzvertrag über Fußballübertragungsrechte regelmäßig als typengemischter Vertrag eingeordnet, der sowohl kauf- als auch miet- und pachtähnliche Bestandteile enthält.[690] Soweit der Lizenzgeber dem Lizenznehmer die zur Anfertigung von audio-visuellem Sendematerial erforderlichen räumlichen Kapazitäten und technischen Anschlussmöglichkeiten zur Verfügung stellt, sind mietrechtliche Elemente vorhanden. In Bezug auf die eigentliche Befugnis zur Aufzeichnung und Ausstrahlung sind mietrechtliche Vorschriften nicht einschlägig, da insoweit die erforderliche Sachqualität fehlt.[691]

Denkbar ist dagegen die Anwendung von Kaufrecht, sofern „echte" Exklusivrechte im Sinne einer ausschließlichen Lizenz eingeräumt werden.[692] Unabhängig von Lizenzverträgen über Fußballübertragungsrechte wird für die Gattung der ausschließlichen Lizenzen die Anwendung von Kaufrecht nach § 453 Abs. 1 BGB überwiegend befürwortet.[693] Dem kann nicht vollumfänglich zugestimmt werden, denn eine Konstruktion über kaufrechtliche Vorschriften scheint für die Konstellation von Fußballübertragungsrechten nicht recht zu passen.[694] Dies wird dadurch deutlich, dass der BGH in steter Rechtsprechung hinsichtlich der

---

687 *Partikel*, D.II.11., S. 270.

688 *Partikel*, D.II.11., S. 271.

689 *Partikel*, D.II.11., a.a.O.

690 *Summerer*, in: Fritzweiler/Pfister/Summerer, 4. Teil, Rn. 144; a.A.: *Seemann*, S. 13 für Lizenzverträge im Allgemeinen.

691 *Seemann*, S. 10.

692 *Elter*, S. 97; allgemein für eine kaufrechtliche Einordnung *Rodewald*, BB 1995, 2103, 2104, 2105; A.A: *Herr*, S. 57 m.w.N.

693 Vgl. RG, Urt.v. 05.05.1911 – VII ZR 433/10, RGZ 76, 235, 236; *Wiedemann*, Rn. 1024; a.A.: *Seemann*, S. 9.

694 Eine Einordnung als Kaufvertrag ebenfalls ablehnend: *Herr*, S. 57. *Körber*: in: Adolphsen/Nolte/Lehner/Gerlinger, Rn. 2528, nimmt statt kaufvertraglicher Elemente unter anderem einen werkvertraglichen Charakter an.

dogmatischen Einordnung von Fußball-Lizenzrechten annimmt, dass es sich bei der Erlaubnis zur medialen Verwertung von Fußballspielen nicht um eine „Übertragung von Rechten", sondern um eine „Einwilligung in Eingriffe" handelt, die der Lizenzgeber – insbesondere aufgrund seines Hausrechts – „verbieten könnte".[695] Ausgehend von dieser durch die Rechtsprechung entwickelten Formel erfolgen bei Fußballübertragungsrechten – auch bei der Einräumung exklusiver Lizenzrechte – weder eine Rechtsübertragung noch eine Verpflichtung zur endgültigen Übertragung von Rechten.[696] Danach bleibt der Veranstalter[697] vielmehr auch nach Vertragsschluss weiterhin formal Rechtsträger der Übertragungsrechte und kann diese Rechte nicht vollständig entäußern.[698] Dieser Aspekt steht der Annahme eines Rechtskaufes entgegen, der die vertragliche Verpflichtung begründet, dass zwischen altem und neuem Rechtsinhaber ein vollständiger und endgültiger Rechtsübergang stattfindet.[699]

Ferner werden bei Fußballübertragungsrechten die Lizenzen nicht endgültig, sondern lediglich für die vereinbarte Vertragsdauer erworben. Auch dies spricht klar gegen eine kaufrechtliche Einordnung.[700] Anhänger des kaufrechtlichen Ansatzes versuchen diesen Einwand dadurch zu umgehen, dass sie die jeweiligen Sportveranstaltungen als „abgeschlossene Sachverhalte" auffassen und aufgrund des nunmehr endgültigen Charakters die Anwendung von Kaufrecht gerechtfertigt sehen.[701]

Eine Anwendung kaufrechtlicher Bestimmungen erscheint aber auch deshalb als unpassend, da der Lizenzvertrag über Fußballübertragungsrechte detaillierte vertragliche Vorgaben zu Nutzungsart und Nutzungsumfang oder gar eine Ausstrahlungsverpflichtung enthält.[702] Aufgrund dessen wird zutreffend darauf

---

695 BGH, Beschl.v. 14.03.1990 – KVR 4/88, NJW 1990, 2815, 2817 – Sportübertragungen.

696 Vgl. *Herr*, S. 57.

697 Nach h.M. werden die einzelnen Vereine zusammen mit dem Sportverband als Mitveranstalter eingeordnet, vgl. BGH, Urt.v. 08.11.2005 – KZR 37/03, NJW 2006, 377, 378 – Hörfunkrechte; BGH, Urt.v. 28.10.2010 – I ZR 60/09, NJW 2011, 1811, 1812 – Hartplatzhelden; *v. Westerholt*, ZIP 1996, 264, 265; *Stopper*, SpuRt 1999, 188, 191; *Paal*, CR 2009, 438, 441.

698 Vgl. *Nemeczek*, GRUR 2011, 292, 294 der eine Ausnahme hiervon nur für den Fall einer Eigentumsübertragung annimmt; vgl. hierzu auch *Waldhauser*, S. 235; *Herr*, S. 57.

699 Vgl. *Wiedemann*, Rn. 1028; *Seemann*, S. 9.

700 In diesem Sinne *Harke*, in: MüKo, BGB, § 581, Rn. 18.

701 *Rodewald*, BB 1995, 2103, 2104, 2105 m.w.N.

702 Dies ist insbesondere bei Zweit- und Nachverwertungsrechten der Fall.

hingewiesen, dass das Kaufrecht keine Bestimmungen kennt, mit denen dem Käufer vom Verkäufer verbindliche Vorgaben zur späteren Nutzung vertraglich auferlegt werden können.[703] Insoweit liegt statt der Anwendung kaufrechtlicher Vorschriften ein Rückgriff auf pachtvertragliche Vorschriften näher.[704]

Denn dadurch, dass dem Lizenznehmer für bestimmte Zeit die Möglichkeit zur Aufzeichnung und Ausstrahlung der Bundesligaspiele gestattet wird, besteht aufgrund des Dauerschuldcharakters vielmehr ein Bezug zum Pachtvertrag.[705] Regelmäßig erfolgt die Lizenzvergabe für eine Vertragslaufzeit von drei bis vier Jahren.[706] Ähnlichkeiten zwischen Pacht- und Lizenzvertrag bestehen auch insoweit, als kein endgültiger und voller Rechtsübergang stattfindet.[707] Auch der Umstand, dass der lizenznehmende TV-Sender ausschließlich mit der Spielübertragung bzw. Aufzeichnung befasst ist und mit der Fußball-Bundesliga ein in organisatorischer Hinsicht fertig konzipiertes Endprodukt durch die Veranstalter erhält, spricht für die Annahme eines Pachtvertrages, bei dem der Pächter unmittelbar mit der wirtschaftlichen Nutzungsziehung beginnen kann.[708] Gegen die Anwendung pachtrechtlicher Vorschriften auf ausschließliche Lizenzrechte wird allgemein angeführt, dass die dingliche Wirkung ausschließlicher Lizenzen nicht mit der lediglich schuldrechtlichen Wirkung eines Pachtvertrages erklärt werden könne.[709] Dieser Aspekt greift nach den vom BGH entwickelten Grundsätzen jedoch im Fall von Fußballübertragungsrechten nicht durch. Denn im Unterschied zu der dinglichen Wirkung von ausschließlichen Lizenzrechten entfalten Lizenzrechte an Fußballübertragungsrechten nach ständiger Rechtsprechung des BGH und h.M. im Schrifttum lediglich schuldrechtliche Wirkung.[710]

---

703 *Heidland*, KTS 1990, 183, 198.

704 Vgl. *Heidland*, KTS 1990, 183, 198, der in dieser Konstellation in Bezug auf Software die Anwendung mietrechtlicher Vorschriften für interessengerecht hält. A.A.: *Rodewald*, BB 1995, 2103, 2105.

705 *Mc Guire/von Zumbusch,/Joachim*, GRUR Int. 2006, 682, 692; *Harke*, in: MüKo, BGB, § 581, Rn. 18.

706 *Summerer*, in: Martinek/Semler/Habermeier/Flohr, § 53, Rn. 61.

707 *Seemann*, S. 11.

708 Vgl. hierzu *Teichmann*, in: Jauernig, § 581, Rn. 2.

709 Vgl. hierzu *Seemann*, S. 11.

710 Vgl. BGH, Beschl.v. 14.03.1990 – KVR 4/88, NJW 1990, 2815, 2817 – Sportübertragungen.

IV. Einordnung in die Systematik der §§ 103 ff. InsO

Nachfolgend werden Lizenzverträge über Fußballübertragungsrechte in die insolvenzrechtliche Systematik der §§ 103 ff. InsO eingeordnet. Hiervon hängt entscheidend ab, ob insolvenzabhängige Lösungsklauseln im Rahmen der audio-visuellen Vermarktung der Fußball-Bundesliga zulässig sind. Denn wie bereits festgestellt, sprechen die besseren Argumente dafür, dass derartige Klauseln allgemein nach § 119 InsO unwirksam sind. Die Vorschrift sichert das Insolvenzverwalterwahlrecht im Interesse einer möglichst werthaltigen Masse und gleichmäßigen Gläubigerbefriedigung ab.[711] Sollten die betreffenden Lizenzverträge dem Insolvenzverwalterwahlrecht aus § 103 Abs. 1 InsO unterliegen, so müsste § 119 InsO auch im Bereich der Fußballübertragungsrechte Beachtung finden. Etwas anderes gälte aber, wenn die Verträge insolvenzfest wären oder das Insolvenzverwalterwahlrecht aus einem anderen Grund nicht eröffnet wäre. In diesen Fällen würde per se kein Verstoß gegen § 119 InsO drohen.

1. Unanwendbarkeit des § 108 Abs. 1 S. 1 InsO

Nach alter Rechtslage unter Geltung der Konkursordnung waren Lizenzverträge allgemein konkursfest.[712] Da § 21 KO a.F., der in unmittelbarer Anwendung lediglich Miet- und Pachtverhältnisse erfasste, auch auf Lizenzverträge entsprechende Anwendung fand, war das Wahlrecht des Konkursverwalters gem. § 21 Abs. 1 KO ausgeschlossen.[713] Mit Einführung der Insolvenzordnung änderte sich die Rechtslage im Hinblick auf Lizenzverträge dergestalt, dass der die Insolvenzfestigkeit für Miet- und Pachtverhältnisse nunmehr statuierende § 108 Abs. 1 S. 1 InsO fortan zwischen beweglichen und unbeweglichen Sachen unterscheidet und nach seinem klaren Wortlaut damit einzig auf unbewegliche Gegenstände anwendbar ist.[714] Obgleich der Wortlaut der insolvenzrechtlichen Vorschriften klar ist, wird vereinzelt in Frage gestellt, ob Lizenzverträge tatsächlich dem Insolvenzverwalterwahlrecht aus § 103 Abs. 1 InsO unterliegen oder nach § 108 Abs. 1 S. 1 InsO analog insolvenzfest sind.[715] Im Rahmen dessen wird angeführt, dass Lizenzverträgen wie auch Miet- und Pachtverträgen Dauerschuldcharakter zukomme und

711 Vgl. *Balthasar*, in: Nerlich/Römermann, § 119 InsO, Rn. 5.

712 Statt vieler: *McGuire/von Zumbusch /Joachim*, GRUR Int. 2006, 682, 692.

713 *Fezer*, WRP 2004, 793, 799.

714 *Balthasar*, in: Nerlich/Römermann, § 103, Rn. 14.

715 Für eine analoge Anwendung der § 108 Abs. 1 InsO auf Lizenzverträge: *Fezer* WRP 2004, 793, 799 f.; *Koehler/Ludwig*, WRP 2006, 1342, 1345.

im Gesetzgebungsverfahren zur Insolvenzordnung die zuvor lange praktizierte und anerkannte analoge Anwendung der (Miet- und Pachtverträge regelnden) §§ 19–21 KO auf Lizenzverträge übersehen worden sei.[716] Aufgrund ihres (vermeintlichen) dogmatischen Ursprungs als Verträge sui generis ständen weder Gesetzeswortlaut noch Gesetzessystematik einer analogen Anwendung des § 108 Abs. 1 InsO entgegen.[717]

Dennoch wird nach nahezu einhelliger Auffassung angenommen, dass § 108 Abs. 1 S. 1 InsO nicht unmittelbar oder analog Anwendung finden kann, sondern das allgemeine Insolvenzverwalterwahlrecht aus § 103 Abs. 1 InsO eröffnet ist.[718] Dies liegt darin begründet, dass der Wortlaut der Norm einzig auf unbewegliche Gegenstände abstellt und damit keine andere Deutung ernstlich zulässt.[719] Daneben habe die gesetzgeberische Intention bei Einfügung des § 108 Abs. 1 S. 2 InsO darin gelegen, lediglich einzelne Ausnahmen von dem grundsätzlichen Eingreifen des Insolvenzverwalterwahlrechts zuzulassen. In Kenntnis der veränderten rechtlichen Rahmenbedingungen, die unter Geltung der InsO im Bereich der Lizenzverträge Einzug gehalten hätten, habe der Gesetzgeber diesen Vertragstypus nicht in die auserwählte Gruppe von insolvenzfesten Vertragstypen mit aufnehmen wollen.[720] Einer analogen Anwendung des § 108 InsO auf Lizenzverträge wurde auch durch die Rechtsprechung eine klare Absage erteilt.[721] Damit sind Lizenzverträge über Fußballübertragungsrechte nicht nach § 108 Abs. 1 S. 1 InsO insolvenzfest, sondern die Entscheidung über die weitere Vertragsdurchführung obliegt grundsätzlich dem Insolvenzverwalter, sofern die Voraussetzungen des § 103 Abs. 1 InsO erfüllt sind.[722]

---

716 In diesem Sinne *Fezer*, WRP 2004, 793, 800.

717 Vgl. *Fezer*, a.a.O.

718 BGH, Urt.v. 17.11.2005 – IX ZR 162/04, NJW 2006, 915, 916; *Marotzke*, in: Heidelberger Kommentar zur InsO, § 108 InsO Rn. 7; *Weber/Hötzel*, NZI 2011, 432, 433; *McGuire/von Zumbusch/Joachim*, GRUR Int. 2006, 682, 692.

719 Statt aller: *Plath*, CR 2005, 613, 614.

720 *Seemann*, S. 21.

721 BGH, Urt.v. 17.11.2005 – IX ZR 162/04, NJW 2006, 915, 916 – Softwarenutzungsrecht unter Verweis darauf, dass im Falle von Lizenzverträgen kein unbewegliches Vermögen betroffen sei.

722 Statt vieler: *Wiedemann*, Rn. 1123. Eine andere Frage ist, ob Lizenzverträge über Fußballübertragungsrechte nach § 108 Abs. 1 S. 2 InsO insolvenzfest sind.

2. Anwendbarkeit des § 103 Abs. 1 InsO

§ 103 Abs. 1 InsO setzt voraus, dass ein gegenseitiger Vertrag vorliegt und dieser im Zeitpunkt der Insolvenzeröffnung nicht oder nicht vollständig erfüllt wurde. Das erstgenannte Kriterium der Gegenseitigkeit ist offenkundig erfüllt, da Lizenzverträge anerkanntermaßen als gegenseitige Verträge eingeordnet werden.[723] Dies gilt ebenfalls für Lizenzverträge über Fußballübertragungsrechte. Genauer zu untersuchen ist jedoch, ob eine beidseitige Nichterfüllung der Vertragspflichten i.S.d. § 103 Abs. 1 InsO besteht.

a. Beidseitige nicht vollständige Vertragserfüllung

In den Fällen, in denen ein oder beide Vertragspartner bereits alle vertraglich vereinbarten Haupt- und Nebenleistungspflichten erbracht haben, ist der Anwendungsbereich des Insolvenzverwalterwahlrechts nicht eröffnet.[724] Die §§ 103 ff. InsO greifen bereits dann, wenn auch nur Nebenpflichten von untergeordneter Bedeutung nicht vollständig erfüllt sind.[725] Schwierig zu beurteilen ist daher konkret das Kriterium, dass keine Vertragspartei bereits die sie treffenden Vertragspflichten vollständig erbracht haben darf.[726] Ob und in welchem Zeitpunkt bei Lizenzverträgen über Fußballübertragungsrechte eine vollständige Vertragserfüllung vorliegt, kann erst bewertet werden, nachdem exakt ermittelt wurde, welche gegenseitigen Pflichten ein derartiger Lizenzvertrag beinhaltet.

aa) Nichterfüllung auf Seiten des Lizenzgebers

Berücksichtigt man, dass nach der Entscheidung des BGH in Sachen „Sportübertragungen" die Hauptleistungspflicht des Sportveranstalters darin zu sehen ist, gegenüber dem Lizenznehmer seine an sich bestehenden Abwehransprüche – gegen Entrichtung von Lizenzgebühren – nicht auszuüben,[727] so besteht diese Pflicht für jedes einzelne aufgezeichnete Spiel.[728] Ist echte Exklusivität der Rechte vereinbart, dann trifft den Lizenzgeber die Pflicht, dem Lizenznehmer die

723 RG, Urt.v. 18.08.1937 ZR I 23/37, RGZ, 155, 306, 310; Statt aller: *Huber*, in: MüKo, InsO, § 103, Rn. 76.

724 Vgl. *Huber*, in: MüKo, InsO, § 103, Rn. 58; *Kroth*, in: Braun, § 103, Rn. 20.

725 *Kroth*, in: Braun, § 103, a.a.O; *Huber*, in: MüKo, InsO, § 103, Rn. 123 m.w.N.; A.A.: *Plath*, CR 2005, 613, 614 m.w.N.

726 *Huber*, in: MüKo, InsO, § 103, Rn. 57.

727 Vgl. Vgl. BGH, Beschl.v. 14.03.1990 – KVR 4/88, NJW 1990, 2815, 2817 – Sportübertragungen.

728 Hierzu *Rodewald*, BB 1995, 2103, 2107.

alleinige Nutzung vorzubehalten und diese über die vollständige Vertragsdauer hin zu sichern;[729] ferner hat er Dritte an der Übertragung der Spiele zu hindern.[730] Hierzu zählt, dass der Lizenznehmer Zugang zu dem Sportereignis erhält und dass er die ihm eingeräumten Lizenzrechte nach den vor Ort vorhandenen technischen und infrastrukturellen Bedingungen tatsächlich wie vertraglich vereinbart nutzen kann.[731] Diese Vertragspflichten hat der Lizenzgeber an jedem einzelnen Spieltag und jeder Spielbegegnung zu erfüllen. Erfüllung tritt erst ein, wenn der geschuldete Leistungserfolg tatsächlich erbracht worden ist.[732] Dies ist konkret erst nach Beendigung der letzten Spielbegegnung der Fall, für die die Lizenzrechte vergeben wurden.[733] Aber auch nach Austragung der letzten Partien kann der Lizenzgeber unter Umständen weiterhin dauerhaft dazu verpflichtet sein, unberechtigte Dritte von der Nutzung auszuschließen.[734]

bb) Nichterfüllung auf Seiten des Lizenznehmers

Die Primärleistungspflicht besteht auf Lizenznehmerseite zunächst darin, die Lizenzgebühren entweder vollständig im Rahmen einer Einmalzahlung (sog. „Buy-out-Vertrag") oder in vereinbarten regelmäßigen Raten aufzubringen.[735] Bei Sportveranstaltungen, die sich wie die Bundesliga über mehrere Monate bzw. saisonübergreifend über mehrere Jahre erstrecken, werden in der Regel mehrere Fälligkeitstermine vereinbart, zu denen die Lizenzgebühren zu leisten sind.[736] Eine vollständige Vertragserfüllung fehlt aber auch in dem Fall, in dem der Lizenznehmer vorab die Lizenzgebühren in voller Höhe geleistet hat. Denn auch den Lizenznehmer treffen zusätzliche vertragliche Haupt- und Nebenpflichten,

729 In Bezug auf Filmlizenzverträge: *v. Frentz/Marrder*, ZUM 2001, 761, 769. In diesem Sinne auch *Herr*, S. 106 m.w.N., der zutreffend darauf hinweist, dass der Lizenznehmer über die gesamte Vertragslaufzeit hinweg von Mitwirkungshandlungen des Lizenzgebers abhängig ist.

730 Vgl. BGH, Beschl.v. 14.03.1990 – KVR 4/88, NJW 1990, 2815, 2818 – Sportübertragungen.

731 Vgl. *Hügi*, SpuRt 2003, 84, 87.

732 *Balthasar*, in: Nerlich/Römermann, § 103, Rn. 27; *v. Frentz/Marrder*, ZUM 2001, 761, 769.

733 In diesem Sinne auch *Rodewald*, BB 1995, 2103, 2107.

734 Vgl. zu Archivierungsrechten *Elter*, S. 104 ff.

735 Vgl. *Herr*, S. 105; *Hügi*, SpuRt 2003, 84, 88. Vgl. für den Fall von Software-Lizenzen *Plath*, CR 2005, 613, 614.

736 Vgl. *Rodewald*, BB 1995, 2103, 2104.

denen er weiterhin nachzukommen hat.[737] Hierzu zählt insbesondere eine Ausstrahlungsverpflichtung in dem Sinne, dass vertraglich erworbene Nutzungsrechte vollständig und umfassend ausgeübt und die Bildaufnahmen umfangreich verwertet werden.[738] Als Veranstalter der Bundesligaspiele ist der Lizenzgeber neben der medialen Verwertung auch für die Vermarktung der Werbung verantwortlich. Gegenüber den Werbepartnern ist er vertraglich dazu verpflichtet, die Spiele öffentlich wirksam zu vermarkten.[739] In diesem Zusammenhang sind die Interessen solcher Werbepartner zu wahren, die hohe Werbegelder zahlen, um ihre Produkte im Kontext mit Sportereignissen in Form von Trikot- oder Bandenwerbung oder durch Werbespots zu bewerben. Denn diese Unternehmen sind in besonderem Maße an einer publikumswirksamen Verwertung der Spiele interessiert.[740] Um eine hinreichende mediale Präsenz sicherzustellen,[741] ist es zweckmäßig, dem Lizenznehmer bei Erwerb der Lizenzrechte wiederum die Pflicht zur medienwirksamen Verbreitung vertraglich aufzuerlegen.[742] Vor diesem Hintergrund ist auch auf Lizenznehmerseite keine vollständige Vertragserfüllung im Hinblick auf § 103 Abs. 1 InsO anzunehmen.

---

737 Insofern ist insbesondere an (dauerhafte) Ausstrahlungsverpflichtungen auf Lizenznehmerseite zu denken, die für den Lizenzgeber angesichts abgeschlossener Werbeverträge von elementarer Bedeutung sein können. *Körber*, in: Adolphsen/Nolte/Lehner/Gerlinger, Rn. 2578 empfiehlt daher aus Sicht des Lizenzgebers auf einer derartigen vertraglichen Ausstrahlungsgarantie zu bestehen. Für den umgekehrten Fall von dauerhaft bestehenden Leistungspflichten des Lizenzgebers, vgl. *Herr* S. 106. Dieser weist zutreffend darauf hin, dass der Lizenznehmer über die gesamte Vertragslaufzeit hinweg von Mitwirkungshandlungen des Lizenzgebers abhängig ist.

738 *Summerer* in: Fritzweiler/Pfister/Summerer, 4. Teil, Rn. 149 nimmt eine Ausstrahlungspflicht oder Sendegarantie nur bei ausdrücklicher vertraglicher Vereinbarung an. Allgemein für Lizenzverträge, vgl. *Wiedemann*, Rn. 1132. In Bezug auf Filmlizenzverträge siehe *v. Frentz/Marrder*, ZUM 2001, 761, 769.

739 Die Vergabe der Werberechte erfolgt ebenfalls durch Lizenzverträge, vgl. *Fritzweiler/Pfister*, in: Fritzweiler/Pfister/Summerer, 3. Teil, Rn. 91.

740 In diesem Sinne auch *Schubert*, S. 78 für den Zusammenhang von Medienpräsenz und Sponsoringeinnahmen.

741 Zu der Abhängigkeit der Werbegelder von der Höhe der Einschaltquoten, vgl. *Elter*, S. 334 f.

742 *Summerer* in: Fritzweiler/Pfister/Summerer, 4. Teil, Rn. 149 bejaht nur bei ausdrücklicher vertraglicher Vereinbarung eine Ausstrahlungspflicht. Um die medienwirksame Vermarktung der Bundesligaspiele vertraglich abzusichern ist es denkbar, Minderungsrechte, pauschalierte Schadensersatzansprüche oder Vertragsstrafen in die medialen und werberechtlichen Lizenzverträge für den Fall einer Pflichtverletzung aufzunehmen, *Fritzweiler/Pfister*, in: Fritzweiler/Pfister/Summerer, 3. Teil, Rn. 91.

b. Unzulässige Konstruktionen zur Herbeiführung einer vollständigen Vertragserfüllung

In der Praxis werden bisweilen Mittel und Wege gesucht, um das Lizenzvertragsverhältnis dem Wahlrecht aus § 103 Abs. 1 InsO entziehen zu können. Der Wortlaut der Vorschrift setzt das Vorliegen eines beidseitig nicht erfüllten Vertrages voraus. Daher zielen gewisse Vertragskonstruktionen darauf ab, eine vollständige Vertragserfüllung herbeizuführen. Im Zuge dessen ist man bei der Vertragsgestaltung von Lizenzverträgen bestrebt, nach Möglichkeit ausschließlich Hauptleistungspflichten in den Pflichtenkatalog der Parteien mit aufzunehmen und sämtliche Nebenpflichten in einen gesonderten Kooperationsvertrag auszulagern.[743] Ferner wird versucht, einen beidseitigen durch die Insolvenz einer Vertragspartei bedingten Verzicht auf die Einrede des nicht erfüllten Vertrages i.S.d. § 321 BGB vertraglich zu fixieren.[744] Derartige Umgehungsstrategien stellen im Ergebnis einen untauglichen Versuch dar, das Insolvenzverwalterwahlrecht aus § 103 Abs. 1 InsO zu unterlaufen, und sind nach § 119 InsO unwirksam.[745] Angesichts der innerhalb eines Lizenzvertrages über Fußballübertragungsrechte bestehenden Vertragspflichten ist regelmäßig von einem Fall der beiderseitigen Nichterfüllung auszugehen.[746]

3. Eingreifen des § 105 InsO

Hat der Insolvenzverwalter nach § 103 Abs. 1 InsO Vertragserfüllung gewählt, so findet § 105 InsO Anwendung, wenn eine der Vertragsparteien Teilleistungen erbracht und damit vorgeleistet hat. Die Vorschrift bezweckt einen effektiven Masseschutz und bewirkt bei Erfüllungswahl, dass die vom Vertragspartner vor Insolvenzeröffnung erbrachten Vorleistungen nicht als privilegierte Masseforderungen, sondern lediglich als einfache zur Tabelle anzumeldende Insolvenzforderungen eingeordnet werden.[747] Der Vertragspartner, der vorgeleistet und hierfür

743 *McGuire/von Zumbusch/Joachim*, GRUR Int. 2006, 682, 692; *Plath*, CR 2005, 613, 615.

744 *Plath*, CR 2005, 613, 614, Fn. 11; *Hölder/Schmoll*, GRUR 2004, 830, 836.

745 In Bezug auf den für den Insolvenzfall aufschiebend bedingten Verzicht auf die Einrede des nicht erfüllten Vertrages i.S.d. §§ 320, 321 BGB vgl. *McGuire/von Zumbusch/Joachim*, GRUR Int. 2006, 682, 692, 694; *Hausmann*, ZUM 1999, 914, 919 m.w.N.

746 Allgemein für Lizenzverträge, *Wiedemann*, Rn. 1127; a.A.: *Schwarz/Klingner*, UFITA 138, 29, 44 f., die mit der Lizenzeinräumung durch den Lizenzgeber Erfüllung annehmen.

747 Vgl. *Balthasar*, in: Nerlich/Römermann, § 105, Rn. 4.

noch keine Gegenleistung erhalten hat, wird bei Teilbarkeit der Leistung in Höhe seiner Vorleistung auf die Insolvenzquote verwiesen.[748] Da § 105 InsO für die Vertragsparteien von wesentlicher wirtschaftlicher Bedeutung sein kann, werden Anwendbarkeit und Rechtsfolgen der Norm in Bezug auf Lizenzverträge über Fußballübertragungsrechte untersucht.

a. Teilbarkeit der Leistungspflichten als maßgebliches Anwendungskriterium

Die Teilbarkeit der Leistungspflichten ist das maßgebliche inhaltliche Kriterium zur Anwendbarkeit des § 105 InsO. Fraglich ist, ob die Leistungspflichten, die aus einem Lizenzvertrag über Fußballübertragungsrechte erwachsen, teilbar sind. Dies wird nach gängiger Rechtsprechung bereits dann angenommen, wenn sich die vor und nach Insolvenzeröffnung erbrachten Leistungen feststellen und bewerten lassen.[749] Hinsichtlich der Leistungspflichten, die den Lizenzgeber treffen, ist dies zu bejahen. Denn die turnusmäßig wiederkehrende Verpflichtung, dem Lizenznehmer die Aufzeichnung und Ausstrahlung der Spiele zu gestatten, ist in Spielzeiten (Saisons) und Spieltage segmentierbar und kann damit unter zeitlichen und wirtschaftlichen Gesichtspunkten festgestellt und bewertet werden.[750] Die Summe der bereits vor Insolvenzeröffnung ausgetragenen Spiele lässt sich dabei in Relation setzen zu der Gesamtzahl der Begegnungen und den insgesamt vereinbarten Lizenzgebühren. Diesem Teilbarkeitsverständnis liegt dabei die Annahme zugrunde, dass die einzelnen Spielzeiten, Spieltage bzw. Spielbegegnungen wertmäßig nicht differieren. Dem lässt sich zwar entgegenhalten, dass der Spielbegegnung zweier Top-Vereine isoliert betrachtet ein höherer Einzelwert im Vergleich zum Duell zweier sportlicher Underdogs zukommt.[751] Der Wert einer Einzelbegegnung ist aber nicht im Stile eines „Rosinenpickens" derart isoliert ermittelbar, weil gerade die Einbettung der einzelnen Begegnung in den „Gesamtwettbewerb"[752] der Fußball-Bundesliga für den Zuschauer den hauptsächlichen sportlichen Reiz ausmacht.[753] So hat etwa ein Freundschaftsspiel erwiesenermaßen einen signifikant niedrigeren Wert als ein reguläres Meisterschaftsspiel.[754] Daher

---

748 *Balthasar*, in: Nerlich/Römermann, § 105, Rn. 4, 10.

749 BGH, Urt.v. 25.04.2002 – IX ZR 313/99, NJW 2002, 2783, 2784 m.w.N. – Erlöschenstheorie.

750 Vgl. *Herr*, S. 111.

751 *Herr*, S. 111, Fn. 443.

752 *Jungheim*, SpuRt 2008, 89, 91.

753 Zum Ganzen *Summerer*, in: Fritzweiler/Pfister/Summerer, 4. Teil, Rn. 87.

754 *Summerer*, in: Fritzweiler/Pfister/Summerer, a.a.O.

bilden notwendigerweise alle Spielbegegnungen zu gleichen Teilen gemeinsam den Gesamtwert der Fußball-Bundesliga.

Die Teilbarkeit wird auch unter einem anderen Aspekt in Frage gestellt. Insoweit wird vorgebracht, dass die Nutzung der eingeräumten Lizenzrechte erhebliche technische Aufwendungen erfordere. Der hiermit verbundene hohe Kostenfaktor führe dazu, dass kurze Zeitspannen unter ökonomischen Aspekten regelmäßig nicht ausreichten, um die angefallenen Kosten zu amortisieren. Bei Laufzeiten von kurzer Dauer ergebe sich hieraus eine faktische Entwertung der Lizenzen.[755] Der gerade angesprochene Einwand mag in verschiedenen Bereichen durchaus berechtigt sein. In Bezug auf die mediale Verwertung der Fußball-Bundesliga ist er unberechtigt. Dass Lizenzen an Fußballübertragungsrechten auch bei kürzerer Vertragslaufzeit rentabel sind, offenbarte die Insolvenz der KirchMedia GmbH & Co. KGaA.[756] Diese hielt seinerzeit die Bundesliga-Lizenzrechte und musste während der laufenden Bundesliga-Saison 2001/2002 am 08.04.2002 Insolvenzantrag stellen.[757] Als Auffanggesellschaft der insolventen KirchMedia GmbH & Co. KGaA bewerkstelligte daraufhin die BuLi-GmbH die mediale Vermarktung der Spiele. Für einen lediglich mehrere Monate andauernden Zeitraum setzte sie einstweilen die Verwertung der Lizenzrechte fort und wurde im Oktober 2002 von der Infront Sports & Media AG übernommen.[758] Hieraus wird erkennbar, dass auch im Falle einer kurzen Lizenznutzungsdauer keine faktische Entwertung im Bereich der Fußballübertragungsrechte eintritt. Da sich die einzelnen Spieltage und Begegnungen auch innerhalb kürzester Zeitintervalle feststellen und bewerten lassen, ist eine Teilbarkeit hinsichtlich der Leistungspflichten, die den Lizenzgeber treffen, anzunehmen.[759]

Auf Seiten des Lizenznehmers kann dies ebenso unschwer bejaht werden. Denn in Bezug auf die Pflicht zur Entrichtung der Lizenzgebühren werden typischerweise mehrere Fälligkeitszeitpunkte vereinbart.[760] Nach dem oben Gesagten lassen sich aber auch im Falle einer Einmalzahlung die bereits ausgetauschten Leistungen selbständig ermitteln. Danach ist die i.S.d. § 105 InsO erforderliche Teilbarkeit bei einem Lizenzvertrag über Fußballübertragungsrechte gegeben.

---

755 Vgl. für Lizenzverträge im Allgemeinen, *Seemann*, S. 17.

756 Vgl. zur Insolvenz der KirchMedia GmbH & Co. KGaA *Schilhaneck*, S. 84.

757 FAZ vom 24.05.2002, Kirch verliert auch seine Holding, abrufbar unter: http://www.faz.net/aktuell/wirtschaft/medien-kirch-verliert-auch-seine-holding-162564.html, Stand (Oktober 2013).

758 Vgl. *Schröer*, S. 137; vgl. in diesem Zusammenhang auch *Dworak*, S. 141.

759 So im Ergebnis auch *Herr*, S. 111.

760 *Seemann*, S. 16.

b. Rechtsfolgen des § 105 InsO

Hat der Vertragspartner der insolventen Vertragspartei bereits vorgeleistet, dann hat er nach § 105 S. 1 InsO hinsichtlich des seiner Vorleistung entsprechenden Teils mit der Anmeldung seiner Forderungen zur Tabelle vorliebzunehmen.[761] Dies gilt selbst dann, wenn der Insolvenzverwalter i.R.d. § 103 Abs. 1 InsO Vertragserfüllung wählt.[762]

Hat der Veranstalter als Lizenzgeber bei Insolvenz des Lizenznehmers bereits vorgeleistet, so hat er den Teil der Lizenzgebührenforderung, der rechnerisch der Anzahl der bereits ausgetragenen Bundesligaspiele entspricht, gem. § 105 S. 1 InsO als Forderung zur Insolvenztabelle anzumelden. Ist umgekehrt der Lizenzgeber insolvent und hat der Lizenznehmer vorgeleistet, so treffen diesen die Folgen des § 105 S. 1 InsO.

Grundsätzlich ausgenommen von den Rechtsfolgen des § 105 S. 1 InsO sind indes Konstellationen, in denen die insolvente Vertragspartei die Vorleistung erbracht hat. In diesen Fällen gebührt der Insolvenzmasse – unabhängig davon, ob der Insolvenzverwalter Vertragserfüllung verlangt – der Anspruch auf die Gegenleistung in Höhe der bereits erbrachten Vorleistung; diesen wird der Insolvenzverwalter zur Masse ziehen.[763] Entscheidet sich der Insolvenzverwalter für Nichterfüllung, dann kann der Vertragspartner auch nicht mit seinem Nichterfüllungsanspruch aus § 103 Abs. 2 S. 1 InsO gegen den aus der Vorleistung resultierenden Anspruch der insolventen Vertragspartei aufrechnen.[764] Einer Aufrechnung steht in diesem Fall § 95 Abs. 1 S. 3 InsO entgegen, da der Schadensersatzanspruch aus § 103 Abs. 2 S. 1 InsO erst mit Nichterfüllungswahl entsteht, während der Erfüllungsanspruch der Insolvenzmasse schon ab Insolvenzeröffnung gegeben ist.[765]

4. Analoge Anwendbarkeit des § 112 InsO

Nachfolgend ist zu klären, ob das Kündigungsverbot aus § 112 InsO auf Lizenzverträge über Fußballübertragungsrechte entsprechend anwendbar ist. Die Vorschrift enthält eine Kündigungssperre, die in zeitlicher Hinsicht bestimmte Kündigungsgründe ab Stellung des Eröffnungsantrages ausschließt und sich an Vermieter, Verpächter oder bei entsprechender Anwendung an Lizenzgeber als

761 Vgl. hierzu *Balthasar*, in: Nerlich/Römermann, § 105, Rn. 10.

762 Ausführlich zu der Problematik von Teilleistungen: *Huber*, NZI 2002, 467ff.

763 Vgl. *Huber*, NZI 2002, 467, 470.

764 *Kreft*, in: MüKo, InsO, § 103, Rn. 35.

765 *Kreft*, a.a.O.

Normadressaten richtet. Vom unmittelbaren Anwendungsbereich werden lediglich Miet- und Pachtverhältnisse erfasst.[766] Wäre eine analoge Anwendung möglich, so würde der i.R.d. § 119 InsO bestehende Streitstand um die Wirksamkeit insolvenzabhängiger Lösungsklauseln zum Teil entschärft. Denn Kündigungen auf Lizenzgeberseite, die an einen vor Eröffnung des Insolvenzverfahrens eingetretenen Zahlungsverzug oder an eine Vermögensverschlechterung des Lizenznehmers anknüpfen, wären in diesem Fall bereits nach § 112 InsO unwirksam. Ob insolvenzabhängige Lösungsklauseln ebenso einen Verstoß gegen § 119 InsO begründen, bedürfte in dieser Konstellation keiner weiteren Entscheidung. Im Folgenden wird zunächst erörtert, ob die Analogievoraussetzungen in Bezug auf Lizenzverträge über Fußballübertragungsrechte vorliegen, bevor eine inhaltliche Auseinandersetzung mit § 112 InsO erfolgt.

a. Voraussetzungen einer Analogie

aa) Vorliegen einer planwidrigen Regelungslücke

Die analoge Anwendung einer Norm setzt zunächst das Bestehen einer planwidrigen Regelungslücke voraus.[767] Eine Regelungslücke ist zu bejahen, wenn der Gesetzgeber bei der Normierung einer Rechtsmaterie einen bestimmten Fall nicht geregelt hat, der jedoch von dessen Regelungsplan umfasst war.[768] Diese Voraussetzung ist erfüllt, denn die Insolvenzordnung enthält weder allgemeine Regelungen zu Lizenzverträgen noch speziell für solche über Fußballübertragungsrechte. Weitaus schwieriger ist die Frage der Planwidrigkeit der Regelungslücke zu beurteilen. Diese liegt vor, wenn der Gesetzgeber unbewusst eine Regelungslücke gelassen hat; hieran mangelt es, wenn die gesetzgeberische Intention gerade darin bestand, einen bestimmten Bereich nicht zu regeln.[769] In Bezug auf (urheberrechtliche) Lizenzverträge sind in den Gesetzgebungsmaterialien zur Insolvenzordnung keine eindeutigen Anknüpfungspunkte auffindbar, aus denen sich Rückschlüsse auf die gesetzgeberische Intention ziehen ließen.[770] Angesichts dieser unergiebigen Tatsachengrundlage wird zum Teil das Vorliegen einer bewusst offengelassenen

---

766 Vgl. *Balthasar*, in: Nerlich/Römermann, § 112, Rn. 9.

767 Statt aller: *Larenz*, S. 373.

768 *Larenz*, a.a.O.

769 Vgl. *Larenz*, S. 374 f, 379.

770 *Straßer*, ZUM 1999, 928, 933. *Strasser* stellt überdies fest, dass der Gesetzgeber lediglich im Verlagsrecht in § 36 I VerlG auf die Einführung der Insolvenzordnung reagiert und dort die Anwendbarkeit des § 103 Abs. 1 InsO zeitlich nach vorne (auf Fälle der Lieferung vor Eröffnung des Insolvenzverfahrens) verlagert hat.

Regelungslücke bejaht. Dies wird inhaltlich auf die beinahe hundert Jahre andauernde Praxis der analogen Anwendung von miet- und pachtvertraglichen Regelungen auf Lizenzverträge gestützt und hieraus gefolgert, dass der Gesetzgeber die bestehende Problematik für Lizenzverträge registriert haben müsse.[771] Die Gegenauffassung leitet hieraus gerade umgekehrt die Annahme her, dass der damalige Gesetzgeber die Problematik schlicht übersehen habe.[772] Mangels tragfähiger Belege im Gesetzgebungsverfahren ist insoweit lediglich zweifelsfrei feststellbar, dass sich der damalige Gesetzgeber aus insolvenzrechtlichem Blickwinkel nicht näher mit der Materie des Lizenzvertrags auseinandergesetzt oder zumindest keinerlei schriftliche Dokumente hierzu veröffentlicht hat.[773]

Gegen das Bestehen einer bewusst offengelassenen Regelungslücke spricht jedoch, dass der Gesetzgeber im Falle einer beabsichtigten Änderung der über viele Jahre angewandten analogen Anwendung auf Lizenzverträge Anlass gehabt hätte, an den betreffenden Stellen im Gesetzgebungsverfahren zu den maßgebenden Motiven Stellung zu nehmen. Daher ist schwer vorstellbar, dass diesbezüglich

---

771 *Straßer*, a.a.O.

772 Vgl. *Fezer*, WRP 2004, 793, 800.

773 *Seemann*, S. 24. Auch aus dem Gesetzesentwurf zur Entschuldung mittelloser Personen, zur Stärkung der Gläubigerrechte sowie zur Regelung der Insolvenzfestigkeit von Lizenzen vom 05.12.2007, der im Plenum beraten, letztlich aber nicht Gesetz wurde, lassen sich weder Anhaltspunkte für noch gegen eine planwidrige Regelungslücke gewinnen, vgl. BT-Drs. 16/7416. Der Gesetzesentwurf wurde insbesondere deshalb abgelehnt, weil kein Grund für die Schaffung einer Sonderregelung für Lizenzverträge gesehen wurde und die geplante Norm im Übrigen als zu kompliziert erschien. Ferner wurde eine weitere Ausweitung der Rechtsunsicherheit befürchtet. Vgl. hierzu die Stellungnahme des Deutschen Anwaltvereins, April 2008, Nr. 23/08, abrufbar unter: http://anwaltverein.de/downloads/Stellungnahmen-08/SN23.pdf, Stand (Oktober 2013). Das seinerzeitige, fast 8 Jahre nach Inkrafttreten der Insolvenzordnung in die Wege geleitete Gesetzesvorhaben, belegt einzig, dass der Gesetzgeber im Hinblick auf Lizenzverträge im Nachhinein ein Regelungsbedürfnis gesehen hat. Ausweislich der Begründung des Gesetzesentwurfes wird ausgeführt, dass die mangelnde Insolvenzfestigkeit von Lizenzen „geradezu ruinöse Auswirkungen“ auf Seiten der Lizenznehmer bewirken kann und andere Exportstaaten wie die USA und Japan bereits auf diese Situation bereits reagiert hätten, vgl. BT-Drs. 16/7416, S. 24. Hieraus lässt sich aber weder ableiten, dass die lizenzrechtliche Problematik bei Einführung der Insolvenzordnung übersehen wurde noch dass der Gesetzgeber die seit Einführung der Insolvenzordnung im Hinblick auf Lizenzverträge vorhandene Regelungslücke bewusst offen gelassen hat. Vgl. zur Unterscheidung bewusster und unbewusster Regelungslücken, *Larenz*, S. 379.

keinerlei Ausführungen erfolgten, wenn Änderungen tatsächlich beabsichtigt gewesen wären.

Konkret für den Fall von Lizenzverträgen über Fußballübertragungsrechte wird ausgeführt, dass die Verwertung der Lizenzrechte für die weitere Betriebsfortführung unabdingbar sei und deshalb nicht angenommen werden könne, dass der Gesetzgeber solche Verträge bewusst aus dem Anwendungsbereich des § 112 InsO habe ausnehmen wollen.[774] Dem kann im Ergebnis zugestimmt werden. Gerade in Bezug auf Sportgroßereignisse hat die Legislative – abgesehen von der Materie der Sportwetten und der Erarbeitung einer Liste bedeutender Sportereignisse i.S.d. § 4 RStV – kaum registrierbare Normierungsbestrebungen gezeigt, so dass angenommen werden kann, dass auch die insolvenzrechtlichen Auswirkungen auf Lizenzverträge über Fußballübertragungsrechte nicht bedacht wurden, geschweige denn, dass gerade intendiert war, derartigen Lizenzverträgen bewusst den Schutz des § 112 InsO zu versagen. Die besseren Argumente sprechen damit für das Vorliegen einer planwidrigen Regelungslücke.

bb) Vergleichbarkeit der Interessenlage

Weiterhin ist das Bestehen einer vergleichbaren Interessenlage erforderlich. Dies setzt voraus, dass der ungeregelte Fall dem geregelten Fall dergestalt ähnelt, dass beide in den für die rechtliche Behandlung grundlegenden Gesichtspunkten gleich zu bewerten sind.[775] Hierfür ist es unabdingbar, die ratio legis, d.h. den hinter der betreffenden Norm stehenden gesetzlichen Grundgedanken, zu ermitteln.[776] Dieser besteht bei § 112 InsO darin, den vorhandenen Unternehmensbestand als Ganzes zu erhalten, um bestehende Sanierungschancen zu wahren und zu verhindern, dass das Unternehmen zur Unzeit gespalten wird und die zum weiteren Unternehmensbetrieb erforderlichen Teile auseinanderfallen.[777] Die Betriebsräume stellen regelmäßig einen maßgeblichen Faktor dafür dar, dass der Unternehmensbetrieb als wirtschaftliche Einheit erhalten werden kann.[778] Denn würde der Schuldner nach Kündigung des Vertragsverhältnisses gezwungen werden, die gemieteten oder gepachteten Räumlichkeiten zu verlassen, so müsste er den Unternehmensbetrieb zumindest zeitweise einstellen, bis andere Räumlichkeiten bezogen sind. Die

774 *Herr*, S. 126.
775 *Larenz*, S. 374 f.
776 Vgl. zum Ganzen die lehrbuchartigen Ausführungen des BGH, Urt.v. 16.07.2003 – VIII ZR 274/02, NJW 2003, 2601, 2603 m.w.N.
777 Vgl. statt vieler: *Tintelnot*, in: Kübler/Prütting, § 112, Rn. 1.
778 Vgl. *Eckert*, in: MüKo, InsO, § 112, Rn. 1.

ohnehin problematische wirtschaftliche Gesamtsituation würde hierdurch zusätzlich verschärft und potenzielle Sanierungschancen zusehends verschlechtert.[779] Dieser Interessenlage trägt § 112 InsO durch Anordnung einer Kündigungssperre Rechnung. Dieselben Schutzerwägungen sind auf die Sachverhalte übertragbar, in denen Unternehmen zwingend auf den Erhalt bestimmter Lizenzen angewiesen und deshalb vergleichbar schutzwürdig sind.[780] Denn Lizenzrechte bilden regelmäßig die zentrale Grundvoraussetzung dafür, dass der Unternehmensbetrieb samt Produktionsanlagen überhaupt noch wirtschaftlich genutzt werden kann.[781] So sind etwa Software-Lizenzen für eine Vielzahl von Unternehmen von existentieller Bedeutung.[782] Mit dem Verlust der Lizenz wäre auch hier das betreffende Unternehmen weitgehend an der – zumindest vorübergehenden – Betriebsfortführung gehindert, da der gesamte Unternehmensgegenstand oder die wesentlichen Unternehmensabläufe von der wirtschaftlichen Nutzung der erworbenen Lizenzrechte abhängig sind.[783] Im Vergleich zu dem oben angesprochenen Szenario des Verlusts der Betriebsräume kommt gegebenenfalls noch erschwerend hinzu, dass die eingebüßte Lizenz nicht ohne weiteres beliebig austauschbar bzw. ersetzbar ist.[784]

Selbiges ist für die Lizenzen an Fußballübertragungsrechten anzunehmen. Der Wettbewerb ist in diesem Bereich hart umkämpft und das Angebot der zu vergebenden Lizenzen eng begrenzt.[785] Hierzu tragen ebenfalls vertragliche Optionsrechte wie ein Erstverhandlungsrecht („Right of First Negotiation“[786] bzw. „First Call“[787]) sowie regelmäßig vorhandene Vorkaufsrechte („Matching Offer

779 Vgl. Begründung zu § 126 RegE, BT-Drs. 12/2443, S. 148. Zu Sinn und Zweck des § 112 InsO vergleiche die übersichtlichen Ausführungen von *Eckert*, in: MüKo, InsO, § 112, Rn. 1 f.

780 *Marotzke* befürwortet in diesem Zusammenhang gar eine analoge Anwendung des § 112 InsO auf Kaufverträge, vgl. *Marotzke*, JZ 1995, 803, 813. A.A.: *Balthasar*, in: Nerlich/Römermann, § 112, Rn. 16; *Andres*, in: Andres/Leithaus, § 112, Rn. 5

781 In Bezug auf Lizenzverträge spricht *Wiedemann* von einem „Zerschlagungsautomatismus“, vgl. *Wiedemann*, Rn. 1291.

782 Eingehend hierzu für den Bereich von Software-Lizenzen, *Plath*, CR 2005, 613 ff.

783 Speziell für Lizenzrechte an Sportveranstaltungen: *Herr*, S. 126. Für Lizenzverträge im Allgemeinen vgl. *Fezer*, WRP 2004, 793, 802;

784 Vgl. hierzu *Seemann*, S. 25.

785 Vgl. hierzu *Elter*, S. 205 ff.

786 *Körber*, in: Adolphsen/Nolte/Lehner/Gerlinger, Rn. 2595.

787 Vgl. *Elter*, S. 103.

Right"[788]) bei, die es insbesondere potenziellen neuen Erwerbern erschweren, die begehrten Lizenzrechte zu erhalten. Ein Verlust der erworbenen Lizenzen kann daher unter Umständen gleichbedeutend mit dem endgültigen Ende der Betriebsfortführung sein.[789] Im heutigen Wirtschaftsleben ist der Erhalt von Lizenzrechten daher regelmäßig ein mindestens ebenso elementarer Bestandteil von Fortführungs- und Sanierungsbemühungen, wie dies der Gesetzgeber für Betriebsräume im Rahmen von Miet- und Pachtverhältnissen angenommen hat.[790] Damit ist das Kriterium der Vergleichbarkeit der Interessenlage erfüllt und aufgrund der bestehenden Analogievoraussetzungen eine entsprechende Anwendung des § 112 InsO auf Lizenzverträge über Fußballübertragungsrechte möglich.[791]

b. Zeitlicher und inhaltlicher Anwendungsbereich

§ 112 InsO schließt explizit einen in der Zeit vor dem Eröffnungsantrag eingetretenen Zahlungsverzug sowie eine sich nach Vertragsschluss ereignende Vermögensverschlechterung als Kündigungsgründe aus, sofern die Kündigung nach dem Zeitpunkt der Insolvenzantragstellung erfolgt. Kündigungen, die inhaltlich auf sonstige vertragliche Pflichtverletzungen des Schuldners abstellen, werden von § 112 InsO dagegen nach allgemeiner Überzeugung nicht ausgeschlossen.[792] Auch erfasst der Anwendungsbereich des § 112 InsO in zeitlicher Hinsicht einzig solche Kündigungen, die nach Stellung des Eröffnungsantrags erklärt werden. Daher ist § 112 InsO nicht einschlägig, sofern die Kündigungserklärung vor dem Eröffnungsantrag zugegangen ist.[793] Selbiges gilt für die Fälle, in denen es nach erfolgter Insolvenzantragstellung aber vor Verfahrenseröffnung zum Verzugseintritt kommt; eine hierauf gestützte Kündigung bleibt in ihrer Wirksamkeit von der

788 Vgl. *Elter*, S. 103, 204 f.; *Hügi*, SpuRt 2003, 84, 88; *Körber*, in: Adolphsen/Nolte/Lehner/Gerlinger, Rn. 2595.

789 *Herr*, S. 126.

790 Vgl. *Herr*, S. 127; *Wiedemann*, Rn. 1213 m.w.N.

791 Ebenso bereits *Herr*, S. 127. Eine entsprechende Anwendbarkeit des § 112 InsO auf Lizenzverträge allgemein bejahend: *Marotzke* in: Heidelberger Kommentar zur InsO, § 112, Rn. 24; *Cepl*, NZI 2000, 357, 359; *Seemann*, S. 25.

792 Vgl. BGH, Urt.v. 09.03.2005 – VIII ZR 394/03, NJW 2005, 2552, 2554 m.w.N.; *Eckert*, ZIP 1996, 897, 898. *Wegener*, in: Uhlenbruck, § 112, Rn. 18.

793 *Tintelnot*, in: Kübler/Prütting, § 112, Rn. 3; *Wegener*, in: Frankfurter Kommentar zur InsO, § 112 Rn. 2; Vgl. *Abel*, NZI 2003, 121, 123, der jedoch gleichzeitig zu Bedenken gibt, dass derartige Kündigungen gegebenenfalls infolge Insolvenzanfechtung nach den §§ 129 ff. InsO rückgängig gemacht werden.

Kündigungssperre unberührt.[794] Keine Anwendung findet § 112 InsO ferner auch in Konstellationen, in denen nicht der Lizenznehmer, sondern der Lizenzgeber in Insolvenz fällt.[795] Die ratio legis der Norm, die – wie oben erwähnt – in dem Erhalt der wirtschaftlichen Unternehmenseinheit zu sehen ist, greift bei Kündigungen durch Mieter, Pächter oder Lizenznehmer nicht, da in diesen Fällen der insolventen Vertragspartei durch eine Kündigung des Vertragsverhältnisses keine Zersplitterung der Unternehmenseinheit droht.

In Bezug auf die inhaltliche Reichweite des § 112 InsO ist umstritten, ob die Norm voraussetzt, dass der Vertragsgegenstand bereits überlassen wurde.[796] Vermehrt wird dies aufgrund der Gesetzesbegründung, welche von wirtschaftlicher Einheit „im Besitz" des Schuldners spricht, verlangt.[797] Vorzugswürdig scheint aber die Auffassung, die § 112 InsO bereits vor Überlassung Anwendung finden lässt. Denn der Norm ist keine Differenzierung zwischen vollzogenen und nicht vollzogenen Verträgen zu entnehmen und setzt lediglich ein „eingegangenes" Rechtsverhältnis voraus.[798] Eine Begrenzung des § 112 InsO auf vollzogene Verträge wäre auch dem der Norm zugrunde liegenden Sanierungsgedanken abträglich.[799] Im Übrigen führt die Anwendung der Kündigungssperre auch bei diesen Fallkonstellationen zu keinen unbilligen Ergebnissen, da die Lizenzgebührenforderungen bei Erfüllungswahl i.R.d. § 103 Abs. 1 InsO Masseforderungen gem. § 55 Abs. 1 Nr. 2 InsO begründen.[800]

Die Auswirkungen des Meinungsstreits sind in der Praxis als recht überschaubar einzuordnen, da ein Zahlungsverzug vor Vertragsvollziehung – im Falle eines Lizenzvertrages vor Einräumung der Lizenz – auf Ausnahmefälle beschränkt sein wird.[801] Zum anderen besteht für den betroffenen Vertragspartner aber mit den §§ 320, 321 BGB auch die Möglichkeit, in derartigen Sonderkonstellationen

---

794 BGH, Urt.v. 18.07.2002 – IX ZR 195/01, NJW 2002, 3326, 5. Lts.; *Hausmann*, ZUM 1999, 914, 917. Vgl. zum Ganzen auch *Sinz*, in: Kölner Schrift zur InsO, S. 593, 596 ff.

795 *Wiedemann*, Rn. 1202; *Hausmann*, ZUM 1999, 914, 923; *Mc Guire/von Zumbusch/Joachim*, GRUR Int. 2006, 682, 693.

796 Vgl. zum Ganzen die gelungene Darstellung bei *Wegener*, in: Uhlenbruck, § 112, Rn. 5.

797 *Balthasar*, in: Nerlich/Römermann, § 112, Rn. 11; *Tintelnot*, in: Kübler/Prütting, § 112, Rn. 4.

798 *Eckert*, ZIP 1996, 897, 899.

799 Vgl. *Eckert*, a.a.O.

800 *Eckert*, a.a.O.

801 *Wegener*, in: Uhlenbruck, § 112 Rn. 5.

auf Verzugsfälle oder Vermögensverschlechterungen vor Vertragsvollzug zu reagieren.[802]

Ist der zeitliche und inhaltliche Anwendungsbereich der Kündigungssperre eröffnet, dann bewirkt § 112 InsO einen umfassenden Schutz; infolgedessen sind Umgehungskonstruktionen jeglicher Art, mit denen entgegen § 112 InsO etwa Kündigungsmöglichkeiten „durch die Hintertür" konstruiert werden sollen, nach §§ 112, 119 InsO unwirksam.[803] In Bezug auf Lösungsklauseln bedeutet dies, dass nach oben Gesagtem nicht nur solche Vereinbarungen unwirksam sind, die an die Zahlungseinstellung, die Stellung des Insolvenzantrages oder eine Insolvenzeröffnung anknüpfen.[804] Nach § 112 InsO gilt dies auf Lizenzgeberseite auch für solche Klauseln, die auf einen vor dem Antrag auf Insolvenzeröffnung eingetretenen Zahlungsverzug oder eine nach Vertragsschluss eintretende Vermögensverschlechterung abstellen, sofern die Kündigung nach Stellung des Insolvenzantrages erfolgt.[805]

c. *Vereinbarung von Rechtswahlklauseln*

Auch durch die Verwendung von Rechtswahlklauseln kann das Kündigungsverbot aus § 112 InsO nicht umgangen werden.[806] Gem. Art. 3 Abs. 1 EuInsVO sind für die Eröffnung des Insolvenzverfahrens die Gerichte des Mitgliedsstaates zuständig, in dessen Gebiet der Schuldner den Mittelpunkt seiner hauptsächlichen Interessen hat. Die Anwendung deutschen Insolvenzrechts steht für die Vertragsparteien damit nicht zur Disposition. Denn nach der sog. lex fori concursus findet nach Art. 4 Abs. 1 EuInsVO stets das Insolvenzrecht des Staates Anwendung, in dem das Insolvenzverfahren eröffnet wurde.[807] Wurde das Insolvenzverfahren in

---

802 *Wegener*, in: Uhlenbruck, a.a.O, *Tintelnot*, in: Kübler/Prütting, § 112, Rn. 4.

803 *Hausmann*, ZUM 1999, 914, 918; *Andres*, in: Andres/Leithaus, § 112, Rn. 11; *v. Frentz/Marrder*, ZUM 2001, 761, 763.

804 Vgl. BGH, Urt.v. 27.05.2003 – IX ZR 51/02, NJW 2003, 2744, 2746; BGH, Urt.v. 15.11.2012 – IX ZR 169/11, NJW 2013, 1159, 1160.

805 In einer Entscheidung aus dem Jahre 2006 hat der BGH dagegen Lösungsklauseln als wirksam erachtet, die inhaltlich nicht auf die Umgehung des Insolvenzverwalterrechts abzielten, sondern an die Unzumutbarkeit der weiteren Vertragsdurchführung anknüpften, vgl. BGH, Urt.v. 17.11.2005 – IX ZR 162/04, NJW 2006, 915, 917 – Softwarenutzungsrecht. Eine derartige Klausel sei auch deshalb wirksam, weil derartige Konstellationen unabhängig von einer Insolvenz eintreten könnten, BGH, a.a.O.

806 In diesem Sinne bereits *De Vries*, ZUM 2007, 898, 902; *Hausmann*, ZUM 1999, 914, 919; *Herr*, S. 132.

807 Vgl. *Tashiro*, in: Braun, § 335, Rn. 13.

Deutschland eröffnet, so kommt die Kündigungssperre aus § 112 InsO daher auch dann zur Anwendung, wenn im Lizenzvertrag mittels einer Rechtswahlklausel nach Art. 3 Rom I-VO die Anwendung ausländischen Rechts vereinbart wurde.[808]

d. Zwischenergebnis

Aufgrund der im Hinblick auf Lizenzverträge bestehenden planwidrigen Regelungslücke und einer im Vergleich zu Miet- und Pachtverhältnissen vergleichbaren Interessenlage findet § 112 InsO analoge Anwendung auf Lizenzverträge. Das Kündigungsverbot aus § 112 InsO gilt auch für Lizenzverträge über Fußballübertragungsrechte. Die Vorschrift statuiert auf Lizenzgeberseite eine Kündigungssperre für Verzugsfälle, die zeitlich vor Stellung des Insolvenzantrages eingetreten sind, die Kündigung selbst aber erst zeitlich nach Stellung des Insolvenzantrages erfolgt ist, sowie Vermögensverschlechterungen, die nach Vertragsschluss eintreten. Um die wirtschaftliche Einheit des Schuldnerunternehmens und damit zusammenhängende Sanierungschancen zu erhalten, steht § 112 InsO der Wirksamkeit von insolvenzabhängigen Lösungsklauseln entgegen. Dies gilt auch für die Vereinbarung etwaiger Umgehungskonstruktionen und die Aufnahme entsprechender Rechtswahlklauseln. Nicht von der Kündigungssperre erfasst werden hingegen Konstellationen, in denen die Kündigung aus einem insolvenzunabhängigen Grund erfolgt ist oder der Insolvenzfall auf Lizenzgeberseite eintritt.

5. Analoge Anwendbarkeit des § 108 Abs. 1 S. 2 InsO

Nach den bisherigen Feststellungen trifft der Insolvenzverwalter im Insolvenzfall gem. § 103 Abs. 1 InsO die Entscheidung über die weitere Vertragsdurchführung. Dies liegt darin begründet, dass insolvenzabhängige Lösungsklauseln nach der hier vertretenen Auffassung nach § 119 InsO unwirksam sind. Daneben steht auch die Kündigungssperre aus § 112 InsO Kündigungen auf Seiten des Lizenzgebers entgegen, die nach Insolvenzantragstellung erfolgen und an einen vor dem Eröffnungsantrag eingetretenen Zahlungsverzug oder eine Vermögensverschlechterung anknüpfen. Eine Ausnahme zu dem grundsätzlich bestehenden Wahlrecht aus § 103 Abs. 1 InsO ist aber in § 108 Abs. 1 S. 2 InsO[809] enthalten.

808 Vgl. ausführlich zu der Thematik von Rechtswahlklauseln *Herr*, S. 131 ff.

809 Vgl. hierzu den Wortlaut des § 108 Abs. 1 InsO:
Miet- und Pachtverhältnisse des Schuldners über unbewegliche Gegenstände oder Räume sowie Dienstverhältnisse des Schuldners bestehen mit Wirkung für die

Danach sind Vertragsverhältnisse unter bestimmten Voraussetzungen insolvenzfest und insofern der Entscheidungshoheit des Insolvenzverwalters entzogen. Aus diesem Grund wird nachfolgend erörtert, ob und unter welchen Voraussetzungen die Vorschrift, die unmittelbar auf Leasingverträge zugeschnitten ist, auch auf Lizenzverträge über Fußballübertragungsrechte Anwendung finden kann.

a. Ratio legis des § 108 Abs. 1 S. 2 InsO

Die mit der nachträglichen Aufnahme des § 108 Abs. 1 S. 2 InsO[810] einhergehende Erweiterung der Gruppe insolvenzfester Verträge war von der gesetzgeberischen Intention getragen, die Refinanzierungsmöglichkeiten von banken- und herstellerunabhängigen Leasingunternehmen zu erhalten bzw. zu verbessern.[811] Ein derartiges Bedürfnis existierte im Bereich von Leasingverträgen deshalb, weil Leasingverträge über bewegliche Sachen – entgegen der ehemals unter Geltung der Konkursordnung bestehenden Konkursfestigkeit – mit Einführung der Insolvenzordnung nunmehr dem Wahlrecht des Insolvenzverwalters aus § 103 Abs. 1 InsO unterlagen. Diese nach Einführung der Insolvenzordnung geänderte Rechtslage hätte die Refinanzierungsmöglichkeiten vieler Leasingunternehmen wesentlich beeinträchtigt. Denn potenzielle Kreditinstitute wären bei Insolvenz des Leasinggebers einem gravierenden Absicherungsrisiko ausgesetzt gewesen. Ohne die durch § 108 Abs. 1 S. 2 InsO gesetzlich angeordnete Insolvenzfestigkeit hätte bei dessen Insolvenz folgende Rechtslage bestanden: Im Falle der Nichterfüllung nach § 103 Abs. 1 InsO wären fortan keine weiteren Raten mehr von Seiten des Leasingnehmers gezahlt worden, welche vorab bereits an die Bank als Sicherungsnehmer sicherungszediert waren.[812] Aber auch umgekehrt hätten zukünftige Leasingraten bei Erfüllungswahl nicht mehr dem finanzierenden Kreditinstitut

---

Insolvenzmasse fort. Dies gilt auch für Miet- und Pachtverhältnisse, die der Schuldner als Vermieter oder Verpächter eingegangen war und die sonstige Gegenstände betreffen, die einem Dritten, der ihre Anschaffung oder Herstellung finanziert hat, zur Sicherheit übertragen wurden.

810 § 108 Abs. 1 S. 2 InsO wurde in zeitlicher Hinsicht zwischen Veröffentlichung (05.10.1994, BGBl I 1994, S. 2866) und In-Kraft-Treten der InsO (01.01.1999) eingeführt. Vgl. hierzu die Beschlussempfehlung und Bericht des Rechtsausschusses vom 22.05.1996, BT-Drs. 13/4699, S. 1 ff.

811 Beschlussempfehlung und Bericht des Rechtsausschusses, BT-Drs. 13/4699, S. 6.

812 *Bullinger*, in: Wandtke/Bullinger, § 108 InsO, Rn. 13. Zu der geänderten Rechtslage im Vergleich zur Geltung der früheren Konkursordnung und den gesetzgeberischen Motiven zur Ergänzung des § 108 Abs. 1 InsO vgl. Beschlussempfehlung und Bericht des Rechtsausschusses, a.a.O.

als Sicherheit gedient, sondern wären nach gefestigter Rechtsprechung des BGH in die Insolvenzmasse gefallen.[813] Dies liegt darin begründet, dass die zedierten Forderungen infolge der Insolvenzeröffnung zunächst nicht mehr durchsetzbar gewesen wären.[814] Mit Erfüllungswahl hätte sich sodann die rechtliche Qualität der ratenweise zu erfüllenden Leasingforderung dergestalt geändert, dass diese fortan eine Masseforderung i.S.d. § 55 Abs. 1 Nr. 2 InsO dargestellt hätte.[815] Hinsichtlich seiner Rechtswirkungen hätte der bisherige Leasingvertrag damit einem neu abgeschlossenen Vertrag gleichgestanden, und die einstigen Erfüllungsansprüche hätten einen „Qualitätssprung" zu Masseforderungen erfahren.[816] Bei derartigen Verträgen, die nach Insolvenzeröffnung abgeschlossen werden, verhindert § 91 Abs. 1 InsO jedoch, dass (Sicherungs-) Rechte am Vertragsgegenstand erworben werden können. Die Vorschrift bewirkt den Schutz der Insolvenzmasse. Hierdurch soll nach Auffassung des BGH verhindert werden, dass Leistungen nach Erfüllungswahl aus dem Massevermögen an den Vertragspartner fließen, obwohl die Gegenleistung nicht die Masse mehrt, sondern dem Dritten wirtschaftlich zugutekommt, dem der Anspruch (zur Sicherheit) vor Insolvenzeröffnung abgetreten wurde.[817]

Da die zukünftigen Leasingforderungen mit Insolvenzeröffnung als Sicherheit entfallen wären, hätten die betroffenen Banken von weiteren Engagements dieser Art Abstand genommen.[818] Um ein solches Szenario zu verhindern, ordnet § 108 Abs. 1 S. 2 InsO unter bestimmten Voraussetzungen die Insolvenzfestigkeit an und erhält dem Sicherungsnehmer auf diesem Weg die als Sicherheit abgetretenen Leasingforderungen. Damit zielte die Normierung des § 108 Abs. 1 S. 2 InsO in erster Linie auf eine ausreichende Kreditversorgung im Bereich der entgeltlichen Gebrauchsüberlassung ab, um insbesondere die Refinanzierungschancen mittelständischer Leasingunternehmen zu verbessern.[819]

---

813 *Bullinger*, in: Wandtke/Bullinger, § 108 InsO, Rn. 14.

814 Vgl BGH, Urt.v. 25.04.2002, IX ZR 313/99; NJW 2002, 2783, 2785 – Erlöschenstheorie.

815 *Balthasar*, in: Nerlich/Römermann, § 103, Rn. 51; *Sinz*, in: Ublenbruck, § 108, Rn. 132.

816 *Huber*, NZI 2002, 467, 470.

817 In diesem Sinne bereits BGH, Urt.v. 20.12.1988 – IX ZR 50/88, NJW 1989, 1282, 1284 für die § 91 InsO entsprechende Vorgängervorschrift des § 15 KO.

818 Vgl. zum Ganzen *Bullinger*, in: Wandtke/Bullinger, § 108 InsO, Rn. 13 f.

819 Vgl. Beschlussempfehlung und Bericht des Rechtsausschusses, BT-Drs. 13/4699, S. 6; vgl. *Seifert*, NZM 1998, 217, 218; *Abel*, NZI 2003, 121, 127.

b. *Anwendbarkeit auf Lizenzverträge im Allgemeinen*

Nach dem Wortlaut des § 108 Abs. 1 S. 2 InsO werden zwar nur Miet- und Pachtverhältnisse unmittelbar erfasst. Aufgrund der inhaltlichen Nähe zur Rechtspacht befürwortet die wohl h.M. im Schrifttum jedoch eine entsprechende Anwendung des § 108 Abs. 1 S. 2 InsO auf Lizenzverträge.[820] Eine vergleichbare Interessenlage zu Miet- und Pachtverträgen ergibt sich daraus, dass die Refinanzierungsmöglichkeiten – ohne die durch § 108 Abs. 1 S. 2 InsO angeordnete Insolvenzfestigkeit – auch in Bezug auf Lizenzverträge ebenso empfindlich beeinträchtigt wären. Die ohne Insolvenzfestigkeit bestehende Rechtslage, die Fremdfinanzierungen und damit weitgehend Investitionen verhindern würde, hat der Gesetzgeber nicht gewollt. Dies ergibt sich auch aus einem Vergleich innerhalb des § 108 Abs. 1 InsO. Während Satz 1 von „unbeweglichen Gegenständen oder Räumen" spricht, wird in Satz 2 der Begriff „sonstige Gegenstände" verwendet.[821] Darüber hinaus geht aus den Gesetzesmaterialien zu § 108 Abs. 1 S. 2 InsO hervor, dass besagte Begrifflichkeit des „Gegenstandes" weit zu verstehen ist und „alle denkbaren Bestandteile der Insolvenzmasse" erfassen soll.[822] Eine bewusst offengelassene Regelungslücke, die die Planwidrigkeit entfallen ließe, ist damit zu verneinen. Obgleich die wohl h.M. im Schrifttum eine entsprechende Anwendung auf Lizenzverträge befürwortet, besteht diesbezüglich keine Rechtssicherheit. Denn die Rechtsprechung hat sich bislang – soweit ersichtlich – nicht mit der Möglichkeit einer entsprechenden Anwendung befasst.[823]

c. *Anwendbarkeit auf Lizenzverträge über Fußballübertragungsrechte*

Nachdem allgemein die Möglichkeit einer analogen Anwendung des § 108 Abs. 1 S. 2 InsO auf Lizenzverträge bejaht werden konnte, wird im Anschluss erörtert, ob und unter welchen Voraussetzungen dies auch für Lizenzverträge über Fußballübertragungsrechte in Frage kommt. Im Zuge dessen wird untersucht, ob die Voraussetzungen der einzelnen Tatbestandsmerkmale des § 108 Abs. 1 S. 2 InsO erfüllt werden.

---

820 In Bezug auf Filmlizenzverträge: *Hausmann*, ZUM 1999, 914, 923; *Balthasar*, in: Nerlich/Römermann, § 108, Rn. 12; *Wegener*, in: Frankfurter Kommentar, § 108, Rn. 15; *Wiedemann*, Rn. 1172; *Brandt*, NZI 2001, 337, 341; *Schmid-Burgk/Ditz*, ZIP 1996, 1123, 1125 f; *Livonius*, ZInsO 1998, 111 ff.

821 *McGuire*, GRUR 2009, 13, 15.

822 Beschlussempfehlung und Bericht des Rechtsausschusses, BT-Drs. 13/4699, S. 6.

823 Vgl. *Kreuzer/Reber*, in: Loewenheim, § 95, Rn. 103.

aa) Sonstiger Gegenstand

Unter den Begriff des „Gegenstandes“ fallen nach der Begründung des Rechtsausschusses sowohl „Sachen als auch Rechte und Forderungen“.[824] Damit sind auch Lizenzen an Fußballübertragungsrechten erfasst.

bb) Finanzierung der Anschaffungs- und Herstellungskosten

Wie oben erwähnt, ging die Intention des Gesetzgebers dahin, die Refinanzierungsmöglichkeiten von Leasingunternehmen zu verbessern.[825] Als Ausnahmevorschrift zum grundsätzlich bestehenden Insolvenzverwalterwahlrecht ist § 108 Abs. 1 S. 2 InsO aber eng auszulegen und nach vorzugswürdiger Auffassung auf Anschaffungs- und Herstellungsfinanzierungen zu beschränken.[826] Bereits der Wortlaut der Norm legt nahe, dass von der gesetzlich angeordneten Insolvenzfestigkeit nur solche Finanzierungsgeschäfte privilegiert sein sollen, bei denen die Finanzierung von Beginn an dem Erwerb oder der Erschaffung des „Gegenstandes“ diente; verlangt wird daher ein Zusammenhang zwischen der Finanzierung der Anschaffung bzw. Herstellung des Leasingobjektes und dessen Sicherungsübertragung auf den Kreditgeber.[827] Hieran fehlt es jedoch bei Umschuldungen, allgemeinen Betriebsmittelkrediten oder Finanzierungen, bei denen erst im Nachhinein eine Besicherung erfolgte.[828] Derartige Finanzierungen werden von der gesetzlich angeordneten Insolvenzfestigkeit aus § 108 Abs. 1 S. 2 InsO nicht erfasst.[829]

cc) Sicherungsübertragung

Probleme bereitet jedoch das Kriterium der Sicherungsübertragung. Zwar wird dieser Oberbegriff weit verstanden und erfasst ausweislich der Gesetzesmaterialien

824 Beschlussempfehlung und Bericht des Rechtsausschusses, a.a.O.

825 Beschlussempfehlung und Bericht des Rechtsausschusses, a.a.O.

826 Vgl. *Kroth*, in: Braun, § 108, Rn. 15.

827 *Schmid-Burgk*/Ditz, ZIP 1996, 1123, 1125.

828 *Wegener*, in: Frankfurter Kommentar, § 108, Rn. 15a; *Wiedemann*, Rn. 1174; *Balthasar*, in: Nerlich/Römermann, § 108, Rn. 13; A.A.: *Seifert*, NZM 1998, 217, 219; auch *Sinz*, in: Uhlenbruck § 108, Rn. 136 bejaht einen zeitlichen und sachlichen Zusammenhang bei einer nachträglichen Finanzierung, wenn die Fremdfinanzierung von Anfang an beabsichtigt und die Verwendung von Eigenmitteln nur zur Überbrückung erfolgte.

829 Vgl. *Schmid-Burgk*/Ditz, ZIP 1996, 1123, 1125; *Eckert*, in: MüKo, InsO, § 108, Rn. 45; Für eine enge Auslegung in diesem Sinne auch *Kroth*, in: Braun, § 108, Rn. 15. A.A.: *Seifert*, NZM 1998, 217, 220 der eine Anwendung des § 108 Abs. 1 S. 2 InsO auf sale-and-lease-back-Geschäfte befürwortet.

sowohl die Sicherungsübereignung beweglicher Gegenstände also auch zur Sicherheit abgetretene Forderungen sowie die Sicherungsübertragung von Rechten.[830] Erforderlich ist jedoch, dass der finanzierte „Gegenstand" dem Kreditinstitut tatsächlich als Sicherheit übertragen wird und das dingliche Sicherungsgeschäft wirksam ist.[831]

(1) Fehlende Übertragbarkeit nach h.M.

Die Sicherungsübertragung stellt in Bezug auf Lizenzen an Fußballübertragungsrechten ein Hindernis dar. Denn dort erfolgt nach den i.R.d. Grundsatzentscheidung in Sachen „Sportübertragungen" erarbeiteten Rechtsprechungsgrundsätzen keine Übertragung von Rechten im Rechtssinne. Vielmehr willigt der Veranstalter als Lizenzgeber lediglich in Eingriffe ein, die er aufgrund seiner „Rechtspositionen verbieten könnte".[832] Im Schrifttum wurden zwar verschiedentlich Ansätze entwickelt, mit denen eine Rechtsübertragung auf Erwerber ermöglicht werden sollte, um die Übertragbarkeit und damit die Verkehrsfähigkeit von Fußballübertragungsrechten zu gewährleisten.[833] Diese Gestaltungen, die auf dogmatisch

830 Beschlussempfehlung und Bericht des Rechtsausschusses, BT-Drs. 13/4699, S. 6.

831 Vgl. hierzu *Wiedemann*, Rn. 1175 ff.; *Eckert*, in: MüKo, InsO, § 108 Rn. 49; *Schmid-Burgk/Ditz*, ZIP 1996, 1123, 1125; *Zeising*, KTS 2002, 367, 418.
Bei Urheberrechten bereitet insoweit § 29 Abs. 1 UrhG Probleme, da Urheberrechte nicht auf Dritte übertragbar sind. In diesem Fall erfolgt die Einräumung eines treuhänderischen ausschließlichen Nutzungsrechts i.S.d. § 31 Abs. 3 UrhG verbunden mit der Unterlizenzierungsbefugnis bei Eintritt des Verwertungsfalls, *Brandt*, NZI 2001, 337, 342.

832 BGH, Beschl.v. 14.03.1990 – KVR 4/88, NJW 1990, 2815, 2817 – Sportübertragungen.

833 In diesem Zusammenhang wurde insbesondere die Möglichkeit einer analogen Anwendung des § 185 Abs. 1 BGB diskutiert. Dem lag der Gedanke zugrunde die Einräumung der Fußballübertragungsrechte so aufzufassen, dass der Erwerber ermächtigt ist eigenständig nach § 185 Abs. 1 BGB analog die dem Sportveranstalter zustehenden (Abwehr-) Rechte auszuüben, vgl. *Herr*, S. 48 f. m.w.N. Einem solchen Ansatz wird zutreffend entgegen gehalten, dass die Ermächtigungslösung über § 185 BGB analog an der Interessenlage der Parteien vorbeigehe, da der Erwerber primär an der medialen Verwertung der Spiele, nicht aber an der Geltendmachung von Abwehrrechten im eigenen Namen gegen Dritte interessiert sei, *Herr*, S. 48 f. Überdies wurde zum Teil an die Rechtsprechungsgrundsätze – nach denen das Gestatten der Fernsehübertragung als Einwilligung eingeordnet wird – angeknüpft und die Übertragung der Einwilligung erwogen um einen Rechtsübergang zu ermöglichen, vgl. *Waldhauser*, S. 235 f.; *Hoeren*, Anmerk. zu BGH, Beschl.v. 11.12.1997 – KVR 7/96 – Europapokalheimspiele, JR 1998, 332, 333; *Rodewald*, BB 1995, 2103, 2104. Hiergegen wird unter anderem eingewandt, „dass die Einwilligung als Verzicht auf die

komplexen Modellen beruhen, können jedoch bei näherer Betrachtung nicht überzeugen und sind letztlich als „Verlegenheitslösung[en]“ abzulehnen, mittels derer aus praktischen Erwägungen heraus die erstrebten Ergebnisse realisiert und legitimiert werden sollen.[834] Konstruktionen dieser Art sind letztlich zum Scheitern verurteilt, weil der Gesetzgeber der Verwertung von Sportveranstaltungen nach h.M. keinen eigenen Schutzbereich zugewiesen hat.[835] Die mangelnde Übertragbarkeit auf Fußballübertragungsrechte vermögen sie nicht zu beseitigen. Obgleich sich ein eigens eingeholtes Rechtsgutachten für die Normierung eines eigenständigen Leistungsschutzrechtes aussprach,[836] wurde in der Folgezeit kein entsprechender Gesetzesentwurf auf den Weg gebracht. Dies deutet darauf hin, dass man dem Veranstalter bei der medialen Vermarktung von Sportveranstaltungen die Schutzwürdigkeit absprach und die parlamentarischen Entscheidungsträger aus diesem Grund untätig blieben. Da § 108 Abs. 1 S. 2 InsO bei strenger Wortlautanwendung eine dingliche Übertragung des finanzierten Gegenstandes auf den Sicherungsnehmer erfordert und ein solcher Rechtsübergang nach h.M. bei Lizenzverträgen über Fußballübertragungsrechte nicht vollzogen wird, ist das Kriterium der Sicherungsübertragung i.S.d. § 108 Abs. 1 S. 2 InsO nicht erfüllt.[837]

(2) Ausnahme nach urheberrechtlichen Grundsätzen

Erörterungswürdig ist jedoch die Frage, ob dem Erfordernis einer Sicherungsübertragung auch ohne einen Rechtsübergang genügt werden kann. Konkret könnte es bereits als ausreichend erachtet werden, dass die aus dem Lizenzvertrag herrührenden Lizenzgebührenforderungen gegen den Lizenznehmer an das finanzierende Kreditinstitut als Sicherheit zediert werden. Insoweit scheint es zunächst denkbar, auch für die Materie der Fußballübertragungsrechte auf anerkannte

---

Ausübung (…) (scil: der dem Veranstalter zustehenden) Abwehrrecht[][e]“ keine Verfügungswirkung, sondern lediglich schuldrechtliche Wirkung entfalte, *Herr*, S. 50; *Schack*, AcP 195, 594, 597. Außerdem sei die Einwilligung nicht selbst übertragbar und überdies nicht erkennbar, für welche Rechtspositionen die angestrebte Übertragbarkeit der Einwilligung letztlich bestehen solle, *Lochmann*, S. 94.

834 Vgl. *Lochmann*, S. 95 unter Verweis auf *Ohly*, S. 160; *Herr*, S. 51.

835 Vgl. hierzu die treffenden Ausführungen bei *Lochmann*, S. 96, 99.

836 Vgl. *Hilty/Henning-Bodewig*, S. 87 ff.

837 Vgl. zum Erfordernis eines wirksamen dinglichen Geschäftes *Eckert*, in: MüKo, InsO, § 108 Rn. 49; *Schmid-Burgk/Ditz*, ZIP 1996, 1123, 1125; *Wegener*, in: Frankfurter Kommentar, § 108, Rn. 15b; a.A.: *Zeising*, KTS 2002, 367, 418, der im Rahmen des § 108 Abs. 1 S. 2 InsO auch eine Sicherungsabtretung genügen lässt und nicht das Vorliegen einer Vollrechtsübertragung verlangt.

Grundsätze zurückzugreifen, die im Urheberrecht im Rahmen einer ähnlich gelagerten Problematik entwickelt wurden. Denn auch dort bereitet die Sicherungsübertragung i.R.d. § 108 Abs. 1 S. 2 InsO deshalb Schwierigkeiten, weil § 29 Abs. 1 UrhG einer Übertragung auf Dritte entgegensteht. Im Schrifttum lässt man diesbezüglich eine weite Wortlautanwendung genügen und stellt an das Kriterium der Sicherungsübertragung i.S.d. § 108 Abs. 1 S. 2 InsO weniger strenge Voraussetzungen. Danach wird das Tatbestandsmerkmal der Sicherungsübertragung als erfüllt angesehen, obgleich nicht das Urheberrecht selbst auf den Sicherungsnehmer übertragen wird, sondern lediglich eine Einräumung des ausschließlichen Nutzungsrechts einschließlich des Rechts zur Unterlizenzierung erfolgt.[838] Im Bereich der Urheberrechte ist eine weniger strenge Wortlautauslegung für das Kriterium der Sicherungsübertragung grundsätzlich zu befürworten. Denn in Gestalt des ausschließlichen Nutzungsrechts i.S.d. § 31 Abs. 1, 3 UrhG erhält der Sicherungsnehmer auch ohne unmittelbare Übertragung des Urheberrechts eine Sicherheit mit dinglicher Wirkung gegen Dritte, die ihm im Verwertungsfall ausschließlich zugeordnet ist.[839] Hierfür spricht auch die Erwägung, dass das urheberrechtliche Werk – unabhängig von einer mangelnden Identität zwischen Urheberrecht und ausschließlichem Nutzungsrecht – letztlich der „Gegenstand" i.S.d. § 108 Abs. 1 S. 2 InsO ist, dessen Finanzierung besichert wird.[840]

Die gerade für den Bereich des Urheberrechts dargestellten Erwägungen, die zur Annahme einer Sicherungsübertragung i.R.d. § 108 Abs. 1 S. 2 InsO geführt haben, sind jedoch nicht auf Lizenzen an Fußballübertragungsrechten übertragbar. Denn nach h.M. in Rechtsprechung und Schrifttum entfalten selbst exklusive Lizenzen im Rahmen von Sportveranstaltungen keine dingliche Wirkung.[841] Im Verwertungsfall verfügt der Erwerber demnach über keine dingliche Rechtsposition, die er geltend machen kann. Nach herrschender Auffassung ist dies jedoch die notwendige Voraussetzung für eine Sicherungsübertragung.[842] Eine entsprechende Anwendung des § 108 Abs. 1 S. 2 InsO im Bereich der Fußballübertragungsrechte

838 *Wiedemann*, Rn. 1176 m.w.N.

839 Vgl. *Schulze*, in: Dreier/Schulze, § 31, Rn. 56; *Brandt*, NZI 2001, 337, 342 m.w.N.

840 *Rudolph*, in: Beck'scher Onlinekommentar UrhG, Sonderbereich Insolvenz, D. Rn. 90.

841 Vgl. OLG Hamburg, Urt.v. 11.10.2006 – 5 U 112/06, GRUR-RR 2007, 181 ff.; *Bröcker/Neun*, ZUM 1988, 766, 775.

842 *Schmid-Burgk/Ditz*, ZIP 1996, 1123, 1125; *Eckert*, in: MüKo, InsO, § 108 Rn. 49; *Wegener*, in: Frankfurter Kommentar, § 108, Rn. 15b; ebenso *Zeising*, KTS 2002, 367, 418, der jedoch keine Vollrechtsübertragung im Rahmen des § 108 Abs. 1 S. 2 InsO verlangt, sondern bereits eine Sicherungsabtretung genügen lässt.

scheitert im Ergebnis daran, dass derartigen Lizenzen nach h.M. lediglich bloß schuldrechtliche Wirkung zukommt.

(3) Übertragbarkeit nach modifiziertem hausrechtlichem Ansatz

Etwas anderes gilt jedoch nach dem oben dargestellten modifizierten Ansatz zum Hausrecht. Danach kann in Bezug auf audio-visuelles Bildmaterial unter bestimmten Voraussetzungen eine sachenrechtliche Zuordnung zum Grundstückseigentum erfolgen. Hierdurch wäre ein dinglicher Rechtserwerb auf Seiten des Sicherungsnehmers möglich. Damit wäre es zum einen denkbar, die zugunsten des Lizenznehmers bestellte beschränkt persönliche Dienstbarkeit durch ein Pfandrecht des Sicherungsnehmers nach den §§ 1274 ff. BGB zu belasten, oder hieran gemäß der §§ 1068 ff. BGB einen Sicherungsnießbrauch zu bestellen.[843] Zum anderen könnte aber auch eine beschränkt persönliche Dienstbarkeit zugunsten mehrerer Berechtigter bestellt werden. In diesem Fall wäre der Sicherungsnehmer neben dem Lizenznehmer in eigener Person Dienstbarkeitsberechtigter. Durch diesen dinglichen Rechtserwerb würden die Voraussetzungen der Sicherungsübertragung i.S.d. § 108 Abs. 1 S. 2 InsO erfüllt werden, so dass die Norm in Bezug auf Lizenzverträge über Fußballübertragungsrechte anwendbar bliebe. Nach dem modifizierten hausrechtlichen Ansatz wären Lizenzverträge über Fußballübertragungsrechte daher insolvenzfest, sofern die übrigen Voraussetzungen des § 108 Abs. 1 S. 2 InsO erfüllt würden. Aufgrund der Insolvenzfestigkeit würde dem Streitstand um die Zulässigkeit insolvenzabhängiger Lösungsklauseln insoweit die Entscheidungserheblichkeit genommen werden. Denn im Rahmen eines fremdfinanzierten Lizenzerwerbs wäre ohnehin kein Wahlrecht aus § 103 Abs. 1 InsO eröffnet, so dass für eine Unwirksamkeit nach § 119 InsO kein Raum bliebe.

dd) Lizenzgebereigenschaft des Schuldners

Bei entsprechender Anwendung auf Lizenzverträge über Fußballübertragungsrechte, die nach dem modifizierten hausrechtlichen Ansatz möglich ist, werden einzig Sachlagen erfasst, in denen der Lizenzgeber die tatbestandlichen Voraussetzungen der Vorschrift erfüllt.

843 Einer Pfändbarkeit stehen nicht §§ 1274 Abs. 2, 1092 Abs. 1 S. 1 BGB entgegen. Denn nach § 1092 Abs. 2 i.V.m. § 1059 a Abs. 1 BGB sind beschränkt persönliche Dienstbarkeiten, die für juristische Personen bestellt wurden, übertragbar. Für beschränkt persönliche Dienstbarkeiten zugunsten von Personengesellschaften gilt gem. § 1092 Abs. 2 BGB i.V.m. § 1059 a Abs. 2 BGB dasselbe.

ee) Lizenznehmereigenschaft des Schuldners

Fraglich ist aber, ob § 108 Abs. 1 S. 2 InsO ebenfalls in der Konstellation analoge Anwendung finden kann, in der die Voraussetzungen auf Lizenznehmerseite eintreten. Der Wortlaut der Norm betrifft unmittelbar lediglich die Situation, in der der (insolvente) Lizenzgeber einem Kreditinstitut die Lizenzen als Sicherheit für die Darlehensgewährung übertragen hat. Dieser Fall ist für den Bereich der Fußballübertragungsrechte aber nicht von alleiniger Bedeutung. Zwar ist auf Seiten der Vereine ein gesteigertes Bedürfnis an einer Anwendbarkeit des § 108 Abs. 1 S. 2 InsO vorhanden. Aber zumindest im Falle der DFL, der nach h.M. ebenfalls die Stellung als lizenzgebender Mitveranstalter zukommt, ist kaum denkbar, dass diese in Insolvenz gerät oder dauerhaft auf eine Fremdfinanzierung angewiesen ist. Von besonderem Interesse sind vielmehr auch die Sachverhalte, in denen die Finanzierung, die Besicherung und eine spätere Insolvenz nicht auf Lizenzgeber-, sondern auf Lizenznehmerseite stattgefunden hat. TV-Sender oder Sportrechtevermarkter haben einen hohen Refinanzierungsbedarf und sehen sich im gleichen Maße wie die Vereine einem potenziellen Insolvenzrisiko ausgesetzt. Daher sind auch die Fälle von Bedeutung, in denen der Lizenznehmer die Voraussetzungen des § 108 Abs. 1 S. 2 InsO verwirklicht. Für eine Anwendbarkeit auf diese Konstellationen kann zunächst die gesetzgeberische Intention angeführt werden. Danach sollen die Refinanzierungsmöglichkeiten mittelständischer (Leasing-) Unternehmen erhalten werden, die andernfalls – bei Eingreifen des Insolvenzverwalterwahlrechts – entwertet gewesen wären.[844] Die Vorschrift beabsichtigt, der Gegenleistung, die der Kreditnehmer von dessen Vertragspartner erhält, die Eignung als Sicherungsgut zukommen zu lassen, indem diese weder durch Insolvenzeröffnung noch durch Ausübung des Insolvenzverwalterwahlrechts in ihrem Bestand beeinträchtigt wird.[845] Im Hinblick auf die intendierte Verbesserung der Refinanzierungsmöglichkeiten ist kein relevanter Unterschied erkennbar, ob der Kreditnehmer in der Eigenschaft eines Lizenzgebers oder eines Lizenznehmers Sicherheiten auf den Kreditgeber überträgt. Für eine Erstreckung des § 108 Abs. 1 S. 2 InsO auch auf Lizenznehmer spricht darüber hinaus, dass eine starre Fixierung auf Lizenzgeber auch deshalb nicht praktikabel wäre, weil der Lizenznehmer in Lizenzketten regelmäßig eine Art Doppelstellung einnimmt: Im Verhältnis zu seinem Lizenzgeber ist er Lizenznehmer, zugleich handelt er aber im Falle einer Sublizenzierung als Sublizenzgeber im Verhältnis zu seinem Sublizenznehmer.

---

844 Vgl. Beschlussempfehlung und Bericht des Rechtsausschusses, BT-Drs. 13/4699, S. 6.

845 Ähnlich *Zeising*, KTS 2002, 367, 417 f.

Die rechtliche Qualifikation hängt damit regelmäßig in gewissem Umfang von Unwägbar- bzw. Zufälligkeiten ab. Eine Ausdehnung des Anwendungsbereichs kann auch nicht unter Verweis auf dessen Ausnahmecharakter versagt werden. Denn diesem Gesichtspunkt kann bereits durch eine entsprechend enge Auslegung der übrigen Tatbestandsvoraussetzungen hinreichend Rechnung getragen werden. Ferner sind auch keinerlei Anhaltspunkte dafür ersichtlich, dass der Gesetzgeber bewusst die Nichtanwendbarkeit des § 108 Abs. 1 S. 2 InsO auf Lizenznehmer angeordnet hätte. Vor diesem Hintergrund sprechen gute Gründe dafür, den Anwendungsbereich des § 108 Abs. 1 S. 2 InsO im Bereich der Fußballübertragungsrechte auch auf Lizenznehmerseite zu erstrecken.[846]

d. Faktische Entwertung infolge insolvenzrechtlicher Anfechtbarkeit nach Grundsätzen zum „Werthaltigmachen" von Forderungen?

Nimmt man mit der hier vertretenen Auffassung an, dass § 108 Abs. 1 S. 2 InsO auf Grundlage des modifizierten hausrechtlichen Ansatzes grundsätzlich im Rahmen der Finanzierung von Lizenzen an Fußballübertragungsrechten anwendbar ist, so schließt sich eine weitere Frage an. Denn im Schrifttum wird vereinzelt der Gedanke aufgeworfen, dass die gesetzlich in § 108 Abs. 1 S. 2 InsO angeordnete Insolvenzfestigkeit nach den §§ 129 ff. InsO wieder anfechtungsrechtlich beseitigt werden könnte. Die genannte Auffassung nimmt an, dass auch Leistungen, die im Anwendungsbereich des § 108 Abs. 1 S. 2 InsO nach Insolvenzeintritt erbracht werden, unter anfechtungsrechtlichem Blickwinkel Relevanz erlangen. Dem liegt die Überlegung zugrunde, dass Leistungshandlungen, die die Werthaltigkeit der Ansprüche des Vertragspartners herbeiführen, Rechtshandlungen i.S.d. § 129 InsO darstellen, die zulasten der Insolvenzmasse gehen. Übertrüge man diese Überlegungen konsequent auf die Fälle des § 108 Abs. 1 S. 2 InsO und ließe eine Anfechtung nach den §§ 129 ff. InsO zu, so gingen die auf den Sicherungsnehmer übertragenen Sicherheiten – trotz der gesetzlich angeordneten Insolvenzfestigkeit – ab Insolvenzeröffnung verloren. Die hiervon betroffenen Kreditinstitute ständen im Endergebnis weitgehend ohne Sicherheiten da.[847] Dies entspräche der Rechtslage vor Einfügung des § 108 Abs. 1 S. 2 InsO. Nachfolgend werden die Rechtsprechungsgrundsätze dargestellt, die unter dem Gesichtspunkt des Werthaltigmachens von Forderungen zur insolvenzrechtlichen Anfechtung berechtigen.

---

846 So im Ergebnis für Lizenzverträge im Allgemeinen auch *Wiedemann*, Rn. 1177. Für die entsprechende Anwendung des § 108 Abs. 1 S. 2 InsO auf Lizenznehmerseite ebenfalls *Kreuzer*, in: Loewenheim, § 95, Rn. 143.

847 *Hölzle/Geßner*, ZIP 2009, 1641, 1647.

Sodann wird erörtert, ob diese vom BGH erarbeiteten Rechtsprechungsleitlinien auf die von § 108 Abs. 1 S. 2 InsO erfassten Fallkonstellationen Anwendung finden können.

aa) Rechtsprechungsgrundsätze zum „Werthaltigmachen" von Forderungen

Besagte Mindermeinung erachtet die insolvenzrechtliche Anfechtbarkeit deshalb als möglich, weil sie die Rechtsprechungsgrundsätze zum „Werthaltigmachen" von Forderungen[848] – die der BGH ursprünglich i.R.d. Werkvertragsrechts entwickelt hat – auch auf andere Vertragstypen überträgt. Nach diesen Rechtsprechungsgrundsätzen werden nicht nur der Vertragsschluss selbst, sondern auch rechtsgeschäftliche Handlungen und Realakte als insolvenzrechtlich anfechtbare Rechtshandlungen bewertet.[849] Danach soll auch dann eine Anfechtbarkeit gem. §§ 130, 131 InsO bestehen, wenn die fehlende Fälligkeit der Gegenleistung oder die Einrede aus § 320 BGB durch Erfüllungshandlungen des Schuldners ausgeräumt wird und die Forderung deshalb für den Sicherungsnehmer an Wert gewinnt.[850] Eine Anfechtbarkeit besteht hinsichtlich solcher Forderungen, die innerhalb eines Zeitraumes von drei Monaten vor sowie nach Stellung des Eröffnungsantrages werthaltig werden. Im Falle von Lizenzverträgen über Fußballübertragungsrechte wird der typischerweise in Raten fällig werdende Anspruch auf Entrichtung der Lizenzgebühren dadurch werthaltig, dass die weitere Ausrichtung der Bundesligaspiele erfolgt. Bei Insolvenz des Lizenzgebers müsste der Spielbetrieb aber aus Mitteln der Insolvenzmasse aufrechterhalten werden. Nach den oben genannten Maßstäben wäre daher auch insoweit eine Anfechtbarkeit zu bejahen. Die dem Sicherungsnehmer gewährten Sicherheiten würden infolgedessen zumindest teilweise verloren gehen.[851]

bb) Übertragbarkeit auf Konstellationen des § 108 Abs. 1 S. 2 InsO

Für eine Anwendung der Rechtsprungsgrundsätze zum „Werthaltigmachen" von Forderungen ist aber in Bezug auf § 108 Abs. 1 S. 2 InsO kein Raum. Denn ein solches Vorgehen liefe dem erklärten Ziel des Gesetzgebers klar zuwider. Ausweislich der Gesetzesmaterialien zu § 108 Abs. 1 S. 2 InsO bestand das gesetzgeberische Motiv

848 BGH, Urt.v. 29.11.2007 – IX ZR 30/07, NJW 2008, 430, 434.

849 BGH, a.a.O.; vgl. *Hölzle/Geßner*, ZIP 2009, 1641, 1645.

850 BGH, a.a.O.

851 Vgl. für die Konstellation von Leasingverträgen, *Hölzle/Geßner*, ZIP 2009, 1641, 1647.

gerade eben in einer Verbesserung der Refinanzierungsmöglichkeiten.[852] Für den von der Ausnahmevorschrift erfassten Bereich wollte der Gesetzgeber die Frage der Insolvenzfestigkeit nicht der Rechtsprechung überlassen, sondern hat diese Frage durch die Aufnahme der betreffenden Regelung in die Insolvenzordnung selbst geregelt. Eine Anwendung besagter Rechtsprechungsgrundsätze würde bewirken, dass die in § 108 Abs. 1 S. 2 InsO angeordnete Insolvenzfestigkeit über den Umweg des Anfechtungsrechts ausgehebelt würde und die Refinanzierungsmöglichkeiten betroffener Unternehmen wieder schwerwiegend beeinträchtigt wären. Im Rahmen der Reform des Anfechtungsrechts hat jedoch bereits die Kommission für Insolvenzrecht deutlich gemacht, dass die Anwendung der Anfechtungsregeln keine Gefährdung der Kreditversorgung der Wirtschaft auslösen darf.[853] Aus den genannten Gründen ist anzunehmen, dass die nach § 108 Abs. 1 S. 2 InsO bestehende Insolvenzfestigkeit nicht durch eine spätere insolvenzrechtliche Anfechtung nach den Grundsätzen zum „Werthaltigmachen" von Forderungen beseitigt werden kann.

V. Zulässiger Inhalt von Lösungsklauseln in Lizenzverträgen über Fußballübertragungsrechte

Auf Grundlage der bislang im Rahmen des 4. Kapitels gewonnenen Erkenntnisse kann die Frage der Zulässigkeit insolvenzabhängiger Lösungsklauseln im Bereich der Fußballübertragungsrechte beantwortet werden. Nach vorzugswürdiger Auffassung sind derartige Klauseln in den Lizenzverträgen zur medialen Vermarktung der Fußball-Bundesliga unwirksam.[854] Gem. § 119 InsO sind Klauseln unzulässig, die unmittelbar an die Stellung des Insolvenzantrages, die Zahlungseinstellung oder die Insolvenzeröffnung anknüpfen. Aufgrund der entsprechenden Anwendbarkeit des § 112 InsO auf Lizenzverträge über Fußballübertragungsrechte darf bei Kündigungsgründen, die auf Lizenzgeberseite zur Kündigung berechtigen, auch nicht auf einen vor dem Insolvenzeröffnungsantrag eingetretenen Zahlungsverzug und eine Vermögensverschlechterung abgestellt werden. Im Zuge der damaligen

852 Vgl. Beschlussempfehlung und Bericht des Rechtsausschusses, BT-Drs. 13/4699, S. 1, 6.

853 BMJ, Erster Bericht der Kommission für Insolvenzrecht, S. 400.

854 *Körber*, in: Adophsen/Nolte/Lehner/Gerlinger, Rn. 2584, 2588 verneint die Möglichkeit einer ordentlichen Kündbarkeit und lässt nur Kündigungen aus wichtigem Grund zu.

Kirch-Insolvenz erfolgte auch von Seiten der DFL letztlich keine Kündigung des Lizenzvertrages, nachdem eine Prüfung der Rechtslage vorausgegangen war.[855]

Nach den oben getroffenen Feststellungen sind jedoch allgemein solche Klauseln zulässig, die auf die Unzumutbarkeit der weiteren Vertragsdurchführung abstellen.[856] Diese Grundsätze sind auf den Bereich der Fußballübertragungsrechte übertragbar.[857] Eine außerordentliche Kündigung wäre nach diesem Maßstab etwa bei Verletzung der vertraglich zugesicherten Exklusivität,[858] der Produktion von mangelhaftem Bild- oder Tonmaterial, einem Verstoß gegen Verschwiegenheitspflichten oder einer vergleichbar schwerwiegenden Pflichtverletzung denkbar, die ein weiteres Festhalten am Lizenzvertrag als unzumutbar erscheinen lässt.[859]

Folgt man dem modifizierten hausrechtlichen Ansatz, so wären Lizenzverträge über Fußballübertragungsrechte bereits nach § 108 Abs. 1 S. 2 InsO insolvenfest. Da das Insolvenzverwalterwahlrecht ohnehin nicht eröffnet wäre, käme dem Streitstand um die Zulässigkeit insolvenzabhängiger Lösungsklauseln keine Entscheidungserheblichkeit mehr zu.

C. Rechtsfolgen bei Beendigung des Lizenzvertrags

I. Geltung des Abstraktionsprinzips im Immaterialgüterrecht

Die Geltung des Abstraktionsprinzips wird im Immaterialgüterrecht kontrovers diskutiert, da hiervon weitreichende Folgen für die Vertragsparteien ausgehen.[860] Wird das Vertragsverhältnis beendet, ist der Lizenzvertrag unwirksam oder entfällt die vertragliche Grundlage aus einem anderen Grund, so ist von besonderem Interesse, welche Auswirkungen sich hieraus in Bezug auf erteilte Lizenzen ergeben. Findet das Abstraktionsprinzip Anwendung, dann werden die erteilten

855 *Elter*, S. 347; vgl. *Schilhaneck*, S. 84.

856 BGH, Urt.v. 17.11.2005 – IX ZR 162/04, NJW 2006, 915, 917 – Softwarenutzungsrecht.

857 Vgl. *Herr*, S. 130 f. der eine Kündigungsmöglichkeit etwa zulassen will bei Verletzung der Ausstrahlungspflicht oder des Vorspiegelns falscher Tatsachen.

858 Vgl. zur Bedeutung der Exklusivität der Rechte: *Elter*, S. 50; *Herr*, S. 56. Insbesondere für Pay-TV-Sender ist die Exklusivität der Spielübertragungen von herausgehobener Bedeutung um sportbegeisterte Kunden zu werben, vgl. *Körber*, in: Adolphsen/Nolte/Lehner/Gerlinger, Rn. 2533.

859 *Körber*, in: Adophsen/Nolte/Lehner/Gerlinger, Rn. 2588.

860 Vgl. statt vieler: *Oechsler*, FS für Reuter, S. 245 ff.

Lizenzen nicht unmittelbar von dem Entfallen des schuldrechtlichen Lizenzvertrages berührt. Gilt dagegen das nur im Bereich des Verlagsrechts in § 9 VerlG explizit gesetzlich vorgesehene Kausalitätsprinzip, dann stehen und fallen die Lizenzen unmittelbar mit der zwischen den Vertragsparteien getroffenen Vertragsvereinbarung.[861]

Bei Anwendung des Abstraktionsprinzips könnten der Lizenznehmer und etwaige Sublizenznehmer weiterhin die Lizenzen nutzen, obwohl diesen die schuldrechtliche Nutzungsberechtigung hierzu fehlt. Die Nutzungsmöglichkeit bestünde solange fort, bis das (dinglich) eingeräumte Lizenzrecht und etwaige Sublizenzen wieder auf den Lizenzgeber rückübertragen wären. Dieser Rechtszustand würde Lizenznehmern und etwaigen Sublizenznehmern zum Vorteil gereichen. Für den Lizenzgeber bestünde hierin deshalb eine Belastung weil er außer Stande wäre die Lizenzen an einen anderen Erwerber neu zu vergeben, ohne dass ihm zuvor die Lizenzen von Lizenznehmer- oder Sublizenznehmerseite zurückübertragen werden.[862]

Unter Zugrundelegung des Kausalitätsprinzips wäre der Lizenzgeber hingegen nach Beendigung des Lizenzvertrages automatisch wieder Inhaber der Lizenzen. Er wäre damit im Stande, die Lizenzen schnellstmöglich an andere Erwerber neu zu vergeben. Hierdurch würde umgekehrt der Lizenznehmer enorm in seiner Rechtsstellung beeinträchtigt werden, da das Lizenzrecht regelmäßig die unabdingbare Grundlage für dessen weiteren Geschäftsbetrieb ist.[863] Gleiches würde für Sublizenznehmer gelten. Deren Lizenzen würden ebenfalls automatisch und unerwartet[864] erlöschen, obgleich das zwischen ihnen und dem Sublizenzgeber bestehende Rechtsverhältnis rechtlich wirksam bliebe.

Da gerade im Immaterialgüterrecht eine Vielzahl unterschiedlicher Sachverhaltskonstellationen denkbar sind, müssen regelmäßig interessengerechte Einzelfalllösungen gefunden werden. Für die Anwendung des Kausalitätsprinzips kann der in § 31 Abs. 5 UrhG normierte Zweckübertragungsgedanke angeführt

861 Ausführlich zur historischen Entstehungsgeschichte des § 9 VerlG: *Oechsler*, FS Reuter, S. 245, 247 ff.

862 Gegen ein besonderes Schutzbedürfnis des Urhebers spricht hingegen, dass die Interessen des Lizenzgebers ohnehin durch die gesamtschuldnerische Haftung von Lizenznehmer und Sublizenznehmer aus § 34 Abs. 4 UrhG gewahrt werden. Vgl. *Hausmann*, ZUM 1999, 914, 921.

863 Vgl. *Wiedemann*, Rn. 1213.

864 Ein Lizenzverlust träfe den Sublizenznehmer häufig deshalb unvorhergesehen, weil dieser in der Regel keine detaillierten Kenntnisse über Vertragsinhalte des „übergeordneten“ Lizenzvertragsverhältnisses hat.

werden. Dieser soll eine angemessene finanzielle Beteiligung des Urhebers sicherstellen.[865] Dagegen sprechen Erwägungen des Verkehrsschutzes[866] ebenso für die Geltung des Abstraktionsprinzips wie eine Gegenüberstellung von Immaterialgüterrechten mit anderen Wirtschaftsgütern, auf die dieser Grundsatz anerkanntermaßen Anwendung findet.[867] Da auch die Rechtsprechung seit langer Zeit keine einheitliche Linie erkennen lässt, sieht sich der Rechtsanwender diesbezüglich einer nahezu unüberschaubaren Einzelfallkasuistik ausgesetzt.[868] Eine umfassende

---

865 Vgl. im Zusammenhang mit einer auflösenden Bedingung, durch die die Wirkungen des Abstraktionsprinzips umgangen werden sollen, BGH, Urt.v. 19.07.2012 – I ZR 70/10, NJW 2012, 3301, 3302 – M2Trade; zum Zweckübertragungsgedanken vgl. auch *Schulze*, in: Dreier/Schulze, UrhG, § 31, Rn. 110 ff.

866 *Forkel*, S. 161 m.w.N. Gerade in sog. Lizenz- bzw. Rechteketten, bei denen die mehrfache Sublizenzierung von Lizenzrechten erfolgt, würde andernfalls ein automatischer Rechterückfall zu bedenklichen Härtefällen führen. Unabhängig von dem Verlust der erworbenen Lizenz, welche unter Umständen unabdingbar für den weiteren Unternehmensbetrieb ist, sieht sich der Lizenznehmer in Lizenzketten gegebenenfalls einem enormen Haftungsrisiko ausgesetzt. Die mit einem Rechterückfall einhergehenden Schadensersatzansprüche können die ursprüngliche Lizenzkette schnell in eine Haftungskette verwandeln und einen Dominoeffekt bewirken. Ausführlich hierzu *Schwarz/Klinger*, UFITA 138, 29, 47. Immer dann, wenn der (Sub-) Lizenzgeber außer Stande ist den gegen ihn gerichteten Schadensersatzanspruch wegen Nichterfüllung – dem er gegenüber seinem (Sub-) Lizenznehmer ausgesetzt ist – wiederum seinem eigenen Lizenzgeber aufzubürden, läuft er selbst Gefahr in Insolvenz zu geraten, vgl. *Schwarz/Klinger*, UFITA 138, 29, 47. Denn einem Lizenzgeber, der selbst (Sub-) Lizenznehmer innerhalb einer Rechtekette ist, drohen selbst dann Regressansprüche, wenn der Rechterückfall in einem vorhergehenden Glied der Kette verursacht wurde und er weder eigene Einflussmöglichkeiten hat noch sonst irgendeine Verantwortung hierfür trägt.

867 Stellt man im Rahmen einer vergleichenden Betrachtung Lizenzrechte anderen Wirtschaftsgütern gegenüber, so wird auch die Frage aufgeworfen, aus welchen Erwägungen und mit welcher Rechtfertigung eine Schlechterstellung des Lizenznehmers im Vergleich zu demjenigen, der eine bewegliche Sache käuflich erworben hat, als legitim erscheint. Denn Letzterer kommt in den Genuss der Geltung des Abstraktionsprinzips, vgl. *Plath*, CR 2005, 613, 614 f. m.w.N.

868 In der sog. „Die Privatsekretärin"-Entscheidung hat der BGH zwar die grundsätzliche Geltung des Abstraktionsprinzips bejaht, doch hat er gleichzeitig betont, dass das in § 9 VerlG normierte Kausalitätsprinzip im Einzelfall auch auf andere Urheberrechtsverträge Anwendung finden könne, wenn die Interessenlage mit der im Verlagsrecht gegebenen Interessenlage im „Wesenskern" übereinstimme, BGH, Urt.v. 15.04.1958 – I ZR 31/57, NJW 1958, 1583, 1584. Zur Bestimmung einer im Wesenskern vergleichbaren Interessenlage zog der BGH maßgeblich das Vorliegen

Darstellung der vorhandenen Einzelfallkasuistik würde den Rahmen dieser Arbeit sprengen und soll nicht Gegenstand der weiteren Ausführungen sein. Exemplarisch für die bislang herrschende Rechtsunsicherheit[869] und die schwerwiegenden Folgewirkungen, die von der Geltung des Abstraktionsprinzips ausgehen, werden zwei anschauliche Rechtsprechungsbeispiele dargestellt. Danach erfolgt die Erörterung einer aktuellen Grundsatzentscheidung, die unter Umständen klarstellende Wirkung entfaltet. Im Anschluss hieran wird eine mögliche Anwendung des Abstraktionsprinzips im Bereich der Lizenzen an Fußballübertragungsrechten beleuchtet.

1. „Kinderfernseh-Sendereihe"-Entscheidung[870]

In der Entscheidung „Kinderfernseh-Sendereihe" hatte das OLG Hamburg über eine Fallkonstellation zu befinden, bei der ein Komponist und Musikproduzent Urheber von Audiomaterial war, das speziell für eine Kinderfernseh-Sendereihe produziert wurde. Die Nutzungsrechte an den fertig produzierten Kinderliedern

---

einer Vervielfältigungs- und Verbreitungspflicht sowie das übernommene wirtschaftliche Risiko heran. Aufgrund dessen hat die „Die Privatsekretärin"-Entscheidung nicht maßgeblich zur Schaffung von Rechtssicherheit beigetragen. Kritisch insoweit auch *Forkel*, S. 160. Beispielhaft für die vorhandene Rechtsunsicherheit sind die Ausführungen des OLG Karlsruhe, Urt.v. 25.10.2006 – 6 U 174/05, NJOZ 2007, 2089, 2093: „Entgegen der Darstellung des Bekl. zu 2 war die Rechtslage in Bezug auf eine Geltung des Abstraktionsprinzips beim Vertrag zwischen ausübendem Künstler und Musikproduzent keineswegs eindeutig. Der Entscheidung „Die Privatsekretärin" des BGH konnte allenfalls entnommen werden, dass der BGH im Jahre 1958 – und somit vor dem In-Kraft-Treten des UrhG – von einer grundsätzlichen Geltung des Abstraktionsprinzips im Urheberrecht ausging. In der Entscheidung wird jedoch zugleich ausgeführt, eine analoge Anwendung des § 9 Abs. 1 VerlG komme in anderen Bereichen des Urhebervertragsrechts durchaus in Betracht." Ausweislich der Stellungnahme des Bundesrates zu dem seinerzeit geplanten § 108 a InsO ging man in dem Gesetzgebungsverfahren – entgegen der in der „Die Privatsekretärin"-Entscheidung des BGH bejahten Geltung des Abstraktionsprinzips – von der grundsätzlichen Geltung des Kausalitätsprinzips aus, vgl. Gesetzentwurf zur Entschuldung mittelloser Personen, zur Stärkung der Gläubigerrechte sowie zur Regelung der Insolvenzfestigkeit von Lizenzen, BT-Drs. 16/7416, S. 53.

869 *Srocke* GRUR 2008, 867, 868 spricht von einer „enorme[n] Rechtsunsicherheit"; *Weber/Hötzl*, NZI 2011, 432, 437 vermissen ein „übergreifendes dogmatisches Konzept" und eine „auch nur ansatzweise[] gefestigte Rechtsprechung".

870 OLG Hamburg, Urt.v. 15.03.2001 – 3 U 57/99, NJW-RR 2002, 402 ff. – Kinderfernseh-Sendereihe.

übertrug der Urheber auf eine zwischengeschaltete Produktionsfirma, die im Rahmen einer Rechtekette wiederum dem ausstrahlenden Fernsehsender die Nutzungsrechte einräumte. Nachdem die Produktionsfirma nicht das vertraglich vereinbarte Pauschalhonorar zahlte, erklärte der Urheber dieser gegenüber den Rücktritt vom Lizenzvertrag. Infolgedessen forderte der Urheber auch den Fernsehsender als Sublizenznehmer dazu auf, die Ausstrahlung derjenigen Kindersendungen zu unterlassen, die einschlägiges Audiomaterial enthielten.

Dieser wandte hiergegen ein, dass der gegenüber der Produktionsfirma erklärte Rücktritt aufgrund der Geltung des Abstraktionsprinzips keine Auswirkung auf die eingeräumten Lizenzrechte habe. Das OLG Hamburg untersagte die weitere Ausstrahlung von streitgegenständlichem Audiomaterial und verneinte im Ergebnis die Geltung des Abstraktionsprinzips im Urheberrecht. Diese Entscheidung stützte das Gericht vorwiegend auf den urheberrechtlichen Zweckbindungsgedanken. Hieraus lasse sich für das gesamte Urheberrecht der Grundgedanke herleiten, dass die urheber- und leistungsschutzrechtlichen Nutzungsrechte im Zweifel weitestgehend beim Urheber verbleiben, um diesen in angemessener Weise an den Erlösen seines Werkes zu beteiligen.[871] Durch den vom Urheber erklärten Rücktritt erlösche das Nutzungsrecht der Produktionsfirma und damit auch das Nutzungsrecht des Fernsehsenders als Sublizenznehmer. Die Anwendung des Abstraktionsprinzips sei abzulehnen, da diese zu einer Privilegierung des beklagten Fernsehsenders als Sublizenznehmer gegenüber dem Urheber führen würde und daher der zentralen Wertung des Urheberrechts zuwiderlaufe, die (wirtschaftlichen) Interessen des Urhebers, zu schützen.[872] Der Sublizenznehmer sei durch das Entfallen der Sublizenz auch nicht unzumutbar beeinträchtigt, da es ihm möglich sei, sich für diesen Fall vertraglich abzusichern.[873] Die Quintessenz der vom 3. Senat des OLG Hamburg getroffenen Aussage besteht darin, dass der Sublizenznehmer einen Verlust seiner Lizenzrechte hinzunehmen hatte, obwohl die eigentliche Vertragsstörung ausschließlich das „vorgelagerte" Vertragsverhältnis zwischen Urheber und Produktionsfirma betraf.

871 OLG Hamburg, Urt.v. 15.03.2001 – 3 U 57/99, NJW-RR 2002, 402, 403 – Kinderfernseh-Sendereihe.

872 Vgl. OLG Hamburg, Urt.v. 15.03.2001 – 3 U 57/99, NJW-RR 2002, 402, 404 – Kinderfernseh-Sendereihe.

873 OLG Hamburg a.a.O.

2. „Reifen Progressiv"-Entscheidung[874]

In der Entscheidung in Sachen „Reifen Progressiv" hat sich der BGH dagegen für die partielle Anwendung des Abstraktionsprinzips ausgesprochen.[875] Der Entscheidung lag ein Sachverhalt zugrunde, bei der der Urheber eine für den Reifenfachhandel bestimmte Spezialsoftware namens „Reifen Progressiv" entwickelt und das ausschließliche Lizenzrecht hieran einem Softwareunternehmen eingeräumt hatte. Gleichzeitig stimmte der Urheber der Einräumung von einfachen Nutzungsrechten durch das Softwareunternehmen an Dritte zu. Dieses räumte sodann einem Reifenhändler ein einfaches Nutzungsrecht in Form einer Sublizenz ein. Nachdem das Softwareunternehmen in Insolvenz geraten war, machte der Urheber von seinem Rückrufsrecht wegen Nichtausübung i.S.d. § 41 UrhG Gebrauch. Streitentscheidend war damit die Frage, ob der Bestand des einfachen von dem des ausschließlichen Nutzungsrechts abstrakt ist oder gleichzeitig mit dem Rückruf entfällt. Der erste Senat führte diesbezüglich aus, dass „jedenfalls" bei Rückruf eines ausschließlichen Nutzungsrechts das Abstraktionsprinzip Anwendung finde und dazu führe, dass das einfache Nutzungsrecht bestehen bleibe.[876]

Im Rahmen der Entscheidungsfindung erfolgte eine Interessenabwägung. Hierbei berücksichtigte der Senat die aus § 41 UrhG fließenden Wertungen und führte aus, dass § 41 UrhG keine ausdrückliche Aussage dazu treffe, ob mit Rückruf des ausschließlichen Nutzungsrechts auch die hieraus abgeleiteten einfachen Nutzungsrechte erlöschen würden oder bestehen blieben. Da die Vorschrift nicht zwischen ausschließlichen Lizenzrechten erster Stufe und ausschließlichen Sublizenzrechten unterscheide, könne der Urheber auch gegenüber einem ausschließlichen Sublizenznehmer den Rückruf nach § 41 UrhG erklären. Erforderlich sei aber, dass ein ausschließliches Nutzungsrecht betroffen sei. Das sog. Rückrufsrecht aus § 41 UrhG sei darauf gerichtet das ideelle Verbreitungs- und materielle Verwertungsinteresse des Urhebers bei Nichtausübung zu schützen.

---

874 BGH, Urt. v. 26.03.2009 – I ZR 153/06, NJW-RR 2010, 186 ff. – Reifen Progessiv.

875 Den nachfolgend wörtlich wiedergegebenen Urteilsausführungen ist zu entnehmen, dass der BGH in der „Reifen Progressiv"-Entscheidung nicht ohne weiteres von einer grundsätzlichen Geltung des Abstraktionsprinzips im Urheberrecht ausgeht: „Jedenfalls für den hier zu beurteilenden Fall des wirksamen Rückrufs eines ausschließlichen Nutzungsrechts nach § 41 UrhG teilt der Senat die (…) Ansicht, dass die vom ausschließlichen Nutzungsrecht abgeleiteten einfachen Nutzungsrechte nicht an den Urheber zurückfallen." BGH, Urt.v. 26.03.2009 – I ZR 153/06, NJW-RR 2010, 186, 188 – Reifen Progressiv.

876 BGH, a.a.O.

Dieses bestehe deshalb, weil dem Urheber nach Einräumung einer ausschließlichen Lizenz eine anderweitige Nutzung versperrt sei. Bei einem einfachen Nutzungsrecht könne hingegen weiterhin eine anderweitige Nutzung erfolgen, so dass in diesem Falle nicht die Ratio des § 41 UrhG eingreife und der Urheber bei einfachen Nutzungsrechten daher weniger schutzbedürftig sei. Darüber hinaus habe der Urheber selbst gem. § 35 Abs. 1 S. 1 UrhG der Erteilung weiterer Nutzungsrechte zugestimmt. Nach Abwägung der widerstreitenden Interessen sei daher akzeptabel, dass der Urheber im Falle des Rückrufs ein mit einem einfachen Nutzungsrecht belastetes ausschließliches Nutzungsrecht zurückerhalte.[877]

Die Anwendung des Abstraktionsprinzips führte in der „Reifen Progressiv"-Entscheidung dazu, dass der Bestand der Sublizenz unberührt blieb und der Sublizenznehmer das ihm eingeräumte Lizenzrecht auch nach Rückruf durch den Urheber weiterhin nutzen konnte. Daraus folgte eine Beeinträchtigung i.R.d. Neuvergabe der Nutzungsrechte. Denn der Urheber war insoweit beschränkt, als er lediglich im Stande war, einem anderen Erwerber ein mit einem einfachen Nutzungsrecht belastetes ausschließliches Lizenzrecht einzuräumen.

3. Klarheit durch „M2Trade"-Entscheidung?[878]

a. Erschwernisse bei der Erarbeitung einheitlicher Grundsätze

Aufgrund der Vielgestaltigkeit denkbarer Konstellationen, die in Lizenzketten auftreten können, lassen sich in bestimmten Fällen gute Gründe für eine Anwendung des Abstraktionsprinzips anführen. In anderen Fällen führt dagegen das Kausalitätsprinzip bei lizenzvertraglichen Streitpunkten zu interessengerechten Ergebnissen. Dieser Grundgedanke könnte auch den damaligen Gesetzgeber dazu bewogen haben, keine gesetzliche Kodifizierung des Abstraktionsprinzips im Immaterialgüterrecht vorzunehmen. Der Gesetzesentwurf zur Stärkung der vertraglichen Stellung von Urhebern und ausübenden Künstlern spricht für diese Sichtweise. Denn dort wird erkennbar, dass die Kernfrage, ob die Sublizenz fortbesteht, wenn die Hauptlizenz erlischt, „der Rechtsprechung zur Klärung überlassen bleiben" soll.[879] Infolgedessen wurde auf eine gesetzgeberische Grundentscheidung verzichtet. Die Rechtsprechung hat daher passende Lösungen

877 BGH, Urt.v. 26.03.2009 – I ZR 153/06, NJW-RR 2010, 186, 189 – Reifen Progressiv.
878 BGH, Urt.v. 19.07.2012 – I ZR 70/10, NJW 2012, 3301 ff. – M2Trade.
879 Vgl. Begründung des Gesetzentwurfs zur Stärkung der vertraglichen Stellung von Urhebern und ausübenden Künstlern, BT-Drs. 14/6433, S. 16: „Die Streitfrage, ob Nutzungsrechte späterer Stufe bestehen bleiben, wenn das Nutzungsrecht früherer Stufe

entwickelt. Einheitliche Grundsätze hat jedoch auch sie lange Zeit nicht zu erarbeiten vermocht. Denn von der in der sog. „Privatsekretärinnen"-Entscheidung einst befürworteten grundsätzlichen Geltung des Abstraktionsprinzips ist der BGH inzwischen abgerückt.[880] Dies geht aus der Entscheidung in Sachen „Reifen Progressiv" ausdrücklich hervor. Dort wurde ausgeführt, dass ein aus der Anwendung des Kausalitätsprinzips resultierender Rechterückfall „jedenfalls für den hier zu beurteilenden Fall"[881] nicht in Betracht komme. Diese Entwicklung bestätigte sich in der „M2Trade"-Entscheidung.[882]

b. Konsequente Differenzierung nach Haupt- und Sublizenzverhältnis

Die Entscheidung in Sachen „M2Trade" hat zu einer neuen Rechtsentwicklung geführt und endgültig eine Abkehr zu den früheren Rechtsprechungsleitlinien vollzogen. Im Rahmen der Urteilsgründe wurde klargestellt, dass „im Regelfall, in dem die Vertragsparteien nichts anderes vereinbart haben", mit Ende des Lizenzvertrages urheberrechtliche Nutzungsrechte automatisch an den Urheber zurückfallen.[883] Diese Rechtsfolgen entsprechen der Anwendung des im Verlagsgesetz in § 9 Abs. 1 VerlG normierten Kausalitätsprinzips, auf das in den betreffenden Passagen der Entscheidungsgründe konkret Bezug genommen wurde.[884]

Innerhalb der „M2Trade"–Entscheidung muss jedoch zwingend die inhaltliche Differenzierung beachtet werden. Der BGH hat die Geltung des Kausalitätsprinzips eindeutig auf Hauptlizenzverhältnisse eingeschränkt. Im Falle von Sublizenzverhältnissen – d.h. in Lizenzketten – beanspruchen diese Rechtsprechungsgrundsätze keine Geltung. Insoweit vertritt der 1. Senat eine konträre

---

erlischt, soll dagegen nicht präjudiziert werden und der Rechtsprechung zur Klärung überlassen bleiben."

880 Vgl. BGH, Urt.v. 19.07.2012 – I ZR 70/10, NJW 2012, 3301 ff. – M2Trade.

881 BGH, Urt.v. 26.03.2009 – I ZR 153/06, NJW-RR 2010, 186, 188 – Reifen Progressiv.

882 Vgl. BGH, Urt.v. 19.07.2012 – I ZR 70/10, NJW 2012, 3301, 3302 – M2Trade.

883 Vgl. BGH, Urt.v. 19.07.2012 – I ZR 70/10, NJW 2012, 3301, 3302 – M2Trade. Dies wurde zum einen mit dem im Urheberrecht geltenden Übertragungszweckgedanken begründet. Zum andern wurde mit der Eigenheit im Immaterialgüterrecht argumentiert, dass mangels vorgeformter gesetzlicher Typen erst durch den schuldrechtlichen Vertrag eine nähere Bestimmung erfolge und daher eine verstärkte kausale Verbindung zwischen Verpflichtungs- und Verfügungsgeschäft bestehe.

884 BGH, a.a.O. Die Anwendung des Kausalitätsprinzips rechtfertigte der BGH mit dem Zweckübertragungsgedanken, sowie einer im Immaterialgüterrecht engeren Verflechtung zwischen Verpflichtungs- und Verfügungsgeschäft, die auf das Fehlen fester Vertragstypen und die Vielzahl denkbarer Gestaltungsmöglichkeiten zurückzuführen sei.

Position und nimmt an, dass das Erlöschen der Hauptlizenz den Bestand der Unterlizenz unberührt lässt. Dies ist bemerkenswert. Denn im Schrifttum wurde zunächst mehrheitlich angenommen, dass der „Reifen Progressiv"-Entscheidung, die eine Geltung des Abstraktionsprinzips in Sublizenzverhältnissen befürwortete, kein allgemeingültiger Aussagegehalt zu entnehmen sei.[885] Vielmehr sah man die Reichweite der Urteilsgründe auf den Anwendungsbereich des Rückrufs nach § 41 UrhG begrenzt und war der Auffassung, dass das vom BGH im Rahmen einer Interessenabwägung gewonnene Ergebnis wohl primär auf die Vermeidung eines unbilligen Härtefalls abzielte.[886]

Entgegen dieser Annahme stellte der BGH jedoch in besagtem „M2Trade"-Urteil den allgemeingültigen Charakter der „Reifen Progressiv"-Entscheidung heraus. Der Senat führte hierbei aus, dass die dort entwickelten Grundsätze nicht auf die Konstellation des Rückrufs wegen Nichtausübung i.S.d. § 41 UrhG begrenzt blieben, sondern auch in anderen Fällen Anwendung fänden, in denen die Hauptlizenz erlösche.[887] Diese Ausweitung der „Reifen Progressiv"-Grundsätze rechtfertigte der Senat inhaltlich mit dem Sukzessionsschutzgedanken und einer Abwägung der auf Hauptlizenzgeber und Sublizenznehmer bestehenden Interessenlage.[888]

---

885 So auch *Adolphsen/Tabrizi*, GRUR 2011, 384, 389. Die beiden Autoren sehen in dem Reifen Progressiv-Urteil keine Grundsatzentscheidung, sondern „eine weitere Ausprägung sonderrechtlicher Kasuistik für urheberrechtliche Lizenzverträge", GRUR 2011, 384, 390. A.A.: *Dieselhorst*, CR 2010, 69, 75, der eine Übertragbarkeit auf andere Konstellationen annimmt.

886 Vgl. *Adolphsen/Tabrizi*, GRUR 2011, 384, 389 f.

887 BGH, Urt.v. 19.07.2012 – I ZR 70/10, NJW 2012, 3301, 3303 – M2Trade.

888 BGH a.a.O. In diesem Zusammenhang wird ausgeführt, dass der Gedanke des Sukzessionsschutzes darin liege das Vertrauen des Rechtsinhabers auf den Bestandsschutz zu wahren und eine Amortisation der getätigten Investitionen zu erreichen. Auch die Interessen des Hauptlizenzgebers blieben im Falle des Bestandes der Unterlizenzrechte bei Rückfall der Hauptlizenz gewahrt. Denn der Hauptlizenzgeber habe nach Beendigung des Hauptlizenzvertrages einen Anspruch auf Abtretung der Lizenzgebührenforderungen, die dem Hauptlizenznehmer gegen den Sublizenznehmer zuständen. Dies gelte selbst dann, wenn der Insolvenzverwalter des insolventen Hauptlizenznehmers sich zur Nichterfüllung des Hauptlizenzvertrages bei gleichzeitiger Erfüllung des Unterlizenzvertrages entschließe. Daher überwögen die Interessen des Sublizenznehmers die Interessen, des Hauptlizenzgebers, da ersterer die Gründe für die Beendigung des Hauptlizenzvertrages weder voraussehen, noch beeinflussen könne. Dies gelte jedenfalls in den Fällen, in denen die Gründe für den Wegfall nicht im Verantwortungsbereich des Unterlizenznehmers lägen.

Einen anderen Ansatz wählt *Vranckx*. Dieser gelangt im Bereich der §§ 41, 42 UrhG mit einer anderen Begründung zu einem ähnlichen Ergebnis. Hierbei geht er im Grundsatz von der Geltung des Kausalitätsprinzips aus. *Vranckx* nimmt jedoch an, dass ein Wegfall des schuldrechtlichen Lizenzvertrages nicht unmittelbar zu einem Erlöschen der beschränkt dinglichen Hauptlizenz führt, solange diese mit einer Unterlizenz „belastet" ist.[889] Der Sache nach wird der aus § 1256 Abs. 1 S. 2 BGB folgende Grundgedanke auf den Bereich der immaterialgüterrechtlichen Lizenzrechte übertragen. Danach erfolgt in der Person des Urhebers keine Konsolidation von Urheberrecht und Hauptlizenz, da im Interesse des Sublizenznehmers ein Fortbestand der Unterlizenz anerkannt wird.[890]

c. Stellungnahme

Die vom BGH vorgenommene Differenzierung nach Haupt- und Sublizenzverhältnissen ist grundsätzlich zu begrüßen. Bedenken daran, dass den neu entwickelten Grundsätzen auch zukünftig letztverbindliche Geltung zukommt, bestehen aber mit Blick auf die bereits angesprochene Vielgestaltigkeit der denkbaren Lizenzvertragskonstellationen. Zwischen den einzelnen Schutzgesetzen des Immaterialgüterrechts sind ferner gewisse inhaltliche Unterschiede auszumachen, die eine einheitliche Anwendung weiter erschweren. Vor diesem Hintergrund hat der Gesetzgeber davon Abstand genommen, allgemeingültige Regelungen zu treffen, und auch die Rechtsprechung der Obergerichte hat sich lange Zeit mit interessengerechten Einzelfallentscheidungen beholfen. Daher bleibt abzuwarten, ob in Zukunft weitere Einzelfallentscheidungen zu einer Konterkarierung der aufgestellten Grundsätze beitragen und in diesem Bereich die bislang inkonsistente Rechtsprechungspraxis fortsetzen.

II. Gültigkeit des Abstraktionsprinzips im Bereich der Fußballübertragungsrechte

Obgleich im Rahmen von immaterialgüterrechtlichen Lizenzrechten schwerlich allgemeingültige Aussagen zur Geltung des Abstraktionsprinzips getroffen werden können, wird nachfolgend der Versuch unternommen zumindest für den begrenzten Bereich von Fußballübertragungsrechten verbindliche Ergebnisse zu

889 *Vranckx*, S. 225 ff.
890 *Vranckx*, S. 226.

erarbeiten. Dies erfolgt im Rahmen einer Gegenüberstellung von Lizenzen über Fußballübertragungsrechte mit solchen im Urheberrecht.

1. Dingliche Wirkung immaterialgüterrechtlicher Lizenzrechte

Im Urheberrecht ist die dingliche Wirkung einer ausschließlichen Lizenz allgemein anerkannt.[891] Nach urheberrechtlichen Grundsätzen wohnt auch der einfachen Lizenz eine begrenzt dingliche Wirkung inne, die sich in Form eines Sukzessionsschutzes äußert.[892] Der Grundgedanke des Sukzessionsschutzes beruht auf der Erwägung, dass der Urheber nur die Nutzungsrechte an Dritte weiter „übertragen kann, die er selbst noch innehat“, und sich nicht bereits in vorangegangenen Vereinbarungen begeben hat.[893] Danach ist der Inhaber einer einfachen Lizenz durch § 33 S. 1 UrhG davor geschützt, dass sein Nutzungsrecht durch zeitlich später eingeräumte Nutzungsrechte beeinträchtigt wird. Wird einem Neuerwerber im Nachhinein ein ausschließliches Lizenzrecht eingeräumt, so ist dieser nicht im Stande, dem Inhaber eines einfachen Nutzungsrechts die Weiternutzung zu untersagen.[894] Da ein einfaches Lizenzrecht durch diesen Sukzessionsschutz in gewissem Umfang dingliche Wirkung entfaltet,[895] kann eine Abgrenzung gegenüber einer bloß schuldrechtlichen Nutzungserlaubnis erfolgen.[896] Diese genießt keinen Sukzessionsschutz, sondern erschöpft sich vollständig in ihren schuldrechtlichen Wirkungen zum Vertragspartner. Eine bloß schuldrechtrechtliche Nutzungserlaubnis entfaltet daher keinerlei Drittschutz.[897]

2. Fehlender Sukzessionsschutz von Lizenzen an Fußballübertragungsrechten

Dingliche Rechtswirkungen werden im Bereich der Fußballübertragungsrechte nahezu unisono abgelehnt, auch wenn im sportrechtlichen Schrifttum verschiedene Versuche unternommen wurden, den gewünschten dinglichen Charakter

891 Vgl. statt vieler: *v. Wolff*, in: Wandtke/Bullinger, § 97, Rn. 9 f.

892 *Schulze*, in: Dreier/Schulze, UrhG, § 33, Rn. 4 m.w.N.

893 BGH, Urt.v. 25.06.1985 – KZR 31/84, NJW 1986, 58, 59 – Preisabstandsklausel; *Schulze*, in: Dreier/Schulze, UrhG, § 33, Rn. 4.

894 *Schricker*, VerlR, § 28, Rn. 23.

895 Vgl. zu den Unterschieden zwischen ausschließlicher und einfacher Lizenz *Schricker*, a.a.O. Zum Sukzessionsschutz von einfachen Lizenzen vgl. *Haedicke*, S. 84 ff.

896 Vgl. *Haedicke*, S. 90 f.; *Schricker*, VerlR, § 28, Rn. 23.

897 Vgl. *Schricker*, a.a.O.; *Haedicke*, S. 90.

über unterschiedliche dogmatische Ansätze zu konstruieren.[898] Nach h.M. entfalten Lizenzen über Fußballübertragungsrechte bloß schuldrechtliche Wirkung.[899] Hierdurch unterscheiden sich diese von ausschließlichen und einfachen Lizenzrechten des Immaterialgüterrechts. Denn Fußballübertragungsrechten liegt nach allgemeiner Überzeugung kein eigenständiges Schutzrecht zugrunde, sondern sie gewähren lediglich eine schuldrechtliche Nutzungserlaubnis.[900] Nach Lizenzerwerb erfährt der Lizenznehmer daher keinen § 33 S. 1 UrhG vergleichbaren Sukzessionsschutz. Er wird nicht in seinem Vertrauen darin geschützt, dass er mit dinglicher Wirkung gegenüber späteren Lizenzerwerbern weiterhin in unverändertem Umfang zur Nutzung berechtigt bleibt.[901] Vielmehr behält der Veranstalter als Lizenzgeber nach Abschluss des Lizenzvertrages weiterhin unverändert in vollem Umfang seine bisherige Rechtsstellung; infolge des Vertragsschlusses tritt keine Minderung seiner Rechtsbefugnisse ein.[902] Nach den anerkannten Rechtsprechungsgrundsätzen des BGH, nach denen Fußballübertragungsrechten keine Rechtsübertragung, sondern „eine Einwilligung in Eingriffe, die der Veranstalter aufgrund […] [scil. seiner Abwehrpositionen] verbieten könnte“,[903] zugrunde

898 Vgl. oben unter 4. Kap. B. IV. 5. cc) (1).

899 Vgl. BGH, Beschl.v. 14.03.1990 – KVR 4/88, NJW 1990, 2815, 2817 – Sportübertragungen. A.A.: *Lochmann*, S. 301.

900 Zu der schuldrechtlichen Wirkung von ausschließlichen Lizenzen, denen kein Schutzrecht zugrunde liegt, vgl. *Groß*, Rn. 366. *Schricker* vertritt die Auffassung, dass bei schuldrechtlichen Benutzungserlaubnissen, die mit dem Verzicht auf die Ausübung eines Verbotsrechtes verbunden sind, keine Lizenz „im eigentlichen Sinne“ vorliegt, vgl. *Schricker*, VerlR, § 28, Rn. 23.

901 Aus diesem Grund ist auch kein Rückgriff auf die von *Forkel* entwickelte Rechtsfigur der „gebundenen Übertragung“ möglich, denn der sog. „gebundenen Übertragung“ kommt im Unterschied zu Fußball-Lizenzen Sukzessionsschutz zu, vgl. *Forkel*, S. 222 f., 243. „Gebundene Übertragungen sind beschränkte Übertragungen, Teilübertragungen subjektiver Rechte von bestimmter Eigenart.“, *Forkel*, S. 239. Dabei findet keine Teilrechtsübertragung i.S.d. von der Rechtsordnung anerkannten Typen statt, sondern es wird nur eine konkrete bestimmbare (Einzel-) Berechtigung eingeräumt. Die gebundene Rechtsübertragung wird dadurch charakterisiert, dass das sog. „Mutterrecht“ bei dem Verfügenden verbleibt und das abgeleitete Recht an das Mutterrecht gebunden ist. Der Verfügende behält alle Befugnisse die das Vollrecht verleiht, ist aber dadurch beschränkt, dass die Interessen, die von der gebundenen Berechtigung erfasst sind, fortan ausschließlich für den Erwerber geschützt werden, vgl. *Forkel*, S. 239 f.

902 Vgl. *Haedicke*, S. 87 in Bezug auf einfache Lizenzen als „Rechtsübertragungen minderer Intensität“.

903 BGH, Beschl.v. 14.03.1990 – KVR 4/88, NJW 1990, 2815, 2817 – Sportübertragungen.

liegt, findet somit „kein Transfer positiver Nutzungsbefugnisse“[904] statt. Tritt etwa vertragswidrig der Fall einer Doppel- oder Mehrfachvergabe ein und derselben Rechte ein, so begründet dies lediglich eine Vertragsverletzung, die gegenüber dem Lizenzgeber verfolgbar ist.[905] Aufgrund des fehlenden Sukzessionsschutzes kann der Berechtigte nicht gegenüber Dritten vorgehen, die eigene Vertragsbeziehungen zu dem vertragsbrüchigen Lizenzgeber unterhalten.[906] Diese schuldrechtliche Wirkung von Lizenzen an Fußballübertragungsrechten soll anhand zweier praktischer Beispiele verdeutlicht werden, die in der Vergangenheit zu Auseinandersetzungen geführt haben.

a. Doppelvergabe der Lizenz für ein Länderspiel

Die schwache Rechtsposition, die Lizenzen an Fußballübertragungsrechten vermitteln, wird an dem Beispiel einer Doppelvergabe erkennbar, die im Jahre 2006 Gegenstand eines vor dem OLG Hamburg ausgetragenen Rechtsstreits war. Dieser lag eine Konstellation zugrunde, bei der ein Lizenzgeber jeweils unabhängig voneinander zwei Erwerbern die exklusiven TV-Rechte zur Übertragung eines Fußball-Länderspiels vertraglich zugesichert hatte. Das OLG Hamburg führte hierzu in den betreffenden Urteilspassagen aus, dass den abgeschlossenen Lizenzverträgen nur schuldrechtliche Wirkung zukomme und beide Lizenznehmer über inhaltsgleiche Ansprüche verfügten.[907] Es gelte insbesondere nicht der Grundsatz der zeitlichen Priorität, so dass beide Erwerber im Ergebnis ihre Rechte im Wege der einstweiligen Verfügung sichern lassen könnten.[908] Der Rechtsordnung sei keine Rangfolge zweier widerstreitender schuldrechtlicher Verträge zu entnehmen. Auch die prozessuale Situation, d.h. die Tatsache, dass beide Parteien nun inhaltsgleiche einstweilige Verfügungen und damit sich widersprechende gerichtliche Titel erwirken könnten, spiegele nur die schuldrechtliche Lage wider. Letztendlich entscheide sich damit erst im Zwangsvollstreckungsverfahren, welchem von beiden Lizenznehmern die Durchsetzung seiner Ansprüche gelinge. Jedoch sei bei einer solchen „Zwickmühle“, bei der sich der Schuldner zweimal zugunsten unterschiedlicher Gläubiger zur identischen Leistungserbringung verpflichtet habe, zu bedenken, dass von dem Schuldner nichts Unmögliches verlangt werden

---

904 *Haedicke*, S. 92.

905 Vgl. *Schulze*, in: Dreier/Schulze, UrhG, § 31, Rn. 60 für den Fall von schuldrechtlichen Senderechten an einem Film.

906 In Bezug auf Hörfunkrechte *Körber*, in: Adophsen/Nolte/Lehner/Gerlinger, Rn. 2507.

907 OLG Hamburg, Urt.v. 11.10.2006 – 5 U 112/06, GRUR-RR 2007, 181, 184.

908 OLG Hamburg, a.a.O.

könne.[909] Dies sei insbesondere beim Einsatz von Ordnungs- und Zwangsmitteln im Vollstreckungsverfahren zu berücksichtigen.[910] Letzten Endes könne der Schuldner nur an einen der Gläubiger die geschuldete Leistung erbringen, und der andere Gläubiger müsse mit Schadensersatzforderungen gegen den Schuldner Vorlieb nehmen.[911]

b. Doppelvergabe der Internet-Lizenzrechte

Ähnlich gelagert war die Interessenlage im Zuge der Auseinandersetzung zwischen der Deutschen Telekom AG und dem Pay-TV-Anbieter Arena.[912] Dieser hatte die TV-Lizenzrechte inne, die Telekom verfügte hingegen über die Lizenzrechte für das Internet. Beide Erwerber beabsichtigten eine Live-Übertragung der Spiele anzubieten. Der Sender vertrat hierbei die Auffassung, dass die Lizenzrechte für das Internet in dem erworbenen Paket der TV-Rechte bereits mit enthalten seien, und beabsichtigte, die Spiele nicht nur im Pay-TV, sondern gleichzeitig auch im Internet zu zeigen.[913] Die Deutsche Telekom AG vertrat den Standpunkt, dass die DFL die Lizenzrechte für das Internet doppelt vergeben habe.[914]

Beide Parteien fanden schließlich eine außergerichtliche Lösung und vermieden einen Rechtsstreit. Da es sich bei den Internetrechten aber nicht um eigenständige Nutzungsrechte handelte, lag – bei entsprechender Heranziehung der Grundsätze des § 31 UrhG – de facto eine Doppelvergabe ein und derselben Lizenzrechte vor.[915] Die Lizenznehmer hatten demzufolge schuldrechtlich (zum Teil) identische Rechtspositionen erworben, die keiner von beiden mit dinglicher Wirkung gegen den anderen durchzusetzen vermocht hätte.

3. Keine Gültigkeit des Abstraktionsprinzips unter Anwendung der h.M.

Die Anwendung des Abstraktionsprinzips scheitert im Bereich der Fußballübertragungsrechte. Denn derartige Lizenzen sind nach h.M. auf schuldrechtliche Wirkungen beschränkt.[916] Nach allgemeiner Auffassung vollzieht sich im

909 OLG Hamburg, Urt.v. 11.10.2006 – 5 U 112/06 GRUR-RR 2007, 181, 185.
910 OLG Hamburg, a.a.O.
911 OLG Hamburg, Urt.v. 11.10.2006 – 5 U 112/06 GRUR-RR 2007, 181, 185 f.
912 Zusammenfassend *Körber*, in: Adolphsen/Nolte/Lehner/Gerlinger, Rn. 2500.
913 Ausführlich hierzu *Ory*, K& R 2006, 303 ff.; *Eilers*, SpuRt 2006, 221 ff.
914 *Ory*, K&R 2006, 303.
915 Vgl. *Ory*, K&R 2006, 303, 306; *Eilers*, SpuRt 2006, 221, 227.
916 Statt vieler: *Waldhauser*, S. 230 f.

Rahmen von Fußballübertragungsrechten kein dinglicher Rechtserwerb, wie dies bei ausschließlichen und einfachen Lizenzen im Urheberrecht der Fall ist. Nach der Grundsatzentscheidung „Sportübertragungen" erfolgt lediglich eine Einwilligung in Eingriffe, die der Veranstalter bzw. Lizenzgeber aufgrund bestehender Abwehrrechte verbieten könnte.[917] Da der Lizenznehmer zu keinem Zeitpunkt eine dinglich geschützte Rechtsposition erwirbt, kann das Abstraktionsprinzip in derartigen Konstellationen per se keine Anwendung finden. Mithin erlöschen Lizenzen an Fußballübertragungsrechten im Zeitpunkt der Beendigung des schuldrechtlichen Lizenzvertrages. Es bedarf damit keiner gesonderten Rückübertragung auf den Veranstalter als Lizenzgeber. Mit Erlöschen der Hauptlizenz gehen auch Sublizenzen verloren, die der Lizenznehmer Dritten eingeräumt hat.[918] Für eine Anwendung der in der „M2Trade"-Entscheidung entwickelten Grundsätze ist in Bezug auf Fußballübertragungsrechte kein Raum. Denn die im Bereich des Urheberrechts erarbeiteten Leitlinien sind aufgrund des angesprochenen schuldrechtlichen Charakters nicht übertragbar.

4. Gültigkeit des Abstraktionsprinzips nach modifiziertem hausrechtlichen Ansatz

Anders liegen die Dinge dagegen nach dem oben dargestellten modifizierten Ansatz zum Hausrecht. Danach ist die wirtschaftliche Verwertung von Fußball-Bundesligaspielen unter bestimmten Voraussetzungen dem Eigentümer bzw. dem Hausrechtsinhaber zugewiesen. Dieser verfügt über einen eigenen dinglichen Schutzbereich. Der auf sachenrechtlicher Grundlage beruhende Ansatz ermöglicht es, zugunsten von Lizenznehmern eine beschränkt persönliche Dienstbarkeit an dem Stadiongrundstück zu bestellen. Die Dienstbarkeit berechtigt hierbei mit dinglicher Wirkung zur Anfertigung und Verwertung der auf dem Grund und Boden ausgetragenen Spiele; auf diesem Weg kann erstmals ein dinglich wirkendes Nutzungsrecht eingeräumt werden, das über bloß schuldrechtliche Schutzwirkungen hinausgeht. Nach dem modifizierten hausrechtlichen Ansatz

917 BGH, Beschl.v. 14.03.1990 – KVR 4/88, NJW 1990, 2815, 2817 Sportübertragungen.

918 Diesem Umstand trägt die bei *Partikel* unter D. II. 11., S. 272 wörtlich entnommene Vertragsklausel Rechnung: *„Dieser Vertrag endet automatisch in dem Zeitpunkt, in welchem der Lizenzvertrag zwischen dem Lizenzgeber und dem Verband – gleich aus welchem Grund – beendet wird. In diesem Fall ist der Lizenznehmer berechtigt, vom Lizenzgeber Rückzahlung der Lizenzgebühren in Höhe des Betrages, der vom Lizenznehmer für die verbleibende Laufzeit im Voraus an den Lizenzgeber bezahlt wurde, zu verlangen."*.

findet das Abstraktionsprinzip auf Lizenzen an Fußballübertragungsrechten Anwendung. Denn infolge des systematischen Standorts im Eigentums- und Besitzrecht – als „Quellrechte[]“[919] des Hausrechts – erfolgt eine rechtliche Behandlung nach sachenrechtlichen Grundsätzen. Dies führt zu weitreichenden Veränderungen im Vergleich zu der nach h.M. geltenden Rechtslage. Wurde dem Lizenznehmer eine beschränkt persönliche Dienstbarkeit eingeräumt, so bliebe diese zunächst von einer Kündigung des schuldrechtlichen Lizenzvertrages unberührt. Die durch eine Dienstbarkeit gesicherte Lizenz wäre erneut durch den Lizenznehmer auf den Lizenzgeber zurückzuübertragen. Dies erfolgt regelmäßig durch Erteilung einer Löschungsbewilligung. Etwas anderes gilt nur sofern bereits im Grundbuch eine Vorlöschungsklausel für eine zeitlich befristete beschränkt persönliche Dienstbarkeit nach den §§ 23, 24 Abs. 2 GBO eingetragen wurde.[920]

5. Zwischenergebnis

Nach den Grundsätzen, die die h.M. zu Fußballübertragungsrechten vertritt, entfalten die eingeräumten Lizenzen bloß schuldrechtliche Wirkung. Da kein dinglicher Rechtsübergang erfolgt, erübrigt sich die Frage nach der Geltung des Abstraktionsprinzips. Die erteilten Lizenzen erlöschen demnach mit Beendigung des Lizenzvertrages. Anders sind hingegen die Rechtsfolgen, die sich nach dem hier vertretenen modifizierten hausrechtlichen Ansatz ergeben. Danach kann zugunsten des Lizenznehmers eine beschränkt persönliche Dienstbarkeit am Stadiongrundstück bestellt werden. In diesem Fall fände das Abstraktionsprinzip Anwendung. Die durch beschränkt persönliche Dienstbarkeiten gesicherten (Sub-) Lizenzen würden fortan nicht mehr unmittelbar von einem Entfallen des schuldrechtlichen Lizenzvertrags berührt werden.

---

919 *Helbig*, S. 137.

920 Allerdings ist es möglich eine auflösende Bedingung für das Erlöschen der beschränkt persönlichen Dienstbarkeit nach §§ 873 Abs. 1, 158 Abs. 2 BGB zu vereinbaren, vgl. BGH, Urt.v. 29.09.2006 – V ZR 25/06, RNotZ 2007, 28, 30. Hierdurch wäre es möglich die Beendigung des Lizenzvertrages als auflösende Bedingung für das Erlöschen der beschränkt persönlichen Dienstbarkeit zu bestimmen. Zur Vorlöschungsklausel vgl. *Schöner/Stöber*, Erster Teil, Rn. 376.

III. Zusammenfassende Betrachtung der Rechtsfolgen bei Insolvenz einer Vertragspartei im Rahmen eines Lizenzvertrages über Fußballübertragungsrechte

1. Insolvenz des Lizenzgebers

Zunächst werden die Rechtsfolgen dargestellt, die bei Insolvenz des Lizenzgebers eintreten. Die folgenden Ausführungen beruhen auf der Annahme, dass die gegenseitigen Vertragspflichten, die aus dem Lizenzvertrag erwachsen, von keinem der Vertragspartner bereits vollständig erfüllt wurden. Wie oben dargelegt ist dies im Rahmen eines Lizenzvertragsverhältnisses regelmäßig anzunehmen.[921]

a. Rechtsfolgen auf Lizenzgeberseite

aa) Entscheidung über weitere Vertragsdurchführung

Nimmt man mit der hier vertretenen Auffassung an, dass insolvenzabhängige Lösungsklauseln nach § 119 InsO unwirksam sind, so kann der Lizenznehmer nicht auf diesem Weg eine Vertragsbeendigung herbeiführen. Vielmehr entscheidet der auf Seiten des insolventen Lizenzgebers bestellte Insolvenzverwalter gem. § 103 Abs. 1 InsO über die weitere Vertragsdurchführung.[922] Bei Insolvenz des Lizenzgebers ist die Kündigungssperre aus § 112 InsO nicht entsprechend anwendbar. Daher kommt dem Streit um die Wirksamkeit insolvenzbezogener Lösungsklauseln in dieser Konstellation Bedeutung zu. Geht man mit der Gegenauffassung davon aus, dass Lösungsklauseln außerhalb des Anwendungsbereiches des § 112 InsO wirksam sind, so wäre der Lizenznehmer zwar in der Lage, sich von dem Vertragsverhältnis mit dem insolventen Lizenzgeber zu lösen.[923] In diesem Fall

921 Vgl. 4. Kap. B.IV. 2.

922 Bei Insolvenz des Lizenzgebers ist die Kündigungssperre aus § 112 InsO nicht, auch nicht entsprechend, anwendbar, vgl. statt vieler: *Mc Guire/von Zumbusch/Joachim*, GRUR Int. 2006, 682, 693.

923 Eine Loslösung vom Vertrag wird aber in der Regel nicht der Interessenlage des Lizenznehmers entsprechen, vgl. Gesetzentwurf zur Entschuldung mittelloser Personen, zur Stärkung der Gläubigerrechte sowie zur Regelung der Insolvenzfestigkeit von Lizenzen, BT-Drs. 16/7416, S. 30. Der Lizenznehmer wird grundsätzlich daran interessiert sein die aufgrund des Lizenzvertrags erworbenen Lizenzrechte zu behalten, da diese regelmäßig unabdingbare Voraussetzung für den wirtschaftlichen Betrieb seines Unternehmens sind. Sollte der Lizenznehmer darüber hinaus die von ihm erworbenen Lizenzrechte sublizenziert haben, dann wird er auch mit Blick auf drohende Schadensersatzansprüche seines Sublizenznehmers am Lizenzvertrag festhalten wollen.

wäre jedoch stets zu befürchten, dass die erfolgte Lösung vom Lizenzvertrag nach den §§ 129 ff. InsO angefochten wird. Hiervon wird der Insolvenzverwalter regelmäßig Gebrauch machen, wenn die weitere Vertragsdurchführung für die Masse wirtschaftlich vorteilhaft ist.[924] Der hier vertretenen Auffassung und der Gegenauffassung ist daher gemein, dass die Entscheidung über die weitere Vertragsfortführung letztlich beim Insolvenzverwalter liegt. Dieser entscheidet entweder i.R.d. § 103 Abs. 1 InsO oder über den Umweg des Anfechtungsrechts, ob er Vertragserfüllung wählt. Bei Erfüllungswahl werden die zunächst nach Insolvenzeröffnung nicht mehr durchsetzbaren Ansprüche zu Masseverbindlichkeiten i.S.d. § 55 Abs. 1 Nr. 2 InsO erhoben.[925] Die im Rahmen der Vertragserfüllung neu entstehenden und durch den Lizenznehmer zu zahlenden Lizenzgebühren fließen der Insolvenzmasse zu; gleichzeitig sind aber auch die auf Lizenzgeberseite weiter zu erfüllenden vertraglichen Pflichten aus Mitteln der Insolvenzmasse aufzubringen. Entscheidet sich der Insolvenzverwalter dagegen für Nichterfüllung, dann wird der Lizenzvertrag sofort beendet und der Lizenzgeber ist einem Schadensersatzanspruch des Lizenznehmers aus § 103 Abs. 2 S. 1 InsO wegen Nichterfüllung ausgesetzt.[926] Dieser Anspruch ist als einfache Insolvenzforderung zur Insolvenztabelle anzumelden.

bb) Behandlung von Teilleistungen

Hat der insolvente Lizenzgeber teilweise vorgeleistet und lassen sich die Teilleistungen feststellen und bewerten, dann fällt dieser der Vorleistung entsprechende Teil der Lizenzgebührenforderungen in die Insolvenzmasse.[927] Der Insolvenzverwalter

---

Ein ernsthaftes Interesse an der Lösung vom Vertragsverhältnis ist auf Lizenznehmerseite ausnahmsweise nur dann anzunehmen, wenn dieser sich vollständig aus dem Bereich der Fußballübertragungsrechte zurückziehen will oder aber ernstlich annimmt, die Lizenzrechte zu einem günstigeren Preis zurückerwerben zu können.

924 *Wegener*, in: Uhlenbruck, § 103, Rn. 2.

925 Vgl. BGH, Urt.v. 25.04.2002 – IX ZR 313/99, NJW 2002, 2783, 2785 – Erlöschenstheorie. *Huber* spricht in diesem Zusammenhang von einem „Qualitätssprung", vgl. *Huber*, NZI 2002, 467, 470.

926 Vgl. *v. Wilmowsky*, ZInsO 2011, 1473, 1477.

927 Der Veranstalter erbringt die von ihm geschuldete Leistung durch Aufrechterhaltung des Spielbetriebs und Bereitstellen der zur Aufzeichnung auf Bild- und Tonträger erforderlichen räumlichen und technischen Kapazitäten. Ein Sublizenzgeber ist dagegen zur Einräumung und Aufrechterhaltung der Sublizenzrechte verpflichtet.

kann in diesem Fall die Lizenzgebührenforderungen zur Masse ziehen.[928] Wählt der Insolvenzverwalter Nichterfüllung, so hat der Lizenznehmer nach § 103 Abs. 2 S. 1 InsO einen Anspruch auf Schadensersatz wegen Nichterfüllung. Mit diesem Schadensersatz kann er jedoch nicht gegen die Lizenzgebührenforderungen des Lizenzgebers aufrechnen. Denn der Anspruch aus § 103 Abs. 2 S. 1 InsO ist erst mit Nichterfüllungswahl entstanden und wurde damit später fällig als die Lizenzgebührenforderung als Hauptforderung. Aus diesem Grund ist die Möglichkeit einer Aufrechnung nach § 95 Abs. 1 S. 3 InsO ausgeschlossen.[929] Hat umgekehrt der Lizenznehmer bereits Lizenzgebührenzahlungen erbracht und damit vorgeleistet, so kann er den Teil der im Voraus geleisteten Lizenzgebühren gem. § 105 S. 1 InsO grundsätzlich nur als Insolvenzforderung zur Tabelle anmelden.

cc) Bestand der Lizenz

Im Interesse der Masse wird der Insolvenzverwalter bestrebt sein, einen möglichst hohen Verwertungserlös für die vergebenen Lizenzen zu erzielen.[930] Vor diesem Hintergrund wird er Nichterfüllung wählen, wenn er die bislang vereinbarte Höhe der Lizenzgebühren als zu niedrig erachtet oder begründeter Anlass zur Hoffnung besteht, dass sich im Rahmen einer Neuvergabe höhere Lizenzerträge erzielen lassen. Bei Nichterfüllungswahl erlischt das Lizenzvertragsverhältnis und hiermit zugleich die vergebenen Lizenzen an den Fußballübertragungsrechten, denen nach h.M. lediglich schuldrechtlicher Charakter zukommt. Weil bei Lizenzverträgen über Fußballübertragungsrechte kein dinglicher Rechtsübergang stattfindet, ist das Abstraktionsprinzip per se nicht anwendbar. Mithin bedürfen die Lizenzen nach Vertragsbeendigung keiner Rückübertragung. Dem Lizenzgeber ist es daher unmittelbar möglich, die Lizenzen neu zu vergeben.

---

928 Vgl. allgemein für Teilleistungen – insbesondere bei Werkverträgen – *Scherer*, in: NZI 2004, 113, 117. Hat umgekehrt der Lizenznehmer bereits Lizenzgebührenzahlungen erbracht und damit vorgeleistet, so kann er den Teil der im Voraus geleisteten Lizenzgebühren grundsätzlich nur als Insolvenzforderung zur Tabelle anmelden gem. § 105 S. 1 InsO.

929 Vgl. zum Ganzen, *Wegener*, in: Uhlenbruck, § 103, Rn. 177; vgl. *Huber*, NZI 2002, 467, 469; *Wittkowski*, in: Nerlich/Römermann, § 95 Rn. 5.

930 Gesetzentwurf zur Entschuldung mittelloser Personen, zur Stärkung der Gläubigerrechte sowie zur Regelung der Insolvenzfestigkeit von Lizenzen, BT-Drs. 16/7416, S. 30.

dd) Anwendbarkeit des § 108 Abs. 1 S. 2 InsO

Die h.M. im Schrifttum befürwortet zwar grundsätzlich eine analoge Anwendung des § 108 Abs. 1 S. 2 InsO auf Lizenzverträge.[931] Im Falle von Fußballübertragungsrechten muss eine entsprechende Anwendung aber unterbleiben, sofern man den Grundsätzen der h.M. folgt. Denn danach besteht wie dargelegt die Besonderheit, dass kein dinglicher Rechtsübergang auf den Lizenznehmer stattfindet. Nach der Grundsatzentscheidung „Sportübertragungen“ geht mit der Gestattung zur audio-visuellen Übertragung von Sportveranstaltungen keine Rechtsübertragung, sondern lediglich eine „Einwilligung in Eingriffe“[932] einher, die der Veranstalter untersagen könnte. Eine Sicherungsübertragung i.S.d. § 108 Abs. 1 S. 2 InsO ist damit zu verneinen. Stattdessen ist lediglich die Übertragung der Lizenzgebührenforderungen in Form einer Sicherungszession denkbar. Dies rechtfertigt jedoch keine entsprechende Anwendung der Vorschrift. Denn der nachträglich eingefügte § 108 Abs. 1 S. 2 InsO ist von seiner Grundkonzeption sowie der Intention des Gesetzgebers auf leasingtypische Konstellationen zugeschnitten. In derartigen Fällen erhält der Sicherungsnehmer – neben den künftigen Forderungen aus dem Gebrauchsüberlassungsvertrag – stets eine dingliche Sicherheit an dem von ihm finanzierten Gegenstand. Hieran mangelt es im Bereich der Fußballübertragungsrechte.

b. Rechtsfolgen auf Lizenznehmerseite

aa) Entscheidung über weitere Vertragsdurchführung

Wie bereits dargelegt, liegt die Entscheidung über die weitere Vertragsdurchführung letztlich beim Insolvenzverwalter. Wählt dieser Erfüllung, so wird der Lizenzvertrag trotz eröffneten Insolvenzverfahrens weiter erfüllt, und der Lizenznehmer kann seine Lizenz(en) weiterhin nutzen. Für den Lizenznehmer besteht bei Erfüllungswahl Gewissheit, dass der insolvente Lizenzgeber seinen vertraglichen Pflichten weiterhin nachkommt. Denn der Insolvenzverwalter wird nur dann Vertragserfüllung wählen, wenn sichergestellt ist, dass die vertraglich vereinbarten Pflichten in vollem Umfang erfüllt werden können. Andernfalls ist der Insolvenzverwalter selbst einem Haftungsrisiko aus §§ 60 Abs. 1 S. 1, 61 S. 1 InsO ausgesetzt. Darüber hinaus muss der Lizenznehmer im Unterschied zu sonstigen Gläubigern nicht mit einer geringen Insolvenzquote vorliebnehmen, sondern ist

931 Statt vieler: *Balthasar*, in: Nerlich/Römermann, § 108, Rn. 12.

932 Vgl. BGH, Beschl.v. 14.03.1990 – KVR 4/88, NJW 1990, 2815, 2817 – Sportübertragungen.

nach § 55 Abs. 1 Nr. 2 InsO privilegierter Massegläubiger. Bei Nichterfüllungswahl erlischt der Lizenzvertrag, und dem Lizenznehmer steht nach § 103 Abs. 2 S. 1 InsO ein Schadensersatzanspruch wegen Nichterfüllung zu, den er als Insolvenzforderung zur Tabelle anzumelden hat. In diesem Fall bleibt der Lizenznehmer auf eine geringe Insolvenzquote verwiesen.

bb) Behandlung von Teilleistungen

Hat der Lizenznehmer zum Zeitpunkt der Insolvenzeröffnung bereits Lizenzgebührenzahlungen vorgeleistet, so sind diese Zahlungen gem. § 105 S. 1 InsO lediglich als einfache Insolvenzforderungen zur Tabelle anzumelden.

Ist umgekehrt eine Vorleistung des Lizenzgebers gegeben, so kann der Insolvenzverwalter die offenen Lizenzgebührenforderungen zur Masse ziehen. Wählt der Insolvenzverwalter Nichterfüllung, dann ist dem Lizenznehmer aber auch die Möglichkeit verwehrt, mit seinem Schadensersatzanspruch aus § 103 Abs. 2 S. 1 InsO gegen die offenen Lizenzgebührenforderungen nach den §§ 94 ff. InsO aufzurechnen.[933] Dies liegt darin begründet, dass der Schadensersatzanspruch erst mit Nichterfüllungswahl und damit nach Insolvenzeröffnung entsteht. Dadurch ist die Gegenforderung später als die in den Lizenzgebührenforderungen zu sehende Hauptforderung fällig geworden, so dass eine Aufrechnung nach § 95 Abs. 1 S. 3 InsO ausscheidet.[934]

cc) Bestand der Lizenzen

Bei Nichterfüllung i.R.d. § 103 Abs. 1 InsO erlöschen die Lizenzen an Fußballübertragungsrechten aufgrund der ihnen nach h.M. immanenten rein schuldrechtlichen Wirkung. Wie bereits dargelegt ist der Lizenzgeber in der Lage, die Lizenzen ohne gesonderte Rückübertragung neu zu vergeben.[935] Dies hat für den betroffenen Lizenznehmer und etwaige Sublizenznehmer weitreichende Folgen.[936] Nach dem Verlust der Lizenz sind sie an der weiteren medialen Verwertung der Bundesligaspiele gehindert. Eine Fortführung des Unternehmensbetriebes ist unter Umständen nicht länger möglich. Im Falle einer Sublizenzierung ist der Lizenznehmer oftmals auch Schadensersatzansprüchen seines Sublizenznehmers ausgesetzt. Zugleich

933 Vgl. allgemein zu einer Aufrechnungsmöglichkeit bei Vorleistungen BGH, Urt.v. 22.02.2001 – IX ZR 191/98, NJW 2001, 3704 ff. sowie *Huber*, NZI 2002, 467, 469 f.

934 Vgl. *Kreft*, in: MüKo, InsO, § 103, Rn. 23 m.w.N.

935 *Herr*, S. 143. Zur Haftung in Sublizenzvertragsverhältnissen vgl. *Körber*, in: Adolphsen/Nolte/Lehner/Gerlinger, Rn. 2617.

936 Vgl. hierzu *v. Frentz/Marrder*, ZUM 2003, 94, 95.

kann er den eigenen i.R.d. § 103 Abs. 2 S. 1 InsO bestehenden Schadensersatzanspruch gegen den Hauptlizenzgeber lediglich als einfache Insolvenzforderung geltend machen und muss sich mit einer niedrigen Insolvenzquote begnügen.[937] Die mit einer Insolvenz des Lizenzgebers verbundenen wirtschaftlichen Folgewirkungen können daher auch eine spätere Insolvenz auf Lizenznehmerseite mitbegründen.[938] Auch die aktuelle „M2Trade"-Entscheidung des BGH hat im Bereich der Fußballübertragungsrechte nicht zu einer Entschärfung derartiger Härtefälle beigetragen. Denn wie dargelegt kann das Abstraktionsprinzip dort per se keine Anwendung finden.

dd) Anwendbarkeit des § 108 Abs. 1 S. 2 InsO

Es sprechen gute Gründe dafür, den Anwendungsbereich des § 108 Abs. 1 S. 2 InsO auf Fallkonstellationen zu erstrecken, in denen bei Insolvenz des Lizenzgebers nicht dieser, sondern der Lizenznehmer die einzelnen Tatbestandsvoraussetzungen der Vorschrift erfüllt.[939] Eine analoge Anwendung der Vorschrift ist jedoch im Bereich der Fußballübertragungsrechte zu verneinen. Wie oben dargelegt, mangelt es an dem Kriterium einer Sicherungsübertragung.

c. Rechtsfolgen auf Seiten eines Kreditgebers

Wie bereits dargelegt, erfolgt beim Lizenzerwerb an Fußballübertragungsrechten kein dinglicher Rechtserwerb auf Seiten des Lizenznehmers. Mithin sind die Lizenzen ebenfalls nicht als Sicherheit auf den Kreditgeber übertragbar. Daraus folgt, dass sich lediglich die aus dem Lizenzvertrag erwachsenden Lizenzgebührenforderungen als potenzielles Sicherungsgut eignen. Außerhalb des Anwendungsbereichs des § 108 Abs. 1 S. 2 InsO stellt sich die Rechtslage im Insolvenzfall wie folgt dar: Als Sicherungsnehmer verliert das Kreditinstitut ab dem Zeitpunkt der Insolvenzeröffnung die zukünftigen Lizenzgebührenforderungen als Sicherheit. Dies gilt unabhängig davon, ob der Insolvenzverwalter Erfüllung oder Nichterfüllung i.R.d. § 103 Abs. 1 InsO wählt. Denn bei Erfüllungswahl wandelt sich der ursprüngliche Anspruch auf Zahlung der Lizenzgebühren in eine Masseforderung i.S.d. § 55 Abs. 1 Nr. 2 InsO um und steht einem neu abgeschlossenen Vertrag gleich.[940] Bei Verträgen, die nach Insolvenzeröffnung neu abgeschlossen

937 *Groß*, Rn. 494.

938 Vgl. *Schwarz/Klingner*, UFITA 138 (1999), 29, 47.

939 Eine Anwendung des § 108 Abs. 1 S. 2 InsO auf Lizenznehmerseite ebenso befürwortend *Wiedemann*, Rn. 1177.

940 Vgl. die Ausführungen unter 4. Kap. C. 5. bb).

werden, verhindert § 91 Abs. 1 InsO, dass (Sicherungs-) Rechte am Vertragsgegenstand erworben werden können. Wählt der Insolvenzverwalter dagegen Nichterfüllung, so entstehen keine Lizenzgebührenforderungen mehr, und es werden von Lizenznehmerseite nicht länger Lizenzgebührenzahlungen erbracht, die als Sicherheit dienen könnten. Zusammenfassend lässt sich feststellen, dass sich Fußballübertragungsrechte nicht unmittelbar selbst als Sicherungsgut eignen. Daneben begründen auch die aus dem Lizenzvertragsverhältnis erwachsenden Lizenzgebührenforderungen lediglich bis zum Zeitpunkt der Insolvenzeröffnung eine Sicherheit. Damit ist die Besicherungssituation für ein finanzierendes Kreditinstitut unzureichend.

2. Insolvenz des Lizenznehmers

Bei Insolvenz des Lizenznehmers ergeben sich für die betroffenen Vertragsparteien nachfolgend dargestellte Rechtsfolgen.

a. Rechtsfolgen auf Lizenznehmerseite

aa) Entscheidung über weitere Vertragsdurchführung

Bei Insolvenz des Lizenznehmers entscheidet der Insolvenzverwalter i.R.d. § 103 Abs. 1 InsO über die weitere Vertragsdurchführung. Etwaige Lösungsklauseln, die an eine Zahlungseinstellung, die Insolvenzantragstellung oder Insolvenzeröffnung anknüpfen,[941] sind nach hier vertretener Auffassung nach § 119 InsO unwirksam.[942] Aufgrund der Kündigungssperre aus § 112 InsO gilt dies auch für Kündigungen, die auf einen vor dem Eröffnungsantrag eingetretenen Zahlungsverzug oder eine Verschlechterung der Vermögensverhältnisse abstellen. Sind in der Insolvenzmasse genug Mittel vorhanden, um die bei einer weiteren Vertragsdurchführung fällig werdenden Lizenzgebühren aufbringen zu können, dann wird sich der Insolvenzverwalter regelmäßig für die Erfüllung des Lizenzvertrages entscheiden, um den laufenden Unternehmens- bzw. Sendebetrieb weiter aufrechtzuerhalten.[943] Die Lizenzgebührenforderungen werden durch Erfüllungswahl zu

---

941 Vgl. BGH, Urt.v. 27.05.2003 – IX ZR 51/02, NJW 2003, 2744, 2746; BGH, Urt.v. 15.11.2012 – IX ZR 169/11, NJW 2013, 1159, 1160.

942 Im Übrigen wären derartige Klauseln nach den §§ 129 ff. InsO anfechtbar, vgl. *Huber*, in: Gottwald, § 35, Rn. 14; *Reul*, DNotZ 2008, 824, 827.

943 Der Bestand der Fußball-Lizenzrechte ist aus Lizenznehmersicht regelmäßig gerade deshalb interessant, weil die Ausstrahlung von Fußballspielen besondere Aufmerksamkeit auf Seiten der Fernsehzuschauer entfaltet. Daher versprechen sich die Sender

einer Masseforderung i.S.d. § 55 Abs. 1 Nr. 2 InsO. Allenfalls in Ausnahmefällen wird eine Nichterfüllungswahl in Betracht kommen. Dies ist etwa denkbar, wenn die fällig werdenden Lizenzgebühren nicht aus der Insolvenzmasse aufgebracht werden können oder die realistische Möglichkeit besteht, die Lizenzrechte später erneut zu einem günstigeren Preis zurückerwerben zu können. Ferner wird die Vertragserfüllung auch dann verweigert, wenn beabsichtigt ist, sich vollständig aus dem Bereich der Fußballübertragungen zurückzuziehen. Der dann aus § 103 Abs. 2 S. 1 InsO resultierende Schadensersatzanspruch des Lizenzgebers kann lediglich als einfache Insolvenzforderung geltend gemacht werden.

bb) Behandlung von Teilleistungen

Hat der Lizenznehmer vorgeleistet, so macht der Insolvenzverwalter die bereits erbrachten Lizenzgebühren gegenüber dem Lizenzgeber geltend und mehrt hierdurch die Insolvenzmasse. Wählt der Verwalter Nichterfüllung, so erwächst dem Lizenzgeber ein Schadensersatzanspruch aus § 103 Abs. 2 S. 1 InsO. Dieser kann jedoch nicht gegen die Rückzahlungsverpflichtung hinsichtlich der vorgeleisteten Lizenzgebühren aufgerechnet werden. Einer Aufrechnung steht § 95 Abs. 1 S. 3 InsO entgegen. Denn der Schadensersatzanspruch wegen Nichterfüllung ist als Gegenforderung erst mit Nichterfüllungswahl entstanden. Dieser wird damit erst nach der Hauptforderung auf Rückzahlung der Lizenzgebühren fällig, da deren Fälligkeit bereits zuvor spätestens mit Insolvenzeröffnung eingetreten ist.[944]

Hat der Lizenzgeber Vorleistungen erbracht, so sind dessen Lizenzgebührenforderungen nach § 105 S. 1 InsO lediglich als einfache Insolvenzforderungen einzuordnen. Dies gilt unabhängig von der Entscheidung des Insolvenzverwalters.

---

einen über das eigentliche Sportangebot hinausgehenden positiven Gesamteffekt durch die Aufnahme von Fußballspielen ins Sendeprogramm. Hiermit ist insbesondere eine Erhöhung der Zuschauerbindung beabsichtigt, vgl. *Schubert*, S. 97; *Elter*, S. 16; *Damm*, S. 33. Darüber hinaus wird durch die Ausstrahlung von Fußballspielen gerade das in der Werbewirtschaft sehr begehrte männliche Zielpublikum jüngeren und mittleren Alters angesprochen, siehe *Elter*, S. 16. Dies bietet dem ausstrahlenden Sender potenziell die Möglichkeit, Werbezeiten zu lukrativen Preisen an Interessenten aus der Werbebranche veräußern zu können. Bei bestehender Werthaltigkeit der Masse wird sich der Insolvenzverwalter daher regelmäßig für die Erfüllung des Lizenzvertrages entscheiden.

944 *Wegener*, in: Uhlenbruck, § 103, Rn. 181.

cc) Bestand der Lizenzen

Wie bereits dargelegt, ist der Fortbestand der Lizenz von der Entscheidung des Insolvenzverwalters i.R.d. § 103 Abs. 1 InsO abhängig. Bei Erfüllungswahl bleibt die Lizenz bestehen, bei Nichterfüllung erlischt sie. Eine gesonderte Rückübertragung der Lizenzen ist entbehrlich. Von einer Nichterfüllungswahl wären insbesondere Sublizenznehmer schwer betroffen, an die der Lizenznehmer seine Rechte sublizenziert hat. Obgleich nach der aktuellen „M2Trade"-Entscheidung derartige Härtefälle im Bereich des Urheberrechts verhindert werden, scheidet eine Anwendung dieser Grundsätze bei Lizenzen über Fußballübertragungsrechte aus. Angesichts der oben angesprochenen schwerwiegenden Rechtsfolgen ist daher in Lizenzketten besondere Vorsicht bei der Vertragsgestaltung walten zu lassen.[945]

dd) Anwendbarkeit des § 108 Abs. 1 S. 2 InsO

Aus den oben genannten Gründen ist im Bereich der Lizenzverträge über Fußballübertragungsrechte kein Raum für eine Anwendung des § 108 Abs. 1 S. 2 InsO.

b. Rechtsfolgen auf Lizenzgeberseite

aa) Entscheidung über die weitere Vertragsdurchführung

Nach der hier vertretenen Auffassung stehen die §§ 119, 112 InsO der Wirksamkeit von Lösungsklauseln entgegen, die unmittelbar an eine Zahlungseinstellung, Insolvenzantragstellung, Insolvenzeröffnung, einen vor dem Eröffnungsantrag

---

945 Angesichts dieser Rechtslage wird im Schrifttum vorgeschlagen dem Sublizenznehmer bei Insolvenz seines Sublizenzgebers eine Heilungsmöglichkeit dergestalt einzuräumen, dass dieser die Befugnis erhält, ausstehende Lizenzgebühren für seinen insolventen Vertragspartner entrichten zu dürfen, vgl. *Schwarz/Klingner*, UFITA 138 (1999), 29, 50. Eine solche Heilungsmöglichkeit käme im Ergebnis einer im Urheberrecht für bestimmte Konstellationen angeordneten gesamtschuldnerischen Haftung i.S.d. § 34 Abs. 4 UrhG nahe. In jedem Fall sollte sich der Sublizenznehmer daher vertraglich gegen einen unvorhersehbaren vorzeitigen Wegfall seiner Sublizenzrechte durch eine entsprechende Vereinbarung unmittelbar mit dem lizenzgebenden Veranstalter absichern und gleichzeitig potenzielle Haftungsansprüche gegenüber Dritten in der Lizenzkette ausschließen, *Herr*, S. 145, Fn. 598. *Körber*, in: Adolphsen/Nolte/Lehner/Gehrlinger, Rn. 2617. Auf vertragliche Absicherungsalternativen des Sublizenznehmers gegen einen automatischen Wegfall der Sublizenzrechte hat auch das OLG Hamburg in seiner Kinderfernseh-Sendereihe Entscheidung expressis verbis hingewiesen, vgl. OLG Hamburg, Urt.v. 15.03.2001 – 3 U 57/99, NJW-RR 2002, 402, 404 – Kinderfernseh-Sendereihe.

eingetretenen Zahlungsverzug oder an Vermögensverschlechterungen des Schuldners anknüpfen.[946] Wie bereits dargelegt, entscheidet der Insolvenzverwalter über die weitere Vertragsdurchführung. Zum selben Ergebnis gelangt letztlich auch die Gegenauffassung über den Umweg des insolvenzrechtlichen Anfechtungsrechts. Die Interessen des Lizenzgebers an der vollständigen und rechtzeitigen Zahlung der Lizenzgebühren bleiben dadurch gewahrt, dass sich der Verwalter aufgrund der aus §§ 60, 61 S. 1 InsO drohenden Haftung nur dann zur Erfüllung des Lizenzvertrages entscheidet, wenn die Finanzierung gesichert ist. Bei Nichterfüllungswahl kann der Lizenzgeber die Lizenzen gegebenenfalls zu höheren Lizenzgebührenvereinbarungen neu vergeben.[947]

bb) Behandlung von Teilleistungen

Hat der Lizenzgeber vor Insolvenzeröffnung vorgeleistet, so ist er in diesem Umfang gem. § 105 S. 1 InsO Insolvenzgläubiger und hat seine Lizenzgebührenforderungen zur Tabelle anzumelden. War es der Lizenznehmer, der vorgeleistet hat, dann zieht der Insolvenzverwalter die bereits erbrachten Lizenzgebühren zur Insolvenzmasse. Bei Nichterfüllungswahl ist es dem Lizenzgeber aufgrund des § 95 Abs. 1 S. 3 InsO verwehrt, mit seinem Schadensersatzanspruch aus § 103 Abs. 2 S. 1 InsO gegen die Rückzahlungsverpflichtung aufzurechnen, die in Bezug auf die vorgeleisteten Lizenzgebühren besteht.

cc) Bestand der Lizenzen

Wählt der Insolvenzverwalter Vertragserfüllung, so bleibt der Lizenznehmer weiterhin zur Nutzung der Lizenzen berechtigt. Nur bei Nichterfüllung ist der Lizenzgeber zur Neuvergabe berechtigt. Andernfalls vergäbe er ein und dieselben Lizenzen doppelt und machte sich schadensersatzpflichtig.

946 Zulässig sind dagegen solche Klauseln, die nicht unmittelbar auf Beeinträchtigung des Insolvenzverwalterwahlrechts abzielen, sondern inhaltlich an die Unzumutbarkeit der weiteren Vertragsdurchführung anknüpfen, vgl. BGH, Urt.v. 17.11.2005 – IX ZR 162/04, NJW 2006, 915, 917 – Softwarenutzungsrecht.

947 Zum schuldrechtlichen Charakter von Sportübertragungsrechten in Bezug auf Hörfunktrechte, vgl. *Körber*, in: Adolphsen/Nolte/Lehner/Gerlinger, Rn. 2507; *Herr*, S. 97 f.

dd) Anwendbarkeit des § 108 Abs. 1 S. 2 InsO

Eine entsprechende Anwendung des § 108 Abs. 1 S. 2 InsO scheitert aus den oben dargelegten Gründen. Die gesetzlich angeordnete Insolvenzfestigkeit tritt daher nicht bei Lizenzverträgen über Fußballübertragungsrechte ein.

c. Rechtsfolgen auf Seiten eines Kreditgebers

Insoweit kann auf die i.R.d. Insolvenz des Lizenzgebers erfolgten Ausführungen verwiesen werden. Fußballübertragungsrechte sind aufgrund ihrer Unübertragbarkeit nicht unmittelbar selbst als Sicherungsgut verwendbar. Nur die aus dem Lizenzvertrag resultierenden Lizenzgebührenforderungen bieten im Rahmen einer Sicherungszession oder durch eine Pfandrechtsbestellung in begrenztem Umfang eine Sicherheit.

IV. Zusammenfassende Betrachtung der Rechtsfolgen nach modifiziertem hausrechtlichen Ansatz

Nach dem modifizierten hausrechtlichen Ansatz kann an dem bzw. den Stadiongrundstücken eine beschränkt persönliche Dienstbarkeit bestellt werden, die zur Anfertigung und Verwertung von audio-visuellen Aufnahmen berechtigt. Damit ist ein Rechtserwerb verbunden, der deutlich über die bloß schuldrechtlichen Beziehungen hinausgeht, die nach bislang h.M. bestehen. Lizenznehmer könnten nach dem modifizierten hausrechtlichen Ansatz erstmals dingliche Rechtspositionen erwerben. Dies würde sowohl die Refinanzierungsmöglichkeiten der Vereine, als auch der TV-Sender deutlich verbessern. Denn eine Lizenz, die durch eine beschränkt persönliche Dienstbarkeit gesichert ist, bliebe auch im Insolvenzfall unberührt.[948] Dem Dienstbarkeitsberechtigten stünde im Insolvenzverfahren ein Aussonderungsrecht nach § 47 S. 1 InsO zu.[949] Im Falle der Unwirksamkeit oder bei Beendigung des Lizenzvertrages fände das Abstraktionsprinzip Anwendung. Danach fielen die Lizenzen nicht unmittelbar an den Lizenzgeber zurück, sondern müssten an diesen gesondert übertragen werden.

Überdies wäre für Anschaffungs- und Herstellungsfinanzierungen der Anwendungsbereich des § 108 Abs. 1 S. 2 InsO eröffnet. Denn nach dem modifizierten

948 Vgl. für den Fall des nach gleichen Maßstäben zu behandelnden Nießbrauchs, *Berger*, GRUR 2004, 20, 21.

949 *Lüer*, in: Uhlenbruck, § 351, Rn. 10; für ein durch Nießbrauch begründetes Aussonderungsrecht: *Berger*, GRUR 2004, 20, 21.

hausrechtlichen Ansatz kann auf Seiten des Sicherungsnehmers ein dinglicher Rechtserwerb erfolgen. Hierdurch wäre das Tatbestandsmerkmal der Sicherungsübereignung i.S.d. § 108 Abs. 1 S. 2 InsO erfüllt und würde eine entsprechende Anwendung der Vorschrift ermöglichen. Aufgrund der durch § 108 Abs. 1 S. 2 InsO gesetzlich angeordneten Insolvenzfestigkeit wäre der Lizenzvertrag dem Insolvenzverwalterwahlrecht entzogen und bliebe auch im Insolvenzfall unverändert mit allen Rechten und Pflichten fortbestehen. Die eingeräumten Lizenzen und die hieran bestellten Sicherheiten würden daher nicht in ihrem Bestand berührt werden. § 108 Abs. 1 S. 2 InsO erfasst zwar unmittelbar nur die Konstellation, in der der Lizenzgeber i.R.d. Kreditgewährung das finanzierte Lizenzrecht als Sicherheit auf das Kreditinstitut übertragen hat. Es sprechen aber gute Gründe dafür, den Anwendungsbereich des § 108 Abs. 1 S. 2 InsO auch auf Sachverhalte zu erstrecken, in denen die Fremdfinanzierung auf Lizenznehmerseite erfolgt ist.[950] Hierfür kann die Ratio des § 108 Abs. 1 S. 2 InsO angeführt werden. Diese besteht darin, die Refinanzierungschancen dadurch zu erhöhen, dass sich das Finanzierungsobjekt aufgrund der Insolvenzfestigkeit des Vertragsverhältnisses als Sicherungsgut eignet, weil bestellte Sicherheiten nicht durch eine spätere Insolvenzeröffnung verloren gehen.[951] Dieser Gedanke ist auf Konstellationen übertragbar, in denen der Lizenznehmer als Sicherungsgeber handelt. Darüber hinaus nimmt ein Lizenznehmer in Lizenzketten oftmals zugleich die Stellung eines Sublizenzgebers ein. Ein starres Abstellen auf die Lizenzgeberstellung ist daher nicht interessengerecht.[952] Vor diesem Hintergrund ist es zu befürworten, § 108 Abs. 1 S. 2 InsO auch auf Sachverhalte anzuwenden, in denen die Refinanzierungsmöglichkeiten des Lizenznehmers betroffen sind.

D. Eignung von Lizenzen an Fußballübertragungsrechten als Kreditsicherheit

Die hohen Lizenzgebühren, die bei der Vermarktung der Fußballübertragungsrechte gezahlt werden, erfordern regelmäßig eine Fremdfinanzierung durch Kreditinstitute. Gleichzeitig gewinnt hierdurch der Aspekt einer ausreichenden

950 Vgl. hierzu auch *Wiedemann*, Rn. 1177.
951 Vgl. statt vieler: *Balthasar*, in: Nerlich/Römermann, § 108, Rn. 4.
952 Eine analoge Anwendung des § 108 Abs. 1 S. 2 InsO auf Lizenznehmerseite ebenso bejahend *Kreuzer*, in: Loewenheim, § 95, Rn. 143.

Besicherung an Bedeutung. Ausgehend von den bislang im 4. Kapitel gewonnenen Erkenntnissen wird nachfolgend beleuchtet, ob sich Lizenzen an Fußballübertragungsrechten als Kreditsicherheit eignen. Im Rahmen dessen erfolgt zunächst eine Darstellung der Besicherungslage, die sich unter Zugrundelegung der h.M. ergibt. Anschließend wird die Besicherungssituation erörtert, die unter Anwendung des modifizierten Ansatzes zum Hausrecht besteht.

I. Besicherungssituation unter Anwendung der Grundsätze der h.M.

Nach den bisherigen Ergebnissen sind Fußballübertragungsrechte nicht selbst als Sicherungsgut einsetzbar. Dies liegt darin begründet, dass auf Seiten des Lizenznehmers kein dinglicher Rechtserwerb erfolgen kann und es an einer Rechtsposition mangelt, die auf diesen übertragen werden könnte. Daher muss eine Nießbrauchsbestellung aussscheiden. Denn gem. § 1069 Abs. 2 BGB kann an einem Recht, das nicht übertragbar ist, kein Nießbrauch bestellt werden. Aus demselben Grund steht § 1274 Abs. 2 BGB einer Pfandrechtsbestellung entgegen. Da Fußballübertragungsrechte nicht unmittelbar selbst als Sicherheit dienen können, bieten nur die aus dem Lizenzvertrag erwachsenden Lizenzgebührenforderungen eine Besicherungsmöglichkeit. Insoweit sind die Sicherungszession und die Bestellung eines Pfandrechtes oder eines Nießbrauchrechts denkbare Alternativen. Die Möglichkeit einer Sicherungsnießbrauchsbestellung scheidet auch nicht deshalb aus, weil ein Nießbrauch grundsätzlich nur an Rechten bestellt werden kann, die selbst nutzbar sind.[953] Denn Zahlungsansprüche – zu denen Lizenzgebührenforderungen gehören – zählen anerkanntermaßen auch ohne eigene Nutzbarkeit zu den nießbrauchsfähigen Forderungen i.S.d. § 1074 BGB.[954] Im Folgenden werden die unterschiedlichen Sicherungsmittel untersucht, die zur Besicherung der Lizenzgebührenforderungen denkbar sind. Hierbei werden etwaige Vor- und Nachteile angesprochen, die der jeweiligen Besicherungsalternative anhaften. Im Rahmen dessen wird in zeitlicher Hinsicht zwischen dem Zeitraum bis zur Insolvenzeröffnung und der Zeitspanne ab Insolvenzeröffnung differenziert. Dieser Zeitpunkt stellt für die Besicherungslage eine wesentliche Zäsur dar.

953 *Pohlmann*, in: MüKo, BGB, § 1068, Rn. 5.
954 *Pohlmann*, in: MüKo, BGB, § 1068, Rn. 6.

1. Sicherheitenlage bis Insolvenzeröffnung

a. Lizenzgebührenforderungen als Besicherungsobjekt

Die Lizenzgebührenforderungen, die bei Lizenzverträgen über Fußballübertragungsrechte bis zum Zeitpunkt der Insolvenzeröffnung entstehen, können im Rahmen einer Refinanzierung durch eine Sicherungszession, eine Pfandrechtsbestellung oder einen Sicherungsnießbrauch besichert werden. Alle Besicherungsalternativen sind mit verschiedenen Folgen verbunden, die insbesondere auf Seiten des Sicherungsnehmers bedacht werden sollten.

b. Vor- und Nachteile der Besicherungsalternativen

(1) Forderungszuständigkeit und Publizität

Bei einer Sicherungszession ist der Sicherungsnehmer nach der Zweckerklärung in der Lage, die zukünftig fällig werdenden Lizenzgebührenforderungen im Sicherungsfall eigenständig einzuziehen. Dem ist die Situation im Falle des Sicherungsnießbrauchs vergleichbar. Auch hier ist der Nießbrauchsberechtigte nach § 1074 S. 1 BGB unmittelbar selbst zur Einziehung berechtigt. Etwas anderes gilt aber bei der Verpfändung der Lizenzgebührenforderungen. Hier erfolgt nach den §§ 1273 ff. BGB kein Wechsel in der Person des Rechtsinhabers; als bisheriger Anspruchsinhaber bleibt der Lizenzgeber weiter Träger der mit einem Pfandrecht belasteten Forderungen. Er unterliegt jedoch verschiedenen Beschränkungen, die sicherstellen, dass sich die Rechtsposition des Pfandrechtsinhabers nur mit dessen Mitwirkung verändert.[955] Gegenüber einer Verpfändung i.S.d. §§ 1273 ff. BGB sind Sicherungsabtretung und Sicherungsnießbrauch vermeintlich von Vorteil, weil sie stillschweigend erfolgen können und keinen der Abtretungsanzeige i.S.d. § 1280 BGB vergleichbaren Publizitätsakt erfordern. Obgleich die Verpfändungsanzeige im Rechtsverkehr grundsätzlich als nachteilig angesehen wird, fällt dies in Bezug auf Fußballübertragungsrechte jedoch nicht ins Gewicht. Denn Fremdfinanzierungen sind in diesem Bereich gemeinhin üblich.[956]

---

955 So kann nach § 1281 S. 1 BGB nur an den Pfandgläubiger und den Forderungsinhaber gemeinschaftlich geleistet werden und das Pfandrecht gem. § 1276 Abs. 1 S. 1 BGB nur mit Zustimmung des Pfandgläubigers aufgehoben werden.

956 Vgl. *Beucher/v. Frentz*, ZUM 2002, 511, 516 für den Fall von Fremdfinanzierungen bei Filmproduktionen.

(2) Rechtsposition bei Insolvenzeintritt

Bei Eintritt des Sicherungsfalles hat der Pfandrechtsinhaber gem. § 50 Abs. 1 InsO und der Sicherungszessionar nach § 51 Nr. 1 InsO ein Absonderungsrecht.[957] Aus Sicht des Sicherungsnehmers stellt auch der Sicherungsnießbrauch eine besonders interessante Absicherungsalternative dar. Denn als Nießbraucher ist der Sicherungsnehmer nach § 47 InsO aussonderungsberechtigt.[958] Nach erfolgter Aussonderung wird dessen Rechtsstellung von einer Insolvenz des Sicherungsgebers nicht weiter beeinträchtigt. Einem Pfandrecht und einem Sicherungsnießbrauch ist gegenüber der Sicherungszession der Vorteil gemein, dass insoweit eine eigenständige Verwertung durch den Sicherungsnehmer erfolgen kann.[959] Bei diesen Alternativen fallen i.R.d. Insolvenzverfahrens keine weiteren Kosten an, so dass sie unter ökonomischen Gesichtspunkten der Sicherungszession vorzuziehen sind. Denn bei dieser erfolgt die Verwertung der Forderungen gem. § 166 Abs. 2 InsO durch den Insolvenzverwalter. Hieraus resultiert für den Sicherungsnehmer ein Kostenbeitrag i.H.v. insgesamt neun Prozent: Vier Prozent des Verwertungserlöses entfallen hierbei auf die Feststellung (§ 171 Abs. 1 InsO) und fünf Prozent auf die Verwertung der Forderung (§ 171 Abs. 2 InsO).

2. Sicherheitenlage ab Insolvenzeröffnung

Mit Insolvenzeröffnung ändert sich die Besicherungslage grundlegend. Dies gilt für alle Sicherungsmittel gleichermaßen. Denn nach der Rechtsprechungspraxis des BGH gehen in dem Moment der Insolvenzeröffnung sämtliche Sicherheiten an zukünftigen Lizenzgebührenforderungen verloren.[960] Entscheidet sich der Insolvenzverwalter i.R.d. § 103 Abs. 1 InsO für Vertragserfüllung, so wird aus dem ursprünglichen Erfüllungsanspruch des Lizenznehmers eine Masseforderung i.S.d. § 55 Abs. 1 Nr. 2 InsO. Hierbei wird die ab Insolvenzeröffnung nicht mehr durchsetzbare Forderung durch die Erfüllungswahl des Insolvenzverwalters modifiziert.[961] Konkret wird das vorinsolvenzrechtliche Vertragsverhältnis beendet, und es entsteht eine aus insolvenzrechtlichem Blickwinkel selbstständig zu

957 Vgl. zum Absonderungsrecht bei Sicherungszessionen *Leithaus*, in: Andres/Leithaus, § 47, Rn. 7.

958 *Brinkmann*, in: Uhlenbruck, § 47, Rn. 66.

959 Für Filmproduktionenen vgl. *Beucher/v. Frentz*, ZUM 2002, 511, 525.

960 Vgl. *Hölzle/Geßner*, ZIP 2009, 1641, 1642; *v. Wilmowsky*, ZInsO 2011, 1473, 1483.

961 BGH, Urt.v. 25.04.2002 – IX ZR 313/99, NJW 2002, 2783, 2785 – Erlöschenstheorie.

bewertende neue Vertragsbeziehung (Novation).[962] Die zugunsten des Sicherungsnehmers bestellten Sicherheiten erfassen daher lediglich die bis zum Zeitpunkt der Insolvenzeröffnung entstandenen Lizenzgebührenforderungen; spätere, nach Erfüllungswahl zur Entstehung gelangende Lizenzgebührenforderungen, sind dagegen nicht mehr erfasst.[963] Aber auch für eine erneute Sicherheitenbestellung ist kein Raum. Dem steht § 91 InsO entgegen. Aus Gründen des Masseschutzes schließt die Vorschrift an den zur Insolvenzmasse gehörenden Gegenständen jeglichen Rechtserwerb nach Insolvenzeröffnung aus.[964] Danach dienen die ab Erfüllungswahl neu entstehenden Lizenzgebührenforderungen nicht als Sicherheit, sondern werden von Seiten des Insolvenzverwalters für die Insolvenzmasse beansprucht.[965] Gleiches gilt nach § 105 S. 1 InsO für erbrachte Vorleistungen. Die der Vorleistung wertmäßig entsprechenden Lizenzgebührenforderungen sind als einfache Insolvenzforderungen zur Tabelle anzumelden, so dass eine wirtschaftliche Entwertung eintritt und sie ihre Funktion als Sicherungsmittel verlieren.

Ein Sicherheitenverlust tritt jedoch ebenso bei Nichterfüllungswahl ein. In diesem Fall bleibt der seit Insolvenzeröffnung nicht mehr durchsetzbare Erfüllungsanspruch auch weiterhin nicht durchsetzbar. Meldet der Vertragspartner seinen nach § 103 Abs. 2 S. 1 InsO wegen Nichterfüllung bestehenden Schadensersatzanspruch zur Insolvenztabelle an, so erfolgt hierdurch die endgültige Umgestaltung des ursprünglichen Erfüllungsanspruchs.[966] Da die Insolvenzquote aus den Lizenzgebührenforderungen in aller Regel nur einen sehr geringen Bruchteil des einstigen Nennbetrages ausmacht, geht hiermit ein spürbarer Verlust einher. Damit ist abschließend festzustellen, dass die ab Insolvenzeröffnung neu entstehenden Lizenzgebührenforderungen keine Sicherheiten mehr zugunsten des Sicherungsnehmers begründen. Aufgrund der unzureichenden Sicherheiten wäre an sich nicht zu erwarten, dass Kreditinstitute weiterhin Lizenzgebührenforderungen als Sicherheiten akzeptieren, die außerhalb des Anwendungsbereichs des § 108 Abs. 1 S. 2 InsO liegen und damit nicht insolvenzfest sind.[967] Gerade dies ist jedoch in Bezug auf Lizenzen an Fußballübertragungsrechten die gängige Praxis, da insoweit

962 BGH a.a.O. Vgl. hierzu *v. Wilmowsky*, ZInsO 2011, 1473, 1483; *Hölzle/Geßner*, ZIP 2009, 1641, 1642.

963 BGH a.a.O.

964 *Leithaus*, in: Andres/Leithaus, § 91 Rn. 2; vgl. *Huber*, NZI 2002, 467, 468.

965 *Seifert*, NZM 1998, 217; vgl. *Hölzle/Geßner*, ZIP 2009, 1641, 1646.

966 *Andres*, in: Andres/Leithaus, § 103, Rn. 34 m.w.N.

967 Vgl. für Leasingverträge, *Hölzle/Geßner*, ZIP 2009, 1641, 1643.

keine entsprechende Anwendung des § 108 Abs. 1 S. 2 InsO erfolgen kann.[968] Angesichts des erheblichen Ausfallrisikos ist dies durchaus bemerkenswert.

II. Besicherungssituation unter Anwendung des modifizierten hausrechtlichen Ansatzes

Ein anderes Bild ergibt sich jedoch bei Zugrundelegung des modifizierten hausrechtlichen Ansatzes. Wie bereits dargelegt, besteht hier die Möglichkeit zugunsten des Lizenznehmers eine beschränkt persönliche Dienstbarkeit am Stadiongelände zu bestellen. Infolgedessen würde die durch eine beschränkt persönliche Dienstbarkeit dinglich gesicherte Lizenz auch im Insolvenzfall nicht beeinträchtigt[969] werden und ein Aussonderungsrecht i.S.d. § 47 S. 1 InsO begründen.[970] Nach der hier vertretenen Auffassung würde der modifizierte Ansatz daneben eine entsprechende Anwendung des § 108 Abs. 1 S. 2 InsO ermöglichen. Lizenzen an Fußballübertragungsrechten wären damit insolvenzfest und dem Insolvenzverwalterwahlrecht aus § 103 Abs. 1 InsO entzogen.[971] Etwaige durch Sicherungszession, Pfandrecht oder Sicherungsnießbrauch gesicherte Lizenzgebührenforderungen blieben deshalb zusätzlich – neben der durch eine beschränkt persönliche Dienstbarkeit gesicherten Lizenz – als Sicherheiten bestehen. Der modifizierte hausrechtliche Ansatz kann daher erstmals zu einer befriedigenden Besicherungslage beitragen und führt im Bereich der Fußballübertragungsrechte zu einer grundlegenden Verbesserung im Vergleich zu der Rechtslage, die sich nach der bisher geltenden h.M. ergibt.

968 Eine analoge Anwendung des § 108 Abs. 1 S. 2 InsO scheitert, da es bei Lizenzverträgen über Fußballübertragungsrechte an einem Rechtsübergang fehlt. Aufgrund dessen ist das Tatbestandsmerkmal der Sicherungsübertragung i.S.d. § 108 Abs. 1 S. 2 InsO nicht erfüllt.

969 Vgl. *Berger*, GRUR 2004, 20, 21. Zu der Vereinbarkeit sachenrechtlicher Dienstbarkeiten mit § 119 InsO am Beispiel des Sicherungsnießbrauchs vgl. *Berger*, GRUR 2004, 20, 22.

970 *Lüer*, in: Uhlenbruck, § 351, Rn. 10. In Bezug auf ein Aussonderungsrecht des Nießbrauchers, *Berger*, GRUR 2004, 20, 21.

971 Die Tatbestandsvoraussetzung der Sicherungsübertragung i.S.d. § 108 Abs. 1 S. 2 InsO wird durch die Bestellung einer beschränkt persönlichen Dienstbarkeit erfüllt, so dass § 108 Abs. 1 S. 2 InsO nach hier vertretener Auffassung analoge Anwendung auf Lizenznehmer finden kann.

5. Kapitel: Hedging zur Ertragsabsicherung der Medienerlöse aus Inlandsvermarktung

Das nachfolgende Kapitel behandelt verschiedene Aspekte eines nachhaltigen Risikomanagements. Ein Sicherungsbedürfnis besteht insbesondere i.R.d. Vermarktung der Fußballübertragungsrechte (vgl. 5. Kap. A. III.). Denn im Zuge der Zentralvermarktung durch die DFL werden die Erlösanteile der einzelnen Vereine ausschließlich nach sportlichen Kriterien bemessen (vgl. 5. Kap. C. I.). Sportlicher Erfolg ist jedoch nur bedingt planbar. Die folgenden Ausführungen beginnen mit einer Darstellung der Konkurrenzsituation, die zwischen den Bundesligisten besteht (5. Kap. A. II.). Im Anschluss hieran werden die bisherigen Vereinsstrategien wiedergegeben, die darauf abzielten, die wirtschaftliche Lage unabhängiger von den sportlichen Resultaten gestalten zu können (5. Kap. A. IV.). Da die bislang verfolgten Ansätze nicht die erhofften Resultate lieferten, ist nach anderen Alternativen zu suchen. Eine solche könnte in dem Abschluss einer Hedgingvereinbarung zu sehen sein. Die Absicherung durch Hedging ist gerade im Bereich der Fußballübertragungsrechte als durchaus komplex einzustufen und bedarf einer vertieften Aufarbeitung. Diese beinhaltet eine Begriffserläuterung, die Darstellung der ursprünglichen historischen Anwendungsbereiche sowie der klassischen Varianten des Hedging (5. Kap. B.). Danach werden die einschlägigen rechtlichen Rahmenbedingungen beleuchtet. Im Anschluss an die allgemeinen Ausführungen wird erörtert, ob die Möglichkeit besteht, die Medienerlöse der Fußballübertragungsrechte durch Emission entsprechender Wertpapiere zu hedgen (5. Kap. C.). Im Rahmen dessen erfolgt eine ausführliche Gegenüberstellung der Vor- und Nachteile der einzelnen Wertpapieralternativen sowie eines börslichen und außerbörslichen Handels. Schließlich werden Gesichtspunkte behandelt, die im Zuge einer Umsetzung in der Praxis zu beachten sind (5. Kap. D. IV.). Am Ende des Kapitels werden konkrete Vorschläge zu einer möglichst zweckmäßigen Umsetzung des Hedgingvorhabens im Bereich der Fußballübertragungsrechte gemacht (5. Kap. E.).

A. Risikomanagement im Profifußball

Im Profi-Sport, speziell im Profi-Fußball, wird die Handlungsweise der sportlichen Entscheidungsträger weitgehend von wirtschaftlichen Aspekten und ökonomischen Zwängen bestimmt. Das trifft insbesondere auf Vereine und Kapitalgesellschaften der 1. und 2. Fußball-Bundesliga zu. Zwar sind deren Einnahmen stetig gestiegen, doch ist auf der Ausgabenseite ein mindestens vergleichbar starker Anstieg feststellbar. Daneben sind die realisierten Einnahmen immer stärker vom sportlichen Erfolg abhängig und führen zu einem erheblichen wirtschaftlichen Gefälle zwischen den Vereinen. Diese Entwicklungen erfordern ein weitsichtiges Risikomanagement und stellen neue Anforderungen an die zuständigen Vereinsgremien. Das nachfolgende Kapitel will einen Beitrag dazu leisten, dass die finanziellen Etatplanungen weniger stark von den Unwägbarkeiten sportlichen Erfolgs beeinflusst werden.[972] Im Rahmen der weiteren Ausführungen wird untersucht, ob und auf welchem Weg sich die Medienerlöse aus der Inlandsvermarktung durch Hedging absichern lassen. Diese werden von der DFL nach bestimmten erfolgsabhängigen Verteilungskriterien an die Bundesligisten ausgezahlt. Zur Veranschaulichung des vorhandenen Sicherungsbedürfnisses werden der wechselseitige Konkurrenzdruck unter den Clubs sowie die besondere Bedeutung der Medienerlöse wiedergegeben, die diese für die laufenden Saisonetats haben. Im Anschluss hieran werden die Strategien vorgestellt, die bislang im Rahmen eines vereinsinternen Risikomanagements verfolgt wurden.

I. Wechselwirkung zwischen wirtschaftlichem und sportlichem Erfolg

Im Profi-Fußball besteht wie in kaum einem anderen Bereich im Leistungssport ein derart stark ausgeprägtes Abhängigkeitsverhältnis zwischen sportlichem und wirtschaftlichem Erfolg.[973] Denn sportlicher Erfolg führt unmittelbar zu steigenden finanziellen Einnahmen und diese korrelieren oftmals mit erneut guten sportlichen Leistungen.[974] Umgekehrt ziehen schlechte sportliche Resultate im Sinne einer (Abwärts-) „Spirale" sinkende Einnahmen nach sich und erhöhen zugleich die Wahrscheinlichkeit, dass der wirtschaftliche Abschwung auf den sportlichen

972 Zu den Unwägbarkeiten sportlichen Erfolgs und den Risiken der Vereine vgl. *Kern*, Die Bank 2003, 444, 445; *Hügi*, SpuRt 2003, 84.

973 Vgl. *Huth*, S. 16, der diesbezüglich von einer „komplementäre[n] Zielbeziehung" spricht. In diesem Sinne ebenso *Kern*, Die Bank 2003, 444, 445; *Hügi*, SpuRt 2003, 84; *Keller*, S. 52.

974 *Bednarz/Pfeiffer/Hovemann/Jaus*, S. 41.

Bereich durchschlägt.[975] Das sportliche Abschneiden im Wettbewerb mit anderen Vereinen gehört daher zum Marktrisiko jedes Bundesligavereins.[976]

II. Verdrängungswettbewerb und wirtschaftliches Wettrüsten der Vereine

Gerade im Bereich der lukrativen Fernsehgelder besteht i.R.d. Erlösverteilung eine Besonderheit darin, dass der sportliche und damit finanzielle Erfolg eines Vereins zwingend auf Kosten der anderen geht.[977] Denn eine bessere Platzierung des einen Vereins bewirkt unweigerlich eine schlechtere Platzierung der nachfolgenden Bundesligisten und führt zu einer Art „Verdrängungswettbewerb." In diesem Kontext überträgt *Huth* die von *Akerlof* entwickelte Theorie eines „Rattenrennen" auf den zwischen den Beteiligten bestehenden Wettbewerb.[978] Danach existiere zwischen den Vereinen ein ausgeprägter „Rüstungswettlauf" finanzieller Natur. Jeder, der eine (vermeintliche) Verbesserung eines anderen Mitbewerbers registriere, reagiere hierauf mit neuen eigenen Investitionen, um den Vorsprung ausgleichen zu können.[979] Da der finanzielle Aufwand nicht unmittelbar oder nur in geringem Umfang von den sportlichen Leistungen abhängt, ist die Kassenlage einiger Vereine sehr angespannt.[980] Deren wirtschaftliche Schieflage ist in bestimmtem Umfang in der Vergütungsstruktur der Lizenzspieler angelegt, denn die Gehälter machen den Löwenanteil der fixen Ausgaben aus. Ein Bundesligamanager kritisierte daher öffentlich die allgemein im Profi-Fußball stattfindende Entwicklung, dass hohe erfolgsunabhängige Festgehälter zusehends zum Regelfall würden und sich zugleich der Teil der erfolgsabhängigen Vergütung

---

975 Vgl. *Keller*, S. 53.

976 In diesem Sinne bereits *Kern*, Die Bank 2003, 444, 445. Vgl. *Hügi*, SpuRt 2003, 84.

977 *Huth*, S. 16 ff. Der aus der medialen Inlandsverwertung der Fußball-Bundesliga dem einzelnen Verein zufließende summarische Erlösanteil hängt von zwei Faktoren ab. Dies ist zum einen die Höhe der Gesamterlöse, die von der DFL im Rahmen der Zentralvermarktung stellvertretend für die Mitglieder der 1. und 2. Fußball-Bundesliga erzielt wird. Zum andern richtet sich die konkrete Erlöshöhe entscheidend nach der sportlichen Platzierung des jeweiligen Vereins. Die Beteiligung des einzelnen Vereins am Gesamterlös wird dabei nach einem Verteilungsschlüssel errechnet, für den die erreichte durchschnittliche Tabellenplatzierung den maßgeblichen Rechenfaktor bildet.

978 *Huth*, S. 17.

979 Vgl. *Huth*, S. 17 f.

980 Vgl. *Huth*, S. 158.

der Spieler stetig verringere.[981] Eine Abkehr von den erfolgsunabhängigen Vergütungsstrukturen ist jedoch unwahrscheinlich. Dies liegt darin begründet, dass die angesprochene Wettbewerbssituation einem solidarischen Gemeinschaftsverhältnis abträglich ist und eine geschlossene Umsetzung verhindert. Ferner ist anzunehmen, dass potenzielle Gehaltseinschnitte gerade bei Spitzenspielern nicht durchsetzbar sind, da diese hierauf mit einem Wechsel in eine andere ausländische Profiliga reagieren würden.[982]

III. Absicherungsbedürfnis in Bezug auf Medienerlöse

Ein erhebliches Absicherungsbedürfnis wird erkennbar, sofern man sich die beträchtliche Relevanz vergegenwärtigt, die den Medienerlösen in den Vereinsetats zukommt.

1. Relevanz der Medienerlöse

Neben den Erlösen aus Merchandising und Spielertransfers beruhen die Einkünfte der Erstligisten im Wesentlichen auf drei Haupteinnahmequellen, deren Anteil insgesamt ca. 75 Prozent der Gesamteinnahmen ausmacht.[983] Hierzu zählen die Einkünfte aus Werbung und Spielertrag (Stadioneinnahmen) ebenso wie die Medienerlöse. Letztere sind seit vielen Jahren ein tragender Pfeiler in den Finanzplanungen der Vereine. Sie machten in den Spielzeiten zwischen 2007/2008 und 2010/2011 durchgängig ca. 26 bis 30 Prozent an den Gesamtetats aus.[984] Bei den Vereinen der 2. Fußball-Bundesliga ist das Abhängigkeitsverhältnis noch stärker ausgeprägt. Denn im Vergleich zu Erstligavereinen erzielen diese typischerweise geringere Einkünfte aus Werbung und angesichts der niedrigeren

981 *Ehrhardt*, Bundesliga: Horst Heldt contra Garantiegehälter, Goal v. 27.12.2012, http://www.goal.com/de/news/827/bundesliga/2011/12/27/2819916/bundesliga-horst-heldt-contra-garantiegeh%C3%A4lter, Stand (Oktober 2013).

982 Vgl. *Huth*, S. 145 f.

983 *DFL*, Bundesliga Report 2012, S. 8, 26.

984 Vgl. *DFL*, Bundesliga Report 2012, a.a.O. Einen guten Überblick über die Entwicklung der Erlöse aus medialer Verwertung von 1965 bis 2009 liefert *Keller*. Hierbei gliedert er den Anstieg der Einnahmen in vier Phasen: 1. Phase (Öffentlich-rechtliches Nachfragemonopol), 2. Phase (Nachfrageoligopol durch Zutritt privater Nachfrager), 3. Phase (Vermarktung im Pay-TV), 4. Phase (Konvergenz von TV, Internet und Mobilfunk), *Keller*, S. 183 Abb. 20.

Zuschauernachfrage auch weniger Einnahmen aus Spielertrag.[985] Aufgrund der Bedeutung der Medienerlöse war die „Kirch-Insolvenz" im Jahre 2002 für viele Vereine mit spürbaren Folgen verbunden. Im Zuge dessen mussten die Clubs der 1. und 2. Fußball-Bundesliga ihre bisherigen Etatplanungen neu ausrichten, nachdem sie insolvenzbedingt eine Finanzierungslücke von jährlich bis zu 80 Millionen Euro auszugleichen hatten.[986] Neuerdings macht man sich die finanziellen Gegebenheiten auch auf Seiten der DFL zunutze. Im Zuge dessen werden Fernsehgelder als wirtschaftliches Sanktionsmittel eingesetzt, um auf Verfehlungen – etwa gewaltsame Fanausschreitungen – zu reagieren.[987]

2. Bisheriger Einsatz der Medienerlöse als Finanzierungsmittel

Bislang wurden die medialen Verwertungserlöse stets zur Deckung der laufenden Vereinsausgaben verwendet. Soweit ersichtlich ist einzig der Fußballverein Kickers Offenbach e.V. von dieser Praxis abgewichen. Dieser hat künftige Medienerlöse „zweckentfremdet" im Rahmen einer besonderen Finanzierungslösung verwendet um kurzfristig liquide Mittel realisieren zu können. So wurden im Jahr 2001 10.000 Anteilsscheine emittiert und damit die Zeichner unmittelbar an den TV-Erlösen beteiligt. Hierdurch wurden insgesamt ca. 1,7 Millionen Euro (ca. 3.324 Mio DM) realisiert und die Lizenzierungsauflagen der DFL erfüllt.[988] Inhaltlich bestanden die Anteilsscheinbedingungen darin, dass der jeweilige Erwerber dem Verein unmittelbar einen festgelegten Geldbetrag zur Verfügung stellt. Im Gegenzug partizipierte dieser – zeitlich unbeschränkt – an den zukünftigen TV-Erlösen des Clubs.[989] Hierbei wurden weder eine Rückzahlungsverpflichtung noch eine Gewinngarantie in Aussicht gestellt. Zugunsten von Kickers Offenbach wurde jedoch vertraglich die Möglichkeit vorgesehen, die betreffenden

---

985 Vgl. *DFL*, Bundesliga Report 2012, 26, 38.

986 Vgl. *Huth*, S. 125; *Schilhaneck*, S. 83. Infolge der „Kirch-Pleite" stieg die Verschuldung der Profi-Vereine weiter an. In der Saison 2002/2003 erhielten 24 der 36 Vereine ihre Lizenz nur unter Auflagen. *Bednarz/Pfeiffer/Hovemann/Jaus*, S. 26.

987 Vgl. DFL, Ligavorstand beschließt Fahrplan zur Umsetzung von Sicherheitsmaßnahmen, abrufbar unter: http://www.bundesliga.de/de/liga/news/2011/0000223447.php, Stand (Oktober 2013).

988 Kickers Offenbach, TV-Erlösbeteiligungen im Wert von 400.000 Euro zurückerworben – Kalt: „Das ist ein toller Erfolg!", abrufbar unter: http://www.ofc.de/v4/index.php/news-club/2911-tv-erloesbeteiligungen-im-wert-von-400000-euro-zurueckerworben-kalt-das-ist-ein-toller-erfolg-, Stand (Oktober 2013).

989 Vgl. *Elter*, S. 283.

TV-Erlösbeteiligungen nach Ablauf von mindestens zehn Jahren zu einem Betrag i.H.v. 150% des ursprünglichen Emissionspreises zurückerwerben zu können.[990] Hiervon hat der Verein zum Teil Gebrauch gemacht und mittlerweile TV-Erlösbeteiligungen i.H.v. 400.000 Euro zurückerlangt.[991] Abgesehen von diesem Beispiel waren die Erlöse aus medialer Verwertung bislang nicht Gegenstand besonderer Finanzierungskonstruktionen. Dies ist durchaus erstaunlich. Denn zum einen ist deren Anteil am Vereinsetat beträchtlich. Zum andern haben bereits mehrere Vereine in Bezug auf Zuschauereinnahmen gezeigt, dass sie gewillt sind, innovative Wege zu gehen. Diese wurden etwa als Sicherheit im Rahmen von sog. ABS-Transaktionen eingesetzt, um den Bau neuer Stadien zu besichern.[992] Ferner erfolgte eine Zusammenarbeit mit einer externen Ticketbörse, um den Gegenwert der Kartenkontingente bereits vorab liquide zu machen.[993]

IV. Bisherige Vereinsstrategien zur Verringerung der wirtschaftlichen Abhängigkeit vom sportlichen Erfolg

Die Insolvenzen zahlreicher Traditionsvereine[994] sind eindeutiger Beleg für die gestiegenen Risiken, der die Vereine in wirtschaftlicher Hinsicht ausgesetzt sind. Zugleich sind sie Ausdruck dafür, dass der Aufbau eines effektiven Risikomanagements als wesentlicher Bestandteil eines nachhaltigen Vereinskonzepts zur wirtschaftlichen und sportlichen Etablierung im Profi-Sport anzusehen ist. Ein wirkungsvolles Gefahrenmanagement umfasst die frühzeitige Prognose bedrohlicher Unternehmenssituationen sowie die Abwendung potenzieller Schäden.[995] Die DFL hat auf Verbandsebene bereits den notwendigen strukturellen Rahmen

990 *Elter*, S. 284.

991 Kickers Offenbach, TV-Erlösbeteiligungen im Wert von 400.000 Euro zurückerworben – Kalt: „Das ist ein toller Erfolg!“, abrufbar unter: http://www.ofc.de/v4/index.php/news-club/2911-tv-erloesbeteiligungen-im-wert-von-400000-euro-zurueckerworben-kalt-das-ist-ein-toller-erfolg-, Stand (Oktober 2013).

992 Vgl. *Kern*, Die Bank 2003, 444 ff., der einen guten Überblick zu ABS-Transaktionen im europäischen Profi-Fußball liefert. Zu dem Ausbau innovativer Finanzierungsformen im Profi-Fußball vgl. *Schilhaneck*, S. 86 f.

993 Vgl. hierzu: Schalke will Ticketbörse Viagogo verklagen, Handelsblatt v. 19.08.2013, abrufbar unter: http://www.handelsblatt.com/fussball-bundesliga-schalke-will-ticket boerse-viagogo-verklagen/8661568.html, Stand (Oktober 2013).

994 Von einer Insolvenz waren etwa Alemannia Aachen, Kickers Offenbach und der SSV Ulm betroffen.

995 *Huth*, S. 26.

hierfür geschaffen. Hierzu gehören die Etablierung eines ausgefeilten Lizenzierungsverfahrens[996] sowie die Einrichtung eines Sicherungsfonds[997], den Vereine mit vorübergehenden Liquiditätsproblemen in Anspruch nehmen können. Damit wurden Maßnahmen der Qualitätssicherung und Risikosteuerung eingeleitet, die wesentliche Bestandteile eines effektiven Risikomanagements sind.[998] Neben diesen auf Verbandsebene angesiedelten Mechanismen ist jedoch auch unmittelbar auf Vereinsseite ein gesteigertes Sicherungsbedürfnis erkennbar. Die bislang hierzu verfolgten Strategien zielten darauf ab, die wirtschaftliche Abhängigkeit vom sportlichen Erfolg zu verringern bzw. vollständig zu „entkoppeln".[999] Hierdurch sollte das bestehende „Klumpenrisiko" breiter gestreut werden.

1. Diversifikationsstrategien der Vereine

Eine wesentliche Zielsetzung der unternommenen Diversifikationsbemühungen lag in der Expansion vereinseigener Einnahmequellen. Hierdurch sollte gerade in sportlichen Krisenzeiten ausreichend finanzielle Liquidität gewährleistet bleiben.[1000] Konkret wurde der Aufbau einer erfolgreichen Damenmannschaft oder eines Profi-Teams in einer anderen Sportart vorangetrieben. Die Entscheidungsträger versuchten den Verein wirtschaftlich breiter aufzustellen, um hierdurch die unerwünschte Abhängigkeit vom sportlichen Erfolg reduzieren zu können. Borussia Dortmund unternahm dagegen den Versuch, mit der Marke Goool.de als Sportartikelhersteller Fuß zu fassen.[1001] Allen Diversifikationsstrategien blieb aber letztlich der gewünschte Erfolg verwehrt.[1002]

---

996 Das Lizenzierungsverfahren statuiert unter anderem in § 8 Ziffer a) bis d) der Lizenzierungsordnung der DFL für alle Vereine der 1. und 2. Bundesliga die Verpflichtung eine Bilanz, eine Gewinn- und Verlustrechnung und einen Lagebericht des Vorstandes bzw. der Geschäftsführung durch einen Wirtschaftsprüfer erstellen zu lassen.

997 In Anhang VIII der Lizenzierungsordnung der DFL ist die Richtlinie zum Sicherungsfonds enthalten. Nach Nr. 1 der Richtlinie des Sicherungsfonds soll dieser Fonds bei kurzfristigen Liquiditätsengpässen eines Vereins die Aufrechterhaltung des Spielbetriebs sicherstellen. Nach Nr. 2 der Richtlinie des Sicherungsfonds beträgt die jährliche Deckungsgrenze des Sicherungsfonds 10 Mio Euro.

998 Ausführlich hierzu *Huth*, S. 77 ff.

999 *Huth*, S. 66.

1000 Vgl. *Schilhaneck*, S. 80.

1001 Vgl. *Ax*, Borussia Dortmund wird Textilhersteller, Die Welt v. 15.05.2000, abrufbar unter: http://www.welt.de/print-welt/article543951/Borussia-Dortmund-wird-Textilhersteller.html, Stand (Oktober 2013).

1002 Vgl. *Huth*, S. 79; *Schilhaneck*, S. 80.

2. Abschluss spezifischer Versicherungsverträge

Auch spezielle Versicherungsverträge konnten nicht nachhaltig zur Reduzierung des sportlichen Risikos beitragen. Diese sollten die wirtschaftlichen Folgen sportlichen Misserfolgs vertraglich absichern oder zumindest abfedern.[1003] Auf Vereinsseite bestand jedoch keine ausreichende Nachfrage an derartigen Versicherungen. Maßgeblich hierfür waren die unwirtschaftlich hohen Versicherungsbeiträge für die Absicherung gegen den Abstiegsfall. Diese sollen ca. 50 Prozent der Versicherungssumme betragen haben.[1004] Derart hohe Beitragszahlungen waren aber gerade für abstiegsgefährdete Vereine mit kleinerem Saisonetat kaum erschwinglich. Denn hierdurch wurden die finanziellen Mittel gebunden, die man an anderer Stelle für Investitionen in neue Spieler benötigte.[1005] Die Erfahrungen der Vergangenheit haben daher gezeigt, dass Versicherungsverträge keine interessante Absicherungsalternative darstellen.

B. Hedging als Mittel der Risikoüberwälzung

I. Ungeeignetheit sonstiger Formen der Risikoabsicherung

Die bisherigen Ansätze zur Risikostreuung und gezielten Risikosteuerung[1006] waren auf die Schaffung externer Ausgleichs- und Abfederungsmöglichkeiten angelegt.[1007] Wie gerade dargelegt, konnten jedoch weder die bisherigen Diversifikationsstrategien noch spezifische Versicherungsverträge die gewünschte Risikoabsicherung bewirken.[1008] Fraglich ist aber, ob dies in Bezug auf die erfolgsabhängigen Fernsehgelder möglich ist. Gelänge es, diese Erträge trotz sportlicher

1003 Bei überplanmäßigem sportlichem Erfolg übernahm danach die Versicherung die fälligen Punkt-Prämienzahlungen an die Spieler. Bei sportlichem Misserfolg wurden die Mindereinnahmen durch die Versicherung (zum Teil) ausgeglichen. Ausführlich hierzu *Huth*, S. 58 ff.

1004 *Huth*, S. 60, Fn. 256.

1005 In diesem Sinne *Huth*, S. 61.

1006 Zur effektiven Risikosteuerung durch Risikovermeidung, Risikoreduzierung, Risikoüberwälzung und Risikoakzeptanz, vgl. *Kajüter*, S. 188 f.; *Huth*, S. 34.

1007 Vgl. zu der Ausrichtung der Risikomanagementstrategie nach der Art des Risikos, *Spannagl/Häßler*, DStR 1999, 1826, 1828. Ein umfassendes Risikomanagement besteht aus den Teilbereichen der Risikoidentifikation, Risikobewertung, Risikosteuerung und Risikokontrolle.

1008 Vgl. *Huth*, S. 79 f.

Leistungsschwankungen zu fixieren, so würde hierdurch eine sichere Kalkulationsgrundlage geschaffen und ein (Groß-) Teil des bestehenden Risikopotenzials beseitigt. Die Risikoüberwälzung auf einen Dritten wäre aus Vereinssicht der sicherste Ansatz, um dem bestehenden Gefahrenpotenzial zu begegnen.[1009] Die Formen des (echten) Factoring und der (echten) Forfaitierung sind in diesem Zusammenhang jedoch kein adäquates Mittel. Denn insoweit handelt es sich der Sache nach um einen Forderungskauf, bei denen die Nennbeträge der verkauften Forderungen feststehen und das Bonitätsrisiko des Schuldners gegen einen Risikoabschlag übernommen wird.[1010] Im Rahmen der Absicherung der Medienerlöse ist die Interessenlage dagegen anders gelagert. Dort soll nicht etwa das Bonitätsrisiko des zahlungsverpflichteten Schuldners, sondern eine bestimmte Forderungshöhe abgesichert werden, die dem einzelnen Verein an den Gesamterlösen zusteht. Eine ernsthafte Alternative könnte daher in der Risikoüberwälzung durch Hedging zu sehen sein. Im Rahmen der nachfolgenden Ausführungen erfolgt eine vertiefte Aufarbeitung dieser Materie.

II. Risikoabsicherung durch Hedging

Der Fokus der nachfolgenden Darstellungen soll auf der Absicherungsalternative des Hedging liegen. Eine vertiefte inhaltliche Auseinandersetzung mit diesem Absicherungsmittel ist deshalb zweckmäßig, weil zwischen der Höhe der erzielten Medienerlöse und dem sportlichen Abschneiden der Vereine ein unmittelbares Abhängigkeitsverhältnis besteht.

1. Begriff/ Abgrenzung

Der Terminus des Hedging ist englischen Ursprungs und steht seinem originären Wortsinn nach („to hedge") für das „Umgeben mit einer Hecke". In Bezug auf rechtsgeschäftliches Handeln entspricht dies einem „Absichern" oder „Einzäunen".[1011] Im Finanzmarkt- und Börsenjargon impliziert der Begriff den Abschluss von Sicherungsgeschäften, die ein spiegelbildlich umgekehrtes Risikoprofil zu dem abzusichernden Ausgangsgeschäft aufweisen.[1012] Durch diesen

1009 Vgl. *Huth*, S. 35.

1010 *Martinek*, in: Schimansky/Bunte/Lwowski, § 102, Rn. 4. Zur Abgrenzung von Factoring und Forfaitierung, vgl. *Martinek*, in: Schimansky/Bunte/Lwowski, § 103, Rn. 5.

1011 *Schmies*, S. 33.

1012 *Schmies*, a.a.O.

wirtschaftswissenschaftlichen Ansatz sollen die ökonomischen Folgen des einen Geschäfts durch die eines Gegengeschäftes kompensiert werden und hierdurch eine „Glattstellung" erfolgen.[1013] Hiervon strikt zu unterscheiden ist die Anlageform der Hedgefonds.[1014] Diese haben regelmäßig vor allem risikoreiche Handels- und Anlagestrategien zum Inhalt.[1015] Hedgefonds sind konzeptionell sehr offene und wandlungsfähige Anlageformen, die unter Übernahme teils erheblicher Risiken auf einen besonders hohen wirtschaftlichen Ertrag abzielen.[1016] Abgesehen von der Verwandtschaft des Wortstamms bestehen daher keine Gemeinsamkeiten. Aufgrund der Eigenschaft als Sicherungsmittel gehört das Hedging gerade nicht zu den charakteristischen und überwiegend verwendeten Anlagetechniken eines Hedgefonds.[1017]

2. Historischer Ursprung

Die Anfänge des Hedging reichen bis etwa ins Jahr 1870 zurück. Im Zuge der anhaltenden Globalisierung und Industrialisierung expandierten die Handelswege und führten zu einer Vernetzung internationaler Wirtschaftsräume. Angesichts der oft mehrmonatigen Transportdauer bestand ein zunehmendes Bedürfnis an einer Preisabsicherung der beförderten Frachtgüter.[1018] Vor allem im Baumwollhandel wurde durch den Einsatz von Hedgingtechniken frühzeitig ein Instrumentarium gefunden, um die transportierte Ware vor Transport-, Zins- und Währungsrisiken

---

1013 Vgl. *Ertl*, BC 2001, 97, 100.

1014 Für einen knappen Überblick über Hedging-Techniken vgl. *Haag*, in: Richter/Wachter, § 9, Rn. 9 ff.; vgl. ebenfalls die Zusammenstellung über Hedgefondskategorien in: Deutsche Bank, Monatsbericht März 1999, S. 35.

1015 Vgl. zur Unterscheidung Hedgefonds – Hedging, *Kaiser*, S. 19.

1016 Vgl. Deutsche Bank, Monatsbericht März 1999, S. 33.

1017 *Dichtl/Kleeberg/Schlenger*, S. 5. Als konzeptionelles Beiwerk einer Anlagestrategie hat das Hedging nur eine Nebenfunktion. Es soll sicherstellen, dass die eingegangenen Investitionsgeschäfte gegen andere, als die wissentlich eingegangenen Risiken abgesichert werden und damit garantiert ist, dass der Ertrag ausschließlich von den bewusst eingegangenen unsicheren Faktoren abhängt, vgl. Deutsche Bank, Monatsbericht März 1999, S. 32. Nach Auffassung der Deutschen Bank ist es aus Klarstellungsgründen sinnvoll im Zusammenhang mit Hedgefondsgeschäften den Terminus „Risikofonds" zu verwenden, um schon begrifflich eine Abgrenzung zu dem traditionellen Sicherungscharakter des Hedging herzustellen, vgl. Deutsche Bank, Monatsbericht a.a.O.

1018 *Müller*, S. 14.

abzusichern.[1019] Die Einsatzfelder des Hedging haben eine stetige Ausdehnung erfahren. Im heutigen Wirtschaftsleben erhält dessen Einsatz vor allem in der Absicherung von Devisen-, Rohstoff-, Aktien-, Zins- und Wechselkursrisiken Bedeutung.[1020]

3. Klassische Varianten des Hedging

Hedgingstrategien sind unter verschiedenen Gesichtspunkten differenzierbar. Unterscheidet man danach, ob eine Kauf- oder Verkaufsabsicherung erfolgen soll, so lassen sich Long Hedge (Kaufabsicherung) und Short Hedge (Verkaufsabsicherung) voneinander abgrenzen.[1021]

Auch in quantitativer Hinsicht ist eine Differenzierung möglich. Ein Micro-Hedge liegt vor, wenn die Absicherung eines einzelnen Grundgeschäfts

---

1019 Sehr anschaulich erläutert das RG die bestehende Interessenlage am Beispiel des Baumwollhandels: „Ist auf dieser Grundlage das inländische Geschäft zustande gekommen, so deckt sich der Verkäufer im ausländischen Terminmarkt entsprechend dem Hauptgeschäft ein. Zur Abwicklung dieses Hauptgeschäfts hat der Verkäufer bis zum Lieferungstermin die Ware anzuschaffen. Ist nun seit dem Abschluss des Hauptgeschäftes der Baumwollpreis gestiegen, so muss der Verkäufer die von ihm zu liefernde Ware entsprechend teurer einkaufen, vielleicht teurer, als er seinerseits im Hauptgeschäft verkauft hat. Dieser Nachteil wird aber für ihn ausgeglichen durch eine entsprechende Preissteigerung im sog. Terminmarkt, die ihm in Form des Preisunterschieds zugute kommt. Ist umgekehrt der Baumwollpreis gefallen, so muss der Verkäufer des Hauptgeschäfts bei dem damit verkoppelten Termingeschäft durch Begleichung des Preisunterschieds Verluste erleiden. Dieser Verlust wird aber ausgeglichen dadurch, dass der Verkäufer des Hauptgeschäfts die von ihm zum Verkaufspreis des Hauptgeschäfts zu liefernde Ware infolge Preissenkung billiger einkaufen kann. In beiden Fällen bleibt der Gewinn (Überpreis), der dem Verkäufer aus dem Hauptgeschäft zufließt, derselbe und wird von den Preisschwankungen der Ware zwischen Verkauf und Lieferungstermin grundsätzlich nicht berührt. Es wird also auf diese Weise der Spekulationscharakter, der dem effektiven Kauf und Verkauf von Baumwolle wegen der unvermeidlichen Preisschwankungen innewohnt, gerade durch das mit dem Hauptgeschäft verkoppelte Termingeschäft ausgeschaltet. Dieses ist regelmäßig auf Ausschaltung des Preisunterschieds gerichtet. Der Unterschied dient aber nicht zur Erzielung eines Gewinns für den Verkäufer des Hauptgeschäfts, sondern nur zur Ausgleichung des durch Kursschwankungen bedingten Verlustrisikos." RG, Urt.v. 28.03.1923 – I ZR 420/17, RGZ 107, 22, 24 f.

1020 Vgl. *Deutsch*, S. 7, 56.

1021 *Huth*, S. 91.

durch ein gegenläufiges Sicherungsgeschäft erfolgt.[1022] Dagegen ist ein sogenannter Portfolio-Hedge einschlägig, wenn mehrere nach Laufzeit, Art und Risikofaktoren gleichartige Grundgeschäfte gebündelt werden und das Nettorisiko aus diesem Bündel (Portfolio) besichert wird.[1023] Wird dagegen das Nettorisiko aus einer Vielzahl verschiedenartiger Grundgeschäfte abgesichert, bezeichnet man dies als Macro-Hedge.[1024] Unabhängig von den bestehenden Unterschieden ist allen Alternativen aber ein zentraler Grundaspekt gemein: Durch den Abschluss wirtschaftlich entgegengesetzter Geschäfte sollen vorhandene Kurs- und Preisschwankungen aufgefangen werden. Erleidet der Anleger durch den Abschluss des Ausgangsgeschäfts einen Verlust, so wird dieser (bei optimalem Verlauf) durch den im Sicherungsgeschäft erzielten Gewinn wieder egalisiert.[1025] Ein Unternehmer, der wirtschaftliche Sicherheit und eine zuverlässige Kalkulationsgrundlage anstrebt, fixiert einen als wirtschaftlich annehmbar empfundenen Preis vor dem Risiko möglicher Preiseinbrüche und verzichtet dadurch zugleich auf mögliche Gewinne, die im Falle von Preisexplosionen realisiert werden könnten.[1026]

1022 Vgl. *Ertl*, BC 2001, 97, 99.

1023 *Weidenbach-Koschnike*, BC 2008, 111, 112.

1024 *Weidenbach-Koschnike*, a.a.O. An einem kurzen Beispiel dargestellt, kann ein Grundgeschäft durch einen Micro-Short Hedge wie folgt, abgesichert werden:

Bsp.: A verkauft am 01. Februar eine Millionen Baumwolleinheiten zu je 1 $ an B in die USA. Die Lieferung soll am 01. Dezember erfolgen. Unterstellt man einen hypothetischen Wechselkurs Euro – Dollar von 1:1, dann erhält A für seine Lieferung im Zeitpunkt des Vertragsabschlusses 1.000.000 €. Sinkt der Wechselkurs aber bis Dezember beispielsweise dahingehend ab, dass 1 $ nur noch 0,9 € entspricht, dann erhält A für die vereinbarte Lieferung umgerechnet nur 900.000 € und erleidet allein aufgrund des schwankenden Wechselkurses einen Verlust von 100.000 €.

Um ein solches Szenario verhindern zu können, existieren unterschiedliche Hedgingstrategien. Ein einfaches Beispiel zur wertmäßigen Fixierung der Ware bestünde für A darin, die bei Vertragsabschluss als Kaufpreis vereinbarten 1.000.000 Dollar noch am selben Tag zu dem Tageskurs von 1:1 zu verkaufen. Damit hat sich A durch das Sicherungsgeschäft einerseits gegen negative Kursschwankungen abgesichert. Gleichzeitig hat er sich andererseits aber auch der Möglichkeit auf potenzielle kursbedingte Gewinne begeben.

1025 Vgl. *Kaiser*, S. 19.

1026 In diesem Sinne *Ertl*, BC 2001, 97, 98.

4. Rechtliche Einordnung

Eine Definition des Hedging ist weder in Form einer gesetzlichen Legaldefinition noch durch die Rechtsprechung erfolgt.[1027] In rechtlicher Hinsicht werden Hedginggeschäfte jedoch regelmäßig in Form von sogenannten Termingeschäften abgeschlossen, bei denen der Erfüllungszeitpunkt herausgeschoben wird und die Leistungspflichten zeitlich verzögert zu einem späteren Zeitpunkt erbracht werden. Rechtsprechung und Gesetzgeber standen solchen Rechtsgeschäften und den damit verbundenen Gefahren aus Gründen des (Privat-) Anlegerschutzes lange Zeit kritisch gegenüber. Daher versagte man diesen die Klagbarkeit, sofern nicht Kaufleute oder durch Börsenzulassung erfahrene Personen beteiligt waren.[1028] Privatanleger konnten gegen Termingeschäfte den Differenzeinwand erheben.[1029]

1027 *Müller*, S. 4. *Kaiser* definiert den Begriff Hedging „als die Kombination einer Position des physischen Handelns mit einer konträr angelegten Terminposition zum Zwecke der Risikominimierung.“, *Kaiser*, S. 19.

1028 Zur Verbindlichkeit von Hedgegeschäften vgl. ausführlich *Müller*, S. 68 ff.

1029 Nach dem Börsengesetz von 1896 waren Termingeschäfte nur dann gerichtlich einklagbar, wenn beide Vertragsparteien börsentermingeschäftsfähig waren. Die erforderliche Börsentermingeschäftsfähigkeit wiesen nur ins Handelsregister eingetragene Kaufleute, mit Börsengeschäften beruflich oder durch Börsenzulassung vertraute Personen oder Börsenausländer auf, vgl. *Schwark*, NJW 1989, 2675. Doch trotz bestehender Börsentermingeschäftsfähigkeit waren Spekulationsgeschäfte dem Differenzeinwand aus § 764 BGB a.F. ausgesetzt und damit weiterhin unverbindlich. Privatanleger konnten bei Termingeschäften neben dem Termineinwand i.S.d. § 52 BörsG a.F. auch die aus §§ 762, 764 a.F. BGB folgenden Spiel- und Differenzeinwände erheben, BGH, NJW 1989, 2120. Der Termin- und Differenzeinwand gehörte bis zur Börsengesetznovelle 1989 zum zwingenden deutschen Anlegerschutz und führte als Bestandteil des ordre public sogar für im Ausland geschlossene Termingeschäfte zur fehlenden Klagbarkeit vor deutschen Gerichten, vgl. hierzu BGH, Urt.v. 25.01.2005 – XI ZR 78/04, NJW-RR 2005, 1071, 1073. Bemerkenswert ist diesbezüglich vor allem, dass sich sogar Personen, die nach deutschem Recht börsentermingeschäftsfähig waren, bei Auslandsgeschäften auf den Differenzeinwand berufen konnten, *Schwark*, NJW 1989, 2675. Vgl. zur Rechtsprechungsänderung des BGH zum ordre public, BGH, Urt.v. 21.04.1998 – XI ZR 377/97, NJW 1998, 2358 ff. Erst mit Einführung der Börsengesetznovelle wurden Termingeschäfte für Privatpersonen rechtlich verbindlich, wenn diese die notwendige Börsentermingeschäftsfähigkeit kraft Information erhielten. Mit dem 4. Finanzmarktförderungsgesetz 2002 wurde die gesetzliche Konzeption der Börsentermingeschäftsfähigkeit kraft Informationen dann wieder aufgegeben und durch schadensersatzbewehrte Informationspflichten gem. § 37 d WpHG a.F. ersetzt, *Fleischer*, NJW 2002, 2977, 2981. Außerdem konnte nunmehr gem. § 37 e WpHG nicht

Erst das Vierte Finanzmarktförderungsgesetz führte zu einem vollständigen Kurswechsel. Es statuierte in den § 37 d WpHG a.F. allgemein die Wirksamkeit derartiger Vereinbarungen, nachdem zuvor § 53 Abs. 2 BörsG a.F. bei Privatanlegern die Börsentermingeschäftsfähigkeit und damit Verbindlichkeit derartiger Geschäfte erst nach ordnungsgemäßer Belehrung vorsah.[1030]

In Abweichung zu der einstigen Unklagbarkeit von Termingeschäften erkannte bereits das Reichsgericht ein schutzwürdiges wirtschaftliches Bedürfnis am Abschluss von Hedginggeschäften an; infolgedessen konnte diesen nicht der Differenzeinwand entgegengehalten werden.[1031] In Fortführung der vom Reichsgericht entwickelten Rechtsprechung wurden später auch Hedginggeschäfte vom Verbot bestimmter Kreditderivate gem. § 30 j Abs. 2 WpHG a.F. ausgenommen.[1032] Diese Sonderbehandlung ist berechtigt, denn derartige Differenzgeschäfte stellen als Absicherungsinstrumente gerade das Gegenteil von Spekulationsgeschäften dar.[1033]

5. Zwischenergebnis

Der Terminus des Hedging darf keinesfalls mit der Materie der Hedgefonds verwechselt werden. Hedging beinhaltet den Abschluss eines Sicherungsgeschäfts, das ein spiegelbildlich umgekehrtes Risikoprofil zu dem abzusichernden Ausgangsgeschäft aufweist, um eintretende Wertschwankungen aufzufangen.[1034] Erstmals erfolgte ein Einsatz zur Absicherung des Preisrisikos von Frachtgütern, insbesondere von Baumwolle. Soll der Verkaufspreis eines einzelnen Grundgeschäfts abgesichert werden, so ist ein Micro- bzw. Short Hedge einschlägig. Die Absicherung findet grundsätzlich in Gestalt von Termingeschäften statt. Bereits nach alter Rechtslage erkannte man den wirtschaftlichen Nutzen derartiger

länger der Spieleinwand gegen Finanztermingeschäfte erhoben werden und der Differenzeinwand i.S.d. § 764 BGB a.F. wurde gänzlich aufgehoben.

1030 Vgl. *Fleischer*, NJW 2002, 2977, 2981.

1031 RG, Urt.v. 28.03.1923 – I ZR 420/17, RGZ 107, 22, 24 f. Das Reichsgericht führte in einer weiteren Entscheidung lehrbuchartig aus: „Die Vorschrift in § 764 BGB will wirtschaftlich berechtigte Geschäfte nicht treffen, bei denen die Gegendeckung nur zum Zweck einer Sicherung gegen Verluste aus nicht voraussehbaren Schwankungen der Marktlage erfolgt. Sie ist nur gegen solche Geschäfte gerichtet, die ohne Beziehung zum Güterumsatz des Wirtschaftslebens und der mit ihm verbundenen wirtschaftlichen Tätigkeit aus den Schwankungen des Marktes Gewinn zu erzielen suchen.", vgl. RG, Urt.v. 15.06.1927 – I ZR 336/26, RGZ 117, 267, 269.

1032 Vgl. Hierzu *Litten/Bell*, BKR 2011, 314, 317 f.

1033 Vgl. *Medicus/Lorenz*, SchR I, § 3, Rn. 24.

1034 Vgl. *Schmies*, S. 33; *Kaiser*, S. 19.

Vereinbarungen. Aus diesem Grund waren Hedginggeschäfte im Unterschied zu anderen Arten von Termingeschäften nicht mit dem Differenzeinwand behaftet und unterlagen nicht dem Verbot bestimmter Kreditderivate i.S.d. § 30 j WpHG a.F.

C. Hedging als Absicherungsalternative im Bereich der Fußballübertragungsrechte

Da sportlicher Erfolg nicht mathematisch planbar ist und komplexen, zum Teil nicht beherrschbaren Einflussfaktoren unterliegt, ist von besonderer Bedeutung, ob Mittel und Wege existieren, die dennoch eine Absicherung der – unmittelbar vom sportlichen Erfolg abhängigen – Medienerlöse ermöglichen. Eine denkbare Alternative könnte im Abschluss einer Hedgingvereinbarung liegen. Die Hoffnung auf mögliche, aber unsichere Gewinne dürfte rational handelnde Entscheidungsträger auf Vereinsebene kaum vom Abschluss derartiger Geschäfte abhalten.[1035] Denn seit der „Beinahe-Insolvenz“ des Fußballclubs Borussia Dortmund im Jahre 2005 ist augenscheinlich geworden, dass ein zu Risiko behaftetes Wirtschaften selbst einen arrivierten Top-Verein an den Rande des wirtschaftlichen Ruins führen kann.[1036] Bevor eine dezidierte Aufarbeitung erfolgen kann, muss die zugrunde liegende Sachlage klar sein. Daher werden zum besseren Verständnis die derzeit geltenden Verteilungsgrundsätze dargestellt, nach denen die Gesamterlöse aus der medialen Inlandsvermarktung an die einzelnen Vereine ausgeschüttet werden.

I. Verteilungsgrundsätze i.R.d. medialen Inlandsvermarktung

Die nachfolgend dargelegten Verteilungsstandards gelten ausschließlich für die Einnahmen aus der Inlandsvermarktung der Fußball-Bundesliga. Erlöse aus

---

1035 Schon eine alte Kaufmannsweisheit besagt zu Recht: „Die Hoffnung ist der Tod des Kaufmanns“, vgl. *Assmann*, S. 12.

1036 Den Verein drückten im Jahre 2005 Schulden von über 100 Millionen Euro. Vgl. *Leipold*, Insolvenz abgewendet – Die Borussia gewinnt ihr schwerstes Spiel, FAZ v. 15.03.2005, abrufbar unter: http://www.faz.net/aktuell/sport/fussball/insolvenz-abgewendet-die-borussia-gewinnt-ihr-schwerstes-spiel-1209161.html, Stand (Oktober 2013) und Watzke, Wir standen einen Millimeter vor der Insolvenz, FAZ v. 16.09.2006, abrufbar unter: http://www.faz.net/aktuell/sport/fussball/bundesliga/borussia-dortmund-wir-standen-einen-millimeter-vor-der-insolvenz-1355515.html, Stand (Oktober 2013).

Auslandsvermarktung[1037] sowie aus der Teilnahme an internationalen Wettbewerben (Champions League und Europa League) werden nach abweichenden Grundsätzen verteilt und bleiben bei den folgenden Erörterungen unberücksichtigt. Die Verteilungskriterien, nach denen die Vereine an dem Gesamterlös aus medialer Verwertung partizipieren, sind seit der Bundesligasaison 2000/2001 mehrfach geändert worden.[1038] Nachdem ursprünglich eine paritätische Aufteilung erfolgt war, ist später immer stärker der Leistungsgedanke in den Fokus gerückt. Sportlich erfolgreiche Vereine erhalten höhere Anteile an den Verwertungseinnahmen als sportlich schwächere Bundesligisten. Es besteht eine sog. „Erlösschere" von 2:1, bei der der Anteil des jeweiligen Vereins entsprechend der konkret erreichten Platzierung von Platz 1 bis 18 proportional abnimmt: Hierdurch erhält der erstplatzierte Verein genau das Doppelte dessen, was an den Letztplatzierten ausgezahlt wird.[1039]

Die Verteilung erfolgt nach einem speziellen Schlüssel in Form einer 4-Jahreswertung. Hierbei werden die Durchschnittplatzierung der aktuellen Saison und die Endplatzierungen der zurückliegenden drei Spielzeiten im Verhältnis 4:3:2:1 gewertet: Die aktuelle Spielzeit wird vierfach berücksichtigt, die Endplatzierung der zurückliegenden Saison mit dem Faktor 3, die der Saison davor mit dem Faktor 2 und die Endplatzierung der vor dieser Saison liegenden Spielzeit mit dem Faktor 1.[1040] Berücksichtigt werden nur Platzierungen in der 1. und 2. Bundesliga, Resultate aus der 3. Bundesliga oder Regionalliga fließen dagegen nicht in die 4-Jahreswertung mit ein.[1041] Da die laufende Saison mit dem Faktor 4 am Stärksten gewichtet wird, kommt dem aktuellen sportlichen Erfolg – nach dem derzeit gültigen Verteilungsschlüssel – die größte wirtschaftliche Relevanz für die TV-Gelder zu.[1042] Die beschriebenen Verteilungsstandards gelten sowohl

1037 Die Auslandsvermarktung erfolgt durch die DFL Sports Enterprises GmbH.

1038 Vgl. *Damm*, S. 36 ff.

1039 Der genaue Anteil wird hierbei nach folgender Formel ermittelt: 27 x (16/17 + (19-Tabellenplatz)/17),
Heckmann, Inlandvermarktungsprämie in der Bundesliga in der Saison 2011/2012, abrufbar unter: http://www.fernsehgelder.de, Stand (Oktober 2013).

1040 DFL, Ligavorstand beschließt Verteilung der Medien Einnahmen, abrufbar unter: http://www.bundesliga.de/de/liga/news/2008/index.php?f=0000118197.php, Stand (Oktober 2013).

1041 *Heckmann*, Inlandvermarktungsprämie in der Bundesliga in der Saison 2011/2012, abrufbar unter: http://www.fernsehgelder.de, Stand (Oktober 2013).

1042 Vgl. DFL, Ligavorstand beschließt Verteilung der Medien Einnahmen, abrufbar unter: http://www.bundesliga.de/de/liga/news/2008/index.php?f=0000118197.php, Stand (Oktober 2013).

für die 1. als auch die 2. Fußball-Bundesliga. Zwischen den beiden Spielklassen besteht jedoch in wirtschaftlicher Hinsicht ein erhebliches Gefälle. Denn an die Erstligisten werden 79,50 Prozent der Gesamteinnahmen ausgeschüttet, während die Zweitligisten lediglich die verbleibenden 20,50 Prozent erhalten.[1043]

II. Short Hedge von Erlösen aus Fußballübertragungsrechten

1. Ausgangsüberlegungen grundsätzlicher Art

Im Unterschied zu dem einst von Kickers Offenbach gewählten Ansatz – einer zeitlich unbegrenzten (Teil-) Entäußerung der zukünftigen medialen Erlöse – soll nachfolgend die Möglichkeit untersucht werden, die Erlöse abzusichern, die ein Verein innerhalb eines beschränkten Zeitraumes „erspielt". Da die Erlöse unmittelbar von der jeweiligen (Durchschnitts-) Platzierung abhängen, unterliegen sie einem Preisrisiko. Es wäre daher denkbar, potenzielle Erlösschwankungen durch das Sicherungsinstrumentarium des Hedging abzusichern. Hierdurch soll ein als angemessen angesehener Erlösbetrag abgesichert und planbar gemacht werden. Konkret würde der betreffende Verein seine zukünftigen Erlöse aus medialer Verwertung zu einem fest vereinbarten Preisniveau auf einen Investor übertragen. Infolgedessen könnte die Vereinsführung den erhaltenen Fixbetrag in ihre Finanzplanung einstellen, ohne die sportliche Entwicklung abwarten und einen Verlust infolge sportlichen Misserfolges befürchten zu müssen.[1044] Gleichzeitig begäbe man sich aber der Möglichkeit auf etwaige Gewinne, die aus einem sportlich erfolgreichen Abschneiden resultieren. Hierzu bilden sog. Optionsrechte eine Ausnahme. Bei diesen entscheidet die Vereinsführung zu einem späteren Zeitpunkt – gegen Zahlung einer (nicht unerheblichen) Optionsprämie – einseitig darüber, ob die Medienerlöse in der vorab abgesicherten Höhe vereinnahmt werden oder ob die tatsächlich erzielten Erlöse bezogen werden (sog. Put-Option).[1045]

1043 DFL, a.a.O.
1044 Vgl. *Huth*, S. 163 f., 252.
1045 Vgl. hierzu *Huth*, S. 98 ff., 245.

2. Risikoüberwälzung am Beispiel der Erlöse aus medialer Inlandsvermarktung

Im Bereich der Fußballübertragungsrechte würde die Absicherung der Medienerlöse mittels eines sog. Short Hedge erfolgen. Hierbei ist das abzusichernde Grundgeschäft in der zwischen der DFL und den Bundesligavereinen bestehenden Vereinbarung zu sehen, nach der die bei der Zentralvermarktung realisierten Gesamteinnahmen nach dem beschriebenen Verteilungsschlüssel ausgezahlt werden. Zur Absicherung des der sportlichen Platzierung entsprechenden Erlösanteils wird ein Gegengeschäft mit einem oder mehreren Vertragspartnern abgeschlossen. Dieses hat zum Gegenstand, dass die zukünftig durch die DFL an den betreffenden Verein auszuschüttenden Erlösanteile vorab gegen Zahlung eines vertraglich vereinbarten Geldbetrages übertragen werden. Hierdurch sichert sich der Verein eine fixe Summe, und es findet eine Risikoverlagerung auf die Gegenseite statt.[1046] Im Rahmen der Hedgingvereinbarung bilden die vereinbarte Erlöshöhe und die kalkulierte Durchschnittsplatzierung die maßgeblichen (Wert-) Faktoren.[1047] Beide Elemente kohärieren miteinander, da die Erlöshöhe einer bestimmten durchschnittlichen Saisonplatzierung entspricht. Da die Endplatzierungen der letzten drei Jahre bekannt sind und den Vertragsverhandlungen ohne weiteres zugrunde gelegt werden können, kommt der aktuellen Durchschnittsplatzierung bei der Preisbildung das größte Gewicht zu. Dies gilt auch deshalb, weil sie innerhalb der 4-Jahreswertung am stärksten Berücksichtigung findet.

Nachdem der Vertragspartner den im Rahmen der Hedgingvereinbarung festgelegten Geldbetrag an den Verein gezahlt hat, übernimmt er die wirtschaftlichen Chancen und Risiken, die mit dem sportlichen Abschneiden einhergehen. Er vereinnahmt den künftig von Seiten der DFL auszuschüttenden Erlösanteil, der der real erspielten Durchschnittplatzierung entspricht.[1048] Hierdurch übernimmt er das Preisrisiko, dem der Erlösanteil nach dem Verteilungsschlüssel unterliegt. Dieses besteht konkret in dem Differenzbetrag zwischen dem im Vorhinein an den Verein gezahlten Festbetrag und der Summe, die später tatsächlich auf Grundlage der erreichten Durchschnittsplatzierung durch die DFL ausgezahlt wird. Schneidet der Bundesligist sportlich schlechter ab als vorab kalkuliert, so erleidet die Vertragspartei einen Verlust. Umgekehrt fährt sie einen Gewinn ein, wenn die erreichte Durchschnittsplatzierung besser ausfällt als in den vertraglichen Kalkulationen

1046 Vgl. *Huth*, S. 163 f., 180 f.

1047 Anschaulich hierzu *Huth*, S. 180 f.

1048 Vgl. hierzu *Huth*, S. 90 f., 141.

zugrunde gelegt. Vor diesem Hintergrund steht zu erwarten, dass ein Erwerber das Preisrisiko regelmäßig nur dann übernehmen wird, wenn der an den Verein gezahlte Gesamtbetrag wertmäßig einer Platzierung entspricht, die (leicht) unterhalb der tatsächlichen Durchschnittsplatzierung der vergangenen Jahre liegt. Ein derartiges Underpricing – d. h. die Veräußerung zu einem unterhalb des tatsächlichen Preises liegenden Betrag – schafft für potenzielle Investoren wirtschaftliche Anreize dafür, das Risiko etwaiger Verluste zu übernehmen.[1049]

Chancen und Risiken einer derartigen Hedgingvereinbarung erhöhen sich zusätzlich, sofern diese über mehrere Spielzeiten abgeschlossen wird. Eine besonders hohe Verlustgefahr besteht dabei insbesondere bei dem Erwerb von Erlösanteilen einer sog. „Fahrstuhlmannschaft". Dies liegt darin begründet, dass der Gesamtbetrag der Medienerlöse zwischen der 1. und der 2. Bundesliga je nach Ligazugehörigkeit erheblich differiert. In der Saison 2012/2013 wurden die Einnahmen aus der medialen Inlandsvermarktung im Verhältnis 79,5:20,5 zwischen den Erst- und Zweitligisten aufgeteilt.[1050] Infolgedessen geht mit dem sportlichen Abstieg unweigerlich auch ein starker Einbruch der Einkünfte einher.[1051] Besonders hohe Gewinne würden sich dagegen durch Erwerb der Erlösanteile eines Aufsteigers realisieren lassen. Denn die in der 1. Bundesliga erzielten Medienerlöse liegen deutlich über dem vertraglich kalkulierten Zweitliganiveau. Angesichts des großen Wertgefälles ist aber fraglich, ob bei den Vertragsparteien die Bereitschaft besteht, derart hohe wirtschaftliche Chancen und Risiken zu tragen. Diese ließe sich gegebenfalls durch Vereinbarung eines entsprechenden Optionsrechts steigern. Im Rahmen dessen könnte gegen Entrichtung einer Optionsprämie einseitig darüber entschieden werden, ob die Medienerlöse in abgesicherter Höhe oder aber die tatsächlich erzielten Erlöse vereinnahmt werden.[1052]

1049 Vgl. zum Phänomen und Erklärungsansätzen zum Underpricing, *Kaserer/Kempf*, ZBB 1995, 45 ff.

1050 DFL, Ligavorstand beschließt Verteilung der Medien Einnahmen, abrufbar unter: http://www.bundesliga.de/de/liga/news/2008/index.php?f=0000118197.php, Stand (Oktober 2013).

1051 Vgl. zu der wirtschaftlichen Abhängigkeit von der sportlichen Situation und der Gefahr eines Abstiegs aus der Bundesliga *Habel/Strieder*, NZG 1998, 929, 930 die in diesem Zusammenhang die Rechtsform der KGaA gegenüber einer AG als vorteilhafter bewerten, da insoweit der überlegene Einfluss des Vereins gesichert werden könne.

1052 Vgl. *Huth*, S. 98 ff.

3. Erkenntnisse der Untersuchungen *Huths*

Im Rahmen einer betriebswirtschaftlichen Dissertation hat *Huth* den Einsatz von Derivaten im Risikomanagement von Fußballunternehmen detailliert untersucht. In seiner Arbeit beleuchtet er umfassend verschiedene Alternativen zur Absicherung der wichtigsten Einnahmen der Profi-Fußballvereine.[1053] Für die vorliegende Untersuchung sind dessen Ergebnisse von besonderer Bedeutung, soweit sie die Absicherung der Erlöse aus medialer Verwertung betreffen. Diesbezüglich werden in dessen Werk die Absicherung durch die Finanzinstrumente Forwards/ Futures, Swaps und Optionsrechte genauer erörtert. Hierbei gelangt *Huth* zu der Schlussfolgerung, dass Optionsrechte für Spitzenvereine, die sportliche Konstanz mitbringen und lediglich kleinere Schwankungen bei ihrer durchschnittlichen Saisonplatzierung aufweisen, i.R.d. in Frage kommenden Derivate das effektivste Mittel zur (kurzfristigen) Risikoüberwälzung darstellen.[1054] Zugleich wird jedoch darauf hingewiesen, dass dieses Ergebnis nicht auf Vereine mit einer größeren sportlichen Inkonstanz übertragen werden könne, da bei größeren Schwankungen auch höhere Optionspreise zu zahlen seien.[1055] Infolgedessen könnten die höheren Kosten dazu führen, dass Optionsrechte in dieser Konstellation keine praktikable Risikomanagementalternative mehr darstellen.[1056] Besonders anschaulich sind die betriebswirtschaftlichen Ausführungen deshalb, weil verschiedene sportliche Szenarien anhand konkreter historischer Zahlen aus dem Datenmaterial der DFL durchgespielt werden. Im Rahmen einer Gegenüberstellung wird der tatsächliche ökonomische Nutzen ohne und nach einer Absicherung im Wege des Hedging genau beziffert. Dieser wird im Rahmen einer Effizienzanalyse für drei europäische Spitzenvereine exakt errechnet.[1057]

1053 Konkret erläutert *Huth* die Risikoüberwälzung mittels derivativer Instrumente um die Einnahmenseite der Fußball-Bundesligisten absichern zu können. Die Einkünfte der Vereine werden in die Kategorien Spiel(ertrag) (Stadioneinnahmen), mediale Verwertung, Werbung, Transfereinnahmen und Merchandising unterteilt, vgl. *Huth*, S. 115 ff. Anschließend werden durch den Einsatz von Forwards, Futures und Optionsrechten verschiedene Alternativen zur Absicherung der Erlöse dargestellt und deren konkrete Auswirkungen anhand historischen Datenmaterials der Spielzeiten 99/00 bis 2008/09 aufgezeigt, vgl. *Huth*, S. 193 ff.

1054 Vgl. *Huth*, S. 251.

1055 *Huth*, S. 186 f., 254.

1056 *Huth*, S. 254.

1057 Konkrete Ergebnisse werden für die Vereine Borussia Dortmund, Juventus Turin und Tottenham Hotspurs in einer Mehrperioden-Betrachtung errechnet, vgl. *Huth*, S. 192 ff.

Im Zuge seiner Untersuchungen gelangt der Autor zu der Schlussfolgerung, dass eine Überwälzung des Preisrisikos, dem die Erlöse aus medialer Verwertung nach den geltenden Verteilungsgrundsätzen unterliegen, durch den Einsatz von Hedging als sinnvoll erscheint.[1058] Er vertritt die Auffassung, dass eine Absicherung mittels derivativer Instrumente zu einer Risikoverlagerung führen kann und eine höhere Planungssicherheit auf Vereinsseite ermöglicht.[1059] Nach Überzeugung *Huths* ist hierin eine interessante Alternative zu den übrigen bislang erfolglosen Risikomanagementmaßnahmen (Abschluss einer Versicherung, Aufbau einer Marke und andere Diversifikationsbemühungen) zu sehen. Auch aus Kostengründen biete sie sich an, da hierbei in Relation zu der Höhe der abgesicherten Vermögensposition – der geringste Kostenanteil anfalle.[1060]

4. Bestehen weiterer Risikofaktoren

Nach Übergang des oben beschriebenen Preisrisikos, das der Vertragspartner nach Abschluss der Hedgingvereinbarung übernimmt, könnte die Besorgnis bestehen, dass ein Verein fortan nicht mehr mit letzter Konsequenz die sportlichen Ziele weiterverfolgt.[1061] Derartige Befürchtungen dürften aber aus mehreren Gesichtspunkten unbegründet sein. Denn die Chance auf zusätzliche Einnahmen aus der Teilnahme an den europäischen Wettbewerben der Champions League und Europa League oder der Aufstiegsmöglichkeit in die 1. Bundesliga bleibt auch nach Vertragsschluss weiterhin bestehen. Mit dem sportlichen Erfolg steigen ferner die Attraktivität als Werbepartner und die Einnahmen aus Merchandising. Ferner sehen sich erfolgreiche Vereine auch bei Transferbemühungen um neue Spieler gegenüber Mitkonkurrenten im Vorteil. Daneben bewirkt die sog. 3-Punkte-Regel – bei der Siege mit 3 Punkten und Unentschieden mit nur einem Punkt bewertet werden – eine erhebliche Dynamik, aus der bereits nach kleineren Erfolgs- oder Misserfolgsserien größere Tabellenschwankungen resultieren. Überdies werden die Spieler über Sieg- bzw. Punktprämien je nach Vertragsgestaltung unterschiedlich stark am sportlichen (Miss-) Erfolg beteiligt.[1062] Durch gute Leistungen können sie sich ebenfalls für höher dotierte Verträge, Vertragsverlängerungen oder einen Wechsel zu einem anderen Verein empfehlen. Aus den dargelegten Gründen

1058 Vgl. *Huth*, S. 141.
1059 Vgl. *Huth*, S. 252.
1060 Vgl. zum Ganzen *Huth*, S. 247 f., 252, 254.
1061 *Huth*, S. 244.
1062 Vgl. *Fritzweiler*, in: Fritzweiler/Pfister/Summerer, 3. Teil, Rn. 38.

dürfte auch nach Abschluss der Hedgingvereinbarung weiterhin eine größtmögliche Leistungsbereitschaft vorhanden sein.[1063] Andernfalls, etwa in dem Fall, indem ein Verein wiederholt seine B-Elf[1064] in einem offiziellen Pflichtspiel aufbietet, wird sich dieser erheblichen Schwierigkeiten bei der Akquise neuer Vertragspartner ausgesetzt sehen und schlechtere Vertragskonditionen beim Abschluss einer neuen Hedgingvereinbarung hinnehmen müssen.[1065]

5. Zwischenergebnis

Die von der DFL i.R.d. Zentralvermarktung an die einzelnen Vereine ausgeschütteten Medienerlöse bemessen sich allein nach deren sportlichen Erfolgen. Sie werden nach einem festen Verteilungsschlüssel i.S. einer 4-Jahreswertung ermittelt. Hierbei wird die aktuelle Saisonplatzierung vierfach berücksichtigt und entfaltet damit den stärksten Einfluss. Die Höhe der Medienerlöse kann im Rahmen eines Short Hedge abgesichert werden. Hierbei wird der zukünftige Erlösanteil zu einem fixen Preis an einen oder mehrere Vertragspartner veräußert. Dadurch wird das Risiko sinkender Einnahmen, das sich bei Eintritt sportlichen Misserfolgs verwirklicht, von Vereinsseite auf den Vertragspartner übergewälzt. Im Rahmen der Hedgingvereinbarung kommt der einkalkulierten durchschnittlichen Saisonplatzierung wesentliche Bedeutung bei der Preisbildung zu. Die Untersuchungen *Huths* haben ergeben, dass eine Absicherung durch Hedging realisierbar ist und gegenüber anderen Risikomanagementmaßnahmen überlegene Resultate erzielt. Hat ein Bundesligist seine Erlöse aus medialer Verwertung gehedgt und dadurch unabhängig vom sportlichen Abschneiden gemacht, so dürfte aus Sicht eines Investors nicht zu befürchten sein, dass der Verein nicht mehr die bestmöglichen sportlichen Leistungen anstrebt.

D. Verbriefung der Erlösanteile in Wertpapieren

Sollte in den zuständigen Vereinsgremien der Entschluss gefasst werden, die künftigen Medienerlöse wie dargelegt durch Hedging abzusichern, so kann dieses Vorhaben auf unterschiedlichen Wegen realisiert werden. Es wäre zunächst denkbar,

---

1063 *Huth*, S. 244.

1064 Die Bezeichnung der B-Elf wird in der Praxis verwendet, wenn nicht in Bestbesetzung gespielt wird, sondern Spieler auflaufen, die regulär lediglich Ersatzspieler sind.

1065 Vgl. *Huth*, a.a.O.

eine entsprechende Vereinbarung mit einem Großsponsor abzuschließen, mit dem bereits vertragliche Beziehungen unterhalten werden. Soll hingegen mit einem breiteren Anlegerpublikum kontrahiert werden, dann wäre eine wertpapierrechtliche Verbriefung zielführend. Im Rahmen dessen könnte die anteilige Forderung aus der Inlandsvermarktung der Fußball-Bundesliga verbrieft und an der Börse oder im außerbörslichen Handel (OTC-Handel[1066]) in Umlauf gebracht werden. Mit der Emission von Aktien, Gewinnschuldverschreibungen oder Genussscheinen existieren mehrere denkbare Wertpapieralternativen. Nachfolgend wird erörtert, welche dieser Wertpapierformen für die Vereine und Kapitalgesellschaften der 1. und 2. Fußball-Bundesliga die zweckdienlichsten Ergebnisse erzielt.

I. Emission von Aktien

Zunächst wäre die Emission von Vereinsaktien denkbar. Diese würden zu einem bestimmten Ausgabekurs emittiert, der einer einkalkulierten Durchschnittsplatzierung entspricht. Auf diesem Wege könnten Aktionäre an den Erlösschwankungen partizipieren, die der sportlichen Leistung entsprechen. Im deutschen Profi-Fußball haben zwar einige Bundesligisten ihre Lizenzspielerabteilung in eine Aktiengesellschaft ausgegliedert, an der der eigentliche Verein als Aktionär beteiligt ist.[1067] Eine Ausgabe wäre aber den Clubs nicht möglich, die weiterhin in der Rechtsform eines eingetragenen Vereins organisiert sind. Außerdem hat sich die Emission fußballspezifischer Aktien in Deutschland bislang nicht durchsetzen können. Anders als im englischen Profi-Fußball – Vorreiter war hier bereits 1983 der Verein Tottenham Hotspurs[1068] – hat in der deutschen (Profi-) Fußballlandschaft bislang lediglich Borussia Dortmund mit der Borussia Dortmund GmbH & Co. KGaA den Schritt zum börsennotierten Fußballunternehmen gewagt.[1069] Diese Zurückhaltung ist in der Unattraktivität eines Börsengangs zu sehen, die dieser sowohl auf Vereins–, als auch auf Anlegerseite mit sich bringt.[1070] Aus Vereinssicht

1066 Die Abkürzung OTC steht für "over-the counter" und bedeutet Freiverkehrshandel.

1067 Als Beispiele hierfür zu nennen sind u. a. die Bayern München AG oder die Eintracht Frankfurt Fußball AG.

1068 *Lehrmann/Weigand*, S. 6.

1069 Zwar haben sich der FC Bayern München und Eintracht Frankfurt für die Rechtsform einer Aktiengesellschaft entschieden. Beide Vereine sind jedoch nicht an der Börse notiert.

1070 Zu Vor- und Nachteilen einzelner Rechtsformen aus Perspektive von Fußball Profi-Vereinen vgl. *Wagner*, NZG 1999, 469 ff.; *Habel/Strieder*, NZG 1998, 929 ff.

ist nicht gewünscht, dass den Aktionären fortan gewisse Mitspracherechte zukommen. Zwar wird durch die sogenannte „50-Plus-1-Regel“ nach § 16 c Ziffer 2 der Satzung des DFB sowie § 8 Ziffer 2 der Satzung der DFL sichergestellt, dass die Stimmenmehrheit auf Vereinsseite verbleibt.[1071] Aber auch unterhalb eines 50-prozentigen Stimmanteils können sog. Sperrminoritäten zu einer Blockade oder Erschwerung von Vereinsentscheidungen führen.[1072] Ein weiterer Nachteil ist darin zu sehen, dass mit der Umwandlung in eine börsennotierte Aktiengesellschaft auch Veränderungen in der Entscheidungsstruktur einhergehen: Eine Abstimmung nach Kapitalbeteiligung steht in Diskrepanz zu der „vereinsrechtlichen Mitgliederdemokratie“.[1073] Aus diesen Gründen nehmen gerade wirtschaftlich und sportlich gut aufgestellte Vereine Abstand von einem Börsengang.[1074] Ferner besteht die Gefahr, dass das Aktionärsinteresse an hohen Renditen nicht mit einer langfristigen Vereinsplanung kompatibel ist.[1075] Letztlich mindern auch die vielfältigen

1071 § 16 c Ziffer 2 der Satzung des DFB und § 8 Ziffer 2 der Satzung der DFL enthalten hierzu aber eine Ausnahme zugunsten langjähriger Großsponsoren:

§ 16 c Ziffer 2 Satzung des DFB: „Über Ausnahmen vom Erfordernis einer mehrheitlichen Beteiligung des Muttervereins nur in Fällen, in denen ein Wirtschaftsunternehmen seit mehr als 20 Jahren vor dem 01.01.1999 den Fußballsport des Muttervereins ununterbrochen und erheblich gefördert hat, entscheidet das Präsidium des DFB auf Antrag des Ligaverbandes. Dies setzt voraus, dass das Wirtschaftsunternehmen in Zukunft den Amateurfußballsport in bisherigem Ausmaß weiter fördert sowie die Anteile an der Tochtergesellschaft nicht weiterveräußert bzw. nur an den Mutterverein kostenlos rückübereignet. Im Falle einer Weiterveräußerung entgegen dem satzungsrechtlichen Verbot bzw. der Weigerung der kostenlosen Rückübereignung hat dies Lizenzentzug für die Tochtergesellschaft zur Folge. Mutterverein und Tochtergesellschaft können nicht gleichzeitig eine Lizenz besitzen.“

Die Fassung des § 8 Ziffer 2 Satzung der DFL ist identisch mit § 16 c Satzung des DFB. Die beiden Ausnahmeregelungen wurden insbesondere auf Initiative von Hannover 96 aufgenommen und betreffen daneben auch den VFL Wolfburg und Bayer Leverkusen.

1072 Bei einem Aktienanteil von über 25 Prozent in vereinsfremder Hand können sämtliche Entscheidungen, die eine drei Viertel- Mehrheit erfordern, verhindert werden. Vgl. u. a. §§ 103 Abs. 1 S. 2, 111 Abs. 4 S. 4, 179 Abs. 2 S.1 AktG.

1073 *Lehrmann/Weigand*, S. 5, 7.

1074 So hat die FC Bayern München AG auf eine börsliche Notierung verzichtet und jeweils 9,09 Prozent der Aktien an Adidas und Audi als Großaktionäre veräußert.

1075 Vgl. zu der Unattraktivität von Fußballaktien aufgrund niedriger Rendite und geringen Mitspracherechten, *Lehrmann/Weigand*, S. 9.

Mitteilungs- und Publizitätspflichten nach dem Aktien-, Börsen- und Wertpapierhandelsgesetz die Attraktivität eines Börsengangs.[1076]

Auch aus Sicht potenzieller Anleger ist ein Aktienerwerb wenig reizvoll. Neben der weitgehend fehlenden Möglichkeit zur Beeinflussung von Vereinsentscheidungen[1077] dürften für sicherheitsbewusste Aktionäre vor allem die Kurzlebigkeit sportlichen (Miss-) Erfolgs und die damit einhergehende Gefahr stark schwankender Aktienkurse der Attraktivität eines Erwerbs von Fußballaktien abträglich sein.[1078] Ferner ist die Kursentwicklung der Aktie des „Börsenvorreiters" Borussia Dortmund GmbH & Co KGaA insgesamt sehr unbefriedigend.[1079] So lag der Ausgabekurs der Aktie im Jahre 2000 bei 11 Euro[1080] und betrug im März 2012 trotz damaliger Tabellenführung (7 Punkte Vorsprung zum Zweitplatzierten) und dem Gewinn der Deutschen Meisterschaft in der vorausgegangenen Saison 2010/ 2011 etwa 2,60 Euro.[1081] Angesichts dieser ernüchternden Bilanz erfolgt ein derartiger Aktienerwerb eher aus Vereinsverbundenheit als aus finanziellen Motiven.[1082] Aus den genannten Gründen stellen Aktien im Bereich der Fußballübertragungsrechte keine interessante Alternative bei einer wertpapierrechtlichen Verbriefung dar.

II. Emission von Gewinnschuldverschreibungen

Eine weitere denkbare Möglichkeit ist in der Emission von Gewinnschuldverschreibungen zu sehen. Diese sind eine besondere Form der Genussrechte und gewähren dem Inhaber je nach vertraglicher Ausgestaltung einen festgelegten

---

1076 *Dworak*, S. 273 f.

1077 Vgl. *Wagner*, NZG 1999, 469, 476; *Habel/Strieder*, NZG 1998, 929, 931.

1078 Vgl die tabellarische Übersicht der zehn höchsten Kursveränderungen der BVB-Aktie im Jahre 2003, *Stadtmann/Weigand/Wissmann*, S. 13.

1079 Zu den bislang bescheidenen Erfolgen bei der Börsennotierung europäischer Fußballvereine vgl. *Keller*, S. 262 ff.

1080 Borussia Dortmund, Basisinformationen zur BVB-Aktie, abrufbar unter: http://www.borussia-aktie.de/?_%1B%E7%F4%9D, Stand (Oktober 2013).

1081 Bislang hat lediglich Manchester United von allen börsennotierten Vereinen aus Aktionärssicht eine zufrieden stellende Kursentwicklung vorzuweisen, vgl. *Dworak*, S. 275 m.w.N.

1082 Vgl. *Habel/Strieder*, NZG 1998, 929, 931; *Lehrmann/Weigand*, S. 9. Die Deutsche Bank stützte als Konsortialführerin zu Beginn der Emission der Borussia-Dortmund Aktien den Kurs, indem sie selbst bis zu 28 Prozent der Anteile hielt, vgl. Deutsche Bank verkauft die Aktien des Meisters, Spiegel v. 04.11.2002, abrufbar unter: http://www.spiegel.de/spiegel/print/d-25604124.html, Stand (Oktober 2013).

Gewinnanspruch oder wahlweise einen festen bzw. gewinnabhängigen Zinsanspruch für das überlassene Kapital.[1083] Gegenüber der Emission von Aktien bietet eine Verbriefung in Form von Gewinnschuldverschreibungen aus Vereinssicht den Vorteil, dass die Anleger keine Stimmrechte erwerben. Hierdurch wird eine Einflussnahme auf die in den Vereinsgremien stattfindenden Entscheidungsprozesse verhindert. Kollisionen mit der in den Statuten des DFB und der DFL enthaltenen „50-Plus-1-Regelung" – mit der der beherrschende Einfluss des Vereins auf dessen (in eine Kapitalgesellschaft ausgelagerte) Profi-Mannschaft sichergestellt wird – sind daher von vornherein nicht zu befürchten.[1084]

Als besondere Form von Genussrechten können Gewinnschuldverschreibungen jedoch nicht an einem etwaigen Verlust des Emittenten teilnehmen. Sie sind per se nicht verlustfähig, da sie einen festen und unbedingten Rückzahlungsanspruch zum Nennwert enthalten.[1085] Somit ist durch diese Wertpapierform keine Absicherung mittels Short Hedge möglich.[1086] Denn die Hedgingvereinbarung kann nach den oben dargelegten Grundsätzen zur Folge haben, dass etwaige Verluste von Vereinsseite auf den Vertragspartner verlagert werden. Die Höhe des Erlösanteils, der von der DFL im Rahmen einer 4-Jahreswertung an jeden Bundesligisten ausgezahlt wird, hängt von dessen durchschnittlicher Tabellenplatzierung ab. Dies führt im Ergebnis dazu, dass bei Verfehlen bzw. Unterschreiten

1083 Vgl. *Seiler*, in: Spindler/Stilz, AktG, § 221, Rn. 17 ff.; *Habersack*, in: MüKo, AktG, § 221, Rn. 58, 71. Gegenüber einer Kreditaufnahme am Kapitalmarkt bieten Gewinnschuldverschreibungen ferner den Vorteil, dass der auf das überlassene Kapital zu zahlende Zinssatz – neben einer Festverzinsung – je nach Ausgestaltung vollständig oder zu einem bestimmten Teil erfolgsgebunden ist, vgl. *Haberstock/Greitemanns*, in: Hölters, AktG, § 221, Rn. 17. Dies dürfte regelmäßig zur Folge haben, dass der konkret zu zahlende Zinssatz günstigere als die am Markt erzielbaren Kreditkonditionen enthält. Ferner wird dadurch, dass die Zinshöhe (zum Teil) an weitere Faktoren gekoppelt ist, ein Teil des wirtschaftlichen Risikos an den Inhaber einer Gewinnschuldverschreibung weitergegeben, da – je nach vertraglicher Ausgestaltung – die Verzinsung auf eine vereinbarte Mindestverzinsung beschränkt oder gar nur dann zu zahlen ist, wenn auf Vereinsseite Gewinne erwirtschaftet wurden. Vgl. zu dem Aspekt einer gewinnorientierten und gewinnabhängigen Verzinsung sowie den denkbaren Bezugspunkten solcher Zinsabreden *Habersack*, in: MüKo, AktG, § 221, Rn. 54 ff.

1084 Die Bundesligisten gliedern ihr Profi-Team regelmäßig in eine GmbH aus.

1085 *Habersack*, in: MüKo, AktG, § 221, Rn. 58.

1086 Vgl. zur fehlenden Verlustbeteiligung von Gewinnschuldverschreibungen, *Haberstock/Greitemann*, in: Hölters, AktG, § 221, Rn. 24 f.

der vertraglich kalkulierten Durchschnittsplatzierung Verluste entstehen, die vom Erwerber getragen werden müssen.

III. Emission von Genussrechten

Da die Emission von Aktien mit unterschiedlichen Nachteilen verbunden ist und Gewinnschuldverschreibungen im Rahmen einer Hedgingvereinbarung nicht einsetzbar sind, setzen sich die folgenden Ausführungen mit Genussrechten im engeren Sinne – d. h. solche mit Teilnahme am Unternehmensverlust – auseinander. Diese sollen einer genaueren Untersuchung unterzogen werden.[1087]

1. Historischer Ursprung

Historisch gehen Genussrechte auf Ferdinand de Lesseps zurück, der ab dem Jahre 1854 die zum Bau des Suezkanals erforderlichen finanziellen Mittel durch Ausgabe sog. „part[s] de fondateur“ bewerkstelligte.[1088] Ab Mitte des 19. Jahrhunderts bediente man sich auch in Österreich und Deutschland der Emission von Genussscheinen, um Eisenbahngesellschaften zu finanzieren.[1089] Nach Einführung der stimmrechtslosen Vorzugsaktie im Jahre 1937 reduzierte sich die wirtschaftliche Bedeutung von Genussrechten aber spürbar. Ein deutlicher Wiederanstieg der Genussrechtsemissionen ist erst ab den Jahren 1984/ 1985 feststellbar. Dies ist darauf zurückzuführen, dass mit der Änderung des Kreditwesengesetzes Genussrechtskapital nunmehr unter bestimmten Voraussetzungen als haftendes Eigenkapital

---

1087 Vgl. *Habersack*, in: MüKo, AktG, § 221, Rn. 58, 71. Durch das Kriterium der Verlustteilnahme ist auch eine Abgrenzung zum partiarischen Darlehen möglich. Letzteres sieht als originäre Hauptleistungspflicht die Rückzahlung des Darlehensbetrages vor und kann damit notwendigerweise keine Verlustbeteiligung enthalten, vgl. *Sethe*, AG 1993, 293, 297. Gegenüber einer gesellschaftsrechtlichen Verbindung, insbesondere einer stillen Gesellschaft, lassen sich Genussrechte durch die Fixierung auf einen schuldrechtlichen geldwerten Anspruch abgrenzen, da für ein Gesellschaftsrechtsverhältnis gerade die Förderung eines gemeinsamen Zwecks sowie gegenseitige Kontroll- und Mitspracherechte charakteristische Wesensmerkmale sind, BGH, Urt.v. 21.07.2003 – II ZR 109/02, NJW 2003, 3412, 3413; a.A.: *Habersack*, in: MüKo, AktG, § 221, Rn. 88 ff. Vgl. zur Abgrenzung Genussrecht und stiller Beteiligung auch FG Baden Württemberg, Urt.v. 03.12.2004 – 10 K 225/01, DStRE 2006, 15 ff.

1088 *Frantzen*, S. 38; *v. Alvensleben*, in: Häger/Elkemann-Reusch, Rn. 605.

1089 *Frantzen*, S. 44; *Hüffer*, § 221, Rn. 22; *Habersack*, in: MüKo, AktG, § 221, Rn. 15.

bewertet werden konnte.[1090] Ferner sah das Vierte Gesetz zur Förderung der Vermögensbildung der Arbeitnehmer die Ausgabe von Genussscheinen an Beschäftigte als förderungswürdiges Mitarbeiterbeteiligungsmodell an.[1091] Auch i.R.d. 55. Deutschen Juristentages 1984 in Hamburg wurde der Einsatz von Genusskapital als eine von mehreren Möglichkeiten zur langfristigen Verbesserung der Eigenkapitalausstattung deutscher Unternehmen diskutiert.[1092] Als Finanzierungsmittel sind diese auch bereits in der Fußball-Bundesliga zum Einsatz gekommen.[1093]

2. Inhaltliche und rechtliche Flexibilität der Genussrechte

Obgleich Genussrechte in verschiedenen Normen (u.a. § 221 Abs. 3 AktG, § 10 Abs. 6 KWG, § 8 Abs. 3 KStG) Erwähnung finden, ist eine unmittelbare gesetzliche Definition durch den Gesetzgeber unterblieben. Die besondere konzeptionelle Offenheit der Genussrechte eröffnet den Vertragsparteien die Möglichkeit, den gewünschten Inhalt flexibel ganz nach ihren Bedürfnissen auszurichten, und stellt daher im Vergleich zu dem engen aktienrechtlichen Regelwerk eine

---

1090 *Sethe*, AG 1993, 293, 295; *Kallrath*, S. 17.

1091 *Kallrath*, S. 16. Zum Bedeutungsgewinn durch die Emission von Mitarbeitergenussrechten vgl. ebenso *Sethe*, AG 1993, 293, 295

1092 *Reuter*, Gutachten B für den 55. Deutschen Juristentag, B 24 ff.; vgl. hierzu *Frantzen*, S. 76 f.

1093 Vorreiter ist insoweit der 1. FC Köln, der im Jahre 2004 erstmals Genussscheine mit einem Gesamtvolumen von 10 Millionen Euro emittiert und auch 2005 und 2012 erneut Genussscheine ausgegeben hat. 2005 wurden Genussscheine im Wert von 5 Millionen Euro, im Jahre 2012 im Wert von 7,5 Millionen Euro emittiert. Die im Jahre 2012 ausgegebenen Genussscheine sollen dabei einen Mindestnennbetrag von jeweils 50.000 Euro und eine Mindestlaufzeit von 7 Jahren haben. Die jährlich garantierte Verzinsung beträgt 5 Prozent und erhöht sich zusätzlich erfolgsabhängig, d.h. bei Erreichen eines europäischen Wettbewerbs in Form von Champions League oder Europa League um eine zusätzliche Verzinsung von bis zu 10 Prozent, vgl. hierzu SID, Köln gibt wieder Genussscheine aus, Handelsblatt v. 07.02.2012, abrufbar unter: http://www.handelsblatt.com/fussball-bundesliga-1-fc-koeln-gibt-wieder-genussscheine-aus/6178828.html, Stand (Oktober 2013). Neben dem 1. FC Köln haben auch die Vereine Werder Bremen und Energie Cottbus über eine Emission von Genussscheinen nachgedacht, von diesem Vorhaben jedoch wieder Abstand genommen. Vgl. *Rettberg*, Kapitalflut für den Sport, Handelsblatt v. 20.01.2008, abrufbar unter: http://www.handelsblatt.com/sport/fussball/nachrichten/boomen des-geschaeft-kapitalflut-fuer-den- sport/2889198.html, Stand (Oktober 2013).

interessante Alternative dar.[1094] Aus den Gesetzgebungsmaterialien wird deutlich, dass von einer trennscharfen gesetzlichen Definition abgesehen wurde, um eine weitgehende „Gestaltungsfreiheit“[1095] bei der inhaltlichen Ausformung zu gewähren. Ungeachtet der im Einzelnen bestehenden inhaltlichen Gestaltungsfreiheit werden jedoch regelmäßig dieselben Kernbestandteile in die Vereinbarung von Genussrechtsbedingungen miteinbezogen. Zu dem typischerweise maßgeblichen Regelungsinhalt zählen neben der Vergütungsvereinbarung und einer Verlustbeteiligung insbesondere die Nachrangigkeit des Rückzahlungsanspruches und dessen Modalitäten sowie Laufzeitregelungen und etwaige Kündigungsrechte.[1096]

3. Beschränkung auf schuldrechtlichen geldwerten Anspruch

Aus Sicht der Vereine ist insbesondere interessant, dass potenzielle Genussscheininhaber nach gefestigter höchstrichterlicher Rechtsprechung ausschließlich auf einen schuldrechtlichen Gläubigeranspruch beschränkt sind und keinerlei Mitsprache- oder Mitverwaltungsrechte erhalten:[1097] Vereinsentscheidungen können daher weder durch Stimm-, Bezugs- oder Anfechtungsrechte noch durch anderweitige mitgliedschaftliche Mitwirkungs- und Kontrollrechte beeinflusst werden.[1098] Infolgedessen könnte auf diesem Wege neues Kapital eingesammelt

---

1094 Vgl. hierzu, *Habersack*, in: MüKo, AktG, § 221, Rn. 75. Eine Orientierung an den mitgliedschaftlichen Vermögensrechten der Aktionäre befürwortend, *Gehling*, WM 1992, 1093, 1094.

1095 Vgl. Antwort des Staatssekretärs *Dr. Kinkel* vom 05.10.1984 an den Abgeordneten Dr. Langner, BT-Drs. 10/2079, S. 8: „Für die inhaltliche Ausgestaltung von Genussrechten besteht grundsätzlich Gestaltungsfreiheit. Insoweit ist eine neue gesetzliche Regelung nicht erforderlich.“

1096 *Hüffer*, § 221, Rn. 30; *Berghaus/Bardelmeier*, in: Habersack/Mülbert/Schlitt, § 14, Rn. 14 ff. Vgl. zu den zum Teil fließenden Übergängen zwischen den einzelnen Genussrechtsformen *Jäger*, § 30 Rn. 139. Die Nachrangabrede, nach der der Rückzahlungsanspruch als auch laufende Ausschüttungen des Genussscheininhabers im Insolvenz- und Liquidationsfalle erst nach den Forderungen anderer Gläubiger bedient werden, ist dabei das prägende Merkmal in Bezug auf den Eigenkapitalcharakter der Genussrechte, vgl. *Schmeisser/Clausen*, DStR 2008, 688; *Habersack*, in: MüKo, AktG, § 221, Rn. 111.

1097 BGH, Urt.v. 05.10.1992 – II ZR 172/91, NJW 1993, 57, 63 – Klöckner unter Verweis auf *Habersack*, ZHR 155 (1991), 395; *Berghaus/Bardelmeier*, in: Habersack/Mülbert/Schlitt, § 14, Rn. 2.

1098 BGH, Urt.v. 05.10.1992 – II ZR 172/91, NJW 1993, 57, 59 – Klöckner; *Berghaus/Bardelmeier*, in: Habersack/Mülbert/Schlitt, § 14, Rn. 2. Die Rechtsstellung eines und gleichzeitig sichergestellt werden, dass die Vereinsgremien weiterhin „Herr im Haus"[1099] bleiben. Daher stellen Genussrechte im Vergleich zu anderen Mitteln der Kapitalbeschaffung eine interessante Option dar. Ferner ist die Emission von Genussrechten jedem Bundesligisten unabhängig von der Rechtsform, in der er organisiert ist, möglich.[1100]

4. Gewinn- und Verlustbeteiligung

Der Genussrechtsinhaber erhält als Gegenleistung für das dem Emittenten überlassene Kapital einen Anspruch auf Teilhabe am Reingewinn oder anderen „aktionärstypische[n] Vermögensrechte[n]".[1101] Abhängig von der inhaltlichen Ausgestaltung erfolgt dadurch in größerem oder kleinerem Umfang eine unmittelbare Beteiligung an den unternehmerischen Chancen und Risiken. Die bereits angesprochene inhaltliche Flexibilität der Genussrechte erlaubt eine variable Gewinnbeteiligung. Diese kann je nach Vereinbarung an bestimmte Unternehmenseckdaten oder wirtschaftliche Bezugsgrößen gekoppelt werden.[1102] Bei der Erlösabsicherung der Einnahmen aus der medialen Inlandsvermarktung ist die tatsächlich erreichte Durchschnittsplatzierung die entscheidende Bezugsgröße. Denn von dieser hängen maßgeblich die Gewinne und Verluste ab da dieser Wert i.R.d. geltenden Verteilungsschlüssels mit dem vierfachen Faktor am stärksten Berücksichtigung findet.[1103] Zwar zählen auch die Endplatzierung der Vorsaison und die der anderen vorausgegangenen Spielzeiten zu den geltenden Verteilungskriterien. Da diese Daten jedoch bei Abschluss der Hedgingvereinbarung bekannt sind, haben sie in den betreffenden Kalkulationen bereits Berücksichtigung gefunden.

Genussrechtsinhabers ist formal auf eine Gläubigerstellung und materiell auf eine partiell vermögensrechtliche Haftungsbeteiligung beschränkt, vgl. BGH, a.a.O.

1099 *Reuter*, Gutachten B für den 55. Deutschen Juristentag, B 24.

1100 *Ziebe*, DStR 1991, 1594, 1595.

1101 *Habersack*, in: Müko, AktG, § 221, Rn. 64. Als andere aktionärstypische Ansprüche sind der Anspruch auf Anteil am Liquidationserlös oder auf Bezug neuer Genussscheine und ggf. Aktien zu nennen.

1102 Vgl. hierzu *Berghaus/Bardelmeier*, in: Habersack/Mülbert/Schlitt, § 14, Rn. 14. Verbreitet ist die Bindung an den handelsrechtlichen Jahresüberschuss, Bilanzgewinn oder einer anderen aus dem Jahresabschluss abgeleiteten Richtgröße, *Sagasser/Schlösser*, in: Assmann/Schütze, § 26, Rn. 488; *v. Alvensleben*, in: Häger/Elkemann-Reusch, Rn. 681.

1103 Nach den Verteilungsgrundsätzen sind darüber hinaus auch die Vorjahresplatzierung und die beiden Endplatzierungen der vorausgegangenen Spielzeiten jeweils abnehmend mit den Faktoren 3, 2 und 1 zu berücksichtigen.

Grundsätzlich haben die Vertragspartner bei der Ausgestaltung der Gewinnbeteiligung die freie Wahl; denkbar ist die Vereinbarung eines festen Zinssatzes, einer gewinnabhängigen oder gewinnorientierten Verzinsung.[1104] Ist jedoch eine Emission zur Absicherung der Medienerlöse durch einen Short Hedge beabsichtigt, so dürfen die Genussrechtsbedingungen keine Festverzinsung, sondern stets nur eine gewinnabhängige Verzinsung enthalten. Denn andernfalls ist keine Risikoüberwälzung auf den Genussrechtsinhaber möglich. Auch muss es sich bei derart konzipierten Genussscheinen um solche ohne Rückzahlungsanspruch zum Nennwert handeln. Denn jede Verlustteilnahme berührt unweigerlich das Genusskapital. Führt die tatsächlich erreichte Durchschnittsplatzierung gemäß der Hedgingvereinbarung zu keinem Gewinn, so unterbleibt eine Verzinsung. Eine etwaige Einbuße wäre überdies von dem Rückzahlungsanspruch des Genussrechtsinhabers abzuziehen.[1105] Da die von Vereinsseite emittierten Genussscheine am laufenden Verlust teilnähmen, könnte in den Genussbedingungen eine Besserungsabrede aufgenommen werden.[1106] Danach wäre das reduzierte Genussscheinkapital bei zukünftigen Gewinnen wieder aufzufüllen.[1107] Ein solcher Wiederauffüllungsanspruch kommt zwar tendenziell eher bei längeren Laufzeiten in Betracht. Aufgrund der Schnelllebigkeit sportlicher (Miss-) Erfolge ist aber nicht ausgeschlossen, dass eine sportliche und damit wirtschaftliche „Erholung" durchaus kurzfristig eintritt.[1108] Dies gilt insbesondere, wenn die Laufzeit des Genusskapitals mehrere Spielzeiten umfasst.

1104 *Berghaus/Bardelmeier*, in: Habersack/Mülbert/Schlitt, § 14, Rn. 14; Vgl. in Bezug auf Genussscheine von Fußball-Bundesligavereinen, *Leki*, in: Bednarz/Pfeiffer/Hovemann/Jaus, S. 41. Der 1. FC Köln hat sich bei der Emission seiner Genussscheine im Jahre 2012 für eine Kombination aus Festverzinsung und gewinnabhängiger Zusatzverzinsung entschieden: Neben der Festverzinsung i.H.v. 5 Prozent erfolgt eine gewinnabhängige Zusatzverzinsung von bis zu 10 Prozent bei Erreichen eines europäischen Wettbewerbs, vgl. SID, Handelsblatt vom 07.02.2012, abrufbar unter: http://www.handelsblatt.com/fussball-bundesliga-1-fc-koeln-gibt-wieder-genussscheine-aus/6178828.html, Stand (Oktober 2013).

1105 Vgl. *Habersack*, in: MüKo, AktG, § 221, Rn. 102.

1106 Für eine Einordnung des Wiederauffüllungsanspruchs als Besserungsschein vgl. *v. Alvensleben*, in: Häger/Elkemann-Reusch, Rn. 693.

1107 *Berghaus/Bardelmeier*, in: Habersack/Mülbert/Schlitt, § 14, Rn. 15; Eine Auffüllungsverpflichtung in Fällen der Kapitalherabsetzung nach § 228 Abs. 1 AktG zum Schutze der Genussrechtsinhaber befürwortend: *Oechsler*, in: MüKo, AktG, § 224, Rn. 24.

1108 Um Unklarheiten zu vermeiden sollte für diesen Fall vereinbart werden, ob sich die Verzinsung nach dem ursprünglichen Genusskapital oder dem durch

5. Bilanzielle Aspekte

Genussrechte zählen wirtschaftlich zu den Mezzanine-Finanzierungsinstrumenten, da sie sowohl eigenkapital-, als auch fremdkapitaltypische Elemente aufweisen können. Aufgrund dessen werden sie als hybrides Kapital bezeichnet.[1109] Eine Bilanzierung als Eigenkapital kann nur vorgenommen werden, wenn bestimmte Voraussetzungen kumulativ erfüllt sind:[1110] Neben der Nachrangigkeit[1111] des Genussrechtskapitals im Insolvenzfall ist notwendig, dass eine Verlustbeteiligung in voller Höhe besteht; darüber hinaus wird vorausgesetzt, dass die Geldmittel dem Emittenten über einen längeren Zeitraum überlassen werden.[1112] Letztgenanntes Kriterium bereitet jedoch Probleme, wenn eine Absicherung der Medienerlöse intendiert ist. Das liegt darin begründet, dass die wohl h.M. die Voraussetzung der längerfristigen Kapitalüberlassung erst dann als erfüllt ansieht, wenn eine Mindestlaufzeit von fünf Jahren – zuzüglich einer zweijährigen Kündigungsfrist – vereinbart wird.[1113] Im Bereich der Fußballübertragungsrechte erstreckt sich eine Vermarktungsperiode üblicherweise jedoch nur über drei bis vier Jahre. Danach erfolgt eine Neuvermarktung. Da jede Neuvergabe typischerweise zu einer Veränderung der Vertragsbedingungen, insbesondere der Höhe der Gesamterlöse, führt, sind die Lizenzgebühreneinnahmen, die nach Ablauf der gültigen Vermarktungsperiode fällig werden, nicht oder nur vage prognostizierbar. Daher

---

Verlustbeteiligung reduzierten Betrag bemisst. Übersichtlich zur Gewinn- und Verlustbeteiligung bei Genussrechten *Berghaus/Bardelmeier*, in: Habersack/Mülbert/Schlitt § 14, Rn. 14 f. Als Musterbeispiel für große sportliche Schwankungen ist das Beispiel des 1. FC Kaiserslautern zu nennen, der zwischen der Saision 1995/1996 und 2005/2006 zweimal abstieg und einmal Deutscher Meister wurde, vgl. *Huth*, S. 178, Fn. 649.

1109 *Ekkenga*, in: MüKo, GmbHG, § 29, Rn. 237.

1110 Zur Bilanzierung von Sportübertragungsrechten vgl. *Rodewald*, BB 1995, 2103 ff.

1111 Da das Genusskapital im Insolvenz- oder Liquidationsfall gegenüber anderen Forderungen nachrangig ist bedeutet dies für den Genussscheininhaber konkret, dass er bei Insolvenz des Emittenten im Ergebnis leer ausgeht, vgl. *Große*, DStR 2010, 1397, 1398.

1112 Einen guten Überblick über die Anforderungen zur bilanziellen Einordnung von Genusskapital als Eigenkapital liefert *Wengel*, DStR 2000, 395 ff.

1113 Vgl. v. *Alvensleben*, in: Häger/Elkemann-Reusch, Rn. 666; *Hofert/Möller*, GmbHR 2009, 527, 529; *Heckschen*, in: Reul/Heckschen/Wienberg, N., Rn. 227, Fn. 372. Das Kriterium der längerfristigen Kapitalüberlassung ist im Schrifttum jedoch umstritten. Das vorhandene Meinungsspektrum erfasst Zeitspannen zwischen 5 bis 7 Jahren und 15 bis 25 Jahren. Vgl. hierzu *Große*, DStR 2010, 1397, 1398; *Wengel*, DStR 2000, 395, 397.

hingen die i.R.d. Hedgingvereinbarung entstehenden Gewinne und Verluste von zwei unbekannten Faktoren ab: Neben der zukünftigen Durchschnittsplatzierung wäre auch das Gesamtvolumen der Vermarktungserlöse bei Vertragsschluss unbekannt. Aufgrund dessen könnte den Beteiligten die Bereitschaft dazu fehlen, eine derartig risikobehaftete Vereinbarung abzuschließen. Aus diesem Grund ist es zweckmäßig, die Laufzeiten der Genussrechte den von der DFL abgeschlossenen Lizenzverträgen anzupassen.[1114] Dann aber entfiele der Eigenkapitalcharakter des Genusskapitals, da die kürzere Geltungsdauer die nach h.M. erforderliche Zeitspanne von fünf bis sieben Jahren deutlich unterschreitet. Aufgrund dessen kann das Genusskapital nicht zu einer Eigenkapitalsteigerung führen, sofern eine Absicherung durch einen Short Hedge nach den oben dargelegten Grundsätzen erfolgen soll. Der emittierende Verein hat damit die Laufzeitlänge der Genussrechte jeweils nach seiner wirtschaftlichen Interessenlage auszurichten. Denn die Absicherung im Rahmen einer Hedgingvereinbarung und die Erhöhung der Eigenkapitalquote stehen in einem Alternativverhältnis zueinander.[1115]

6. Steuerrechtliche Einordnung

Aus steuerrechtlicher Sicht sind Ausschüttungen, die auf die Genussrechte gezahlt werden, unter bestimmten Voraussetzungen als Betriebsausgaben abzugsfähig.[1116] Lediglich dann, wenn das Genussrechtsverhältnis nach § 8 Abs. 3 S. 2 KStG kumulativ die Beteiligung am Gewinn und am Liquidationserlös vorsieht, entfällt eine Einkommensminderung.[1117] Vor diesem Hintergrund enthalten die

---

1114 *Huth* geht im Rahmen seiner Untersuchung dagegen für die Derivate Forwards und Optionen von einer einjährigen Laufzeit aus. Vgl. *Huth*, S. 236.

1115 Bei den in den Jahren 2004 und 2012 durch den 1. FC Köln emittierten Genussscheinen erfüllten die Laufzeiten das Merkmal der längerfristigen Kapitalüberlassung und führten daher zu einer Verbesserung der Eigenkapitalquote. Vgl. hierzu *Süßmilch*, in: Galli/Elter/Gömmel/Holzhäuser/Straub, S. 91 f.; Der 1. FC Köln gibt wieder Genussscheine aus, Handelsblatt v. 07.02.2012, abrufbar unter: http://www.handelsblatt.com/fussball-bundesliga-1-fc-koeln-gibt-wieder-genussscheine-aus/6178828.html, Stand (Oktober 2013).

1116 *Kutsch/Kersting*, BB 2011, 373, 377; *Habersack*, in: MüKo, AktG, § 221, Rn. 365.

1117 Vgl. hierzu BFH, Urt.v. 19.01.1994, I R 67/92, DStR 1994, 651. *Rödding*, in: Lüdicke/Sistermann, § 3, Rn. 98 m.w.N. weist daraufhin, dass eine Beteiligung am Liquidationserlös von den Finanzbehörden auch dann als erfüllt angesehen wird, wenn die Laufzeit des Genussrechts unbefristet bzw. unkündbar ist und oder der Inhaber des Genussrechts an eine lange Haltefrist von 30 Jahren gebunden ist.

Genussrechtsbedingungen typischerweise einen Verzicht auf eine Beteiligung am Liquidationserlös.[1118]

7. Genussrechte als Form der Mitarbeiterbeteiligung

Durch Ausgabe von Genussrechten wäre auch eine Mitarbeiterbeteiligung möglich. Diese wird in vielen Bereichen des Wirtschaftslebens praktiziert und ließe sich unter Umständen auch im Bereich des Profi-Fußballs umsetzen.[1119]

a. Grundgedanke einer Mitarbeiterbeteiligung im Profi-Fußball

Eine Mitarbeiterbeteiligung könnte bei den Bundesligavereinen so ausgestaltet werden, dass die Spieler einen Teil des festen Grundgehaltes in Form von Genussrechten vergütet bekämen. Hierdurch ließe sich eine verstärkte Risikobeteiligung bewerkstelligen. Denn neben den Punktprämien träte eine weitere erfolgsabhängige Gehaltskomponente hinzu.[1120]

In der Literatur wird die Erfolgs- und Risikobeteiligung von Profi-Sportlern weitgehend befürwortet.[1121] Zum Teil empfiehlt man den Einsatz von Aktienoptionen, um die hohen Gehälter der Bundesligaspieler finanzieren zu können, ohne in wirtschaftliche Schieflage zu geraten.[1122] Dies wird mit der gegenüber anderen Unternehmen größeren Möglichkeit zur Einflussnahme gerechtfertigt: Spieler, Trainer oder andere Verantwortliche könnten den sportlichen Erfolg der Mannschaft und damit auch die wirtschaftliche Gesamtsituation des Vereins relativ stark mitbeeinflussen.[1123] Angesichts der hoch dotierten oft mehrjährigen Arbeitsverträge begründeten die Spielergehälter ein erhebliches finanzielles Risiko für die

1118 Vgl. hierzu *Schmeisser/Clausen*, DStR 2008, 688, 691. In diesem Fall sind Ausschüttungen auf Genussrechte als Betriebsausgaben einzuordnen, was einen erheblichen Vorteil gegenüber Vorzugsaktien darstellt, vgl. *Hüffer*, § 221, Rn. 31.

1119 Eingehend zur Thematik der Genussrechte als Mittel der Mitarbeiterbeteiligung vgl. *Nawrot/zu Knyphausen-Aufseß/Didion/Wenig*, in: Leuner, § 2, Rn. 141 ff. Als erstes Unternehmen in Deutschland emittierte die Bertelsmann AG, Gütersloh 1979/80 Genussrechte an ihre Mitarbeiter, vgl. *Frantzen*, S. 76, Fn. 224.

1120 Vgl. zur Kostensteuerung der Spielergehälter durch Genussscheine *Keller*, S. 270 f.

1121 Bei der Gehaltsstruktur von Profi-Fußballern spricht sich *Huth* für ein fixes Grundgehalt von 1/3 und erfolgsabhängigen Prämienzahlungen von 2/3 aus. Vgl. *Huth*, S. 144 m.w.N.

1122 Vgl. *Lehrmann/Weigand*, S. 11.

1123 *Lehrmann/Weigand*, a.a.O.

Vereine. Aufgrund dessen wird eine Vergütung „analog zur Bezahlung amerikanischer Topmanager" erwogen.[1124]

b. Vereinbarkeit mit Arbeitnehmerschutz

Bei einer Emission von Genussscheinen mit Verlustbeteiligung nehmen die Arbeitnehmer je nach Ausgestaltung unterschiedlich stark am unternehmerischen Erfolg teil. Während Risikobeteiligungen im Rahmen von Genussrechtsverhältnissen geradezu typisch und anerkanntermaßen zulässig sind, kann dies unter arbeitsrechtlichen Gesichtspunkten Probleme bereiten. Ein Verstoß gegen die guten Sitten wird durch die arbeitsrechtliche Rechtsprechung angenommen, wenn das unternehmerische Risiko durch eine Gewinn- oder Verlustbeteiligung auf den Arbeitnehmer abgewälzt wird, ohne dass diesem hierfür ein angemessener Ausgleich gewährt wird.[1125]

Derartige Erwägungen, die einen angemessenen Arbeitnehmerschutz bezwecken sollen, dürften jedoch nicht auf Risikobeteiligungen von Profifußballern übertragbar sein. Denn die allgemein im Profi-Fußball sehr hohen Spielergehälter dürften als angemessener Ausgleich für eine Risikobeteiligung anzusehen sein. Ferner soll durch die Ausgabe besagter Genussrechte gerade erst die Finanzierung der Spitzengehälter ermöglicht werden. Überdies sind erfolgsabhängige Vergütungsbestandteile in Form von Punkt-, Auflauf-, Nichtabstiegsprämien oder ähnlichen Gratifikationen im Bereich des Profi-Fußballs traditionell verbreitet und seit langem anerkannt.[1126] Daneben mangelt es häufig auch an der Schutzbedürftigkeit

---

1124 *Lehrmann/Weigand*, a.a.O.

1125 *Krause*, in: Münchener Handbuch zum Arbeitsrecht, § 61 Rn. 5. Vgl. hierzu auch BAG, Urt.v. 10.10.1990 – 5 AZR 404/89, NJW 1991, 860 f. Dieser Entscheidung lag die Fallkonstellation zugrunde, bei der ein Arbeitnehmer für die im Rahmen seines Beschäftigungsverhältnisses eintretenden Verluste die Haftung übernahm und hierfür eigens einen Darlehensvertrag abschloss. Das BAG führte hierzu aus, dass eine solche Risikoübernahme ohne den Erhalt einer nennenswerten Gegenleistung sittenwidrig i.S.d. § 138 BGB sei. Der Arbeitnehmer habe sich durch die Übernahme des Betriebs- und Wirtschaftsrisikos seine Weiterbeschäftigung „erkauft". Von welcher Seite aus die Initiative zur Risikotragung ausgehe sei unerheblich da es insoweit alleine darauf ankomme, dass der durch die veränderte Risikoverteilung begünstigte Arbeitgeber aus der schwächeren Lage des Arbeitnehmers übermäßig Vorteile ziehen wolle. In subjektiver Hinsicht sei zur Bejahung der Voraussetzungen des § 138 BGB dann nur noch erforderlich, dass der Arbeitgeber Kenntnis von den Umständen habe, aus denen die Sittenwidrigkeit folge.

1126 *Fritzweiler*, in: Fritzweiler/Pfister/Summerer, 3. Teil, Rn. 38.

der Spieler. Seit der sog. „Bosman"-Entscheidung[1127] ist im deutschen und europäischen Profifußball eine allgemeine Gehälterexplosion zu beobachten, infolge deren sich die Vereine ein ruinöses Wettbieten um die besten Spieler liefern.[1128] Innerhalb der Vertragsverhandlungen üben häufig die Spieler bzw. deren Berater dominierenden Einfluss aus und beherrschen maßgeblich die Vertragsgestaltung. Infolgedessen sind die Vereine im Rahmen des Arbeitsvertragsverhältnisses um einen paritätischen Ausgleich bemüht.[1129] Unter diesen Gesichtspunkten ist die Etablierung gewinnorientierter Genussrechte insbesondere im Rahmen von hoch dotierten Arbeitsverträgen als Vergütungsbestandteil zu befürworten.[1130] Dies könnte die im Profi-Fußball nicht sehr ausgeprägte Identifikation mit dem arbeitgebenden Verein erhöhen.[1131] Aus Sicht der Spieler läge ein wirtschaftlich

---

1127 EuGH, Urt. v. 15.12.1995 – C-415/93, NJW 1996, 505 ff.

1128 Vgl. hierzu: Zehn Jahre Bosman – Alle Macht den Spielern, Handelsblatt v. 15.12.2005, abrufbar unter: http://www.handelsblatt.com/sport/fussball/nachrichten/zehn-jahre-bosman-urteil-alle-macht-den-spielern/2589044.html, Stand (Oktober 2013).

1129 Zu der Verhandlungsmacht von Spitzensportlern im Vertragspoker vgl. *Fischer*, SpuRt 1997, 181, 184. In diesem Zusammenhang hat Horst Heldt, Manager von FC Schalke 04, beklagt, dass von Seiten der Spieler in zunehmendem Maße erfolgsunabhängige Gehälter gefordert würden, welche zu einer einseitigen Risikobelastung der Vereine führe. Vgl. hierzu: Ehrhardt, Bundesliga: Horst Heldt contra Garantiegehälter, abrufbar unter: http://www.goal.com/de/news/827/bundesliga/2011/12/27/2819916/bundesliga-horst-heldt-contra-garantiegeh%C3%A4lter, Stand (Oktober 2013). In den zurückliegenden Spielzeiten (Saison 2007/2008 – 2010/2011) machten die Gehaltskosten der Profikader relativ konstant etwa 40 Prozent des Gesamtumsatzes der Bundesligavereine aus, *DFL*, Bundesliga Report 2012, S. 29. Aus diesem Grunde wurde in der Vergangenheit bereits diskutiert, ob es angemessen ist, Fußballprofis den Arbeitnehmerstatus zuzuerkennen, da diese aufgrund ihrer starken Vertragsposition nicht zwingend den Schutzmechanismen des Arbeitnehmerschutzes bedürften. *Scholz/Aulehner*, nehmen eine Unternehmereigenschaft von Berufsfußballern an, vgl. SpuRt 1996, 44, 47; *Fischer*, spricht sich für eine differenzierte Anwendung des Arbeitsrechts auf Spitzensportler aus, SpuRt 1997, 181, 182. In der „Bosman"-Entscheidung hat der EuGH jedoch die Arbeitnehmereigenschaft von Profi-Fußballern als selbstverständlich vorausgesetzt – vgl. EuGH, Urt. v. 15.12.1995 – C-415/93, NJW 1996, 505, 507 ff. – und auch der BGH bejaht diese in ständiger Rechtsprechung, vgl. BGH, Beschl.v. 20.03.2002 – 5 StR 448/01, NJW 2002, 1963, 1964; *Fritzweiler*, in: Fritzweiler/Pfister/Summerer, 3.Teil Rn.15.

1130 Vgl. allgemein zu Genussrechten als Mittel der Mitarbeiterbeteiligung *Frantzen*, S. 78 ff.

1131 *Keller*, S. 271.

reizvoller Gesichtspunkt darin, etwaige Verluste aus den Genussrechten gegebenenfalls steuerrechtlich als Werbungskosten aus nichtselbständiger Arbeit absetzen und dadurch die Einkommenssteuerlast reduzieren zu können.[1132] In beiderseitigem Einverständnis bestünde sogar die Möglichkeit, Laufzeiten zu vereinbaren, die das Merkmal einer längerfristigen Kapitalüberlassung erfüllen. Hierdurch würde eine Einordnung als Eigenkapital ermöglicht.[1133]

Eine Missbrauchsgefahr oder eine etwaige Interessenkollision ist bei einer derartigen Mitarbeiterbeteiligung nicht erkennbar.[1134] Da die über die Genussrechte vermittelte Gewinnbeteiligung unmittelbar an den sportlichen Erfolg des Vereins gekoppelt ist, bleibt gewährleistet, dass die Spieler aus ökonomischem Eigeninteresse bestrebt sein werden, die bestmöglichen Resultate zu erzielen.

IV. Praktische Umsetzung

Nachdem die rechtlichen und wirtschaftlichen Rahmenbedingungen eines Einsatzes von Genussrechten im Rahmen einer Hedgingvereinbarung beleuchtet wurden, folgt anschließend eine Erörterung der wesentlichen Gesichtspunkte, die bei einer praktischen Umsetzung relevant werden. Hierzu zählen die in den Vereinsgremien der Haupt- oder Mitgliederversammlung erforderliche Willensbildung, die inhaltliche Ausgestaltung von allgemeinen Genussbedingungen sowie die Möglichkeit eines börslichen und außerbörslichen Handels.

1. Herbeiführung eines Hauptversammlungsbeschlusses

Die Emission vereinseigener Genussscheine bedarf der Beschlussfassung in den betreffenden Vereinsgremien. Dies ist bei den Vereinen, die die Rechtsform einer Kapitalgesellschaft gewählt haben, das Organ der Hauptversammlung. Für Vereine

---

1132 Vgl. allgemein zur steuerlichen Absetzbarkeit von Genussrechten, *Habersack*, in: MüKo, AktG, § 221, Rn. 372; A.A.: *Dautel*, BB 2000, 1757, 1759; *Kutsch/Kersting*, BB 2011, 373, 377.

1133 Zu dem Kriterium der längerfristigen Kapitalüberlassung vgl. statt vieler: *Hofert/Möller*, GmbHR 2009, 527, 529.

1134 Fraglich bleibt aber die Bereitschaft der Spieler Genussrechte mit Laufzeiten von 5 Jahren und mehr zu erwerben da die Laufzeit der Genussrechte damit im Regelfall den Zeitraum der Vereinszugehörigkeit des Spielers übersteigt und dieser infolgedessen nicht mehr unmittelbar auf den sportlichen Erfolg Einfluss nehmen kann. Andererseits ist ohnehin nicht exakt feststellbar, wie viel Einfluss ein einzelner Spieler auf den dauerhaften Erfolg einer Mannschaft nehmen kann.

wie den FC Bayern München oder Eintracht Frankfurt, die in der Rechtsform einer Aktiengesellschaft organisiert sind, folgt dies unmittelbar aus § 221 Abs. 1 S. 1, Abs. 3 AktG. Für andere Vereine wie Borussia Dortmund oder den 1. FC Köln, die die Rechtsform einer KGaA gewählt haben, gilt dasselbe über die Verweisung des § 278 Abs. 3 AktG. Der notwendige Hauptversammlungsbeschluss muss gem. § 221 Abs. 1 S. 2 AktG mit einer Mehrheit von mindestens drei Vierteln des bei der Beschlussfassung vertretenen Grundkapitals gefasst werden. Die Beschlussfassung der Hauptversammlung ist obligatorisch und hat unabhängig davon zu erfolgen, ob eine Emission zur Erreichung eines breiten Anlegerpublikums geplant ist oder ob lediglich ein einziger Genussschein an einen Großsponsor ausgegeben werden soll.[1135] Bei den wenigen Vereinen, die ihre Profi-Abteilung nicht in eine Kapitalgesellschaft ausgegliedert haben, bestehen niedrigere Anforderungen. Sofern die Vereinssatzung keine strengeren Anforderungen vorsieht, genügt nach § 32 Abs. 1 S. 3 BGB bereits eine einfache Beschlussmehrheit i.R.d. Mitgliederversammlung.[1136]

2. Ausgestaltung in AGB

Erfolgt die Ausgabe für den allgemeinen Publikumsverkehr, so finden die §§ 305 ff. BGB nach h.M. auf die Genussrechtsbedingungen Anwendung.[1137] Dies gilt unabhängig davon, ob ein Fall der Fremdemission vorliegt und eine Emissionsbank zwischen Emittent und Genussrechtserwerber zwischengeschaltet ist oder ob eine Selbstemission durch die Vereine erfolgt.[1138] Um spätere Rechtsstreitigkeiten möglichst auszuschließen, ist bei der Ausgestaltung der Genussscheinbedingungen auf größtmögliche inhaltliche Präzision und sprachliche Sorgfalt zu achten.[1139] Dies

---

1135 *Sethe*, AG 1993, 293, 309 m.w.N.; vgl. auch *Ernst*, AG 1967, 75, 79, der ebenfalls die eigenmächtige Ausgabe von Genussrechten durch den Vorstand für wirksam hält.

1136 In der 1. Bundesliga ist die Profi-Abteilung nur noch beim Hamburger SV, Schalke 04, VfB Stuttgart und SC Freiburg in der Rechtsform des eingetragenen Vereins verblieben. Bei allen anderen Vereinen wurde die Profi-Abteilung in eine andere Rechtsform ausgegliedert.

1137 Vgl. BGH, Urt.v. 05.10.1992 – II ZR 172/91, NJW 1993, 57, 58 – Klöckner – für eine Kontrolle nach dem AGBG a.F.; a.A.: *Habersack*, in: MüKo, BGB, § 793, Rn. 44.

1138 *Berghaus/Bardelmeier*, in: Habersack/Mülbert/Schlitt, § 14, Rn. 6.

1139 Vgl. *Nelles/Klusemann*, FB 2003, 1, 8, die die inhaltliche Ausgestaltung von Genussscheinen als „ausgesprochen vielfältig und somit sehr komplex“ charakterisieren. Das gilt umso mehr deshalb, weil auch die Materie der Fußballübertragungsrechte gesetzlich nicht normiert ist und daher zusätzliche Unklarheiten in Bezug auf ist vor allem deshalb zweckmäßig, weil Genussrechte keine unmittelbare gesetzliche Normierung erfahren haben und infolgedessen in Streit- und Zweifelsfällen nicht unmittelbar an ein gesetzliches Leitbild angeknüpft werden kann.[1140] Ergeben sich dennoch Streitpunkte, dann ist im Wege ergänzender Vertragsauslegung eine Lösung zu suchen.[1141]

Inhaltlich müssen die Genussscheinbedingungen dem Transparenzgebot aus § 307 Abs. 1 S. 2 BGB genügen. Dies ist der Fall, sofern sie einem durchschnittlichen Erwerber, der über keine besonderen Fachkenntnisse verfügt, die aus dem Genussrechtsverhältnis resultierenden Rechte und Pflichten „überschaubar und möglichst klar" werden lassen.[1142] Die oben erwähnte Fixierung auf einen schuldrechtlichen Anspruch sowie die fehlende mitgliedschaftliche Rechtsstellung des Genussscheininhabers führen jedoch nicht zu einer Schutzlosigkeit des Genussscheininhabers.[1143] Denn den Emittenten treffen Schutz- und Verhaltenspflichten, die diesen zur Rücksichtnahme auf die Interessen des Erwerbers verpflichten.[1144] Hierzu zählt insbesondere, keine vertragswidrigen Beeinträchtigungen des Genusskapitals vorzunehmen.[1145] Etwaige Verstöße werden dem Verein bzw. der Kapitalgesellschaft nach § 31 BGB bzw. in entsprechender Anwendung des § 31 BGB zugerechnet.[1146]

---

den konkreten Umfang der Lizenzrechte entstehen können. Konkret in Bezug auf Medienrechte-Lizenzverträge vgl. *Körber*, in: Adophsen/Nolte/Lehner/Gerlinger, Rn. 2499.

1140 *Nawrot/zu Knyphausen-Aufseß/Didion/Wenig*, in: Leuner, § 2, Rn. 146; Vgl. *Kallrath*, S. 29, 86 ff., der diesbezüglich einem Mangel an klaren Konturen kritisiert und einen Rückgriff auf das „Aktienrecht als Leitbild der Inhaltskontrolle beim Genußschein" thematisiert.

1141 Vgl. *Oechsler*, in: MüKo, AktG, § 224, Rn. 23 für den Fall der Kapitalherabsetzung.

1142 BGH, Urt.v. 05.10.1992 – II ZR 172/91, NJW 1993, 57, 58 – Klöckner. Diese Voraussetzung hat der BGH etwa dann als erfüllt angesehen, wenn die Genussrechtsbedingungen eine Herabsetzung des Genusskapitals entsprechend der Herabsetzung des Grundkapitals vorsehen, vgl. BGH, Urt.v. 05.10.1992 – II ZR 172/91, NJW 1993, 57, 59 – Klöckner.

1143 Vgl. hierzu: *Habersack*, in: MüKo, AktG, § 221, Rn. 272 f.

1144 BGH, Urt.v. 05.10.1992 – II ZR 172/91, NJW 1993, 57, 63 – Klöckner.; vgl. hierzu auch *Jäger*, § 30 Rn. 142. Eine Missbrauchsgefahr kann insbesondere im Rahmen einer Kapitalherabsetzung im Falle einer überhöhten Verlustannahme bei Genussrechten mit Eigenkapitalcharakter bestehen, vgl. hierzu kritisch *Oechsler*, in: MüKo, AktG, § 232, Rn. 17 f.

1145 BGH, a.a.O.

1146 Vgl. *Jäger*, § 30, Rn. 142.

Daneben darf die inhaltliche Ausgestaltung gem. § 307 Abs. 1 S. 1 BGB nicht zu einer unangemessenen Benachteiligung der Genussrechtserwerber führen. Eine Nachprüfung dieser Voraussetzung gestaltet sich im Bereich der Genussrechte schwierig. Denn gem. § 307 Abs. 2 Nr. 1 BGB bilden die Vorschriften des dispositiven Rechts die Beurteilungsgrundlage;[1147] derartige Normen, die auf Genussrechte Anwendung finden, sind jedoch rar.[1148] Im Schrifttum wird vorgeschlagen, je nach Vertragsgestaltung auf die §§ 793 ff. BGB und §§ 488 ff. BGB zurückzugreifen. Bei aktienähnlicher Ausgestaltung wird daneben eine Heranziehung von aktienrechtlichen Vorschriften befürwortet.[1149] Ferner wird erwogen, auf die Regelungen desjenigen Vertragstyps abzustellen, die der jeweiligen Genussrechtsvereinbarung am nächstliegenden sind.[1150] Haben sich die Genussscheinbedingungen inhaltlich aber so weit von den §§ 793, 488 ff. BGB oder anderen Vertragstypen entfernt, dass ein Abstellen auf dispositive Vorschriften nicht mehr der Interessenlage der Parteien entspricht, oder mangelte es bereits ursprünglich an gesetzlichen Regelungen, dann ist an allgemeine und richterrechtlich entwickelte Rechtsgrundsätze anzuknüpfen.[1151] Ist auch ein derartiges Vorgehen nicht zielführend, so kann eine Interessenabwägung als letztverbleibendes Mittel durchgeführt werden.[1152] Hierbei sind die Interessen des Emittenten gegen die der Erwerberseite abzuwägen.

3. Verbriefung

Eine Verbriefung ist entbehrlich, sofern lediglich eine Mitarbeiterbeteiligung oder die Ausgabe an einen Großsponsor beabsichtigt ist. Soll hingegen ein großer Kreis von Anlegern angesprochen werden, so muss die Fungibilität der Wertpapiere gewährleistet sein.[1153] Die Verbriefung von Genussrechten ist durch Ausgabe von Inhaber-, Order- oder Namenspapieren denkbar und erfolgt vorwiegend in

---

1147 *Habersack*, in: MüKo, BGB, § 793, Rn. 49.

1148 *Kallrath*, S. 81.

1149 *Vollmer/Lorch*, ZBB 1992, 44, 46 befürworten einen Rückgriff auf aktienrechtliche „Schutzmechanismen" um zu verhindern, dass das Genusskapital in schwerwiegender Weise in Mitleidenschaft gezogen wird. Vgl. zum Ganzen auch *Habersack*, in MüKo, BGB, § 793, Rn. 49 m.w.N. Auch die Rechtsprechung zieht insoweit Vorschriften des Aktiengesetzes heran, vgl. BGH, Urt.v. 05.10.1992 – II ZR 172/91, NJW 1993, 57, 59 – Klöckner.

1150 *Hüffer*, § 221, Rn. 35.

1151 *Kallrath*, S. 84.

1152 *Kallrath*, a.a.O.

1153 *Rid-Niebler*, S. 8.

der Form eines Inhaberpapiers.[1154] Zugunsten des Inhabers wird ein Genussschein ausgestellt.[1155] Im Rahmen der Verbriefung werden die allgemeinen Genussscheinbedingungen in den zwischen dem Emittenten und der Erwerberseite geschlossenen Begebungsvertrag mit aufgenommen.[1156] Der Genussscheinzeichner leistet bei Erwerb eine Geldeinlage, welche in der Urkunde als „Nennbetrag" ausgewiesen wird.[1157] Eine Selbstemission durch den Verein wäre zwar denkbar, dürfte jedoch regelmäßig durch eine Bank oder ein Emissionskonsortium erfolgen.[1158]

4. Börsenzulassung

a. Börsenfähigkeit entsprechender Genussscheine

Genussrechte sind börsenfähig, sofern die Voraussetzungen der §§ 32 ff. BörsG und der Börsenzulassungsverordnung erfüllt werden. Voraussetzung für eine Börsenzulassung ist gem. § 2 Abs. 2 BörsZulV, dass der Gesamtnennbetrag der emittierten Wertpapiere ein Mindestvolumen von 250.000 Euro aufweist. Da die Erlöse aus medialer Verwertung selbst bei sämtlichen Zweitligisten um ein Vielfaches über diesem Mindestbetrag liegen, ist dieses Erfordernis erfüllt.[1159] Falls die ausgegebenen Genussscheine nicht auf einen Geldbetrag lauten, wäre gem. § 2 Abs. 3 BörsZulV notwendig, dass eine Mindeststückzahl von 10.000 Wertpapieren erreicht wird. Ferner wird gem. § 3 BörsZulV verlangt, dass der

---

1154 Zum Ganzen, *Habersack*, in: MüKo, AktG, § 221, Rn. 204; *Rid-Niebler*, S. 8 f.

1155 In der Praxis erfolgt eine Differenzierung in obligationsähnliche und aktienähnliche Genussscheine; vgl. statt vieler: *Vollmer/Lorch*, in: ZBB 1992, 44, 45; BGH, Urt.v. 05.10.1992 – II ZR 172/91, NJW 1993, 57, 58 – Klöckner. Letzteren kommt Eigenkapitalcharakter zu, da sie keine feste Vergütung vorsehen, sondern in vollem Umfang am unternehmerischen Risiko des Emittenten teilnehmen, *Haberstock/Greitemann*, in: Hölters, AktG, § 221, Rn. 43.

1156 Vgl. *Habersack*, in: MüKo, AktG, § 221, Rn. 199.

1157 *Rid-Niebler*, S. 7; *Habersack*, in: MüKo, AktG, § 221, Rn. 97.

1158 Allgemein hierzu: *Habersack*, in: MüKo, AktG, § 221 Rn. 202. Erfolgt die Emission als Inhaberpapier, dann richtet sich die Übertragung nach den §§ 929 ff. BGB. Werden die betreffenden Urkunden aus Praktikabilitätsgründen in Sammelverwahrung aufbewahrt, so erfolgt die Übertragung nach den Vorschriften des DepotG, vgl. *Wilhelmi*, in: Erman, Vor § 793 Rn. 16.

1159 Legt man die nach dem aktuellen Vermarktungsvertrag erzielten Gesamterlöse aus Inlandsvermarktung i.H.v. 628 Millionen Euro pro Jahr zugrunde und berücksichtigt im Verhältnis zwischen 1. und 2. Bundesliga von 80:20, so erreichen selbst die Medienerlöse des letztplatzierten Vereins der 2. Bundesliga eine Höhe von mehreren Millionen Euro pro Jahr.

Emittent mindestens drei Jahre als Unternehmen bestanden und Jahresabschlüsse für die drei dem Antrag vorangehenden Geschäftsjahre offengelegt hat. Dies würde für die Vereine insoweit keinen Mehraufwand bedeuten.[1160] Denn nach § 8 Ziffer a) bis d) der Lizenzierungsordnung der DFL sind diese ohnehin alljährlich zur Erstellung einer Bilanz, einer Gewinn- und Verlustrechnung sowie eines Lageberichts des Vorstandes bzw. der Geschäftsführung verpflichtet. Diese Erfordernisse gelten i.R.d. Lizenzierungsverfahrens auch für nicht börsennotierte Bundesligisten. Da die bestehenden Voraussetzungen des BörsG und der BörsZulV erfüllt werden, hinge die Zulassung für den börslichen Handel einzig von der Erstellung eines nach den Vorschriften des Wertpapierprospektgesetzes gebilligten oder bescheinigten Prospektes i.S.d. § 32 Abs. 3 Nr. 2 BörsG ab. Daher wäre die Emission börsennotierter Genussscheine im Unterschied zu einem aktienrechtlichen Börsengang sämtlichen Bundesligisten möglich, ohne dass es auf deren Rechtsform ankäme.[1161] Die entstehenden Emissionskosten lägen deutlich unter den Kosten eines Börsenganges.[1162] Da diese als Betriebsausgaben außerdem einen voll abzugsfähigen Posten darstellen, wäre der finanzielle Aufwand insgesamt überschaubar.[1163]

b. Vor- und Nachteile einer börslichen und außerbörslichen Emission

Die Entscheidung zu einem börslichen oder außerbörslichen Handel liegt im Ermessen des Vereins. Eine Börsenzulassung wäre zweckmäßig wenn eine größere Zahl von Investoren und Anlegern gewonnen werden soll.[1164] Genussscheinerwerbern käme im Rahmen eines börslichen Handels zugute, dass dieser unter Kontrolle der Börsenaufsicht erfolgt und eingegangene Geschäfte durch Vereinbarung eines Limits begrenzt werden könnten. Als nachteiligen Kostenfaktor sind die bei einer derartigen Platzierung entstehenden Maklercourtagen zu nennen. Ein ganz wesentlicher Nachteil besteht aber darin, dass Börsengeschäfte nur während der Handelszeiten getätigt werden könnten. Etwas anderes gilt in Bezug auf den außerbörslichen Handel (over-the-counter, kurz OTC). Dort besteht gerade in zeitlicher Hinsicht mehr Flexibilität.[1165] Der Aspekt der flexibleren Handelszeiten ist

1160 Vgl. *Hügi*, SpuRt 2003, 84, 85.

1161 *Ziebe*, DStR 1991, 1594, 1595 m.w.N.

1162 *Bednarz/Pfeiffer/Hovemann/Jaus*, S. 40.

1163 Vgl. hierzu *Habersack*, in: MüKo, AktG, § 221, Rn. 364.

1164 Vgl. *Süßmilch/Elter*, S. 118.

1165 Vereinen und Kapitalgesellschaften, die nicht am Kapitalmarkt aktiv sind, wird aufgrund des Aufwandes und der entstehenden Kosten teilweise zu einer Privatplatzierung geraten, vgl. *Süßmilch/Elter* a.a.O.

gegenüber dem börsennotierten Handel deshalb von großem Gewicht, weil diese mit dem Wochenende gerade nicht die Zeiträume erfassen, an denen die überwiegende Mehrzahl der Bundesligaspiele der 1. und 2. Fußball-Bundesliga ausgetragen werden. Auch die Gelegenheit, Maklercourtagen einzusparen, kann als Argument für einen OTC-Handel angeführt werden. Nachteilig ist aus Erwerbersicht aber, dass dieser einer geringeren Kontrolle unterliegt.

5. Marktpotenzial

Letztlich ist das Nachfragepotenzial von fußballspezifischen Genussscheinen zu thematisieren, deren Gewinnbeteiligung unmittelbar von dem sportlichen Erfolg des emittierenden Vereins abhängt. Ein potenzielles Anlegerspektrum dürfte aus Finanzinvestoren, investitionsbereiten Unternehmen, Sponsoren und Privatpersonen bestehen.[1166] Da der sportliche Erfolg eines Vereins nicht vorwiegend von konjunkturellen Schwankungen der Weltwirtschaft berührt wird, könnten Finanzinvestoren die Aufnahme derartiger Genussscheine in ihr Investitionsportfolio erwägen.[1167] Dies dürfte unter dem Aspekt der Risikostreuung interessant sein.[1168] Daneben gehören auch Privatpersonen zu den potenziellen Zeichnern. Bei der Akquise privater Anleger ist das Fanaufkommen des jeweiligen Bundesligisten von entscheidender Bedeutung.[1169] Bei Vereinen mit geringerem Fanzuspruch dürfte die Nachfrage bei Privatanlegern jedoch nicht in ausreichendem Maße vorhanden sein, um das benötigte Finanzierungsvolumen stemmen zu können.[1170] Denn im Rahmen eines Hedgingeinsatzes müsste das Genusskapital eine solche Höhe erreichen, die die rechnerisch mögliche Erlösspanne zwischen Platz 1 und Platz 18 der Fernseheinnahmen abdeckt.[1171] Nach dem gültigen Verteilungsschlüssel und den derzeit erzielten Medienerlösen pro Saison beträgt die Erlösspanne immerhin ca. 18,607 Millionen Euro. Dieser Betrag müsste durch Genusskapital abgedeckt werden.[1172] Gerade Vereine mit kleinerer Fangemeinde dürften diese Summe nur

---

1166 *Süßmilch/Elter*, a.a.O. Die durch den 1. FC Köln im Jahre 2004 erstmals emittierten Genussscheine wurden von institutionellen Anlegern erworben, vgl. *Keller*, S. 271.

1167 Vgl. *Keller*, S. 263.

1168 Keller, a.a.O.

1169 *Bednarz/Pfeiffer/Hovemann/Jaus*, S. 47.

1170 Vgl. *Huth*, S. 242.

1171 *Huth*, a.a.O.

1172 Von den Gesamteinnahmen aus Inlandsvermarktung i.H.v. jährlich 628 Millionen Euro entfallen 79,5 Prozent auf die Vereine der 1. Bundesliga (= 502,4 Millionen Euro). Von diesem Gesamtbetrag erhält der Erstplatzierte im Rahmen des schwer generieren können. Andererseits wird durch die erfolgreiche Ausgabe zahlreicher Fan-Anleihen und die erneut durchgeführte Emission von Genussscheinen durch den 1. FC Köln deutlich, dass durchaus auch im Privatanlegersegment beachtliches Marktpotenzial vorhanden ist.[1173] Neben der Vereinsverbundenheit einer bundesweiten Fangemeinde könnte insoweit aber auch ein weiterer Aspekt zum Tragen kommen: Mit den fußballspezifischen Genussscheinen könnte ein neues Anlegerpublikum angesprochen werden. Denn die bestehende Übersichtlichkeit und Transparenz dieses Anlagemodells lässt jedem Zeichner das übernommene Risiko deutlich und nachvollziehbar werden. Daher könnte auch ein Personenkreis erreicht werden, der sonst aufgrund der Komplexität von Börsengeschäften von derartigen Kapitalanlagen Abstand nimmt.

E. Stellungnahme und Ausblick

I. Einschätzung des Marktpotenzials

Der Erwerb fußballspezifischer Genussscheine dürfte m.E. für Anleger mit großer Fußballaffinität und vor allem für (Groß-) Anleger mit Spekulationsabsichten reizvoll sein.[1174] Da bei fußballspezifischen Wertpapieren zuweilen mit einer hohen Volatilität bei den Wertpapierkursen zu rechnen ist, wird ein kurzfristiger Erwerb oder ein kurzfristiges Abstoßen aus Investorensicht besonders interessant.[1175] Denn hierin liegt die Möglichkeit hoher Gewinne bzw. Verluste binnen kurzer Zeit. Die Kurswerte börsennotierter Fußballvereine wurden in der Vergangenheit nicht allein durch die aktuell erzielten sportlichen Resultate beeinflusst. Denn weitere Einflussfaktoren wie etwa Spielertransfers, Verletzungen wichtiger Spieler, Trainerentlassungen oder Veränderungen in der Vereinsführung haben zum Teil

---

Verteilungsschlüssels 2/27 (= 37,214 Millionen Euro) und der Letztplatzierte 1/27 (18,607 Millionen Euro). Vgl. hierzu DFL, Ligavorstand beschließt Verteilung der Medien Einnahmen, abrufbar unter: http://www.bundesliga.de/de/liga/news/2008/index.php?f=0000118197.php, Stand (Oktober 2013).

1173 Fan-Anleihen haben unter anderem der 1. FC Nürnberg, der 1. FC Köln, der FC Schalke 04, Hertha BSC Berlin, 1860 München oder der FC St. Pauli ausgegeben.

1174 So bereits *Huth*, S. 241 f.; vgl. auch *Keller*, S. 263.

1175 *Lehrmann/Weigand*, S. 9. Demgegenüber weist *Keller* daraufhin, dass Aktien von Fußballvereinen langfristig gesehen gegenüber anderen Aktientypen keine wesentlich höhere Volatilität aufweisen, vgl. *Keller*, S. 263.

erhebliche Kursschwankungen bewirkt.[1176] Als anschauliches Beispiel hierfür ist die schwere Verletzung des damaligen englischen Topstürmers Alan Shearer zu nennen. Diese führte binnen Minuten nach Bekanntwerden zu einem Wertverlust von 7 Prozent der Aktie seines damaligen Vereins Newcastle United.[1177] Ähnliche Entwicklungen wären auch im Bereich fußballspezifischer Genussrechte zu erwarten.

II. Notwendigkeit einer Kontrollinstanz

Die Möglichkeit kurzfristiger hoher Gewinne begründet zugleich eine Manipulationsgefahr, die erfahrungsgemäß im Profi-Sport Probleme bereitet. Bereits durch falsche oder unvollständige Berichterstattungen könnte eine Beeinflussung des Kurswertes derartiger Wertpapiere erfolgen. Aus diesem Grund wäre m.E. die Etablierung einer Kontrollinstitution zweckmäßig, um allzu schwerwiegende Missbräuche auszuschließen. Eine effiziente Kontrolle dürfte im Rahmen eines außerbörslichen Handels allerdings schwer zu bewerkstelligen sein. Obgleich fußballspezifische Genussscheine – wie oben festgestellt – börsenfähig wären[1178] und damit dem Schutz der Börsenaufsicht unterstellt werden könnten, stehen die mit dem Bundesligaspielplan inkompatiblen Handelszeiten einem börslichen Handel entscheidend entgegen. Aus diesem Grund ist nach Alternativen zu suchen.

III. Denkbarer struktureller Rahmen

Aufgrund der aufgezeigten Nachteile, die einem (außer-) börslichen Handel immanent sind, ist nach einer anderen praktikablen Lösung zu suchen. Diese sollte eine Harmonisierung der Handelszeiten mit den Spielplänen sowie die Schaffung einer unabhängigen Kontrollinstitution beinhalten. Eine denkbare Alternative könnte in der Möglichkeit gesehen werden die Emission der Genussscheine für sämtliche Bundesligisten zentralisiert durch die DFL erfolgen zu lassen. Die Verbriefung und Absicherung aller Erlöse aus der medialen Inlandsvermarktung wären zunächst aus Anlegersicht interessant. Denn auf diesem Weg könnten gleichzeitig Genussscheine mehrerer Vereine erworben und damit das Anlagerisiko verringert

1176 *Lehrmann/Weigand*, S. 9 f.
1177 *Lehrmann/Weigand*, S. 10, Fn. 9.
1178 Voraussetzung hierfür wäre jedoch, dass eine ordnungsgemäße Erstellung eines Wertpapierprospekts i.S.d. § 32 Abs. 3 Nr. 2 BörsG erfolgt.

werden.[1179] Ein verlustreiches Engagement ließe sich durch ein oder mehrere gewinnbringende Geschäfte auffangen oder zumindest abmildern.[1180] Daneben wäre mit einer standardisierten zentralen Emission auch eine Reduzierung der anfallenden Emissionskosten möglich. Wesentlich wäre auch, dass die Handelszeiten mit der Terminierung der Spiele in Einklang gebracht werden könnten.

Darüber hinaus wäre es zweckmäßig, ein unabhängiges Kontrollorgan auf Seiten der DFL zu etablieren. Dieses könnte einerseits bei Missbrauchsfällen einschreiten. Andererseits könnte es die Aufgabe einer Ratingagentur übernehmen und die wesentlichen Genussrechtsbedingungen, insbesondere die Voraussetzungen einer Gewinn- bzw. Verlustbeteiligung für jeden Verein, festlegen. Dies würde Transparenz schaffen und für Anleger eine Vergleichsmöglichkeit schaffen. Denn hierdurch könnten die Genussscheinmodalitäten aller Vereine gegenübergestellt werden.

Als zentrale Institution für Genussrechtsemissionen sowie den Handel derartiger Wertpapiere könnte die DFL letztlich auch die Funktion einer Clearingstelle einnehmen. Sie bzw. eine von ihr geschaffene Institution könnte insoweit als sog. Central Counterpart (CCP) mit sämtlichen Genussscheinerwerbern kontrahieren. Auf diesem Weg ließe sich einerseits das Ausfallrisiko eines Genussscheinerwerbs verringern. Andererseits würde dies die Abrechnung bzw. Verrechnung der Zahlungsströme aus solchen Geschäften erleichtern, da das Volumen der abzuwickelnden Transaktionen verringert werden könnte.[1181] Letztlich würden durch den Einsatz der DFL als CCP auch etwaige Manipulationsmöglichkeiten beseitigt werden. Denn es könnte auf diesem Weg verhindert werden, dass Scheingeschäfte abgeschlossen werden um, den Kurswert fußballspezifischer Genussscheine zu beeinflussen.[1182]

1179 Vgl. hierzu *Huth*, S. 242.

1180 *Huth*, a.a.O.

1181 *Beck*, in: Schwark/Zimmer, Abschnitt 1, § 21, Rn. 3. Nach Aufrechnung der Transaktionen erfolgt vielmehr nur ein „Spitzenausgleich“ der Überschüsse, vgl. hierzu *Beck*, in: Schwark/Zimmer, BörsG, Abschnitt 1, § 21, Rn. 3 und *Meißner*, S. 89 jeweils m.w.N.

1182 Zur Verhinderung von Scheingeschäften durch den Einsatz von Central Counter Parties, vgl. *Meißner*, S. 89. Zum Begriff des Scheingeschäftes nach rechtlichem und wirtschaftlichem Sinnverständnis vgl. *Worms*, in: Assmann/Schütze, § 9, Rn. 78.

Zusammenfassung der Ergebnisse

I. Dogmatischer Ursprung der Fußballübertragungsrechte

1. Rechtsprechung und h.M. im Schrifttum leiten Fußballübertragungsrechte, d. h. Fernseh- und Hörfunkrechte, aus einem „Konglomerat von Rechten" her. Denn bislang existiert kein eigenes Leistungsschutzrecht zugunsten des Veranstalters von Fußballspielen.
2. Dem Kreis denkbarer Rechtsgrundlagen gehören Ansprüche aus Urheber-, Lauterkeits- und Deliktsrecht sowie ein Schutz auf hausrechtlicher Grundlage an. All diese dogmatischen Ansatzpunkte vermögen jedoch keinen umfassenden Schutz zu gewährleisten. Nach einer Grundsatzentscheidung des BGH werden im Rahmen von Fußballübertragungsrechten lediglich schuldrechtliche Rechtspositionen vermittelt.
3. In Abkehr zur früheren Rechtsprechung, die die mediale Verwertung durch den Sportveranstalter vor allem durch hausrechtliche und lauterkeitsrechtliche Ansprüche geschützt sah, stellen aktuelle Entscheidungen einzig auf Abwehrrechte aus dem Hausrecht ab.
4. Ein urheberrechtlicher Leistungsschutz scheitert nach ganz überwiegender Auffassung daran, dass in der Austragung eines Fußballspiels keine Darbietung eines Werkes zu sehen ist. Diesem wird berechtigterweise das Vorliegen einer persönlichen geistigen Schöpfung i.S.d. § 2 Abs. 2 UrhG abgesprochen.
5. Für einen ergänzenden Leistungsschutz aus § 4 Nr. 9 UWG ist ebenfalls kein Raum. Das Anfertigen von audio-visuellem Sendematerial erfüllt bereits nicht die Tatbestandsvoraussetzung der Nachahmung. Ferner harmonieren die aus § 4 Nr. 9 a – c UWG besonderen Unlauterkeitsalternativen nicht mit der Materie der Fußballübertragungsrechte. Auch ein Schutz auf Grundlage der lauterkeitsrechtlichen Generalklausel aus § 3 UWG ist nach Umsetzung der UGP-Richtlinie abzulehnen. Dies würde gegen das Prinzip der Vollharmonisierung verstoßen und liefe auf einen unmittelbaren Schutz der Fußballübertragungsrechte hinaus. In der Grundsatzentscheidung „Sportübertragungen" hat der BGH das Bestehen unmittelbaren Leistungsschutzes jedoch entschieden verneint. Ferner würde eine Schutzgewährung auf Grundlage des § 3 UWG

eine ungerechtfertigte Privilegierung gegenüber einem ergänzenden Leistungsschutz aus § 4 Nr. 9 UWG bedeuten. Denn dieser setzt das Vorliegen bestimmter Unlauterkeitstatbestände voraus. Letztlich ist bereits fraglich, ob im Bereich der Fußballübertragungsrechte überhaupt ein Wettbewerbsverhältnis vorliegt. Denn konkrete Zuschauerzahlen belegen, dass ein Stadionbesuch nicht durch mediale Live-Übertragungen substituierbar ist.

6. Aus Wertungsgesichtspunkten, konkret aufgrund des zwischen einem lauterkeitsrechtlichen und einem deliktischen Unternehmensschutz bestehenden Spezialitätsverhältnisses, erfahren Fußballübertragungsrechte keinen deliktsrechtlichen Schutz aus §§ 823 Abs. 1, 826 BGB. Nach zutreffender Auffassung kann kein Verhalten deliktsrechtlich sanktioniert werden, sofern es nach vorrangigem Lauterkeitsrecht zulässig ist.
7. Das Hausrecht bildet das dogmatische Fundament der Fußballübertragungsrechte. Dieses setzt sich wiederum aus dem Eigentum oder dem Recht zum Besitz an dem Stadiongrundstück zusammen. Der Rechtsinhaber hat die Befugnis, Ordnungsmaßnahmen durchzuführen, und verfügt über die Möglichkeit den Zutritt zum Stadiongelände nur gegen Zahlung eines Entgelts zu gestatten. Nach neuerer Rechtsprechung dienen die hausrechtlichen Befugnisse auch dazu, die wirtschaftliche Verwertung des Fußballspiels gegenüber Dritten zu sichern. Ungeklärt ist hierbei, ob das audio-visuelle Sendematerial selbst Schutzgegenstand ist oder ob unberechtigt filmende Dritte lediglich vom Stadiongelände entfernt werden können.
8. Neben den Vereinen wird nach h.M. dem Ligaverband bzw. der DFL als dessen Tochtergesellschaft die Eigenschaft als Mitveranstalter zuerkannt. Diese Rechtsposition umfasst die Inhaberschaft der Fußballübertragungsrechte. Hieran wird im Schrifttum zum Teil kritisiert, dass sich ein weitgehend anerkannter Veranstalterbegriff herausgebildet hat, ohne dass zuvor der systematische Standort der Übertragungsrechte abschließend geklärt wurde. Verortet man den dogmatischen Ursprung der Fußballübertragungsrechte im Hausrecht, so sind einzig die Vereine, nicht aber der Verband als Veranstalter und damit als originäre Inhaber der Fußballübertragungsrechte anzusehen.

II. Modifizierter Ansatz zum Hausrecht

1. Nach den sog. „Schloss Tegel"-Grundsätzen, die durch die „Schlösser und Gärten"–Entscheidung des BGH bestätigt wurden, ist die kommerzielle Verwertung von Bildmaterial unter bestimmten Voraussetzungen dem

Grundstückseigentümer zugewiesen. Die wirtschaftliche Verwertung des Bildmaterials ist danach vom Eigentumsrecht erfasst, wenn die Aufnahmen auf dem betreffenden Grundstück selbst angefertigt wurden und dieses von außen nicht einsehbar ist.

2. Unter Heranziehung der historischen Ursprünge des Frucht- und Nutzungsbegriffs kann das aufgenommene Sendematerial unter bestimmten Voraussetzungen dogmatisch als sonstige Ausbeute i.S.d. § 99 Abs. 1 Alt. 2 BGB oder als Gebrauchsvorteil i.S.d. § 100 Alt. 2 BGB eingeordnet werden. Die aus der Verwertung des Bildmaterials erzielten Erlöse hat der BGH in dem „Schlösser und Gärten"-Urteil als mittelbare Sachfrüchte nach § 99 Abs. 3 BGB angesehen. Die sachenrechtliche Verortung verstößt nicht gegen den Numerus Clausus und führt zu keinen Überschneidungen mit dem Immaterialgüterrecht.
3. Die „Schloss Tegel"-Grundsätze sind auf Konstellationen übertragbar, in denen die wirtschaftliche Verwertung von Bundesligaspielen auf hausrechtlicher Grundlage erfolgt. Dies wird i.R.d. vorliegenden Arbeit als modifizierter hausrechtlicher Ansatz bezeichnet. Hierfür sprechen die Vergleichbarkeit der zu beurteilenden Sachverhalte und die dogmatische Teilidentität des Hausrechts, das aus Eigentum oder dem Recht zum Besitz folgt. In beiden Konstellationen werden Aufnahmen vom Grund und Boden eines von außen nicht einsehbaren Grundstücks aus angefertigt, deren Wert nicht aus der Sache selbst, sondern erst aus der Nachfrage des interessierten Publikums resultiert. Gleiche Erwägungen treffen auf Hörfunkaufnahmen zu, auf die die Rechtsprechung grundsätzlich die Grundsätze für Bildaufnahmen anwendet. Auch der BGH scheint von einer Übertragbarkeit auszugehen, da in der Entscheidung „Schlösser und Gärten" auf das „Hörfunkrechte"-Urteil Bezug genommen wurde.
4. Dem häufig gegen eine Übertragbarkeit besagter Rechtsprechungsleitlinien erhobenen Einwand, dass Sacheigentum könne keine Leistung inkorporieren, die auf dem Eigentumssubstrat stattfinde, kann nicht gefolgt werden. Denn zum einen kann eine sachenrechtliche Einordnung der Aufnahmen nicht generell, sondern nur unter bestimmten Bedingungen erfolgen. Zum anderen ist kein sachlicher Grund erkennbar, audio-visuelle Aufnahmen eines Fußballspiels anders zu behandeln als entsprechende Aufnahmen eines Gebäudes oder einer Skulptur, sofern sich die abgelichteten Motive auf einem von außen nicht einsehbaren Grundstück befinden. Bei Aufnahmen von Fußballspielen scheiden von vornherein Überschneidungen mit Immaterialgüterrechten aus, da diesen nach allgemeiner Auffassung per se kein urheberrechtlicher Leistungsschutz zukommt. Da die Anfertigung und die Verwertung audio-visuellen Materials nur mittelbar über das Grundstückseigentum geschützt werden, entsteht kein

Widerspruch zu der Grundsatzentscheidung „Sportübertragungen", in der Sportveranstaltungen ein unmittelbarer Leistungsschutz versagt wurde.

5. Die dogmatische Einordnung audio-visueller Aufnahmen von Fußballspielen als Eigentums- bzw. Hausrechtsbestandteil führt für alle Beteiligten zu einer Verbesserung der bisherigen Rechtslage. Denn die Vertragsparteien werden nicht länger auf bloß schuldrechtliche Beziehungen verwiesen. Etwaigen Lizenznehmern könnte eine beschränkt persönliche Dienstbarkeit an dem Stadiongrundstück bestellt werden. Diese würde den Lizenznehmer als Dienstbarkeitsberechtigten zur Anfertigung und Verwertung audio-visueller Aufnahmen dinglich berechtigen. Hierdurch würde im Bereich der Fußballübertragungsrechte erstmals ein dinglicher Rechtserwerb möglich. Nach bisheriger Rechtslage erschöpfen sich die Rechtsbeziehungen zwischen dem Veranstalter und den TV-Sendern in einer schuldrechtlichen Einwilligung.
6. Eine durch eine beschränkt persönliche Dienstbarkeit gesicherte Lizenz würde eine gegenüber Dritten durchsetzbare dingliche Rechtsposition vermitteln und im Insolvenzfall ein Aussonderungsrecht i.S.d. § 47 InsO begründen. Überdies könnten Fußballübertragungsrechte erstmals selbst als Sicherungsgut dienen und Sicherungsnehmer blieben nicht länger nur auf Lizenzgebührenforderungen als Sicherheit verwiesen. Gerade bei der Refinanzierung würde der modifizierte hausrechtliche Ansatz zu enormen Vorteilen führen.

III. Bestand und Sicherungsfunktion von Lizenzen an Fußballübertragungsrechten

1. Lizenzverträge über Fußballübertragungsrechte können nach vorzugswürdiger Auffassung nicht durch insolvenzabhängige Lösungsklauseln beendet werden. Derartige Klauseln, d.h. solche, die an die Insolvenzantragstellung, eine Zahlungseinstellung oder die Insolvenzeröffnung anknüpfen, sind in Lizenzverträgen nach § 119 InsO unzulässig. Hierfür spricht das erklärte Ziel des Gesetzgebers, dem Grundsatz der Gläubigergleichbehandlung nach Einführung der Insolvenzordnung wieder zentrale Bedeutung zukommen zu lassen, um die abhandengekommene Verteilungsgerechtigkeit zu erhöhen. Auch das Verhältnis des § 119 InsO zu dem speziellen Kündigungsverbot aus § 112 InsO lässt sich für eine derartige Sichtweise anführen. Einer Zulässigkeit von insolvenzabhängigen Lösungsklauseln stehen schließlich auch die näheren Hintergründe im Zusammenhang mit dem Vorgehen des damaligen Rechtsausschusses entgegen.

2. Nach § 112 InsO sind auch vertraglich vereinbarte Kündigungsgründe unwirksam, die den Lizenzgeber zur Vertragsbeendigung berechtigen, wenn der Lizenznehmer vor dem Insolvenzeröffnungsantrag in Zahlungsverzug geraten oder bei diesem eine Vermögensverschlechterung eingetreten ist. Kündigungsgründe, die an die Unzumutbarkeit der weiteren Vertragsdurchführung anknüpfen und nicht auf eine Umgehung des Insolvenzverwalterwahlrechts aus § 103 Abs. 1 InsO abzielen, sind dagegen zulässig. Ein außerordentliches Kündigungsrecht, das etwa bei Verletzung der zugesicherten Exklusivität, der Produktion mangelhaften Bild- oder Tonmaterials oder vergleichbar schwerwiegenden Pflichtverletzungen besteht, ist daher mit den §§ 119, 112 InsO vereinbar.
3. Nach dem modifizierten hausrechtlichen Ansatz sind Lizenzverträge über Fußballübertragungsrechte nach § 108 Abs. 1 S. 2 InsO insolvenzfest. Da in diesem Fall keine Umgehung des Insolvenzverwalterwahlrechts droht, kommt dem Streit um die Zulässigkeit insolvenzabhängiger Lösungsklauseln keine Entscheidungserheblichkeit mehr zu.
4. Das Abstraktionsprinzip kann in Bezug auf Fußballübertragungsrechte per se keine Anwendung finden. Denn nach h.M. erfolgt im Rahmen von Fußballübertragungsrechten kein dinglicher Rechtsübergang, sondern der Veranstalter willigt lediglich in bestimmte Eingriffe ein. Nach h.M. bestehen bloß schuldrechtliche Beziehungen und keinerlei Sukzessionsschutz. Daher erlöschen die Lizenzen automatisch mit Vertragsbeendigung. Einer gesonderten Rückübertragung der Lizenzen bedarf es nicht.
5. Fußballübertragungsrechte dienen nach aktueller Rechtslage nicht selbst als Sicherungsgut. Lediglich Lizenzgebührenforderungen, die bis zum Zeitpunkt der Insolvenzeröffnung fällig und an den Sicherungsnehmer sicherungszediert, verpfändet oder mit einem Sicherungsnießbrauch belastet wurden, bieten eine Sicherheit. Ein an der Lizenzgebührenforderung bestellter Sicherungsnießbrauch berechtigt den Sicherungsnehmer nach § 47 InsO zur Aussonderung. Im Falle der Sicherungszession besteht nach § 51 Ziffer 1 InsO und im Falle des Pfandrechts gem. § 50 Abs. 1 InsO ein Absonderungsrecht. Mit Insolvenzeröffnung ändert sich die Besicherungslage allerdings grundlegend. Nach steter Rechtsprechung gehen sodann zukünftige Lizenzgebührenforderungen als Sicherheit verloren. Dies gilt unabhängig davon, ob der Insolvenzverwalter i.R.d. § 103 Abs. 1 InsO Vertragserfüllung oder Vertragsbeendigung wählt. Infolgedessen ist der Sicherungsnehmer ab Insolvenzeröffnung gänzlich unbesichert.
6. Nach dem modifizierten hausrechtlichen Ansatz wird die Besicherungslage substantiell verbessert. Denn audio-visuelles Sendematerial wird danach unter bestimmten Voraussetzungen vom Zuweisungsgehalt des Grundstückseigentums

erfasst. Aufgrund dessen könnte einem Lizenznehmer an den Stadiongrundstücken eine beschränkt persönliche Dienstbarkeit bestellt werden. Diese würde den Dienstbarkeitsberechtigten zur Anfertigung und Verwertung von Aufnahmen auf dem Grundstück berechtigen. Der Lizenznehmer würde als Dienstbarkeitsberechtigter eine dingliche Rechtsposition erwerben, die bei Insolvenz des Lizenzgebers zur Aussonderung nach § 47 InsO berechtigt. Ferner fände das Abstraktionsprinzip Anwendung. Infolge der dinglichen Rechtsposition würden die betreffenden Lizenzen gegenüber Dritten eine durchsetzbare Rechtsposition vermitteln und wären im Rahmen einer Fremdfinanzierung unmittelbar selbst als Sicherheiten verwendbar.

IV. Hedging von Medienerlösen als Absicherungsalternative für Bundesligavereine

1. Im Profi-Fußball besteht ein ausgeprägtes Wechselwirkungsverhältnis zwischen sportlichem und wirtschaftlichem Erfolg. Dies ist insbesondere i.R.d. medialen Inlandsverwertung der Fußballübertragungsrechte zu bejahen. Denn die hierbei erzielten Gesamterlöse werden nach einem speziellen erfolgsabhängigen Verteilungsschlüssel an die Vereine ausgeschüttet. Hierbei bemisst sich die erzielte Erlöshöhe unmittelbar nach dem sportlichen Erfolg der laufenden Saison sowie – mit linear abnehmender Gewichtung – den erreichten Endplatzierungen der vorangegangenen drei Spielzeiten. Um diese Einnahmen gegen sportliche Schwächephasen abzusichern und eine höhere Planungssicherheit zu erhalten, könnte eine denkbare Alternative in dem Abschluss einer Hedgingvereinbarung gesehen werden. Zu dem Ausgangsgeschäft, das zwischen den Vereinen und der DFL i.R.d. Zentralvermarktung geschlossen wurde, schließt der Verein mit einem oder einer Vielzahl an Vertragspartnern ein Gegengeschäft ab. Dabei werden die zukünftigen – für einen festgelegten Zeitraum fällig werdenden – Erlösanteile aus der medialen Gesamtvermarktung vorab vollständig gegen einen Fixbetrag veräußert. Der zwischen den Parteien vorab vereinbarte Preis entspricht einer im Voraus prognostizierten Durchschnittsplatzierung, die den Kalkulationen bei Vertragsabschluss zugrunde gelegt wurde.
2. Da der Verein vorab – unabhängig von seinem zukünftigen sportlichen Abschneiden – einen Festbetrag erhält, erfolgt eine Risikoüberwälzung auf den Vertragspartner. Die beschriebene Hedgingvereinbarung hat zur Folge, dass

sich die wirtschaftliche Abhängigkeit der Fußballclubs vom sportlichen Erfolg reduziert. Dies kann als wesentlicher Bestandteil eines effektiven Risikomanagements auf Vereinsebene angesehen werden. Die diesbezüglich durchgeführte betriebswirtschaftliche Untersuchung *Huths* befürwortet grundsätzlich ein solches Vorgehen. Durch mathematische Berechnungen gelangt der Autor auf Grundlage konkreten Datenmaterials zu dem Ergebnis, dass diese Form der Risikoüberwälzung gegenüber anderen Absicherungsalternativen die effektivsten Resultate liefert.

3. Soll nach den dargestellten Grundsätzen eine Absicherung der Medienerlöse im Rahmen einer Hedgingvereinbarung erfolgen, so böte sich eine wertpapierrechtliche Verbriefung an, sofern ein breites Anlegerpublikum erreicht werden soll. Hierbei wären die vorteilhaftesten Ergebnisse über eine Emission von Genussscheinen zu erzielen. Dies liegt in deren inhaltlicher Flexibilität und Beschränkung auf einen schuldrechtlichen Anspruch begründet, die dem Genussscheinerwerber keine Mitspracherechte gestattet. Eine unmittelbare Fremdbestimmung müsste deshalb nicht befürchtet werden. Die Emission fußballspezifischer Genussscheine wäre jedem der 36 Erst- und Zweitligisten möglich. Dies gilt unabhängig davon, ob dieser in der Rechtsform eines eingetragenen Vereins oder einer Kapitalgesellschaft organisiert ist.
4. Wird eine Emission zur Umsetzung der beschriebenen Hedgingvereinbarung angestrebt, so dürfte – mangels längerfristiger Kapitalüberlassung von mindestens fünf bzw. sieben Jahren Dauer – keine Bilanzierung als Eigenkapital erfolgen. Vereine könnten Ausschüttungen auf Genussrechte hingegen als Betriebsausgaben von dem zu versteuernden Einkommen abziehen. Dies gilt aber nur, sofern die Genussrechtsbedingungen nicht i.S.d. § 8 Abs. 3 S. 2 KStG kumulativ eine Gewinnbeteiligung und eine Beteiligung am Liquidationserlös vorsehen.
5. Genussscheine, die den Anteil eines Vereins an dem Gesamterlös aus medialer Inlandsvermarktung verbriefen, erfüllen die Voraussetzungen der Börsenzulassungsverordnung sowie des Börsengesetzes. Sie sind börsenfähig, sofern ein nach den Vorschriften des WpPG gebilligter oder bescheinigter Prospekt erstellt wird. Gegenüber einem außerbörslichen Handel (OTC-Handel) wäre ein solcher an der Börse mit höheren Kosten verbunden. Dieser wäre darüber hinaus mit dem Nachteil behaftet, dass die börslichen Handelszeiten nicht mit den Bundesligaspielplänen kongruent sind, da diese vorrangig am Wochenende stattfinden. Ein außerbörslicher Handel wäre aufgrund geringerer Kontrollmöglichkeiten nachteilig, da im Profi-Sport erfahrungsgemäß etwaigen Missbrauchsfällen entgegenzuwirken ist.

6. Da sowohl ein börslicher als auch ein außerbörslicher Handel mit Nachteilen einhergehen, könnte eine denkbare Alternativlösung darin liegen, Genussscheine aller Vereine zentral über die DFL zu emittieren. Diese oder eine neu zu gründende Tochtergesellschaft könnte nach Bereitstellung der personellen und wirtschaftlichen Rahmenbedingungen eine federführende Rolle rund um den Handel derartiger Wertpapiere übernehmen. Durch standardisierte, zentral durch die DFL erfolgende Emissionen wäre eine Kostensenkung möglich. Zugleich könnte diese als Kontrollinstitution den Handel überwachen. Daneben könnte sie im Sinne einer unabhängigen „Ratingagentur" agieren und die exakten Genussscheinkonditionen für jeden einzelnen Verein – entsprechend dessen prognostizierter sportlicher Leistungsfähigkeit – festlegen. Zweckmäßig wäre es auch, der DFL als zentraler Institution bundesligaspezifischer Genussrechtsemissionen die Aufgabe einer Clearingstelle zuzuweisen; im Rahmen dessen würde sie als Central Counterpart (CCP) mit sämtlichen Genussscheinerwerbern kontrahieren. Auf diesem Weg ließen sich das Ausfallrisiko verringern und die Volumina der abzuwickelnden Transaktionen senken.

Literaturverzeichnis

Abel, Paul, Filmlizenzen in der Insolvenz des Lizenzgebers und Lizenznehmers, NZI 2003, 121 ff.

Adam, Roman F., § 119 InsO und die Lösungsklauseln für den Fall der Insolvenz, DZWIR 2005, 1 ff.

Adolphsen, Jens/ Nolte, Martin/ Lehner, Michael/ Gerlinger, Michael, Sportrecht (Hrsg.), Sportrecht in der Praxis, Stuttgart 2012.

Adolphsen, Jens, Lizenz und Insolvenz von Sportvereinen, KTS 2005, 53 ff.

Ders. / Tabrizi, Mahdi Daneshzadeh, Zur Fortwirkung zurückgerufener Nutzungsrechte, GRUR 2011, 384 ff.

Agudo y Berbel, Nicole/ Engels, Stefan, „Hörfunkrechte" – ein eigenständiges Wirtschaftsgut?, WRP 2005, 191 ff.

Ahlberg, Hartwig / Götting, Horst-Peter / Möhring (Begr.) / Nicolini (Begr.), Beck'scher Onlinekommentar Urheberrecht, Edition 2, Stand 01.03.2013.

Amann, Hermann, Auf der Suche nach einem interessengerechten und grundbuchtauglichen Gemeinschaftsverhältnis, DNotZ 2008, 324 ff.

ders., Leistungspflichten und Leistungsansprüche aus Dienstbarkeiten – Ein Beitrag zur Lehre vom Begleitschuldverhältnis, DNotZ 1989, 531 ff.

Amelung, Knut, Bemerkungen zum Schutz des „befriedeten Besitztums" in § 123 StGB, NJW 1986, 2075 ff.

Andres, Dirk/ Leithaus, Rolf/ Dahl, Michael, Kommentar zur Insolvenzordnung, 2. Auflage, München 2011.

Assmann, Heinz-Dieter/ Schütze, Rolf A., Handbuch des Kapitalanlagerechts, 3. Auflage, München 2007.

Assmann, Ludger, Sicherung der Liquidität im Turnaround-Management, Norderstedt 2004.

Baur, Fritz (Begr.) / Stürner, Jürgen F., Sachenrecht, 18. Auflage, München 2009

Beater, Axel, Der Schutz von Eigentum und Gewerbebetrieb vor Fotografien, JZ 1998, 1101 ff.

Beck'scher Onlinekommentar zum Urheberrecht, Ahlberg, Hartwig / Götting, Horst-Peter / Möhring / Nicolini (Begr.), Edition 2, Stand 01.03.2013.

Beck'scher Kommentar zum Rundfunkrecht, Hahn, Werner / Vesting, Thomas (Hrsg.), 3. Auflage, München 2012.

Bednarz, Klaus-Dieter/ Pfeiffer, Stefan/ Hovemann, Arnd/ Jaus, Oliver, Ernst & Young (Hrsg.), Bälle, Tore und Finanzen: Wege aus dem finanziellen Abseits, 2004.

Berengeno, Robert, Die exklusive Berichterstattung über sportliche Großereignisse im Pay-TV unter besonderer Berücksichtigung verfassungsrechtlicher Probleme um die Listenregelung des § 5 a RStV, Köln 2001.

Berger, Peter, Lösungsklauseln für den Insolvenzfall, in: Kölner Schrift zur Insolvenzordnung, S. 499 ff.

Berger, Christian, Der Lizenzsicherungsnießbrauch – Lizenzerhaltung in der Insolvenz des Lizenzgebers, GRUR 2004, 20 ff.

ders., Zur Wirksamkeit von Lösungsklauseln für den Konkursfall, ZIP 1994, 173 ff.

Beucher, Klaus/ Freiherr Raitz v. Frentz, Wolfgang, Kreditsicherung bei Filmproduktionen, ZUM 2002, 511.

Blank, Michael/ Möller, Olaf, Der praktische Fall: Das Wahlrecht des Insolvenzverwalters in der Warenkreditversicherung: § 103 InsO im Spannungsfeld vertraglicher und „gesetzlicher" Lösungsklauseln, ZInsO 2003, 437 ff.

Bosch, Ulrich, Differenz – und Finanztermingeschäfte nach der Insolvenzordnung, in: Kölner Schrift zur Insolvenzordnung, Arbeitskreis für Insolvenz- und Schiedsgerichtswesen e.V., Köln (Hrsg.), 2. Auflage, Berlin 2000, S. 1009 ff.

Brandt, Sven, Softwarelizenzen in der Insolvenz, NZI 2001, 337 ff.

Braun, Eberhard, Kommentar zur Insolvenzordnung, 4. Auflage, München 2010.

Breucker, Marius, Zulässigkeit von Stadionverboten, JR 2005, 133 ff.

ders., Sicherheitsmaßnahmen für die Fußballweltmeisterschaft 2006- Prävention durch Polizei und Deutschen Fußball Bund, NJW 2006, 1233 ff.

Brinkmann, Tomas, Aussperrung von Hörfunkreportern? ZUM 2006, 802 ff.

Brinkmann, Moritz, Wege aus der Insolvenz eines Unternehmens – oder: Die Gesellschafter als Sanierungshindernis, WM 2011, 97 ff.

Bröcker, Klaus/ Neun, Andreas, Fußballweltmeisterschaft zwingend im Free-TV?, ZUM 1998, 766 ff.

Bruns, Alexander, Das Wahlrecht des Insolvenzveralters und vertragliche Lösungsrechte, ZZP 110 (1997), 305 ff.

Bullinger, Winfried, Kunstwerke in Museen – die klippenreiche Bildauswertung, in: FS Raue, S. 379 ff.

ders. / Jani, Ole, Fußballübertragung in der virtuellen Welt, ZUM 2008, 897 ff.

Bungart, Frederik, Dingliche Lizenzen an Persönlichkeitsrechten durch Einräumung von Fruchtziehungs- und Aneignungsrechten, Potsdam 2003.

Canaris, Claus-Wilhelm, Die Verdinglichung obligatorischer Rechte, FS Flume, S. 371 ff.

Cepl, Philipp, Lizenzen in der Insolvenz des Lizenznehmers, NZI 2000, 357 ff.

Claßen, Manfred/ Schnepper, Wolfgang, Pressing mit System, Norderstedt 2012.

Christensen, Guido, Taschenkontrolle im Supermarkt und Hausverbot – BGHZ 124, 39; JuS 1996, 873 ff.

Dahl, Michael, (Un-)zulässigkeit insolvenzbedingter Lösungsklauseln, NJW-Spezial 2008, 373 ff.

Damm, Thiemo, Sportberichterstattung und Sportrechte, Die Entwicklung der Verwertung medialer Rechte der Fußball- Bundesliga und die Zukunft der Eigenvermarktung der Vereine über IPTV, Hamburg 2008.

Dautel, Ralph, Besteuerung von Mitarbeiterbeteiligungen, BB 2000, 1757 ff.

Dänzer-Vanotti, Wolfgang, Methodenstreit um die den EG-Richtlinien konforme Auslegung, DB 1994, 1052 ff.

De Oliveira Ascensao, José, Der Schutz von Veranstaltungen kraft Gewohnheitsrecht, GRUR Int. 1991, 20 ff.

Deutsch, Hans-Peter, Derivate und interne Modelle – Modernes Risikomanagement, 4. Auflage, Stuttgart 2008.

Deutsche Fußball Liga GmbH (GmbH),
Bundesliga 2010 – Die wirtschaftliche Situation im Lizenzfußball
Bundesliga Report 2011 – Die wirtschaftliche Situation im Lizenzfußball
Bundesliga Report 2012 – Die wirtschaftliche Situation im Lizenzfußball.

De Vries, Tillmann, Anmerkung zu § 108a InsO RegE, ZUM 2007, 898 ff.

Dieckmann, Albrecht, Zur Mitwirkung der Lizenzfußballspieler bei der Vergabe von Fernsehrechten, UFITA 127 (1995), 35 ff.

Dieselhorst, Jochen, Zur Dinglichkeit und Insolvenzfestigkeit einfacher Lizenzen – Kritische Betrachtungen auf Grundlage des BGH-Urteils „Reifen Progressiv“, CR 2010, 69 ff.

Dreier, Thomas/ Schulze, Gernot, Kommentar zum Urheberrechtsgesetz, 4. Auflage, München 2013.

Dworak, Alexander, Finanzierung für Fußballunternehmen – Erfolgreiche Wege der Kapitalbeschaffung, Berlin 2010.

Eckert, Hans-Georg, Miete, Pacht und Leasing im neuen Insolvenzrecht, ZIP 1996, 897 ff.

Eichmann, Helmut/ von Falckenstein, Roland Vogel, Kommentar zum Geschmacksmustergesetz, 4. Auflage, München 2010.

Eilers, Tom, Fußballübertragungsrechte für Internet und Mobilfunktechnik – Abgegrenzte Gebiete oder Doppelvergabe der Fernsehrechte?, SpuRt 2006, 221 ff.

Elter, Vera, Carina, Verwertung medialer Rechte der Fußballunternehmen, Regensburg 2003.

Engeln, Wilbert, Das Hausrecht und die Berechtigung zu seiner Ausübung, Trier 1987.

Enneccerus, Ludwig, Nipperdey, Hans, Carl, Allgemeiner Teil des bürgerlichen Rechts, 15. Auflage, Tübingen 1959.

Erman Bürgerliches Gesetzbuch: Handkommentar mit AGG, EGBGB (Auszug), ErbbauRG, LPartG, ProdHaftG, UKlaG, VBVG, VersAusglG und WEG, Erman, Walter (Begr.), Westermann, Harm Peter, Grunewald, Barbara, Maier-Reimer, Georg (Hrsg.),
Band I, 13. Auflage, Köln 2011
Band II, 13. Auflage, Köln 2011.

Ernst, Tassilo, Der Genußschein als Kapitalbeschaffungsmittel, AG 1967, 75 ff.

Ertl, Manfred, Fremdwährungsmanagement – bilanzielle Auswirkungen nach HGB und US-GAAP, BC 2001. 97 ff.

Ertl, Rudolf, Dingliche und verdinglichte Vereinbarungen über den Gebrauch des Wohnungseigentums, DNotZ, 1988, 4 ff.

Fesenmair, Joseph, Mit den Hartplatzhelden zu einem wettbewerbsrechtlichen Leistungsschutz für die Veranstalter von Sportevents? – Zugleich Besprechung von OLG Stuttgart NJOZ 2009, 3400 = MMR 2009, 395, NJOZ 2009, 3673 ff.

Fezer, Karl-Heinz, Lizenzrechte in der Insolvenz des Lizenzgebers, WRP 2004, 793 ff.

Fikentscher, Adrian, Gibt es sog. Hörfunkrechte? – Ein Diskussionsbeitrag, SpuRt 2002, 186 ff.

Fischer, Ulrich, Die Spitzensportler des Mannschaftssports – Arbeitnehmer?, SpuRt 1997, 181 ff.

Fleischer, Holger, Das Vierte Finanzmarktförderungsgesetz, NJW 2002, 2977 ff.

Flöter, Benedikt/ Königs, Martin, Verletzung des Rechts am grundstücksinternen Bild der eigenen Sache und Übertragbarkeit der dreifachen Schadensberechnung auf deliktische Schadensersatzansprüche aus Eigentumsverletzung, ZUM 2012, 383 ff.

Flume, Werner, Allgemeiner Teil des Bürgerlichen Rechts, Zweiter Band, Das Rechtsgeschäft, 1. Auflage, Berlin 1965.

Forkel, Hans, Gebundene Rechtsübertragungen, Berlin 1977.
Frankfurter Kommentar zur Insolvenzordnung, Wimmer, Klaus (Hrsg.), 7. Auflage, Frankfurt 2013.
Frantzen, Christopher, Genußscheine – Zugleich eine Analyse der Genußscheinbedingungen deutscher Unternehmen, Köln, 1993.
Fromm, Axel/ Nordemann, Wilhelm, Kommentar zum Urheberrecht, 10. Auflage, Stuttgart 2008.
Galli, Albert/ Elter, Vera-Carina/ Gömmel, Rainer/ Holzhäuser, Wolfgang/ Straub, Wilfried Sportmanagement – Grundlagen der unternehmerischen Führung im Sport aus Betriebswirtschaftslehre, Steuern und Recht für den Sportmanager, 2. Auflage, München 2012.
Gehling, Christian, „Obligationsähnliche Genußrechte“: Genußrechte oder Obligation?, WM 1992, 1093 ff.
Gerauer, Alfred, Der Unterlassungsanspruch des Eigentümers bei gewerblichem Fotografieren, GRUR 1988, 672 ff.
Gerhardt, Walter, Insolvenzrecht und Bürgerliches Gesetzbuch, AcP 200 (2000), 426 ff.
Gottwald, Peter, Insolvenzrechts-Handbuch, 4. Auflage, München 2010.
Gravenbrucher Kreis: Appell gegen die Verabschiedung der Insolvenzrechtsreform, ZIP 1994, 585 ff.
Groß, Michael, Der Lizenzvertrag, 9. Auflage, München 2007.
Große, Frank, Bilanzielle Behandlung von Genussrechten bei Kapitalgesellschaften in Handels- und Steuerbilanz, DStR 2010, 1397 ff.
Haas, Ulrich/ Reimann, Christoph, Das „Fernsehrecht“ an Sportveranstaltungen als Abwehrrecht, SpuRt 1999, 182 ff.
ders., Die Auswirkungen der Insolvenz auf die Teilnahmeberechtigung der Sportvereine am Spiel- und Wettkampfbetrieb, NZI 2003, 177 ff.
Habel, Michael/ Strieder, Thomas, Ist die Kommanditgesellschaft auf Aktien eine geeignete Rechtsform für einen Börsengang von Vereinen der Fußball-Bundesliga?, NZG 1998, 929 ff.
Habersack, Mathias/ Mülbert, Peter/ Schlitt, Michael, (Hrsg.), Unternehmensfinanzierung am Kapitalmarkt, Köln 2005.
Habersack, Mathias, Genußrechte und sorgfaltswidrige Geschäftsführung, Ein Beitrag zum Schutz der Inhaber von Genußrechten mit Eigenkapitalcharakter, ZHR 155 (1991) 378 ff.
Haedicke, Maximilian, Rechtskauf und Rechtsmängelhaftung: Forderungen, Immaterialgüterrechte und sonstige Gegenstände als Kaufobjekte und das reformierte Schuldrecht, Tübingen 2003.

Handig, Christian, Was erfordert „die Einheit und die Kohärenz des Unionrechts?“ – das urheberrechtliche Nachspiel der EuGH-Entscheidung Football Association Premier League, GRUR Int. 2012, 9 ff.

Harte-Bavendamm, Henning/ Henning-Bodewig, Frauke, Kommentar zum Gesetz gegen den unlauteren Wettbewerb, 3. Auflage, München 2013.

Hausmann, Rainer, Insolvenzklauseln und Rechtefortfall nach der neuen Insolvenzordnung, ZUM 1999, 914 ff.

Hausmann, Friedrich, Ludwig, Der Deutsche Fußball Bund (DFB) – Ein Kartell für „Fernsehrechte“?, BB 1994, 1089 ff.

Häger, Michael/ Elkemann-Reusch, Manfred, Mezzanine Finanzierungsinstrumente, 2. Auflage, Berlin 2007.

Heck, Philipp, Grundriss des Sachenrechts, 2. Neudruck der Ausgabe Tübingen 1930, Tübingen 1970.

Heidelberger Kommentar zur Insolvenzordnung, Kreft, Gerhart (Hrsg.), 6. Auflage, Heidelberg 2011.

Heidland, Herbert, Software in der Insolvenz unter besonderer Berücksichtigung der Sicherungsrechte, KTS 1990, 183 ff.

ders. Vertragsabwicklung im Konkurs des Bauunternehmers, BauR 1975, 305 ff.

Heimbach, Gustav, Ernst, Die Lehre von der Frucht, Unveränderter fotomechanischer Nachdruck der Originalausgabe 1843, Leipzig 1970.

Helbig, Nikolaus, Die Verwertung von Sportereignissen im Fernsehen, München, 2005.

Herbst, Reimer, Die Rechtliche Ausgestaltung der Lizenz und ihre Einordnung in das System des bürgerlichen Rechts, Göttingen 1968.

Herr, Andreas, Übertragungsrechte an Sportveranstaltungen in der Insolvenz: eine Untersuchung der Rechtslage in Deutschland und Frankreich, Baden-Baden 2008.

Hilty, Reto M. / Henning-Bodewig, Frauke, Rechtsgutachten „Leistungsschutzrechte für Sportveranstalter?“, München, 15.11.2006.

Hoeren, Thomas/ Schröder, Eva, Urteilsanmerkungen zu LG Stuttgart, Urt.v. 08.05.2008 – 41 O 3/08 KfH („Hartplatzhelden“), MMR 2008, 551, 553 ff.

ders., Wegerechte auf dem Prüfstand – § 57 TKG und die Nachverlegung von Lichtwellenleiterkabeln, MMR 1998, 1 ff.

ders., Urteilsanmerkungen zu BGH, Beschl.v. 11.12.1997 – KVR 7/96 („Europapokalheimspiele“),JR 1998, 332 ff.

Hofert, Sebastian/ Möller, Christian, GmbH-Finanzierung: Debt Mezzanine Swap – der bessere Debt Equity Swap für Unternehmen in der Krise, GmbHR 2009, 527 ff.

Holzhäuser, Felix, Der strukturelle Aufbau professioneller deutscher Profiligen nach Ausgliederung aus Bundesfachsportverbänden – Teil 1, SpuRt 2004, 144 ff.

Hölder, Nils/ Schmoll, Andrea, Patentlizenz- und Know-how-Verträge in der Insolvenz – Teil II, Insolvenz des Lizenzgebers, GRUR 2004, 830 ff.

Hölzle, Gerrit/ Geßner, Timm, Die Insolvenz des Leasinggebers – Zweifelsfragen bei der Besicherung des Refinanziers, ZIP 2009, 1641 ff.

Huber, Michael, Gegenseitige Verträge und Teilbarkeit von Leistungen in der Insolvenz, NZI 2002, 467 ff.

Huth, Christopher, Derivate im Risikomanagement von Fußballunternehmen, 1. Auflage, Wiesbaden 2012.

Hüffer, Uwe, Aktiengesetz, 8. Auflage, München 2008.

Hügi, Thomas, Der Sportveranstalter als globaler Unternehmer und Vertragspartner, SpuRt 2003, 84 ff.

Hütt, Nina Nicole, Zur Frage der Existenz von Hörfunkrechten des Sportveranstalters unter besonderer Berücksichtigung der Fußball-Bundesliga, Frankfurt 2008.

Jaeger, Ernst (Hrsg.) / Lent, Friedrich, Kommentar zur Konkursordnung, Erster Band, 8. Auflage, Berlin 1958.

Jauernig, Othmar (Hrsg.), Kommentar zum Bürgerlichen Gesetzbuch, 14. Auflage, München 2011.

Jäger, Axel, Aktiengesellschaft unter besonderer Berücksichtigung der KGaA, München 2004.

Johow, Reinhold (Verf.), Schubert, Werner (Hrsg.), Die Vorlagen der Redaktoren für die erste Kommission zur Ausarbeitung des Entwurfs eines Bürgerlichen Gesetzbuches, Teil 1, Allgemeine Bestimmungen, Besitz und Eigentum.

Jungheim, Stephanie, Das neue Modell der DFL zur Vermarktung der Bundesliga-Medienrechte, SpuRt 2009, 13 ff.

dies., Auswirkungen der Produktion des Basissignals durch die DFL auf die Bundesliga-Fernsehrechte, SpuRt 2008, 89 ff.

Kaiser, Dieter G., Hedgefonds, Entmystifizierung einer Anlagekategorie, Strukturen – Chancen – Risiken, 2. Auflage, Wiesbaden 2009.

Kajüter, Peter, Risikomanagement im Konzern, Eine empirische Analyse börsennotierter Aktienkonzerne, München 2012.

Kallrath, Jürgen, Die Inhaltskontrolle der Wertpapierbedingungen von Wandel- und Optionsanleihen, Gewinnschuldverschreibungen und Genußscheinen, Köln 1993.

Kaserer, Christopf/ Kempf, Volker, Das Underpricing-Phänomen am deutschen Kapitalmarkt und seine Ursachen, ZBB 1995, 45 ff.

Keller, Christian, Steuerung von Fußballunternehmen, Berlin 2008.

Kern, Markus, Securitization – Allheilmittel für die Fußball-Bundesliga, Die Bank, 2003, 444 ff.

Kilger, Joachim, Der Konkurs des Konkurses, KTS 1975, 142 ff.

ders. Kurzkommentar zu BGH, Urt.v. 26.09.1985 – VII ZR 19/85, EWiR 1986, 87 f.

Koehler, Philipp/ Ludwig, Daniel, Die „insolvenzfeste" Gestaltung von Lizenzverträgen, WRP 2006, 1342 ff.

Köhler, Helmut/ Bornkamm, Joachim, Gesetz gegen den unlauteren Wettbewerb, 31. Auflage, München 2013.

Korff, Niklas, Der Fall Alemannia Aachen – Die Rechtswirksamkeit der Lösungs- und Insolvenzklauseln in den DFB-Regelwerken, ZInsO 2013, 1277 ff.

Kruse, Jörn/ Quitzau, Jörn, Fußball-Fernsehrechte: Aspekte der Zentralvermarktung, Diskussionspapier Nr. 18, August 2003.

Kutsch, Alexander/ Kersting, Anna-Lena, Mitarbeiterbeteiligung zur Finanzierung und Sanierung, BB 2011, 373 ff.

Kübler, Bruno/ Prütting, Hanns, (Hrsg.), Kommentar zur InsO, Band I, Stand: März 2001.

Kübler, Friedrich, Massenmedien und öffentliche Veranstaltungen, Das Verhältnis der Berichterstattungsfreiheit zu privaten Abwehr- und Ausschlussrechten, Frankfurt 1978.

ders., Das Recht auf freie Kurzberichterstattung, ZUM 1989, 326 ff.

Ladeur, Karl-Heinz, Das Recht der Rundfunkprogrammveranstalter auf „Kurzberichterstattung" von Spielen der Fußball-Bundesliga, GRUR 1989, 885 ff.

Laier, Matthias, Die Berichterstattung über Sportereignisse, Tübingen 2007.

Larenz, Karl (Begr.), Canaris, Claus-Wilhelm, Lehrbuch des Schuldrechts, Zweiter Band, Besonderer Teil, 2. Halbband, 13. Auflage, München 1994.

ders. (Begr.), Wolf, Manfred, Allgemeiner Teil des Bürgerlichen Rechts, 8. Auflage, München 1997.

ders., Methodenlehre der Rechtswissenschaft, 6. Auflage, München 1991.

Lehment, Henrik, Das Fotografieren von Kunstgegenständen, Göttingen 2008.

ders., Anmerkung zu BGH, Urt.v. 17.12.2010 – V ZR 45/10, GRUR 2011, 327 f.

Lehrmann, Erik/ Weigand, Jürgen, Thünen-Reihe angewandter Volkswirtschaftstheorie, Working Paper No 16, Wieviel Phantasie braucht eine Fußballaktie? Rostock 1998.

Lerche, Peter/ Ulmer, Peter, Kurzberichterstattung im Fernsehen, Rechtsgutachten zu Fragen der Informationsbeschaffung für die Kurzberichterstattung von Sendeunternehmen über Veranstaltungen und sonstige Ereignisse im öffentlichen Interesse, 1. Auflage, Baden-Baden 1989.

Leuner, Rolf, Mitarbeiterbeteiligung, 1. Auflage, Wiesbaden 2009.

Liebs, Rüdiger, Die unbeschränkte Verfügungsbefugnis, in: AcP 175 (1975), S. 1 ff.

Litten, Rüdiger/ Bell, Matthias, Regulierung von Kreditderivaten im Angesicht der globalen Finanzmarktkrise, BKR 2011, 314 ff.

Lochmann, René, Die Einräumung von Fernsehübertragungsrechten an Sportveranstaltungen: zugleich ein Beitrag zur Einräumung von Nutzungs- und Verwertungsrechten im System des Privatrechts, Tübingen 2005.

ders., in: Prisma des Sportrechts, Band 26, Berlin 2006.

Loewenheim, Ulrich (Hrsg.), Schricker, Gerhard (Begr.), Urheberrecht, Kommentar, 4. Auflage, München 2010.

ders. (Hrsg.), Handbuch des Urheberrechts, 2. Auflage, München 2010.

ders., Der Schutz der kleinen Münze im Urheberrecht, GRUR 1987, 761 ff.

Loy, Roland, Taktik und Analyse im Fußball, Band 1 und 2, Hamburg 2006.

Löhr, H. Dieter, Anmerkungen zu BGH, Urteil vom 20.09.1974 – I ZR 99/73 – Schloss Tegel -, WRP 1975, 522 ff.

Löwisch, Manfred/ Rieble, Volker, Besitzwehr zur Durchsetzung eines Hausverbots, NJW 1994, 2596.

Lüdicke, Jochen/ Sistermann, Christian, Unternehmenssteuerrecht – Gründung, Finanzierung, Umstrukturierung, Übertragung, Liquidation, München 2008.

Mai, Thomas, Die Fußballberichterstattung im Pay-TV – Ein Struktur und Angebotsvergleich zwischen PREMIERE und Arena, Norderstedt 2008.

Mailänder, Peter, Freiheit der Hörfunkberichterstattung! Der Torjubel muss hörbar bleiben, ZUM 2003, 820 ff.

Marotzke, Wolfgang, Der Eigentumsvorbehalt im neuen Insolvenzrecht, JZ 1995, 803 ff.

Martinek, Michael/ Semler, Franz-Jörg/ Habermeier, Stefan/ Flohr, Eckhard, Handbuch des Vertriebsrechts, 3. Auflage, München 2010.

Maume, Philipp, Der Amateurfußball in den Fängen des Wettbewerbsrechts, MMR 2008, 797 ff.

ders., Bestehen und Grenzen des virtuellen Hausrechts, MMR 2007, 620 ff.

McGuire, Mary-Rose/ Von Zumbusch, Ludwig/ Joachim, Björn, Verträge über Schutzrechte des geistigen Eigentums (Übertragung und Lizenzen) und dritte Personen (Q 190), GRUR Int. 2006, 682 ff.

dies., Nutzungsrechte an Computerprogrammen in der Insolvenz – Zugleich eine Stellungnahme zum Gesetzentwurf zur Regelung der Insolvenzfestigkeit von Lizenzen, GRUR 2009, 13 ff.
Medicus, Dieter, Allgemeiner Teil des BGB, 10. Auflage, Heidelberg 2010.
ders. / Lorenz, Stephan, Schuldrecht I Allgemeiner Teil, 20. Auflage, München 2012.
Meißner, Jörg, Die Stabilisierung und Pflege von Aktienkursen im Kapitalmarkt- und Aktienrecht, Berlin 2005.
Miethling, Wolf-Dietrich, Perl, Jürgen, Computerunterstützte Sportspielanalyse, 1. Auflage, Ahrensburg 1981.
Motive zu dem Entwurfe eines bürgerlichen Gesetzbuches für das Deutsche Reich, Band III, Sachenrecht, Berlin und Leipzig 1888.
Müller, Tina-Fiona, Hedgegeschäfte – Wirtschaftliche Funktion und rechtliche Behandlung von Börsentermingeschäften zu Sicherungszwecken, München 1990.
Müller-Katzenburg, Astrid, Offener Rechtsstreit um verhüllten Reichstag – Urheberrechtliche Aspekte von Christos Verpackungskunst, NJW 1996, 2341.
Münchener Kommentar zum BGB, Rebmann, Kurt / Säcker, Franz-Josef / Rixecker, Roland (Hrsg.):
Band I: §§ 1–240, 6. Auflage, München 2012
Band II: §§ 241–432, 5. Auflage, München 2007
Band V: §§ 705–853, 5. Auflage, München 2009
Band VI: §§ 854–1296, 6. Auflage, München 2013
Band XI: Internationales Privatrecht, Internationales Wirtschaftsrecht, Einführungsgesetz zum Bürgerlichen Gesetzbuche (Art. 25–248), 5. Auflage, München 2010.
Münchener Kommentar zur Insolvenzordnung, Kichhof, Hans-Peter / Eidenmüller, Horst / Stürner, Rolf (Hrsg.):
Band I: §§ 1–102, 2. Auflage, München 2007
Band II: §§ 103–269, 2. Auflage, München 2008.
Münchener Kommentar zum Aktiengesetz, Goette, Wulf / Habersack, Mathias (Hrsg.):
Band IV: §§ 179–277, 3. Auflage, München 2011.
Münchener Kommentar zum Gesetz betreffend die Gesellschaften mit beschränkter Haftung, Fleischer, Holger / Goette, Wulf (Hrsg.):
Band I: §§ 1–34, 1. Auflage, München 2010.
Nelles, Michael/ Klusemann, Markus, Die Bedeutung der Finanzierungsalternative Mezzanine-Capital im Kontext von Basel II für den Mittelstand, FB 2003, 1 ff.

Nemeczek, Heinrich, Rechtsübertragungen und Lizenzen beim wettbewerbsrechtlichen Leistungsschutz – Zugleich ein Beitrag gegen den unmittelbaren Leistungsschutz, GRUR 2011, 292 ff.

Nerlich, Jörg/ Römermann, Volker, Kommentar zur Insolvenzordnung, Stand November 2011, 22. Ergänzungslieferung.

Neumann-Duesberg, Horst, Ansprüche des Eigentümers gegen den Mieter wegen unberechtigter Untervermietung, BB 1965, 729 ff.

Oechsler, Jürgen, Das Abstraktionsprinzip und der Bereicherungsausgleich im Urheberrecht, Festschrift für Dieter Reuter zum 70. Geburtstag, S. 245 ff.

Ohly, Ansgar, Gibt es einen Numerus clausus der Immaterialgüterrechte?, in: Festschrift für Gerhard Schricker zum 70. Geburtstag, S. 105 ff.

ders., Anmerkung zu BGH, Urt.v. 28.10.2010 – I ZR 60/09 („Hartplatzhelden"), GRUR 2011, 439 f.

Ory, Stephan, Sind Broadcast-TV und IP-TV unterschiedliche Nutzungsarten?, K&R 2006, 303 ff.

Osterrieth, Christian, Patentrecht, 4. Auflage, München 2010.

Paal, Boris P., Mediale Verwertung von Sportveranstaltungen und Leistungsschutz, CR 2009, 438 ff.

Pape, Gerhard, Ablehung und Erfüllung schwebender Rechtsgeschäfte durch den Insolvenzverwalter, in: Kölner Schrift zur Insolvenzordnung, 2. Auflage, Köln 2000, 531 ff.

Papier, Hans-Jürgen, Verfassungsrechtliche Fragen des Rechts der Kurzberichterstattung, in: Wege und Verfahren des Verfassungslebens: Festschrift für Peter Lerche zum 65. Geburtstag, München 1993.

Parlasca, Susanne, Kartelle im Profisport, Berlin 1993.

Partikel, Andrea, Formularbuch für Sportverträge, 2. Auflage, München 2006.

Petersen, Jens, Fußball im Rundfunk- und Medienrecht, München 2001.

Piper, Henning/ Ohly, Ansgar/ Sosnitza, Olaf, Kommentar zum Gesetz gegen den unlauteren Wettbewerb, 5. Auflage, München 2010.

Plath, Kai-Uwe, Nießbrauch an Software, CR 2005, 613 ff.

Prengel, Timo, Bildzitate von Kunstwerken als Schranke des Urheberrechts und des Eigentums mit Bezügen zum Internationalen Privatrecht, Frankfurt 2011.

Raiser, Ludwig, Dingliche Anwartschaften, Tübingen 1961.

Ders., Der Stand der Lehre vom subjektiven Recht im Deutschen Zivilrecht, JZ 1961, 465 ff.

Reul, Adolf / Heckschen, Heribert / Wienberg, Rüdiger (Hrsg.), Insolvenzrecht in der Gestaltungspraxis, München 2012.

ders., Erneut: Insolvenzbedingte Lösungsklauseln auf dem Prüfstand, DNotZ 2008, 824 ff.

Reuter, Dieter, Welche Maßnahmen empfehlen sich, insbesondere im Gesellschafts- und Kapitalmarktrecht, um die Eigenkapitalausstattung der Unternehmen langfristig zu verbessern?, Gutachten B für den 55. Deutschen Juristentag, in: Verhandlungen des 55. Deutschen Juristentages, Band I, Hamburg 1984.

Richter, Andreas / Wachter, Thomas (Hrsg.), Handbuch des internationalen Stiftungsrechts, Angelbachtal 2007.

Rid-Niebler, Eva-Maria, Genußrechte als Instrument zur Eigenkapitalbeschaffung über den organisierten Kapitalmarkt für die GmbH, München 1989.

Ritzdorf, Wolfgang, Visuelle Wahrnehmung und Antizipation, 1. Auflage, Köln 1982.

Rodewald, Jörg, Die Bilanzierung von Rechten zur Berichterstattung und Übertragung von Sportereignissen im Fernsehen, BB 1995, 2103 ff.

Rosenberger, Fritz, Vertagsabwicklung im Konkurs des Bauunternehmers, BauR 1975, 233 ff.

Roth, Wulf-Henning, Rechtsfragen der Rundfunkübertragung öffentlicher Veranstaltungen, AfP 1989, 515 ff.

Schabenberger, Andreas/ Nemeczek, Heinrich, Mein Schloss, mein Garten, meine Verwertungserlöse? – Konsequenzen aus den BGH-Entscheidungen „Preußische Schlösser und Gärten", GRUR-Prax 2011, 139.

Schack, Haimo, Anmerkung zu BGH, Urteil v. 17.12.2010 – V ZR 45/10, JZ 2011, 375 ff.

Scherer, Inge, Teilweise Vorleistungen in der Insolvenz, NZI 2004, 113 ff.

Schilhaneck, Michael, Vom Fußballverein zum Fußballunternehmen, 2. Auflage, München 2009.

Schimansky, Herbert/ Bunte, Hermann-Josef/ Lwowski, Hans-Jürgen, Bankrechts-Handbuch, Band I und II, München 2011.

Schmeisser, Wilhelm/ Clausen, Lydia, Mezzanines Kapital für den Mittelstand zur Verbesserung des Ratings, DStR 2008, 688 ff.

Schmid-Burgk, Klaus / Ditz, Jan-Christian, Die Refinanzierung beim Leasing nach der Insolvenzrechtsreform, ZIP 1996, 1123 ff.

Schmidt, Thomas, Die Entstehung von Rundfunkübertragungsrechten und ihre geschichtliche Entwicklung am Beispiel der Fußball-Bundesliga, Norderstedt 2008.

Schmieder, Hans-Heinrich, Unterlassungsanspruch bei gewerblichem Fotografieren ohne Eigentümererlaubnis, Anmerkung zu BGH, Urt.v. 20.09.1974 – I ZR 99/73 – Schloss Tegel -, NJW 1975, 1164 ff.

ders., Der Rechtsschutz des Veranstalters, GRUR 1964, 121 ff.
Schmies, Christian, Die Regulierung von Hedgefonds, Baden-Baden 2010.
Scholz, Rupert/ Aulehner, Josef, Die „3+2"- Regel und die Transferbestimmungen des Fußballsports im Lichte des europäischen Gemeinschaftsrechts, SpuRt 1996, 44 ff.
Schöner, Hartmut/ Stöber, Kurt, Handbuch der Rechtspraxis, Band 4, Grundbuchrecht, 15. Auflage, München 2012.
Schönke, Adolf (Begr.) / Schröder, Horst, Strafgesetzbuch Kommentar, 28. Auflage, München 2010.
Schricker, Gerhard, Kommentar zum Verlagsrecht, 3. Auflage, München 2001.
ders. / Loewenheim, Ulrich (Hrsg.), Kommentar zum Urheberrecht, 4. Auflage, München 2010.
Schröer, Carsten, Profifussball in Europa: Eine soziologische Betrachtung des professionellen Clubfussballs in Europa unter besonderer Berücksichtigung Deutschlands und Englands, Osnabrück 2009.
Schubert, André, Profifußball in Deutschland: Eine Analyse von Strukturen von Vermarktungsprozessen aus sportökonomischer Perspektive, Bochum 2003.
Schwark, Eberhard, Neues Recht für Börsentermingeschäfte – Das Gesetz zur Änderung des Börsengesetzes 1989, NJW 1989, 2675 ff.
ders. / Zimmer, Daniel, Kapitalmarktrechtskommentar, 4. Auflage, München 2010.
Schwarz, Mathias/ Klingner, Norbert, Mittel der Finanzierungs- und Investitionssicherung im Medien- und Filmbereich, UFITA 138, 29 ff.
Schwörer, Frank, Lösungsklauseln für den Insolvenzfall, Stuttgart 2000.
Seemann, Tammo, Der Lizenzvertrag in der Insolvenz, Freiburg 2002.
Seifert, Peter, Refinanzierung von Leasingverträgen nach § 108 InsO, NZM 1998, 217 ff.
Sethe, Rolf, Genußrechte: Rechtliche Rahmenbedingungen und Anlegerschutz (I), AG 1993, 293 ff.
Siegfried, Michael, Die Fernsehberichterstattung von Sportveranstaltungen, München 1990.
Sinz, Ralf, Leasing und Factoring im Insolvenzverfahren, in: Kölner Schrift zur Insolvenzordnung, 2. Auflage, Köln 2000, 593 ff.
Soergel, Hans Theodor (Begr.), Bürgerliches Gesetzbuch mit Einführungsgesetz und Nebengesetzen, Band 1, Allgemeiner Teil 1, §§ 1–103, 13. Auflage, Stuttgart 2000.
Spannagl, Thomas/ Häßler, Armin, Ein Ansatz zur Implementierung eines Risikomangagement-Prozesses, DStR 1999, 1826 ff.

Spindler, Gerald/ Schuster, Fabian, Recht der elektronischen Medien, 2. Auflage, München 2011.

ders. / Stilz, Eberhard, Kommentar zum Aktiengesetz, Band 2, §§ 150–410, 2. Auflage, München 2010.

Srocke, Marc-Oliver, Das Abstraktionsprinzip im Urheberrecht, GRUR 2008, 867 ff.

Stadtmann, Georg/ Weigand, Jürgen/ Wissmann, Jürgen, Schuss, Tor, Hurra? Extreme Aktienkursreaktionen und neue Informationen – Das Reversed-News-Modell am Beispiel der Borussia Dortmund GmbH & Co KGaA.

Staudinger, Julius von, Kommentar zum Bürgerlichen Gesetzbuch mit Einführungsgesetz und Nebengesetzen:
Buch 1, Allgemeiner Teil 3, §§ 90–124; 130–133, 6. Auflage, Berlin 2012
Buch 1, Allgemeiner Teil 4b, §§ 139–163, 6. Auflage, Berlin 2010
Buch 3, Einleitung zum Sachenrecht, §§ 854–882, 6. Auflage, Berlin 2012
Buch 3, Sachenrecht, ErbbauRG, §§ 1018–1112, 6. Auflage, Berlin 2009

Steinbeck, Anja, Der Beispielskatalog des § 4 UWG – Bewährungsprobe bestanden, GRUR 2008, 848 ff.

Stieper, Malte, Anmerkung zu BGH, Urteil vom 17. Dezember 2010 - V ZR 45/10, ZUM 2011, 331 ff.

Stopper, Martin, Wer ist Veranstalter und Rechtsträger im Profi-Fußball?, SpuRt 1999, 188 ff.

Straßer, Robert, Gestaltung internationaler Film- / Fernsehlizenzverträge, ZUM 1999, 928 ff.

Strauß, Ingo, Hörfunkrechte des Sportveranstalters, Köln 2005.

Stürner, Rolf, Anmerkung zu BayObLG, Urteil v. 14.09.1976–3 St 99/76, JZ 1977, 312 ff.

ders., Anmerkung zu BVerwG, Urteil vom 13.03.1970 - VII C 80.67, JZ 1971, 98 ff.

Süßmilch, Ingo/ Elter, Vera-Carina, WGZ-Bank, KPMG (Hrsg.), FC Euro AG – Fußball und Finanzen, 4. Auflage 2004.

Treffer, Christian, Insolvenzbedingte Lösungsklauseln – Zulässigkeit nach § 119 InsO, MDR 2000, 1178 ff.

Uhlenbruck, Wilhelm/ Hirte, Heribert/ Vallender, Heinz (Hrsg.), Kommentar zur Insolvenzordnung, 13. Auflage, München 2010.

ders., Zur Krise des Insolvenzrechts, NJW 1975, 897 ff.

ders. Anmerkung zu BGH, Urt.v. 26.09.1985 – VII ZR 19/85, WuB VI. B. § 17 KO Nr. 1.86, S. 196 f.

Vollmer, Lothar/ Lorch, Bernhard, Der Schutz des aktienähnlichen Genußkapitals bei Kapitalveränderungen, ZBB 1992, 44 ff.
Von Caemmerer, Ernst, Wandlungen des Deliktsrechts, in: Festschrift zum Hundertjährigen Bestehen des Deutschen Juristentages 1860–1960, Band II, Karlsruhe 1960, S. 49 ff.
Von Coelln, Christian; Die Hörfunkberichterstattung aus dem Stadion, AfP Sonderheft 2007, 55 ff.
Von Frentz, Wolfgang/ Marrder, Larissa, Insolvenz des Filmrechtehändlers, ZUM 2001, 761 ff.
Dies., Filmrechtehandel mit Unternehmen in der Krise, ZUM 2003, 94 ff.
Von Westerholt, Margot, Übertragung von Sportveranstaltungen im Fernsehen, ZIP 1996, 264 ff.
Von Wilmowsky, Peter, Lösungsklauseln für den Insolvenzfall – Wirksamkeit, Anfechtbarkeit, Reform, ZIP 2007, 553 ff.
ders., Vermieter (Verpächter, Lizenzgeber) in Insolvenz, ZInsO 2011, 1473 ff.
Vranckx, Christian, Der Rückruf urheberrechtlicher Nutzungsrechte nach §§ 41, 42 UrhG und sein Einfluss auf den Bestand von Lizenzketten, Hamburg 2013.
Wagner, Gerhard, Bundesliga Going Public: Traumpaß oder Eigentor?, NZG 1999, 469 ff.
Waldhauser, Hermann, Anmerkung zum Beschluß des BGH vom 11. Dezember 1997 (KVR 7/96) zur Zentralvermarktung der Europacupspiele durch den DFB, ZUM 1998, 129 ff.
ders., Die Fernsehrechte des Sportveranstalters, Berlin 1999.
Walker, Wolf-Dietrich, Zur Zulässigkeit von Insolvenzklauseln in den Satzungen der Sportverbände, KTS 2003, 169 ff.
Walter, Gerhard/ Maier, Axel, Die Sicherung von Bezugs- und Abnahmeverpflichtungen durch Dienstbarkeiten, NJW 1988, 377 ff.
Wanckel, Endress, Auf dem Weg zum „Recht am Bild der eigenen Sache?“, NJW 2011, 1779 ff.
Wandtke, Artur Axel/ Bullinger, Winfried (Hrsg.), Praxiskommentar zum Urheberrecht, 3. Auflage, München 2009.
Weber, Christian/ Hötzel, Gerrit, Das Schicksal der Softwarelizenz in der Lizenzkette bei Insolvenz des Lizenznehmers, NZI 2011, 432 ff.
Wegner, Oliver, Kommunikationsherrschaft des Hausherrn oder Freiheit der Massenmedien?: Zum Spannungsverhältnis zwischen dem privaten Hausrecht und den Medienfreiheiten im öffentlich zugänglichen Raum, Köln 2010.

Weidenbach-Koschnike, Kerstin, Hedge Accounting: Praxisfall zur Behandlung von Wechselkurssicherungsgeschäften nach IFRS, BC 2008, 111 ff.

Wengel, Torsten, Genussrechte im Rahmen der Bilanzanalyse, DStR 2000, 395 ff.

Wiedemann, Markus, Lizenzen und Lizenzverträge in der Insolvenz, in: Balz, Manfred / Kübler, Bruno M. / Prütting, Hanns / Timm, Wolfram (Hrsg.) Beiträge zum Insolvenzrecht, 38. Band, Köln 2006.

Wieling, Hans Josef, Sachenrecht, Band I, Berlin 1990, in: Enzyklopädie der Rechts- und Staatswissenschaft, von Liszt, Franz / Kaskel, Walter (Begr.), Albach, Horst / Helmstädter, E. / Honsell, Heinrich / Lerche, Peter / Nörr, D.

Wildmann, Claudia/ Castendyk, Oliver, Fußball im europäischen TV – Informationsfreiheit gegen Verwertungsinteressen, MMR 2012, 75 ff.

Windscheid, Bernhard, Lehrbuch des Pandektenrechts, Erster Band, 9. Auflage, Frankfurt 1906.

Winter, Michael, Fußball im Radio: Live aus dem Stadion?, ZUM 2003, 531 ff.

Wolf, Manfred (Begr.) / Wellenhofer, Marina, Sachenrecht, 27. Auflage, München 2012.

Wortberg, Sven, Lösungsklauseln und Insolvenz, ZInsO, 2003, 1032 ff.

Zeising, Jörg, Wettlauf der gewerblichen Schutzrechte im Insolvenzverfahren, KTS 2002, 367 ff.

Ziebe, Jürgen, Rechtsnatur und Ausgestaltung von Genußrechten, DStR 1991, 1594 ff.

Studien zum deutschen und europäischen Medienrecht

Herausgegeben von Dieter Dörr und Udo Fink
mit Unterstützung der Dr. Feldbausch Stiftung

Band 1 Peter Charissé: Die Rundfunkveranstaltungsfreiheit und das Zulassungsregime der Rundfunk- und Mediengesetze. Eine verfassungs- und europarechtliche Untersuchung der subjektiv-rechtlichen Stellung privater Rundfunkveranstalter. 1999.

Band 2 Dieter Dörr: Umfang und Grenzen der Rechtsaufsicht über die Deutsche Welle. 2000.

Band 3 Claudia Braml: Das Teleshopping und die Rundfunkfreiheit. Eine verfassungs- und europarechtliche Untersuchung im Hinblick auf den Rundfunkstaatsvertrag, den Mediendienste-Staatsvertrag, das Teledienstegesetz und die EG-Fernsehrichtlinie. 2000.

Band 4 Dieter Dörr, unter Mitarbeit von Mark D. Cole: *Big Brother* und die Menschenwürde. Die Menschenwürde und die Programmfreiheit am Beispiel eines neuen Sendeformats. 2000.

Band 5 Martin Stock: Medienfreiheit in der EU-Grundrechtscharta: Art. 10 EMRK ergänzen und modernisieren! 2000.

Band 6 Wolfgang Lent: Rundfunk-, Medien-, Teledienste. Eine verfassungsrechtliche Untersuchung des Rundfunkbegriffs und der Gewährleistungsbereiche öffentlich-rechtlicher Rundfunkanstalten unter Berücksichtigung einfachrechtlicher Abgrenzungsfragen zwischen Rundfunkstaatsvertrag, Mediendienstestaatsvertrag und Teledienstegesetz. 2001.

Band 7 Torsten Schreier: Das Selbstverwaltungsrecht der öffentlich-rechtlichen Rundfunkanstalten. 2001.

Band 8 Dieter Dörr: Sport im Fernsehen. Die Funktionen des öffentlich-rechtlichen Rundfunks bei der Sportberichterstattung. 2000.

Band 9 Dieter Dörr (Hrsg.): www.otello.de. Klassik nur noch im Internet oder per pay? Symposium aus Anlass des 85. Geburtstages von Professor Dr. Heinz Hübner. 2000.

Band 10 Markus Nauheim: Die Rechtmäßigkeit des Must-Carry-Prinzips im Bereich des digitalisierten Kabelfernsehens in der Bundesrepublik Deutschland. Illustriert anhand des Vierten Rundfunkänderungsstaatsvertrages. 2001.

Band 11 Stefan Sporn: Die Ländermedienanstalt. Zur Zukunft der Aufsicht über den privaten Rundfunk in Deutschland und Europa. 2001.

Band 12 Christian Ebsen: Fensterprogramme im Privatrundfunk als Mittel zur Sicherung von Meinungsvielfalt. 2003.

Band 13 Dieter Dörr / Stephanie Schiedermair: Rundfunk und Datenschutz. Die Stellung des Datenschutzbeauftragten des Norddeutschen Rundfunks. Eine Untersuchung unter besonderer Berücksichtigung der verfassungsrechtlichen und europarechtlichen Vorgaben. 2002.

Band 14 Dieter Dörr (Hrsg.): Rundfunk über Gebühr. Die Finanzierung des öffentlich-rechtlichen Rundfunks im Zeitalter der technischen Konvergenz. 3. Mainzer Mediengespräch. 2003.

Band 15 Dieter Dörr / Stephanie Schiedermair: Die Deutsche Welle. Die Funktion, der Auftrag, die Aufgaben und die Finanzierung heute. 2003.

Band 16 Frauke Blechschmidt: Das Instrumentarium audiovisueller Politik der Europäischen Gemeinschaft aus kompetenzrechtlicher Sicht. 2003.

Band 17 Christine Jury: Die Maßgeblichkeit von Art. 49 EG für nationale rundfunkpolitische Ordnungsentscheidungen unter besonderer Berücksichtigung von Art. 151 EG. Eine Untersuchung am Beispiel öffentlich-rechtlicher Spartenkanäle. 2005.

Band 18 Sabine Groh: Die Bonusregelungen des § 26 Abs. 2 S. 3 des Rundfunkstaatsvertrages. 2005.

Band 19 Sylke Wagner: Das *Websurfen* und der Datenschutz. Ein Rechtsvergleich unter besonderer Berücksichtigung der Zulässigkeit sogenannter *Cookies* und *Web Bugs* am Beispiel des deutschen und U.S.-amerikanischen Rechts. 2006.

Band 20 Stephanie Reese: Der Funktionsauftrag des öffentlich-rechtlichen Rundfunks vor dem Hintergrund der Digitalisierung. Zur Konkretisierung des Funktionsauftrages in § 11 Rundfunkstaatsvertrag. 2006.

Band 21 Henrike Maaß: Der Dokumentarfilm – Bürgerlichrechtliche und urheberrechtliche Grundlagen der Produktion. 2006.

Band 22 Dorit Bosch: Die „Regulierte Selbstregulierung" im Jugendmedienschutz-Staatsvertrag. Eine Bewertung des neuen Aufsichtsmodells anhand verfassungs- und europarechtlicher Vorgaben. 2007.

Band 23 Johannes Gerhard Reitzel: Arbeitsrechtliche Aspekte der Arbeitnehmerähnlichen im Rundfunk. 2007.

Band 24 Ulf Böge / Jürgen Doetz / Dieter Dörr / Rolf Schwartmann: Wieviel Macht verträgt die Vielfalt? Möglichkeiten und Grenzen von Medienfusionen. 2007.

Band 25 Valérie Schüller: Die Auftragsdefinition für den öffentlich-rechtlichen Rundfunk nach dem 7. und 8. Rundfunkänderungsstaatsvertrag. 2007.

Band 26 Simone Naumann: Die arbeitnehmerähnliche Person in Fernsehunternehmen. 2007.

Band 27 Nathalie Hellmuth: ARTE – Europa auf Sendung. Verfassungsrechtliche Rahmenbedingungen für die Beteiligung von ARD und ZDF an supranationalen Gemeinschaftssendern am Beispiel des Europäischen Kulturkanals ARTE. 2007.

Band 28 Dieter Dörr / Stephanie Schiedermair: Ein kohärentes Konzentrationsrecht für die Medienlandschaft in Deutschland. 2007.

Band 29 Dieter Dörr / Simone Sanftenberg / Rolf Schwartmann (Hrsg.): Medienherausforderungen der Zukunft. Seminar zum nationalen und internationalen Medienrecht. Vom 06.–10. Dezember 2006 in Lech am Arlberg (Österreich). 2008.

Band 30 Nina Nicole Hütt: Zur Frage der Existenz von Hörfunkrechten des Sportveranstalters unter besonderer Berücksichtigung der Fußball-Bundesliga. 2008.

Band 31 Hans-Martin Schmidt: Rundfunkgebührenfinanzierung unter dem GATS. 2008.

Band 32 Julia Niebler: Die Stärkung der Regionalfensterprogramme im Privaten Rundfunk als Mittel zur Sicherung der Meinungsvielfalt durch den Achten Rundfunkänderungsstaatsvertrag. 2009.

Band 33 Jörg Michael Voß: Pluraler Rundfunk in Europa – ein duales System für Europa? Rahmenbedingungen für den öffentlich-rechtlichen Rundfunk in einer europäischen dualen Rundfunkordnung. Unter Berücksichtigung der Anforderungen der europäischen Meinungs- und Medienfreiheit. 2008.

Band 34 Nina Knorre: Die Abwicklung des Arbeitsverhältnisses nach erfolgreicher Statusklage im Rundfunk. 2008.

Band 35 Kai Friedrich Zentara: Medienordnung und Öffentlicher Diskurs. Die Pflicht des Staates zur Gewährleistung der Funktionstüchtigkeit des Öffentlichen Diskurses. 2009.

Band 36 Daniel Rudolph: Erhalt von Vielfalt im Pressewesen. Unter besonderer Berücksichtigung des publizistischen Wettbewerbs. 2009.

Band 37 Felix Heimann: Der Pressekodex im Spannungsfeld zwischen Medienrecht und Medienethik. 2009.

Band 38 Christine Scheunert: Europäischer Jugendschutz für das Fernsehen.Bestimmungen eines kohärenten Harmonisierungsgrades unter Berücksichtigung der Jugendschutzsysteme in Großbritannien, den Niederlanden, Deutschland und Polen. 2009.

Band 39 Kristoff M. Ritlewski: Pluralismus als Strukturprinzip im Rundfunk. Anforderungen aus dem Funktionsauftrag und Regelungen zur Sicherung in Deutschland und Polen. 2009.

Band 40 Carola Drechsler: Europäische Förderung audiovisueller Medien zwischen Welthandel und Anspruch auf kulturelle Vielfalt. Unter besonderer Berücksichtigung der Kulturkompetenz der Europäischen Gemeinschaft. 2009.

Band 41 Marco Rau: Der internationale Schutz von Domainnamen und Markenrechten im Internet. Analyse unter Berücksichtigung deutschen Rechts. 2010.

Band 42 Caroline Hahn: Die Aufsicht des öffentlich-rechtlichen Rundfunks. Bestandsaufnahme und Zukunftsperspektiven. 2010.

Band 43 Harald Bretschneider: Bewertung crossmedialer Verflechtungen im Medienkonzentrationsrecht. Eine rechtsvergleichende Untersuchung unter besonderer Berücksichtigung Deutschlands, Großbritanniens sowie der Entwicklung in der EU. 2010.

Band 44 Rolf Schwartmann: Die Beteiligung von Presseunternehmen am Rundfunk. Rechtsgutachten zur Novellierung des § 33 Abs. 3 LMG NRW. 2010.

Band 45 Christopher Wolf: Der Kulturauftrag des öffentlich-rechtlichen Rundfunks in der Rechtsprechung des Bundesverfassungsgerichts. 2010.

Band 46 Dieter Dörr (Hrsg.): Die Medienordnung der Zukunft. Zum 10jährigen Bestehen des Mainzer Medieninstituts. 2011.

Band 47 Laura Johanna Reinlein: Medienfreiheit und Medienvielfalt. Kontrolle crossmedialer Konzentration in Zeiten der Konvergenz. 2011.

Band 48 Eva Ellen Wagner: Abkehr von der geräteabhängigen Rundfunkgebühr. Die Neuordnung der Rundfunkfinanzierung. 2011.

Band 49 Dieter Dörr (Hrsg.): Die Macht der Medien. Medienrechtliches Kolloquium zum 75. Geburtstag von Hartmut Schiedermair. 2011.

Band 50 Christine Seehaus: Das Pornographieverbot im Rundfunk und in den elektronischen Medien. 2011.

Band 51 Eva Aernecke: Der Schutz elektronischer Daten im Verfassungsrecht. Bedrohungen durch neue Ermittlungsmethoden. 2012.

Band 52 Armin Kühne: Haftung von Suchmaschinenbetreibern. 2012.

Band 53 Christian Gehweiler: Immaterialgüterrechtliche Vorbenutzungsrechte. 2012.

Band 54 Philipp Karl Julius Mohr: Legitimationsdefizite bei der Bestimmung der Höhe der Rundfunkgebühr. Eine verfassungsrechtliche Untersuchung zu dem Spannungsverhältnis zwischen Rundfunkfreiheit und Demokratieprinzip. 2012.

Band 55 Giselle Camargos Becker: Massenkommunikation in Brasilien. Regulierung und Praxis. 2013.

Band 56 Cora Brunner: Melodienschutz im Urheberrecht. 2013.

Band 57 Regine Sprenger: Optionen zur Regulierung des publizistischen Wettbewerbs. Eine konzeptionelle Untersuchung des Kartellrechts und des medienspezifischen Konzentrationsrechts in Bezug auf die Verhinderung vorherrschender Meinungsmacht. 2013.

Band 58 Christian Strieder: Der Bestand von Fußballübertragungsrechten in der Insolvenz und deren Ertragssicherung durch Hedging. 2014.

www.peterlang.com

Band 38 Christine Scheunert: Europäischer Jugendschutz für das Fernsehen.Bestimmungen eines kohärenten Harmonisierungsgrades unter Berücksichtigung der Jugendschutzsysteme in Großbritannien, den Niederlanden, Deutschland und Polen. 2009.

Band 39 Kristoff M. Ritlewski: Pluralismus als Strukturprinzip im Rundfunk. Anforderungen aus dem Funktionsauftrag und Regelungen zur Sicherung in Deutschland und Polen. 2009.

Band 40 Carola Drechsler: Europäische Förderung audiovisueller Medien zwischen Welthandel und Anspruch auf kulturelle Vielfalt. Unter besonderer Berücksichtigung der Kulturkompetenz der Europäischen Gemeinschaft. 2009.

Band 41 Marco Rau: Der internationale Schutz von Domainnamen und Markenrechten im Internet. Analyse unter Berücksichtigung deutschen Rechts. 2010.

Band 42 Caroline Hahn: Die Aufsicht des öffentlich-rechtlichen Rundfunks. Bestandsaufnahme und Zukunftsperspektiven. 2010.

Band 43 Harald Bretschneider: Bewertung crossmedialer Verflechtungen im Medienkonzentrationsrecht. Eine rechtsvergleichende Untersuchung unter besonderer Berücksichtigung Deutschlands, Großbritanniens sowie der Entwicklung in der EU. 2010.

Band 44 Rolf Schwartmann: Die Beteiligung von Presseunternehmen am Rundfunk. Rechtsgutachten zur Novellierung des § 33 Abs. 3 LMG NRW. 2010.

Band 45 Christopher Wolf: Der Kulturauftrag des öffentlich-rechtlichen Rundfunks in der Rechtsprechung des Bundesverfassungsgerichts. 2010.

Band 46 Dieter Dörr (Hrsg.): Die Medienordnung der Zukunft. Zum 10jährigen Bestehen des Mainzer Medieninstituts. 2011.

Band 47 Laura Johanna Reinlein: Medienfreiheit und Medienvielfalt. Kontrolle crossmedialer Konzentration in Zeiten der Konvergenz. 2011.

Band 48 Eva Ellen Wagner: Abkehr von der geräteabhängigen Rundfunkgebühr. Die Neuordnung der Rundfunkfinanzierung. 2011.

Band 49 Dieter Dörr (Hrsg.): Die Macht der Medien. Medienrechtliches Kolloquium zum 75. Geburtstag von Hartmut Schiedermair. 2011.

Band 50 Christine Seehaus: Das Pornographieverbot im Rundfunk und in den elektronischen Medien. 2011.

Band 51 Eva Aernecke: Der Schutz elektronischer Daten im Verfassungsrecht. Bedrohungen durch neue Ermittlungsmethoden. 2012.

Band 52 Armin Kühne: Haftung von Suchmaschinenbetreibern. 2012.

Band 53 Christian Gehweiler: Immaterialgüterrechtliche Vorbenutzungsrechte. 2012.

Band 54 Philipp Karl Julius Mohr: Legitimationsdefizite bei der Bestimmung der Höhe der Rundfunkgebühr. Eine verfassungsrechtliche Untersuchung zu dem Spannungsverhältnis zwischen Rundfunkfreiheit und Demokratieprinzip. 2012.

Band 55 Giselle Camargos Becker: Massenkommunikation in Brasilien. Regulierung und Praxis. 2013.

Band 56 Cora Brunner: Melodienschutz im Urheberrecht. 2013.

Band 57 Regine Sprenger: Optionen zur Regulierung des publizistischen Wettbewerbs. Eine konzeptionelle Untersuchung des Kartellrechts und des medienspezifischen Konzentrationsrechts in Bezug auf die Verhinderung vorherrschender Meinungsmacht. 2013.

Band 58 Christian Strieder: Der Bestand von Fußballübertragungsrechten in der Insolvenz und deren Ertragssicherung durch Hedging. 2014.